《经济法》编写人员名单

主　编： 朱　晔

副主编： 杨　帆

撰稿人： 朱　晔　杨　帆　刘晓蔚　刘　睿

Economic Law

经济法

朱晔　主编

暨南大學出版社
JINAN UNIVERSITY PRESS

中国·广州

图书在版编目（CIP）数据

经济法/朱晔主编．—广州：暨南大学出版社，2012. 8（2018. 2 重印）
ISBN 978－7－5668－0292－7

Ⅰ. ①经… Ⅱ. ①朱… Ⅲ. ①经济法—中国—高等学校—教材 Ⅳ. ①D922. 29

中国版本图书馆 CIP 数据核字（2012）第 184267 号

经济法
JINGJI FA
主　编：朱　晔

出 版 人：徐义雄
责任编辑：潘雅琴
责任校对：周明恩
责任印制：汤慧君　周一丹

出版发行：暨南大学出版社（510630）
电　　话：总编室（8620）85221601
　　　　　营销部（8620）85225284　85228291　85228292（邮购）
传　　真：（8620）85221583（办公室）　85223774（营销部）
网　　址：http：//www. jnupress. com
排　　版：暨南大学出版社照排中心
印　　刷：虎彩印艺股份有限公司
开　　本：787mm × 960mm　1/16
印　　张：21. 25
字　　数：584 千
版　　次：2012 年 8 月第 1 版
印　　次：2018 年 2 月第 3 次
印　　数：5601—6100 册
定　　价：36. 80 元

前　言

大凡撰写一本专业书籍，首先是对其内容体系和结构的设计，但经济法无论是从部门法的角度，还是从学科门类的角度而言，其体系和结构一直是见仁见智。本书首先考虑经济法作为一门独立法学学科所应有的理论体系，在本书中展现我国经济法的基本内容，力求使学生对经济法的一般理论和主要法律、法规有一个全貌的了解；其次，本书注意到财经管理类专业学生未来就业的岗位特点，重点选择了与市场经济联系较为密切的经济法律作为本书的内容。

本书作者均为广东外语外贸大学法学院教师。该书是他们在总结多年经济法教学经验、教训，解读最新经济立法和广泛吸收经济法最新研究成果的基础上集体编写而成。在编写过程中，参阅的著作均在参考书目中列明，特此说明，并向这些著作的作者表示诚挚的谢意。本书的编辑与出版得到了暨南大学出版社潘雅琴副编审的热诚支持与帮助，谨此表示衷心的感谢。

由于水平有限，书中难免存在缺点和错误，敬请广大读者和同行专家、学者批评指正。

朱　晔

2012 年 8 月

目　录

第四编　宏观调控法

第五编　劳动与社会保障法

第一编　总　论

第一章　经济法基本理论

【学习要点】

- 经济法产生的基础条件
- 经济法的概念及其调整对象
- 经济法的地位
- 经济法与相邻部门法的关系
- 经济法的基本原则

经济法产生并形成部门法有其深厚的社会经济根源。19 世纪后半期，在市场经济发展到社会化大生产阶段，由于市场调节机制的不足，国家开始发挥对经济发展的组织和协调作用。在国家调节（政府干预）经济的背景下，经济法得以形成和发展。由于社会制度与时代背景不同以及分析问题的视角不同，人们对经济法的理解存在诸多不同的观点。但无论如何，我们在看到经济法与行政法、商法、民法等法律部门存在许多共同点的同时，也应看到其相互间的差别，并认识到经济法是一个独立的、重要的法律部门这一事实。

第一节　经济法的产生和发展

一、经济法产生的基础条件

经济法产生并形成部门法，有其深厚的社会经济根源。它是市场经济内在矛盾发展的必然产物，是国家经济职能转变在法制上的必然反映，是法对社会经济关系调整的必然结果。

在资本主义社会之前以及资本主义社会的初期，社会生产经营活动一般被视为民间事务，因而社会经济关系主要是由《民法》加以调整，国家较少干预社会经济生活。18 世纪至 19 世纪末，是西方自由放任市场经济理论盛行的自由竞争资本主义阶段，西方主要资本主义国家所推崇的是亚当·斯密的古典市场经济理论。亚当·斯密在其《国富论》一书中指出，在“一只看不见的手”——建立在劳动价值论基础上的完全竞争市场的调节机制的引导下，个人在追求私利的过程中，无形中会促进社会整体利益的扩大。所以，对社会经济愈少干预的政府就是愈好的政府，政府只需要为市场提供最必要的经济服务。在其理论指导下，西方国家推行的是理性主义国家经济职能政策，在社会经济领域国家充当的是“守夜人”的角色，只是为市场提供最必要的经济服务。

19 世纪后半期，西方主要资本主义国家相继完成产业革命，推动了经济的高度发展与生产的社会化进程。与此同时，由于自由竞争引起生产和资本的不断集中，各种类型的垄断组织相继出现，控制了某些行业和部门甚至整个国家的经济命脉，扭曲了价值规律，加剧了资本主义的固有矛盾，引发了周期性的经济危机，并爆发了两次世界大战。市场调节的失灵，迫切需要另外一种机制来弥补其缺陷。于是，凯恩斯的国家全面干预经济理论应运而生，并被西方各国所奉行。为了有效地组织社会经济，保护国家利益和社会公共利益，克服和避免经济危机给国家、社会造成的危害，西方资本主义国家开始关注社会经济调节机制，即用“有形之手”（国家调节）弥补“无形之手”（市场调节）的缺陷。正是由于社会经济生活和经济政策的巨大变化，使得采用传统民法调整社会经济关系已难以保障经济的有效运行和社会公共利益。于是，以国家干预经济为特征的新的法律部门产生了，这就是现代意义上的经济法。

综上所述，经济法产生的基础条件是：市场经济发展到社会化大生产阶段，由于市场调节机制的不足，需要发挥国家的组织协调作用，对经济进行规制。因此，经济法产生的经济根源是经济的社会化，直接原因则是垄断引发的经济危机和帝国主义战争。

二、西方国家经济法的沿革

经济法首先是在西方主要资本主义国家（包括日本）对社会经济进行干预的过程中应运而生的。但由于各国具体情况不同，政府对经济介入的方式和强度也有所差异，因而经济法的表现也不尽相同，并且经历了由初创到逐渐成熟的历程。

美国自 19 世纪 60 年代出现了初级的垄断形式“普尔”（pool）。这是以生产和资本实力比较雄厚的企业为核心建立的企业间关于价格和销量的短期协定。[①] 其后出现了托拉斯（trust）垄断方式，生产同类商品或在生产上有密切联系的企业从生产到销售全面合并，实行股权式联合，形成垄断经营。从 1879 年出现第一个托拉斯“洛克菲勒美孚石油公司”，到 1887 年棉籽油、亚麻油、制糖、铅冶炼、威士忌酿造等行业都出现了托拉斯，许多行业被托拉斯独占或操纵。如美孚掌握美国全部石油生产，美国制糖公司控制全美 90% ~95% 的制糖业，美国钢铁公司控制了美国 70% 的炼钢设备。托拉斯从某一产品最初的原料开采或收购到生产和销售，全部予以控制，非托拉斯成员企业在市场和价格方面无力与之开展竞争，中小企业纷纷倒闭。仅美国钢铁公司一个托拉斯，被它吞并和支配的企业就有 700 多家。[②] 垄断和限制竞争现象引起人们普遍的忧虑和不满，加深了社会矛盾，威胁着自由市场体系。为此，美国联邦于 1890 年通过了参议员约翰·谢尔曼提出的《保护贸易和商业不受非法限制和垄断侵害法案》[③]，1914 年又颁布了《克莱顿法》和《联邦贸易委员会法》，其中规定：任何以契约、托拉斯或其他形式的联合、共谋、垄断而限制贸易的行为是违法或犯罪的行为，应受行政处罚或刑事制裁。在 1929 年经济危机爆发之前，美国的经济法制几乎仅限于反垄断和限制竞争。20 世纪 30 年代经济危机期间，美国总统罗斯福推行新政以恢复经济，大规模兴建公共工程，调整农业，对银行、

① 陈小洪、金忠义著：《企业市场关系分析——产业组织理论及其应用》，科学技术出版社 1990 年版，第 239 页。

② 参见吴炯主编：《维护公平竞争法》，中国人事出版社 1991 年版，第 22 页。

③ 简称《谢尔曼法》，该法被认为是现代反垄断法之母，也被认为是经济法成为一个独立的法律部门的标志。

证券业进行彻底检查和管制，颁布了《国家复兴法》（1933 年）、《农业调整法》（1938 年）、《证券法》（1933 年）以及《证券交易法》（1934 年）等。

德国于 19 世纪 70 年代出现了生产与资本的迅速集中，卡特尔垄断组织在许多经济部门得以广泛发展。由于德国是新兴资本主义国家，垄断导致的市场失灵与市场缺陷较之老牌的英、美等资本主义国家不很明显。当时的德国为了与老牌资本主义国家争霸欧洲以及争夺海外市场，大力扶持、参与卡特尔，使私人垄断资本向国家垄断资本转化，发展国家资本主义。1897 年德国最高法院通过判决，否定了约束同业公会等团体而保障自由营业的法律条款；1910 年德国出台了扶持卡特尔的钾矿业法，抑制新设企业进入钾矿业，这被认为是最初的经济法。① 从 19 世纪末开始，俾斯麦政府通过对海关进行保护和制定单行的经济监督法律（如 1896 年《股票交易所法》、1899 年《抵押银行法》、1901 年《保险监督法》等），开始对自由经济进行干预，并于第一次世界大战之初对经济和企业实行全面干预。1914 年 8 月 4 日，德国制定了 16 项战争经济法，其中最重要的法律是《一般授权法》（全称为《有关对经济措施授权联邦参议院和有关在战争时期延长汇票和支票权利期限的法律》）。该法第三条规定："联邦参议院被授权在战争时期制定法律，只要其证实对经济损失有所必要和帮助。"此后，基于这一广泛的、不明确的条款产生了众多涉及经济领域的战争经济法，该条款也被以后的立法广为采用。德国法学界认为，德国现代经济法就是在这一天产生的。②

第一次世界大战后，为了满足战后国家对财政巨大的需要，以解决战后重建和战争赔款问题，以及强化国家职能，德国于 1919 年制定了《税收征收条例》，并建立了完整的税收体系。同年，德国还颁布了《煤炭经济法》，这是世界上第一部以经济法命名的法律。针对当时存在的由大企业组成卡特尔和康采恩联合等社会主要矛盾，德国又于 1923 年 11 月 2 日制定了《卡特尔条例》。1929 年世界性的经济危机给德国经济造成了灾难性后果，国家不得不开始强化对经济的调控手段，同时，国家采取了许多措施，进一步加强行业监管，其中最重要的是 1931 年对金融业实施的监管。纳粹政府上台后，为了加速经济发展、巩固其独裁统治，并准备发动世界大战，于 1933 年 7 月 15 日颁布了《强制卡特尔法》，授权帝国经济部长根据该法可以对一定的行业制定市场调整规则，可以通过强制方式建立卡特尔。根据《强制卡特尔法》，帝国政府于 1934 年 2 月 27 日颁布了《德国经济机构结构准备法》，经济部长被进一步授权，针对经济联合会行使相应的强制权限，他可以设立、解散、撤销和合并经济联合会，修改其章程，指定及撤销其领导人；针对农业经济行业，他基于《有关帝国农林副业现状和农业经济作物市场及价格规定措施法》具有相应的权力。1936 年 11 月 26 日通过了《价格冻结条例》，将一切价格冻结在 1936 年 10 月 17 日的水平，任何新的价格提高均需政府许可。这样，德国的经济命脉几乎完全掌握在政府手中，也有一些是由经济行业或其他的联合会所掌握。这一时期的经济立法随着纳粹政府强化其对经济的统制而大量出现。

"二战"后，德国处在一片废墟中，国家被一分为四，由美、苏、英、法四国临时占领。1948 年 6 月，美、英、法三国经磋商签订协定，同意建立德意志联邦政府。随着东

---

①　参见［日］丹宗昭信、厚谷襄儿编，谢次昌译：《现代经济法入门》，群众出版社 1985 年版，第 21、22 页。转引自潘静成、刘文华主编：《经济法》，中国人民大学出版社 1999 年版，第 28 页。

②　参见史际春主编：《经济法总论》（教学参考书），法律出版社 2000 年版，第 5、6 页。

西方冷战的开始，西德被纳入了马歇尔计划①，实行社会市场经济的经济政策，经济逐步得到复兴。此后，联邦议会进行了大量的立法和修法活动。据从德国“JURIS”法律数据库查询得知，1949—1998年，德国议会共制定了与“经济”一词直接有关的法律计200个，与“企业和共同参与”一词直接有关的法律计45个，与“银行信贷和保险”一词直接有关的法律计314个，与“交通和能源”一词直接有关的法律计151个。②

当西欧各国资本主义高度发展并已由国家介入市场时，日本却只处于一种资本主义的发生及初级阶段。虽然相当于今天的经济法的法律始自明治二十年代，如1896年制定了《造船奖励法》，1897年制定了《生丝直接出口奖励法》，但是经济史学家却指出，日本的资本主义达到高度化而进入垄断资本主义，是从第一次世界大战到大正末年，随着重工业的建成和财阀资本对国民经济的支配确立而完成的，这一时期才是日本经济法的起点。③ 第一次世界大战中，日本实际处于战局之外。当时实行了与战争相关的若干统制，同时也实行了保护及促进产业发展的法律，如1917年的《禁止对敌交易法》、《禁止黄金出口法》、《战时船舶管理令》、《炼铁业奖励法》以及1918年的《军需工业动员法》、《军用汽车补助法》等。但是，随着战争的结束，世界经济恢复至正常状态，日本的经济却陷入生产过剩的恐慌，又经历了难以复原的关东大地震；1927年4月，以台湾银行的倒闭为导火线引发了金融危机，更大的打击是来自1929年开始的全球经济危机。为此，政府开始介入市场经济，并逐渐扩大和强化，出台了有关农业危机对策、促进垄断、振兴出口、加强外汇管理以及中小企业对策等一系列经济法，如1927年的《银行法》、1929年的《蚕丝稳定融资及损失补偿法》、1931年的《重要产业统制法》、1932年的《资本逃避防止法》、1933年的《外汇管理法》、1934年的《石油业法》等。1936年发动侵华战争后，日本迅速实行战时经济体制，制定了《战时资金调整法》（1937年）、《进出口物品等临时措施法》（1937年）、《国家总动员法》（1938年）、《重要产业团体令》（1941年）等法律、法令。第二次世界大战结束后，日本在盟军的管理下，实行了以经济的非军事化和经济民主化的改革，制定了《劳动关系调整法》（1946年）、《劳动基准法》（1947年）、《经济力过度集中排除法》（1947年）、《反垄断法》（1947年）、《事业者团体法》（1948年）等法律。《圣弗朗西斯科和平条约》于1952年4月28日生效，日本恢复独立。日本随即出台了《出口交易法》（1952年）和《关于稳定特定中小企业合作社临时措施法》（1952年）两个反垄断法适用除外法，1953年又对反垄断法作了根本性修正，从而使卡特尔的适用除外趋向扩大。日本进入昭和四十年代后（1966年起），物价问题成为社会焦点，适用反垄断法的呼声日益高涨，政府为控制物价、避免直接的价格统制，转而趋向适用反垄断法，公正交易委员会的活动也活跃起来。④

进入20世纪70年代以后，西方国家出现了经济滞胀，接着又爆发了经济危机。政府

---

① 第二次世界大战后美国援助欧洲复兴的计划，由美国国务卿马歇尔提出，故名。其主要内容是：美国拨款援助欧洲国家，以复兴战后经济；受援国必须满足美国提出的一些条件。马歇尔计划对战后初期西欧国家的经济复苏起了积极作用。

② 参见史际春主编：《经济法总论》（教学参考书），法律出版社2000年版，第11～14页。

③ 参见史际春主编：《经济法总论》（教学参考书），法律出版社2000年版，第31、32页。

④ 参见史际春主编：《经济法总论》（教学参考书），法律出版社2000年版，第38、39页。

干预的失败导致国家干预论失宠，新经济自由主义卷土重来，推崇“怀疑主义国家职能说”①。1986年获得诺贝尔经济学奖的布坎南提出了公共选择理论，认为市场存在着缺陷，国家同样也存在缺陷，国家应当有选择地对市场根本性的缺陷进行积极弥补，以减少市场体制的摩擦、降低交易费用。这一时期，联邦德国实行社会市场经济政策，在经济法制上集中表现为建立反垄断制度；英国撒切尔政府推行现代货币主义政策，美国里根政府采纳供给学派和货币学派的主张，推行稳定物价、自由放任、私有化、减税、消减社会福利等一系列新自由主义政策，在经济法制上则表现为制定系列的产业政策法；日、法、意等发达国家也都采取了类似的做法，如日本制定了《促进基本技术研究税则》，法国制定了《技术开发投资税收优惠制度》等。

可见，由19世纪末20世纪初主要在国家调节（政府干预）经济的背景下形成的经济法经历了一个世纪的发展之后已日益走向成熟，已由最初的战时经济法、危机对策经济法发展成为自觉维护经济协调发展的经济法。当代经济法不仅是为了弥补“市场失灵”而由国家调节经济之法，而且也成为匡正“国家失灵”之法。此外，随着经济自由化和全球化的发展，国与国之间的经济交往日益频繁，经济关系日益密切，为了维护国家经济正常秩序，国家与国家之间的关系也需要置于一个统一的国际经济法律关系之中。因此，加速区域经济立法和国际经济立法亦成为经济法发展的一个重要趋势。

三、我国经济法的形成和发展

清末以来，西方的新现象、新思潮频频冲击并影响中国，经济法也不例外。1929年，国民党政府立法院制定了《训政时期立法工作按年分配简表》，其中有“经济立法规划”项与“民法之起草”、“财政立法之规划”、“关于军事立法之规划”等项并列，包括自治县经济建设法规、中央协助地方兴业殖产之法规、银行法、合作社法、粮食整理法、渔业法、森林法、采矿法、公路条例等的制订计划，完成日期为1930年。这是中国历史上第一次出现经济法的相关概念。此后在30～40年代，国民党政府还做过经济法规汇编工作。1938年8月至1939年1月，当时成立不久的经济部编成《经济法规汇编》3集，1947年又编成了7集。国民党当局到台湾后，官方的上述“经济立法”概念和工作就没有继续下去。近年台湾因应产业升级和经济现代化之需，出台了《公平交易法》和《贸易法》等典型的经济法。②

我国社会主义经济法肇始于土地革命、抗日战争和解放战争时期。中国共产党领导的人民政权在革命根据地和解放区制定了以土地法和劳动法为中心内容的经济法规，如《中华苏维埃共和国土地法》、《中华苏维埃共和国劳动法》、《陕甘宁边区土地条例》、《晋冀鲁豫边区土地使用暂行条例》、《晋冀鲁豫边区劳工保护暂行条例》等。

新中国成立之初，为了适应国民经济的恢复和发展的需要，国家颁布了《土地法》、《私营企业暂行条例》、《预算决算暂行条例》、《矿产暂行条例》、《对外贸易管理暂行条例》等一批重要的经济法规。此后为了配合对资本主义工商业的社会主义改造，又颁行

---

① 怀疑主义国家职能理论认为，“政府失灵”如同“市场失灵”一样客观存在，市场的失灵并不是把问题转交给政府处理的充分条件，市场解决不好的，政府也不一定能解决，因此，该理论既不同意国家全面干预经济，也不同意国家去盲目弥补“市场失灵”，而应是有选择地干预“市场失灵”。

② 参见潘静成、刘文华主编：《经济法》，中国人民大学出版社1999年版，第39～41页。

了《公私合营企业暂行条例》、《关于对私营工商业、手工业、私营运输业社会主义改造中若干问题的指示》等法规和规范性文件。据统计，从1949年9月至1959年12月十年间，我国共颁布法律、法规1 500多件，其中经济法律、法规近800件，基本适应了当时社会经济发展的需要。但在随后的国家经济建设中，由于在指导思想上受"左"倾错误和法律虚无主义的影响，过度地强调国家对经济的直接管理的作用，没有认识到我国的生产力水平要求国家管理经济必须与市场调节相结合、实行适度的国家协调，因此经济立法工作受到很大的影响，特别是"文革"十年，整个社会主义法制遭到严重破坏。

十一届三中全会以后，国家工作的重心转移到经济建设上来，实行经济体制改革和对外开放。我国的经济法从此进入了一个崭新的发展时期。从1979年到1992年第八届全国人民代表大会之前，我国共制定经济法律及有关决定135件，经济法规434件，地方人民代表大会制定的经济法规700余件，国民经济运行的最基本方面已有法可依。但是，由于对资源配置方式这一基本理论问题缺乏突破性认识，经济立法与理论还不能摆脱行政干预的影响，甚至产生了经济法就是经济行政法这样的认识。这一问题在党的十四大明确了社会主义市场经济的建设目标后开始逐步得到解决。十四大以来，我国经济法获得了进一步发展，1993年3月到1999年10月间，全国人大及其常委会制定的经济法律就近50件，使我国社会主义经济法体系更臻完善。① 目前我国已形成由经济组织法、市场运行法、宏观调控法、劳动与社会保障法等四部分有机组成的多层次、门类较为齐全的经济法体系。

从2001年12月11日开始，我国正式成为世界贸易组织（WTO）的成员国。WTO是一个以市场为走向，提倡贸易自由化的国际组织，它通过对关税及非关税壁垒的消除，对政府权力的限制来鼓励国际贸易的自由化。WTO协议为国际商业活动提供了基本的法律规则。加入WTO即意味着引进WTO的一整套制度。因此，建立一套与WTO规则相衔接的国内经济法已成为我国立法工作的一大问题。

第二节　经济法的概念及其调整对象

一、经济法的概念

"经济法"一词最早出现在18世纪法国著名的空想社会主义者摩莱里（Morelly）1755年出版的《自然法典》一书中。该书第四篇"合乎自然意图的法制蓝本"的第二部分"分配法或经济法"有12条，主要就未来公有制社会的"自然产品或人工产品的分配"作出了规定。② 19世纪，法国又一空想社会主义者德萨米（Dezamy）在1843年出版的《公有法典》一书中再次使用了"经济法"一词，并且发展了摩莱里关于经济法的思想，但他们所谓的"经济法"意即产品分配法。

进入20世纪以来，德国学者莱特（Ritter）在1906年创刊的《世界经济年鉴》中首先使用了"经济法"这一概念。以后，不仅在许多国家的法学著作中，而且在有些国家颁布的法律中，直接使用了"经济法"一词，如1919年德国《煤炭经济法》、1964年前捷克斯洛伐克社会主义共和国《经济法典》等。我国自1979年以来，在全国人民代表大

---

① 参见徐杰主编：《经济法论丛》（第1卷），法律出版社2000年版，第13页。

② 参见［法］摩莱里著，黄建华等译：《自然法典》，商务印书馆1996年版，第106～110页。

会的文件和中共中央、国务院的文件中，也使用了“经济法”这一概念。

由于社会制度不同、时代背景不同以及分析问题时的视角不同，人们对“经济法”这一概念的理解存在不同的观点。日本学者丹宗昭信认为，“现代经济法的核心是垄断禁止法”。日本学者正彬认为，经济法是“规制垄断资本主义阶段固有的以垄断为中心的从属关系的法”，是“国家规制市场的法”，是“国家为了维护竞争秩序而介入市场的法”。法国学者罗柏萨维认为，经济法是旨在保证特定时刻和特定社会中，国家与私人经济代理人的特殊利益和普遍经济利益之间的平衡的规则的总称。德国学者库拉乌捷和日本学者西原宽一认为，经济法就是关于企业的法。前苏联学者拉普捷夫认为，经济法是规定领导经济活动和进行经济活动的方法，调整社会主义组织及其所属内部单位之间的经济关系，并运用各种不同的法律调整方法以保证合理地进行社会主义经营管理的法律规范的总和，是苏联法律体系中的独立部门。前德意志民主共和国学者海尔和克灵格认为，经济法就是按照民主集中制原则，调整国家机关与作为劳动集体组织的企业及其经济单位的相互关系，以及调整社会主义经济单位之间相互关系的那些法律规范和实现这些规范的法律形式的总和。前南斯拉夫学者安多列耶维奇认为，经济法是一个特殊的部门法，它包括调整在经济活动中作为主体的联合劳动组织法律地位的法律规范和旨在调整联合劳动组织和社会共同体机构相互关系的法律规范，以及包括为了调整连同业务活动在内的这些组织之间相互关系的法律规范。①

我国学者对“经济法”这一概念的理解分歧也较大，主要有以下观点。王家福、王保树教授（综合经济法论）认为，经济法是国家认可或制定的以经济民法方法、经济行政法方法、经济劳动法方法分别调整平等的、行政管理性的、劳动的社会经济关系的法律规范的总和。佟柔教授（学科经济法论）认为，经济法是综合运用各个基本法的方法和原则对经济关系进行综合调整的法律规范的总和。梁慧星、王利明教授（经济行政法论）认为，经济法是国家行政权力深入经济领域，对国民经济实行组织、管理、监督、调节的法律规范的总称。孙亚明教授（纵向经济法论）认为，经济法就是调整我国社会主义经济关系中的宏观纵向经济关系的法律规范的总和。谢怀栻教授（计划经济论）认为，经济法是调整社会主义计划经济里的各种关系的法律部门的总和。郭锐、谢次昌教授（国民经济管理论）认为，经济法是调整宏观国民经济管理关系和微观企业管理关系的法律规范的总和。徐杰教授（纵横经济法论）认为，经济法是调整经济管理和经营协作中所产生的经济关系的法律规范的总和。杨紫烜教授认为，经济法是调整经济管理关系和经济协作关系的法律规范的总和。李昌麒教授（国家干预论）认为，经济法是国家为了克服市场失灵而制定的需要由国家干预的具有全局性和社会公共性的经济关系的法律规范的总称。②

笔者认为，作为现代意义上的经济法，是指调整在社会经济管理和经济组织活动中发生的一定范围的经济关系的法律规范的总称。社会经济管理是指国家经济管理机关依法在其职权范围内对国民经济运行进行监督和管理的行为。经济组织活动既包括创设、变更、终止经济组织的行为，也包括经济组织的经营行为以及经济组织内部管理行为。经济法并不调整所有的经济关系，而只调整与社会经济管理和经济组织活动有关的一部

① 参见李昌麒主编：《经济法学》，中国政法大学出版社 1999 年版，第 48 ~ 50 页。

② 参见李昌麒主编：《经济法学》，中国政法大学出版社 1999 年版，第 51 ~ 54 页。

分经济关系[1]。由于每个国家在不同时期所面临的社会问题和总体经济目标有所不同，因而经济法所调整的经济关系的范围、经济法的调整方法以及经济法调整的强度也会随着发生变化。

二、经济法的调整对象

经济法的调整对象，是指经济法保障、鼓励或禁止、限制的社会关系的范围，即经济法律规范效力所及的范围。经济法有其特定的调整对象。经济法并不调整所有的经济关系，如一般的财产所有关系、流转关系是由民法来调整的。经济法仅调整一定范围内的经济关系。经济法的调整对象具体而言包括以下内容。

（一）国家管理经济组织而发生的经济关系

经济组织是由人和物等要素结合而成的、从事生产经营活动的组织体。在以往自给自足的自然经济条件下，人们开展经济活动主要以个人行为方式进行，各经济组织（大多属于家族营业团体）单纯或主要为自身需要而开展经济活动，对社会经济生活影响甚微。然而，在经济活动日益社会化的市场经济条件下，不仅经济组织极为普遍，而且各经济组织（一般称企业）主要是为满足社会日益增长的物质文化需要而进行经济活动。为了保障组织的正当权益以及维护社会整体利益和长远利益，国家有必要对经济组织（包括其分支机构）进行一定的规制，尤其是对银行、保险、邮政等特种行业的经济组织应进行有效的监督和管理。由此各国制定有公司法、合伙法、破产法等经济组织法，规范经济组织在设立、变更、终止过程中发生的经济关系。

（二）国家维护市场运行秩序而发生的经济关系

现代市场是由商品市场、金融市场、劳动力市场、技术市场、房地产市场、信息市场等组成的。与计划经济显著不同的是，市场经济以各类市场作为配置资源的基本方式。而市场的有效性又是建立在自由、公平竞争规则的基础上的，不正当竞争和垄断都是市场经济的异己力量，它们会削弱市场调节的功能，甚至阻碍经济的发展。因此，为了建立统一开放和竞争有序的市场体系，维护公平竞争的市场秩序，保护市场主体和消费者的正当权益，国家就有必要对市场行为进行适度地规制。由此，各国制定有反不正当竞争法、反垄断法、广告法、消费者权益保护法等市场运行法，规范公平竞争关系、产品质量关系、消费者权益保护关系等涉及市场正常秩序的经济关系。

（三）国家宏观调控经济而发生的经济关系

在计划经济条件下，国家通过指令性计划，直接分配社会资源，指挥企业的生产经营活动，并实现对国民经济的宏观调控。在市场经济条件下，社会资源的配置主要通过市场调节来进行。但是，市场调节具有自发性、滞后性和一定的盲目性。为了实现社会总需求与社会总供给之间的平衡，抑制通货膨胀，保证国民经济持续、稳定、协调地发展，国家有必要对关系国计民生的、长远重大的、社会公共性的经济因素，实行干预和管理。国家对经济进行宏观调控主要是通过财政、税务、金融、投资、价格等经济手段间接进行的。宏观调控也应依法进行。由此各国制定有计划法、财政法、税收法、金融法、价格法、统计法等宏观调控法，规范宏观经济调控过程中发生的计划关系、财政关

---

① 经济法并不调整与社会经济管理和经济组织活动有关的所有经济关系，比如经济组织一般的商品流转关系由民法或商法调整。

系、税务关系、金融关系等经济关系。

（四）劳动与社会保障关系

劳动是人类社会赖以发展的基础，因而劳动者是最宝贵的社会资源。由于劳动者相对过剩是社会发展的基本规律之一，劳动者在大多数情况下属于弱势群体，因此若完全放任劳动力市场则会使形式上平等、自由的劳动合同掩盖劳动者与用人单位之间实质上的不平等和不自由。再者，劳动者及其家属难免会遭遇天灾人祸、生老病死、鳏寡孤独、失业待业等不测，而市场本身无法解决社会成员遇到风险后的基本生活保障问题。为了充分开发和合理利用劳动力资源，保障劳动者的身心健康和其他正当权益，提高劳动生产率，促进社会生产力的发展，以及为了维持劳动力资源的再生和可持续发展，国家有必要制定劳动与社会保障法规制劳动关系和强制实施互济互助、社会化管理的社会保障制度。劳动关系包括劳动者与用人单位之间为实现劳动过程而发生的关系以及劳动力管理关系、劳动监察关系等。所谓社会保障是指为保证社会成员的基本生活权利而提供的救助和补贴，大体包括社会救助、社会保险、社会福利和社会优抚等四个方面的内容。

第三节　经济法的地位及其与相邻部门法的关系

一、经济法的地位

经济法的地位是指经济法是不是一个独立的法的部门及其在整个法的体系中的重要性如何。笔者认为，经济法是一个独立的、重要的法的部门。

（一）经济法是一个独立的法的部门

众所周知，法学上将一国现行的法律规范按照调整对象的不同划分为若干类，调整特定社会关系的一类全部现行法律规范即称为一个独立的法的部门。比如，调整平等民事主体之间的人身关系和财产关系的法律规范组成了民法这一部门法，规定什么是犯罪以及对犯罪如何处罚的法律规范组成了刑法这一部门法。

经济法是否为一个独立的法的部门，长期以来成为法学界颇具争议的问题。有的学者认为，各种单行的经济法规只是民法的补充，因此不能说经济法是一个独立的法的部门；也有的学者认为，经济法的调整对象是经济行政管理关系（实质上是经济行政管理所引起的社会关系），经济法应该从属于行政法，是行政法下面的一个部门法，经济法应该称为经济行政法。还有学者认为商事法和经济法都以企业为对象，因此主张商法包容并取代经济法，否定经济法的独立性及其存在的必要性。

我们认为以上观点都有一定的片面性，其错误均在于不能透过现象看本质。由于经济法调整的对象是在社会经济管理和经济组织活动中发生的一定范围的经济关系，因此从不同的角度，将其看作财产关系、行政关系或者商事关系似乎都有一定的道理。但从整体角度综合把握经济法的调整对象就不难发现，经济法所调整的经济关系不是一般的财产关系、行政关系或商事关系，而是涉及商事主体（或称市场主体、经济主体）、物质利益（或称财产利益）以及社会经济管理秩序的社会关系。经济法有其特定的调整对象，是一个独立的法的部门。

当然，我们也必须注意到，由于经济法所调整的经济关系受迅速发展的经济形势的影响而存在易变性，因此，各国经济立法的稳定性远不如民法、刑法等部门法。迄今为止，只有前捷克斯洛伐克社会主义共和国于 1964 年制定并颁行了《经济法典》（全称为

《捷克斯洛伐克社会主义共和国经济法典》)。各国经济法都是以大量的经济法规形式存在的。因此，形式意义上的经济法典的缺乏，并不能成为否定经济法作为独立的法的部门存在的充分理由。

（二）经济法是一个重要的法的部门

经济法自从产生以来一直是一个重要的法的部门，各国在不同历史时期，分别以战争经济法、危机对策经济法、维护正当竞争经济法为其主要内容。特别是在当今，和平与发展已成为国际社会面临的两大主题，经济法在维护各国经济稳定，促进国际经济交往和技术交流，防范经济危机等方面日益发挥着重要作用。

改革开放以来，我国经济迅速恢复并得到长足的发展。但是与西方发达国家相比，我国经济还存在相当大的差距，我国仍属于发展中国家。《中华人民共和国宪法》明确规定："我国将长期处于社会主义初级阶段。国家的根本任务是，沿着建设有中国特色社会主义的道路，集中力量进行社会主义现代化建设。""国家实行社会主义市场经济。""国家加强经济立法，完善宏观调控。"我国的经济法之所以是一个重要的法的部门，从根本上来说，是因为它在保障和促进以经济建设为中心的社会主义现代化建设中发挥着巨大的作用。这种作用主要表现在四个方面：一是坚持以公有制为主体、多种所有制经济共同发展；二是引导、推进和保障社会主义市场经济体制的建立和完善；三是扩大对外经济技术交流和合作；四是保证国民经济持续、快速、健康发展。①

二、经济法与相邻部门法的关系

（一）经济法与行政法的关系

经济法调整具有政府干预因素的经济关系，行政法调整包括经济行政管理关系在内的行政关系。在现代经济条件下，为了维护社会经济的正常秩序，平衡和协调社会经济运行过程中的各方利益，促进国民经济持续、快速、健康发展，国家对社会经济从宏观到微观、从组织到个人、从市场主体到市场行为、从运用行政手段到运用经济手段等进行多角度、多方位、多手段的干预和管理。因此，经济法和行政法有着相同的目标取向，存在重要的联系，但是两者还是存在诸多差异，主要表现在：

（1）产生的历史条件不同。现代意义的经济法，是在资本主义由自由竞争进入垄断时期后，西方主要资本主义国家（包括日本）对社会经济进行干预的过程中应运而生的。而现代意义的行政法则产生于资产阶级革命后，它是三权分立的宪政体制的产物。

（2）调整的社会关系不同。经济法调整的是在社会经济管理和经济组织活动中发生的一定范围的经济关系，具有物质利益性（即经济性），不完全体现为经济法律关系主体之间的权力隶属关系。而行政法调整的是国家行政机关在行政管理和监督过程中所产生的行政关系，即国家行政机关在行政活动中与相对主体发生的社会关系和基于行政关系而产生的行政监督关系，在大多数情况下不直接具有经济性，同时它所体现的完全是行政法律关系主体之间的权力隶属关系。

（3）调整的主体的构成不同。尽管经济法律关系的主体和行政法律关系的主体都包括国家机关、经济组织和个人，但是在具体的经济法律关系（如经营者之间的正当竞争关系、经济组织的破产清算关系）中，国家机关不一定作为直接的主体。只有当出现不

① 杨紫烜主编：《经济法研究》（第1卷），北京大学出版社2000年3月版，第31页。

正当竞争关系、关系国计民生的经济组织破产清算等需要政府干预或协调时，国家机关才介入当事人之间的经济法律关系。而在具体的行政法律关系中，至少一方为国家行政机关或其授权的组织。

（4）调整的方法不同。经济法综合运用财政、金融、计划、投资、价格等多种经济手段甚至行政手段，采取指导、引导、鼓励、禁止、限制、监督、处罚等自愿与强制相结合的方法来调整经济关系。而行政法则主要是采取命令、禁止、限制、处罚等行政强制性的方法来调整行政关系。

（5）法律作用不同。经济法的作用在于确认经济体制改革的成果，维护市场经济的健康发展。行政法的作用在于确认政治体制改革的成果，维护国家行政机关的工作秩序，确保依法行政、依法治国的实现。

（二）经济法与商法的关系

经济法和商法都是市场经济条件下关于市场主体和市场行为的法域，两者相辅相成。随着商法公法化趋势的加强，两者存在相互交融的现象，表现为商法中存在大量的经济规范，经济法中也存在大量的商法内容。但两者也存在许多差异：

（1）产生的历史条件不同。一般认为，商法源于中世纪地中海沿岸的一些自治城市，其最初的形式是商人习惯法，即商人法。① 商法的产生是对民法的一般性调整，它不能适应具有风险性的商事活动所具有的简捷、高效、安全、营利的要求；而经济法的形成，则是对商法强调商人营利和商事行为自由、安全、简捷的个体倾向而难以避免走向垄断、妨碍竞争、滥用权利，造成整体不平衡的纠正。商法是经济活动中的基础性、前置性法律，经济法是经济活动的平衡性、后续性法律。② 现代意义的经济法，如前所述，是在资本主义由自由竞争进入垄断时期后，西方主要资本主义国家（包括日本）对社会经济进行干预的过程中应运而生的。

（2）调整的社会关系不同。经济法调整的是在社会经济管理和经济组织活动中发生的一定范围的经济关系，主要基于社会经济整体和社会公共利益而规定了市场主体的竞争行为规范、国家如何保障合理配置资源、促进经济振兴和持续、快速发展等内容。而商法调整的则是商事主体之间的商事关系，主要基于商人个体营利和交易安全而规定的商事主体资格的取得及其法律地位、商事交易的规则等内容。

（3）调整的主体构成不同。经济法调整的主体包括国家机关、经济组织和个人，在具体的经济法律关系中，主体之间有时存在行政权力隶属关系。而商法的调整主体则仅限于商事主体，商事主体之间的法律地位是平等的，不存在行政权力隶属关系。

（4）性质和理念不同。经济法是具有私法因素的公法，自由、平等、公平、效益、安全、秩序等法律应当具备的基本理念则被侧重于从公法的角度去阐释，强调社会整体效益和交易安全而反对个体暴利和私权绝对。商法是属于具有公法因素的私法，其中自由、平等、公平、效益、安全等法律理念被侧重于从私法方面来理解和阐释，即强调个体的自由，个体之间的平等，个体相互关系的公平以及个体行为的效益和安全。

（5）法律作用不同。经济法的作用在于维护社会的公共经济利益，确保社会资源的合理配置和社会经济秩序协调发展，其作用过程是立足一般，兼顾个别。而商法的作用

---

① 覃有土主编：《商法学》，中国政法大学出版社 1999 年 12 月版，第 34 页。

② 覃有土主编：《商法学》，中国政法大学出版社 1999 年 12 月版，第 65 页。

在于保护商事主体的个体经济利益，确保商事交易安全，其作用过程是立足个别，兼顾一般。

（三）经济法与民法的关系

经济法与民法的关系一直是法学界争论不休的问题。在我国，经过20多年的讨论，虽然人们对经济法的认识越来越清晰，对经济法也越来越重视，经济法是一个独立的法的部门的观点已经被大多数人所接受，但仍有一些人持否定意见。最为典型的是大民法学派的观点，认为经济法所调整的经济关系只是民法所调整民事主体之间的财产关系的一部分，经济法属于民法的组成部分或民法的特别法，因而不是一个独立的法的部门。特别是2000年8月最高人民法院作出决定，取消原来的经济审判庭，改经济审判庭为民事审判庭后，使得经济法与民法的关系问题给人们带来了新的困惑。

最高人民法院之所以要对审判庭的设置进行大的调整，主要是为了“使人民法院审判工作的职责分类更加清晰、更加科学合理”。① 有学者认为：“业务审判庭的设置都是为了依据特定的实体法和程序法来处理某一特定性质的案件，每一审判庭都应有自己的学理基础作为依托，如刑事审判庭有刑法学和刑事诉讼法学作为其理论基础，民事审判庭依附于民法学和民事诉讼法学，行政审判庭由行政法学和行政诉讼法学支撑。而经济审判庭则很难找到其合理的理论依据。”“经济审判庭的受案范围又呈日益缩小的趋势。目前，从全国法院的整体层次上看，经济审判庭主要受理特殊主体的案件，如国有企业案件、金融纠纷案件以及涉外、涉港澳台经济案件。这类案件是市场主体在从事市场交易中发生的经济纠纷，从性质上讲是平等主体之间的纠纷，与民事审判庭审理的民事案件并没有实质性差别。因此，经济审判庭的受案范围在理论上难以具有令人信服的说服力。”② 可以说，最高人民法院进行的包括撤销经济审判庭在内的改革活动，其真正的法理上的考虑是要否认经济法的地位。③

我们认为，经济法是否作为独立于民法的一个法的部门而存在，并不在于审判机构如何设置以及将其冠以何种名称。经济法与民法相比较而言，两者产生的历史条件、调整的社会关系的范围、调整的主体范围、调整的方法以及两者的作用都存在显著的差别。因此，在现代市场经济条件下，经济法已成为一个独立的法的部门是不以人的意志为转移的客观现实。“大民事审判格局的设计者对中国经济强势发展中提出的司法问题，并没有给予应有的注意。”④ “经济法是克服市场失灵的法，同时也是克服政府失灵的法。”“大民事审判格局源于陈旧的理念。这一理念是市场经济关系运行的法制基础，是由实体法、程序法和审判机构相对应的刑事法、民事法和行政法组成的法律调整机制所构成。”⑤ 而事实上，“经济法的地位跟经济审判庭的存在与否没有必然的联系。经济法的出现虽然直接导致了各级法院相继设立经济审判庭，但是经济法决不是由于经济审判庭的设立而产生的，因而也绝对不会由于法院撤销经济审判庭而不复存在……经济法主要是实体

---

① 参见最高人民法院副院长在最高人民法院机构改革新闻发布会上的讲话，载于《人民法院报》，2000年8月9日。

② 胡夏冰：《经济审判庭设置的法学思考》，载于《人民法院报》，2000年7月8日。

③ 金朝武：《论经济审判庭的撤销与经济法的地位》，载于杨紫烜主编：《经济法研究》（第2卷），北京大学出版社2001年10月版，第478页。

④ 王艳林著：《中国经济法理论问题》，中国政法大学出版社2001年9月版，第95页。

⑤ 王艳林著：《中国经济法理论问题》，中国政法大学出版社2001年9月版，第96页。

法，而不是程序法，在审理经济法的案件中借用民事或行政程序，并无不妥，并不能说明经济法就不重要了”。[1]

第四节　经济法的基本原则

一、经济法基本原则的含义

原则有三层含义：其一，原则是超级规则，是制造其他规则的规则，换句话说，是规则模式或模型；其二，原则起标准的作用，即是人们用来衡量比它次要的规则的价值或效力的规则；其三，原则是归纳出的抽象东西，是总结许多更小的具体规则的广泛的和一般的规则。[2] 法的原则“一般是指可以作为规则的基础或本源的综合性、稳定性原则和准则”。[3]

经济法的基本原则是作为经济法规则的基础或本源的综合性、稳定性原则和准则，是贯穿于经济立法、经济执法、经济司法、经济守法、经济法律监督全过程，具有直接指导意义和普遍适用价值的根本性准则。经济法的基本原则是经济法诸多原则中最抽象、最稳定、具有指导性、普遍适用的原则，是经济法的宗旨、价值和理念的最充分、最集中体现。在内容上，经济法基本原则不包括同一层次的各部门法所共有的原则，如诚实信用原则、依法行使权利原则等，也不同于经济原则。

二、我国经济法的基本原则

（一）维护宪法经济制度的原则

宪法是国家的根本大法，经济法应有利于宪法所确立的经济制度的巩固和完善。主要有两方面的内容：

1. 坚持以公有制为主体、多种所有制经济共同发展的原则

1993年和1999年两部宪法修正案明确规定：“中华人民共和国的社会主义经济制度的基础是生产资料的社会主义公有制，即全民所有制和劳动群众集体所有制。”“国家在社会主义初级阶段，坚持公有制为主体、多种所有制经济共同发展的基本经济制度，坚持按劳分配为主体、多种分配方式并存的分配制度。”“国有经济，即社会主义全民所有制经济，是国民经济中的主导力量。国家保障国有经济的巩固和发展。”“国有企业在法律规定的范围内有权自主经营。”“国有企业依照法律规定，通过职工代表大会和其他形式，实行民主管理。”“农村集体经济组织实行家庭承包经营为基础、统分结合的双层经营体制。农村中的生产、供销、信用、消费等各种形式的合作经济，是社会主义劳动群众集体所有制经济。参加农村集体经济组织的劳动者，有权在法律规定的范围内经营自留地、自留山、家庭副业和饲养自留畜。”“集体经济组织在遵守有关法律的前提下，有独立进行经济活动的自主权。”“集体经济组织实行民主管理，依照法律规定选举和罢免管理人员，决定经营管理的重大问题。”“在法律规定范围内的个体经济、私营经济等非公有制经济，是社会主义市场经济的重要组成部分。”“国家保护个体经济、私营经济的

---

① 王艳林著：《中国经济法理论问题》，中国政法大学出版社2001年9月版，第484页。

② ［美］弗里德曼著，李琼英、林欣译：《法律制度》，中国政法大学出版社1994年版，第46、47页。

③ 沈宗灵主编：《法理学》，高等教育出版社1994年版，第39页。

合法的权利和利益。国家对个体经济、私营经济实行引导、监督和管理。”因此，我国经济立法、经济执法、经济司法、经济守法、经济法律监督都不得与宪法的规定相抵触。

2. 有利于建立、健全社会主义市场体制

综观当今世界，在资源配置方式上大体上有两种基本方式。一种是以计划为主的配置方式，其显著特点是行政权力因素在资源配置中起着主导的作用，它的典型形式，是通过国家计划特别是指令性计划配置资源，其主要出发点是企图通过国家的计划干预，解决经济短缺等问题；另一种是以市场为主的配置方式，其显著特点是价值规律在资源配置中起着主导作用，其典型形式是运用经济杠杆促进经济的发展，其主要出发点是试图通过价值规律的自发作用，解决供需矛盾。中外历史都已证明，以市场为主的资源配置方式优于以计划为主的资源配置方式。1993 年我国宪法修正案明确规定：“国家实行社会主义市场经济。”“国家加强经济立法，完善宏观调控。”“国家依法禁止任何组织或者个人扰乱社会经济秩序。”我国现在所建立的社会主义市场经济体制，就是要使市场在国家宏观调控下对资源配置起基础性的作用，但这并不意味着完全排斥国家的干预，在这种体制下应注意发挥市场调节和国家适度干预两方面的作用。经济法就是为了适应国家有效管理社会经济而产生的法律形式。但无论如何，经济法制应有利于我国社会主义市场经济体制的建立和完善，努力克服市场失灵和政府失灵，这是经济法的一项基本原则和任务。

（二）维护公平竞争原则

市场经济的本质属性是竞争。市场主体通过竞争实现利益的最大化，社会资源通过竞争实现优化配置。然而由于市场主体利益的多元化和相互冲突，经营者容易采取不正当手段开展竞争，自由竞争还容易导致垄断。尤其在当前，由于我国财政税收体制尚存不合理，地方利益、部门利益渗入市场主体的经济活动中，地方保护主义、行政垄断现象极为普遍，严重影响了全国统一市场的形成，妨碍了公平竞争，制约了国民经济的发展。因此，维护公平竞争是社会主义市场经济的内在要求，是经济法的基本原则。维护公平竞争的要求不仅直接体现在竞争法中，而且在经济法的各项制度诸如发展计划、产业政策、财政税收、金融外汇、企业组织、经济合同等制度和具体执法暨司法中，都必须考虑市场主体公平竞争的问题，政府的经济管理和市场操作也应该做到公开、公平、公正，不得违背和破坏市场公平竞争的客观法则。①

（三）社会本位原则

法律部门的本位思想是指体现在这个法律部门中的解决社会矛盾的基本立场。就调整社会经济关系的法律部门的本位思想而言，有三种情况：一是“国家本位”，一般来讲，这是以国家利益为主导的行政法的本位思想；二是“个体本位”，这是以当事人利益为主导的民法的本位思想；三是“社会本位”，这是以维护社会公共利益为出发点的经济法的本位思想。② 国家利益、社会公共利益和个体利益既相互联系，又相互区别，有时甚至相互对立。比如，扩大积累、增加货币发行、加重税负等，可能暂时对国家有利，但是对社会公共利益和纳税人利益有损；过度开采自然资源、超标排污，对经营者而言无疑节约了成本，提高了经济效益，但破坏了环境，妨碍了经济可持续发展；制假、贩假

① 参见潘静成、刘文华主编：《经济法》，中国人民大学出版社 1999 年版，第 74 页。

② 参见李昌麒主编：《经济法学》，中国政法大学出版社 1999 年版，第 82 页。

增加了参与者的财富，“繁荣”了地方经济，但损害了其他经营者和消费者的合法权益；公司多提公积金，有利于长远发展和保障交易安全和债权人的利益，但减少了股东暂时可分派的股利，等等。经济法应确立社会本位原则，即意味着经济法在调整涉及货币发行、产业政策、市场竞争、产品质量、价格水平、环境保护、资源开发、市场准入等经济关系时，应注重保障社会利益。经济主体不得以损害社会公共利益的手段来谋取自身利益。当个体利益与社会公共利益相冲突时，经济法优先保护社会公共利益。

（四）责、权、利、效相统一原则

责即责任，指违反法定或约定的义务所应承担的法律后果；权即权利和权力，指法律赋予经济法律关系主体享有的职权和资格；利即利益，指经济法律关系依法获得的物质利益；效即效益，包括经济法律关系主体的个体经济效益和社会效益。

责、权、利、效相统一原则是指经济法律关系的主体所享有的职权、权利和义务、责任必须相一致，同时经济活动必须以提高经济效益和社会效益为中心。这一基本原则要求经济法在调整经济关系时，应以有利于提高经济效益和社会效益为价值目标，充分赋予经济法律关系主体经济职权和经济权利，同时应明确相应的义务和责任，包括对环境、资源保护与合理利用的社会义务和责任。特别应注重防治经济管理机关、国有经济组织及其工作人员滥用经济管理职权和经济优势，妨碍公平竞争，挥霍公共财产等不法行为。在调整方式上，经济法不应单纯采取“命令—服从”的方式，而应利用利益驱动机制，通过税收、价格、利率、信贷等经济手段，引导经济主体的经济行为，以实现宏观经济调控的目标。

【思考题】

1. 简述经济法的地位。

2. 简述经济法与行政法的关系。

3. 简述经济法与商法的关系。

4. 面对各地旧城改造和城市建设如火如荼地开展，各类开发区和科技园区层出不穷，全社会固定资产投资高速增长，特别是钢铁、水泥、电解铝、建材等行业的投资超常增长，全社会对信贷资金的需求量迅猛增加。国务院从2004年4月份开始对宏观经济进行综合调控。其中，较为重要的措施包括：4月26日，国务院授权发改委宣布，对钢铁、电解铝、水泥、房地产开发行业建设项目的资本金比例进行调整；4月27日，国务院发文决定在全国开展固定资产投资项目清理，重点是钢铁、电解铝、水泥、党政机关办公楼和培训中心、城市快速轨道交通、高尔夫球场、会展中心、物流园区、大型购物中心等项目和2004年以来新开工的所有项目；4月28日，中央决定适当提高商业银行的存款准备金率和实行差别存款准备金制度，提高存款准备金率0.5个点，对不同地区实行差别准备金；4月29日，国务院以明电形式发布通知，明确对土地市场秩序进行治理整顿，规定在治理整顿期间全国冻结农用地转非农建设用地半年，半年后必须逐省逐地进行验收，验收合格方能解冻，就在同一天，国务院还严肃查处了江苏铁本钢铁公司的违规建设项目；5月10日，国家发改委取消地方自行出台的优惠电价措施，还对部分高耗能行业试行差别电价，用市场化手段调控电力紧张的局面；6月10日，国土资源部和发改委发出“关于在深入开展土地市场治理整顿期间，严格建设用地审批管理的实施意见”，明确暂停农用地转用审批和须报批项目用地范围、重点急需建设项目确认程序和用地审批报批程序、遗留建设用地项目清理事项；6月29日，九部委经国务院批准，联合印发《关于清理规范焦炭行业的若干意见》，决定坚决关停土焦，对焦炭生产实行总量控制。事实证明，政府采取的综合调控措施是正确的和有效的，主要表现在：一是投资增长过快的势头得到了初步遏制，特别是国家重点调控的钢铁、水泥、电解铝、建材等过热行业的投资增幅都出现显著回落，与此同时，国民经济仍保持快速增长态势；二是土地市场治理整顿取得重要进展，土地使用得到有效控制；三是部分生产资料价格涨势趋缓。

结合上例涉及的法律问题思考：

（1）经济法的调整对象。

（2）经济法的原则。

第二章　经济法律关系

【学习要点】

- 经济法律关系的特征
- 经济权利和经济义务
- 经济法律关系的保护

法律关系是具体的部门法作用于一定的社会关系的结果。经济法律关系是基于经济法律规范在经济法主体之间所形成的经济权利和经济义务关系。它由经济法律关系主体、经济法律关系的内容和经济法律关系的客体三要素所构成。经济权利和经济义务内容十分广泛，其中经济职权既是一种权利，也是一种职责和义务，有关主体应当依法切实行使其职权，而不能滥用职权，也不得放弃或抛弃其职权。经济法是以国家强制力来保证实施的，但不是每个具体的经济法律关系的实现都直接依赖于国家强制力。经济法律关系保护的方式是多种多样的。

第一节　经济法律关系的构成

一、经济法律关系的概念和特征

（一）经济法律关系的概念

法律关系是指基于法律规范在法律主体之间所形成的权利和义务关系。根据法律关系内容的不同，可以将法律关系分为民事法律关系、商事法律关系、行政法律关系、刑事法律关系、经济法律关系等。法律关系属于社会关系，但并非所有的社会关系都属于法律关系。

经济法律关系是指基于经济法律规范在经济法主体之间所形成的经济权利和经济义务关系。它由经济法律关系主体、经济法律关系内容和经济法律关系客体三个要素构成。

（二）经济法律关系的特征

(1) 经济法律关系是由经济法规定和确认的社会关系，属于思想意志关系。它不同于经济关系。经济关系是人们在生产、交换、分配和消费过程中所形成的社会物质关系（或称为物质利益关系），属于经济基础的范畴。而经济法律关系是由经济法规定和确认的人与人之间的关系，既体现了国家的意志，又体现了当事人的意志，是一种思想意志关系，属于上层建筑的范畴。经济法律关系实质上是经济关系在经济法上的反映，但并非所有的经济关系都能成为经济法律关系，只有当该经济关系受经济法调整和确认时，才能上升为经济法律关系。因此，经济法律关系的产生、存续和变更，必须以相应的经济法律规范的存在为前提。

（2）经济法律关系是具有经济内容的权利义务关系。任何法律关系都体现为当事人之间的权利义务关系。由于经济法律关系实质上是特定的经济关系在经济法上的反映，因此，经济法律关系区别于其他法律关系的一个重要方面在于经济法律关系当事人所享有的权利或所承担的义务具有直接的经济内容。这种直接的经济内容具体表现为：权利的行使会对权利人或社会产生经济效益；义务的履行会促进权利人实现经济效益或产生社会经济效益。相应地，若权利人抛弃或者怠于行使权利，或者义务人不履行义务或者不适当履行义务，将导致权利人预期的经济效益减损、丧失或者影响社会经济效益。

（3）经济法律关系是由国家强制力保证实现的社会关系。经济法律关系是经济法所确认的社会关系，对当事人具有法律约束力。任何一方违反经济法律关系所确定的义务时，对方当事人可以请求法律保护，直至追究其相应的法律责任。

二、经济法律关系的主体

（一）经济法律关系主体的概念

经济法律关系的主体，也称为经济法主体，是指依据经济法律规范享受经济权利和承担经济义务的当事人。其中享有权利的一方当事人称为权利主体；承担义务的一方当事人称为义务主体。当然，在市场经济活动中，双方当事人通常均既享有一定的权利，又承担一定的义务。

（二）经济法律关系主体的范围

经济法律关系的主体范围是由经济法调整的对象范围所决定的。在现代市场条件下，由于国家干预经济关系涉及众多领域，经济法调整的经济关系极为广泛，决定了经济法主体的多样性和广泛性。大致可以划分为以下几类：

（1）国家行政机关。主要是国家经济行政管理机关，如企业登记机关（工商行政管理机关）、税收征收管理机关、中国人民银行等。这些行政机关在行使经济法赋予的宏观经济调控权和其他经济职权以及履行经济法规定的培养市场和完善市场体系、建立和完善社会保障体系、为企业提供社会服务等经济义务和职责时，必然与市场主体之间形成经济法律关系。

（2）企业。企业是指由人和物等要素结合而成的、以营利为目的、从事生产经营活动的组织。这是最普遍、最重要的经济法主体。根据法律地位的不同，企业分为法人企业和非法人企业。法人企业，即依法具有法人资格的企业。根据《中华人民共和国民法通则》（以下简称《民法通则》）的规定，法人是具有民事权利能力和民事行为能力，依法独立享有民事权利和承担民事义务的组织。法人应当具备下列条件：①依法成立；②有必要的财产或者经费；③有自己的名称、组织机构和场所；④能够独立承担民事责任。法人企业主要有股份有限责任公司、有限责任公司、国有企业等。非法人企业是不具有法人资格的企业，主要有合伙企业、个人独资企业、法人企业的分支机构等。

（3）其他经济组织。目前主要指个体工商户和农村承包经营户。根据《民法通则》的规定，公民在法律允许的范围内，依法经核准登记，从事工商业经营的，为个体工商户；农村集体经济组织的成员，在法律允许的范围内，按照承包合同规定从事商品经营的，为农村承包经营户。

（4）自然人。包括我国公民、外国人以及无国籍人。自然人参与经济活动受经济法调整时，即成为经济法律关系的主体。

（5）社会经济服务机构。社会经济服务机构是指为市场主体的经济活动提供社会服务的各种组织，如会计师事务所、律师事务所、资产评估机构、证券投资咨询机构等。

（6）事业单位和其他社会团体。事业单位是指由国家财政或其他单位拨款，不以营利为目的的文化、教育、卫生等组织。① 社会团体，是指由人民群众或组织依据自愿原则组织的进行社会活动的社会组织。有的事业单位和社会团体依据行政法规或行政机关的授权，行使部分经济监管职能，或者参加与市场主体的经济活动相关的事务，也可能成为经济法律关系的主体，如证券交易所、中华工商联合会等。

值得注意的是，经济法律关系的一方不一定是特定的人或单位，有时可能是社会公众或不特定的其他经营者。这主要是由于经济法强调社会本位原则，侧重保障社会公共利益和社会经济的持续、快速、健康发展。比如，中国人民银行行使宏观调控职权，调整存贷款利率，则所有经营存贷款业务的金融机构都有义务执行；而公平正当竞争，其权利主体和义务主体则为所有从事同一业务的经营者；经营者应当生产合格产品、提供优质服务、保护环境、合理利用资源，其权利主体则为社会公众。

（三）经济法律关系的主体资格

经济法律关系的主体必须具备一定的资格，否则相关的权利、义务就不具有法律上的约束力。

经济法律关系的主体资格，一般根据法律规定的条件、程序或方式而取得或认可。具体而言包括以下情形：依照宪法和法律由国家各级权力机关批准成立；依照法律和行政法规由国家各级行政机关批准、核准或直接登记而成立；依照法律、行政法规或合法有效的章程由经济组织自身设立；由法律、行政法规直接赋予一定身份而成立，等等。

一般而言，具备经济法律关系主体资格的当事人只能在法律、行政法规规定或许可的范围内开展经济活动，超越范围的从事经济活动而发生的权利义务关系不受法律保护。如《民法通则》第四十二条规定："企业法人应当在核准登记的经营范围内从事经营。"但是，为了促进交易，保障交易安全，保护善意第三人的利益，法律也作了特别规定。如《合同法》第五十条规定："法人或者其他组织的法定代表人、负责人超越权限订立的合同，除相对人知道或者应当知道其超越权限的以外，该代表行为有效。"《最高人民法院关于适用〈中华人民共和国合同法〉若干问题的解释（一）》第十条规定："当事人超越经营范围订立合同，人民法院不因此认定合同无效。但违反国家限制经营、特许经营以及法律、行政法规禁止经营规定的除外。"

三、经济法律关系的内容

（一）经济法律关系内容的概念

经济法律关系的内容是指经济法主体依法享受的经济权利和承担的经济义务，包括经济权利和经济义务两方面的内容。它是经济法律关系的基础和核心，是经济法律关系的基本要素，也是经济法律关系中最重要的要素。一方所享有的经济权利即为对方所应承担的经济义务；一方所享有的经济权利与其所承担的经济义务应大体相当。

① 目前许多事业单位也正处于调整之中，其经费来源有全额财政拨款、部分财政拨款和无财政拨款三种情况。

（二）经济权利

经济权利，是指经济法主体在社会经济管理和经济组织活动中依法享有的为或不为一定行为以及要求他人为或不为一定行为的资格。具体而言有四层含义：首先，按照经济法的规定，经济法的主体有权作出一定行为。如投资者有权依法投资创设企业，经营者有权参与公平竞争，国家行政机关有权依法运用利率、税率、汇率、价格等经济手段对经济进行宏观调控等。其次，经济法主体可以依法不作出一定作为。如企业有权拒绝任何机关、单位摊派人力、物力、财力。再次，经济法主体可以依法要求他人作出一定行为。如企业登记管理机关要求企业办理年检，审计机关有权要求被审计单位按照规定报送财务预算或者财务收支计划、财务报告等有关资料。最后，经济法主体可以依法要求他人不作一定的行为。如工商行政管理机关有权要求非法经营者停业整顿，经营者有权要求其他经营者停止不正当竞争行为。

根据我国现行有关规定，经济权利主要有以下几类：

1. 经济职权

经济职权是指国家机关及其委托的单位或者法律、行政法规授权的单位依法进行社会经济管理时所享有的权利。具体表现为经济决策权、命令权、资源配置权、指挥权、审批权、准许权、确认权、监督权、撤销权、免除权、任免权、奖惩权、检查权等。国家担负着领导和组织国民经济建设职能。经济职权就是国家为有效管理社会经济而赋予有关国家机关或单位的权利，具有法定性和专属性，其他经济法主体无权享有这种权利，因此经济职权不能随意转让。经济职权同时也是一种职责、义务，有关机关和单位应当依法切实行使其职权，而不能滥用职权，也不得放弃或抛弃其职权。一切失职、渎职行为均应受到法律制裁。

2. 经营权

经营权是指经济法主体利用自己的财产或合法占有的他人财产，以营利为目的，依法从事生产经营活动的权利。尽管经营权与财产所有权密切相关，但它不同于财产所有权。财产所有权是指民事主体对其所有的财产所享有的占有、使用、收益和处分的权利。其中，占有权，是指对财产进行实际掌握和控制的权利；使用权，是指根据财产的性能和用途进行利用，以满足生产或生活需要的权利；收益权，是指收取在财产上新增利益的权利；处分权，是指决定财产在事实上和法律上的命运的权利。财产所有权就其属性而言，应属于民事权利。只有当财产用于生产经营，才能在经营过程中产生经营权。根据我国现行法律规定，经营权主要有以下几类：

（1）投资权。指自然人、法人或其他组织以获取收益为目的，用其财产作为资本投入生产经营环节的权利。投资可以是直接投资，也可以是间接投资；可以是国内投资，也可以是国外投资。但资金投向必须符合国家的产业政策，必须用于正当的经营活动，必须符合我国现行有关金融、工商等法律、行政法规的规定。比如：“公司可以向其他企业投资；但是，除法律另有规定外，不得成为所投资企业的债务承担连带责任的出资人。”任何单位和个人不得参与非法集资、走私、传销等违法活动。违法从事投资的，不仅其投资收益不受经济法保护，而且应追究其相应的民事责任、行政责任直至刑事责任。

（2）国有企业经营权。指国有企业对于国家授予其经营管理的财产享有的占有、使用和依法处分的权利。国家通过授权形式，将国有资产授予企业经营管理，企业依法自主经营、独立核算、自负盈亏。当然，国有企业应当在法律规定和国家授权的范围内行使企业经营权，并承担国有资产保值增值的责任。

（3）集体经济组织和个体经济、私营经济组织的自主经营权。集体经济组织在遵守有关法律的前提下，有独立进行经济活动的自主权。国家保护个体经济、私营经济的合法权利和利益。国家对个体经济、私营经济实行引导、监督和管理。

（4）承包经营权。指承包人根据其与发包人订立的承包合同的约定而享有的自主经营权。我国现阶段主要有三种承包经营形式：第一种是国家与全民所有制企业之间的承包关系。发包方是政府指定的有关部门，承包方是实行承包的企业。实行承包的企业对发包方负责，同时享有国家法律、行政法规、政策和承包经营合同规定的经营管理自主权。第二种是企业作为发包方与它的内部成员或者生产经营单位之间发生的承包经营关系。在某些情况下，企业的外部成员和社会组织也可以成为承包经营的承包人。第三种是发生在农村的承包经营关系。根据现行的有关规定，公民、集体经济组织有权对集体所有或者国家所有由集体使用的土地、森林、山岭、草原、荒地、滩涂、水面等资源享有承包经营权。承包经营权是建立在承包方的经营能力和资信能力基础之上的，具有很强的身份性，因此，除法律、行政法规有特别规定或承包双方有特别约定外，承包经营权是不可继承或随意转让的。

（5）租赁经营权。指承租人对全民所有制小型工业企业，在不改变全民所有制性质的条件下，根据所有权与经营权分离的原则，与发包方即政府有关部门签订合同并向发包方缴纳租金，有期限地经营所租赁企业的权利。租赁经营，原来仅在全民所有制小型工业企业中实行，随着经济体制改革的深化，已扩展到商业企业之中。按照我国法律规定，享有承租经营权的主体比较广泛，通常有个人承租、合伙承租、全员承租（企业全体职工集体承租）、企业承租（即一个企业承租另一个企业）。承租人享有占有、使用承租的财产、调整企业经营方向等权利。

（6）自然资源开采、开发、利用权。在我国，矿藏、水流、森林、山岭、草原、荒地、滩涂等自然资源，都属于国家所有，即全民所有，由法律规定属于集体所有的森林和山岭、草原、荒地、滩涂除外。国家保障自然资源的合理利用。在这方面主要有土地使用权、采矿权、取水权、渔业权等。

3. 经济请求权

经济请求权是指经济法主体依法享有的请求他人为一定行为或不为一定行为，以维护其合法经济利益的权利。经济请求权主要有以下几类：

（1）管理性的请求权。指在经济管理过程中，由于管理机关未依法履行管理职责给被管理者造成损害时，被管理者享有的请求管理者满足自己要求的权利。

（2）复议请求权。指认为国家经济管理机关的具体行政行为不合法或不适当时请求有关上级机关进行复议的权利。

（3）损害赔偿请求权。指经济法主体的经济权利受到侵害，并遭受损失时，有权要求侵权行为人赔偿财产损失，如土地征用补偿请求权、行政侵权赔偿请求权、环境污染损害赔偿请求权等。

（4）其他请求权。包括申诉权、举报权、起诉权等。

（三）经济义务

经济义务是指经济法主体在社会经济管理和经济组织活动中依法或应经济权利人的要求必须为一定行为和不为一定行为的约束。具体而言有三层含义：首先，承担经济义务的经济法主体必须作出一定的行为，以保证国家利益和相应享有权利的另一方经济法主体的权益获得实现。其次，承担经济义务的经济法主体必须抑制一定的行为以不妨碍他人经济权利的行使或实现其权利。第三，经济法主体不自觉履行或不适当履行经济义务，将承担相应的法律责任。

根据我国现行有关规定，经济义务主要有以下几类：

（1）依法履行经济管理职责。这是专属于经济管理机关的法定义务。经济管理机关的职权和职责是一致的，不依法履行其国民经济管理的职责，就是失职行为。

（2）依法开展经营活动。这是市场主体必须履行的基本义务。只有合法的经营活动才受法律保护，才能获得预期的经济利益，并有利于巩固社会主义市场经济秩序。

（3）依法纳税。征缴税款不仅是国家财政收入的主要来源，也是调整经济的重要经济手段之一，经济法主体必须依法纳税。

（4）服从合法干预的义务。经济法主体的个体利益必须服从整体利益、全局利益，对于经济管理机关依法采取的经济干预措施，有服从的义务。

四、经济法律关系的客体

（一）经济法律关系客体的概念

经济法律关系的客体，也称为经济法律关系的标的，是指在经济法律关系中经济权利和经济义务所共同指向的对象。它是经济权利和经济义务的载体或外在表现形式，因而也是经济法律关系中不可缺少的要素。如果没有客体，经济法律关系主体既无法享受经济权利，又无法承担经济义务。

（二）经济法律关系客体的种类

由于经济法调整的经济关系既涉及经济组织的经济活动，又涉及社会经济管理活动，因而经济法律关系的客体的范围既广泛，又有一定的局限。经济法律关系的客体大致可分为以下四类：

（1）经济管理行为。法律上的行为一般是指当事人为实现一定目的而进行的有意识的活动。作为经济法律关系客体的行为主要表现为经济管理行为，即国家经济管理机关依法对国民经济进行管理的活动，它包括调控行为、许可行为、批准行为、登记行为、监督行为等。比如，审计机关审查财务账目的行为，中央银行调整利率的行为，税务机关征缴税款的行为。经济管理行为是经济法律关系中普遍发生的行为，因而也是经济法律关系最重要和最常见的客体。

（2）物。法律上的物一般是指现实存在的，能为人们所控制的，并具有经济价值的生产资料和生活资料，包括货币和有价证券。但是，作为经济法律关系客体的“物”没有这么宽泛，只有与社会经济管理以及经济组织活动相关的物，才能成为经济法律关系的客体。比如，原材料、成品、半成品、机器设备、建筑物、交通运输工具、能源、药材、农产品、矿藏、森林、基地、货币以及国家允许流通的有价证券——支票、汇票、本票、股票、国库券、公司债券、企业债券等。

（3）智力成果。智力成果是指由人们的智力创造而形成的文学艺术成果（如小说、戏剧、乐曲、舞蹈、绘画、雕塑等作品）和科学技术成果（如发明、实用新型、外观设计、商标、技术秘密、计算机软件等）。一般的智力成果都可以成为民事法律关系的客体，但只有那些与社会经济管理或经济组织活动有关的科学技术成果才能成为经济法律关系的客体。随着科技的进步，新的科技成果将会不断出现，充当经济法律关系客体的智力成果也将更加广泛。

（4）经济信息。经济信息是反映社会经济活动发生、变化等基本情况的各种消息、数据、情报和资料的总称。当今人类正处于一个信息时代，经济信息作为一种重要的资源，无论是对宏观经济调控，还是对微观经济运行都起着十分重要的作用。由于经济信息的重要性，决定了国家和企业都必须加强信息资源的管理，建立和健全完善的经济信息系统，这就需要把经济信息的收集、整理、汇总、计算、分析、加工、传递、储存和输出等过程纳入经济法制建设轨道。这样，经济信息就成为经济法律关系的一类客体。①

第二节　经济法律关系的发生、变更和终止

一、经济法律关系发生、变更和终止的概念

经济法律关系的发生，是指在本不存在经济法律关系的当事人之间形成了经济法上的权利义务关系。经济法律关系一经发生，双方当事人即从理论意义上的、抽象的经济法主体变为现实的、具体的经济法主体，因而都必须依据经济法律规范行使相关权利和履行相关义务。

经济法律关系的变更，是指现存的经济法律关系在主体、内容或客体方面发生变化。这种变化可以是部分，也可以是全部，但无论如何，变化后仍应当符合经济法律规范，否则其法律效力会受影响。

经济法律关系的终止，是指现存的经济法律关系消灭，即原经济法主体相互之间的权利义务不复存在。

二、经济法律关系发生、变更和终止的原因

经济法确认和保护经济法律关系，但经济法律关系不会自生自灭。经济法律关系的发生、变更和终止都是有原因的。凡能够引起经济法律关系发生、变更或终止的客观情况，一般称之为经济法律事实。换言之，经济法律事实即经济法律关系发生、变更、终止的原因。在现实中，经济法律事实多种多样。根据是否受经济法主体主观意志的控制，经济法律事实可分为经济行为和事件两类。

（一）经济行为

经济行为是指经济法主体有意识地进行的，能够导致经济法律关系发生、变更或消灭的行为。② 经济行为又可以分为：

（1）单方行为和双方行为。单方行为是指基于当事人的单方意志而进行的行为，如经济管理部门的宏观调控行为、经营者的不正当竞争行为等。双方行为是指基于当事人双方共同合意而进行的行为，如企业设立登记、证券发行等。

（2）经济合法行为和经济非法行为。经济合法行为也被称为经济法律行为。经济合

---

① 参见李昌麒主编：《经济法学》，中国政法大学出版社1999年版，第113、114页。

② 作为经济法律事实的经济行为不同于一般意义上的经济行为。一般意义上的经济行为，是指当事人为实现一定的经济目的而进行的活动。一般意义上的经济行为只有导致经济法上的后果时才成为经济法律事实的经济行为。

法行为会导致经济法律关系的发生、变更或消灭，经济非法行为也可能导致经济法律关系的发生、变更或消灭。比如，不正当竞争行为会导致合法经营者请求停止不正当竞争行为的权利的发生；非法募集资金会导致金融监管机关行使监管职权；未经清算即解散、注销企业会导致原企业经济权利义务消灭，当然有关人员应承担相应的法律责任。

（二）事件

事件，是指不以经济法主体的主观意志为转移而发生的客观情况。按其发生的原因不同，事件又可分为自然事件与社会事件两种。自然事件是由自然现象引起的，如地震、台风、水灾、旱灾、冰雹、雷击、海啸、火山爆发等；社会事件，如战争、政治动乱、政府禁令等。它虽然与某些人的主观意志有关，但它对经济法律关系主体来说，都是无法避免和克服的事件。自然事件和社会事件的发生，都可能引起经济法律关系的发生、变更和终止，如计划的改变、价格的调整、税收的减免等情况，因而都可能成为经济法律事实。

第三节　经济法律关系的保护

一、经济法律关系保护的概念

经济法律关系的保护，是指依照经济法的有关规定，保障经济法律关系的主体正确地行使经济权利和切实地履行经济义务，并对违反经济义务的一方当事人进行制裁，从而使经济法律关系得以全面实现。

对经济法律关系进行确认和保护，是经济法的基本功能。保护经济法律关系的意义，不仅在于维护经济法律关系主体的合法权益，保障社会经济秩序，维护社会公共利益，更在于维护经济法制的权威。法律的生命就在于它的贯彻实施。要使经济法有效地调整在社会经济管理和经济组织活动中发生的一定的经济关系，从而创造更多、更高的经济效益和社会效益，就必须对经济法律关系进行有效的保护。

二、经济法律关系保护的方式

经济法与其他法律一样，都是以国家强制力来保证实施的，但不是每个具体的经济法律关系的实现都直接依赖于国家强制力。经济法律关系保护的方式是多种多样的。

从保护主体角度来看，经济法律关系的保护可分为自我保护、行政保护和司法保护三种方式。自我保护主要是当经济义务一方当事人不履行、怠于履行或不适当履行其义务时，经济权利一方当事人通过协商、通知、催告、由第三方调解、取得担保等方式，促使对方切实履行经济义务，以实现自己的经济权利。行政保护是指有关行政机关主动依职权或依当事人的请求在其职权范围内采取相应行政措施，确保经济义务的履行和经济权利的实现。司法保护是指通过人民法院行使审判权或人民检察院行使检察权，处理经济法律关系当事人之间的纠纷、制裁经济违法行为的方式，确保经济义务的履行和经济权利的实现。

从保护措施角度来看，经济法律关系的保护可分为奖励与惩罚两种方式。为了实现对经济法律关系的有效保护，既要对行使经济权利和履行经济义务有显著成绩的单位和个人给予奖励，又要对不履行经济义务和侵犯他人合法权益的单位和个人进行惩罚，做到赏罚分明，两者不可偏废。目前我国各地为了调整产业结构、吸引投资、鼓励依法经营、依法纳税等出台了许多优惠措施和奖励办法，对经济法律关系的保护取得了很好的成效。惩罚方式也就是追究经济法律责任的方式。

三、经济法律责任

（一）经济法律责任的概念

经济法律责任，是指经济法主体因其行为违反经济法律规范而应承受的法律制裁或强制性义务。具体而言包含以下三层含义：首先，它是针对经济法主体而适用的责任，也就是说只有参与社会经济管理或经济组织活动的单位或个人，才可能承担经济法律责任。在从事一般的民事活动和其他的行政管理活动过程中不发生经济法律责任问题。其次，它是因违反经济法律规范而导致的责任。违反经济法律规范主要表现为违反经济法律关系中的经济义务。最后，经济法律责任承担的方式体现为接受某种（些）制裁或履行一定义务，或者既接受制裁又履行一定义务。比如，责令不正当竞争者停止不正当竞争行为，消除影响，并赔偿损失。

值得注意的是，经济法律责任不同于经济责任。经济责任是指违法行为人所承担的以经济利益减损为内容的法律责任，如赔偿损失、支付违约金、罚款、没收非法所得、交纳滞纳金、双倍返还定金、查封财产、冻结银行账户等。经济责任是经济法律责任中最常用的措施。

（二）经济法律责任的种类

经济法律责任是一个综合性的范畴，它是由不同性质、多种责任形式构成的统一体。根据性质的不同，经济法律责任可以分为民事责任、行政责任和刑事责任三种。①

（1）经济法中的民事责任。经济法中的民事责任，是指经济法主体违反经济法律规范，不履行或不适当履行其经济义务（包括经济职责）所承担的具有民事责任性质的责任。具体的措施主要有责令停止侵害、消除影响、返还财产、赔偿损失、支付违约金、交纳滞纳金、双倍返还定金等。

（2）经济法中的行政责任。经济法中的行政责任，是指经济法主体违反经济法律规范，不履行或不适当履行其经济义务（包括经济职责）所承担的具有行政制裁性质的责任。它分为行政处罚和行政处分两种。行政处罚是国家行政机关依照法定职权对实施违反经济法律规范的单位或个人给予的行政制裁，主要有罚款、责令停业、加收滞纳金、没收非法所得、吊销营业证照等措施。行政处分是国家行政机关按照行政隶属关系依法对违反经济法律规范或内部规章制度的个人所进行的一种纪律处分，主要有警告、记过、记大过、降级、降职、撤职、留用察看、开除等措施。

（3）经济法中的刑事责任。经济法中的刑事责任，是指经济法主体严重违反经济法律规范，构成犯罪所必须承受的刑事制裁。刑事责任可以从适用属性上划分为主刑和附加刑两种。主刑是指只能独立适用不能附加适用的刑罚，附加刑是指既可独立适用，也可附加适用

① 有的学者主张将经济法律责任分为经济责任、行政责任和刑事责任三种。笔者认为这种分类不科学。理由之一，通常所说的经济责任包括罚款、没收非法所得等行政处罚措施，因此经济责任与行政责任是交叉关系而非并列关系的范畴；理由之二，经济法律责任中，如责令停止不正当竞争行为，消除影响等归属于经济责任不够准确。

的刑罚。前者包括管制、拘役、有期徒刑、无期徒刑和死刑，后者包括罚金、剥夺政治权利、没收财产。从适用的内容上可以分为生命刑（即死刑）、自由刑（包括管制、拘役、有期徒刑和无期徒刑）、财产刑（包括罚金和没收财产）、资格刑（包括剥夺政治权利和驱逐出境）。对构成犯罪的单位一般判处罚金或没收财产，同时追究直接责任人相应的刑事责任。

（三）经济法律责任的一般构成要件

经济法律责任的构成要件，是指国家有关机关据以追究经济法主体承担相应的法律责任的条件。行为人承担经济法律责任一般应符合以下条件：

（1）行为人的行为违反了经济法律规范。经济法主体违反经济法律规范是承担经济法律责任的基本前提，没有违法行为也就不存在法律责任。经济法主体的违法行为，既包括违反法定经济义务的行为，如生产伪劣产品、抗税等，也包括不正确行使经济权利的行为，如滥用职权进行行政垄断、私自更改注册商标的文字图形等。此外，违法行为可以表现为作为和不作为两种形式。作为的违法是指经济法主体通过积极的经济活动，实施了经济法所禁止作出的行为，如私设金融机构、诈骗贷款等；不作为的违法是指行为人消极地不实施法律要求实施的行为，如偷税、玩忽职守等。

（2）有一定的损害事实。损害事实是指对国家、社会或其他经济法主体造成财产损害和非财产损害的客观情况。财产损害又包括直接损害和间接损害两种。直接损害是指导致受害人现有财产的减少或丧失，而间接损害是指导致受害人正常的预期收入的减少或丧失。非财产损害，包括对其他经营者商业信誉的损毁、经济秩序的破坏等。一般而言，追究经济法律责任必须有一定的损害事实的发生。由于经济法侧重的是保护社会公共利益，有些行为尽管尚未导致损害，但存在损害的危险，如果任其发展则必然影响社会经济秩序，损害社会公共利益，因而有追究其行为人责任的必要。所以，在特殊情况下损害事实不是经济法律责任的必要条件，如不正当竞争行为、许诺销售专利侵权产品行为。

（3）违法行为与损害事实之间存在因果关系。经济法主体的违法行为与损害事实存在因果关系，是指经济法主体的违法行为与受害人的损害事实之间的一种内在的、必然的联系。因果关系是客观存在的，不以行为人的主观意志为转移。如果经济法主体的违法行为与损害事实之间不存在这种必然的因果关系，则对损害事实不承担法律责任。也就是说，经济法主体所实施的行为对于受害人的损害结果的发生，起着直接的或者决定性的作用。当然，在社会经济生活中，原因和结果之间的联系，往往是十分复杂的，既存在一一对应的因果关系，也存在一果多因、多果一因或多因多果的情况。应当注意的是，在多因一果的情况下，一定要区分主要原因和次要原因，以便确定行为人相应地承担法律责任。总之，确认违法行为与损害事实之间的因果关系，应以唯物辩证法为理论基础，结合经济法律规范的规定和行为时的实际情况来考量，而不能主观臆断。

（4）行为人主观上有过错。一般情况下，经济法主体只对在错误的思想支配下的违法行为承担相应的经济法律责任。换言之，追究经济法律责任一般适用“过错责任原则”，无过错则不承担责任，比如，因不可抗力不能履行义务、紧急避险的行为造成他人财产损害的，当事人可以免除责任。过错是行为人在实施违法行为时的主观心理状态。过错在法律上可分为故意和过失。故意是指行为人明知自己的违法行为会造成危害的结果，追求或者放任这种结果发生的心理状态。过失是指行为人应当预见到自己的行为会发生危害的结果，由于疏忽大意而未能预见或已经预见到但轻信能够避免，导致危害结果发生的一种心理状态。经济法主体无论是故意还是过失，对自己的违法行为都应承担相应的经济法律责任。过错理论在司法实践中，是个十分复杂的问题，除了主体单方违法的过错外，还存在混合过错和共同过错两种形式。混合过错是指对于损害事实的发生，不仅加害人有过错，受害人也存在过错。混合过错的双方应按各自的过错程度来分担相应的责任。共同过错是指两个以上的经济法主体的共同不法行为，造成对他人的损害，共同过错行为在主观上表现为串通或虽无事先串通但客观上造成了他方的损失。在串通的情况下，共同过错行为人应承担连带的法律责任；在无串通的情况下，行为人应分别承担相应的法律责任。由于不可抗力或意外事件发生，经济法主体不能履行法定义务，则不承担法律责任。

（四）严格责任原则对经济法律责任的适用

如前所述，承担经济法律责任一般不仅要具备客观方面的条件，而且还必须同时具备主观方面的条件，即行为人主观上有过错。但是，在现实社会经济生活中，有时适用过错责任原则有失公正，于是严格责任原则（也称为无过错责任原则）应运而生。所谓严格责任原则，是指在特殊情况下，只要发生了损害结果，即使行为人主观上无过错，也要承担法律责任。当然，严格责任原则只能适用于法定特殊情形。根据我国现行的规定，严格责任原则适用于经济法律责任主要有以下情况：

(1) 国家机关、社会组织成员因职务行为，给他人造成损害时，应由单位负责赔偿。国家机关、社会组织成员的职务行为，给他人造成损害时，单位无论是否有过错，都应由单位对受害人进行赔偿。当然，在单位赔偿之后，可以在单位内部对具体行为人进行追索。倘若国家机关、社会组织成员非职务行为给他人造成损害的，则单位不负任何责任，由成员个人承担责任。

(2) 从事高空、高压、易燃、易爆、剧毒、放射、高速运载等危险作业，造成他人财产和人身损害时，作业单位要负赔偿责任。从事上述危险作业，只要出现损害，无论作业人是否有过错，作业单位要负责赔偿损失，除非能证明损害是由于不可抗力或受害人的故意所造成的。

(3) 违反国家保护环境防止污染的规定，污染环境造成他人损害的，应当承担法律责任。

(4) 建筑物或者其他设施以及建筑物上的搁置物、悬挂物发生倒塌、脱落、坠落造成他人损害的，其所有人或者管理人应当承担法律责任，但能够证明自己没有过错的除外。

(5) 在公共场所、道旁或者通道上挖坑、修缮安装地下设施等，没有设置明显标志或采取安全措施造成他人损害的，施工者应当承担法律责任。

(6) 消费者、用户因使用质量不合格的产品造成本人或第三人人身伤害、财产损失的，受害人可以向产品制造者、销售者要求赔偿。运输者和仓储者对产品质量负有责任的，则产品制造者或者销售者有权要求其赔偿损失。

【思考题】

1. 简述经济法律关系的特征。
2. 简述经济法律关系的构成要素。

3. 简述经济法律关系的内容。

4. 简述经济职权的概念和种类。

5. 2011 年 6 月，甲县土产公司业务员王某到乙市推销香菇和黑木耳，经中间人李某介绍，与乙市批发市场经理张某洽谈供销香菇和黑木耳的具体事宜，经过洽谈，双方签订了如下买卖合同：“乙市批发市场订购甲县土产公司 10 吨香菇和 10 吨黑木耳，单价为：香菇 60 元/公斤，黑木耳 50 元/公斤，质量以样品为准，7 月底由甲县货店送货上门，货到付款。”张某和王某在合同上签了字，并加盖了单位合同专用章。

合同订立后，甲县土产公司按约定于 7 月 20 日将香菇和黑木耳各 10 吨送到乙市批发市场，批发市场经理张某说：“等货销完后再付款。”而甲县货店王某坚持要按合同规定“货到付款”，双方因此发生争议，引起诉讼。

结合上例涉及的法律问题思考：

(1) 经济法律关系的主体、内容和客体这三个构成要素分别是什么？

(2) 引发上述经济法律关系的经济法律事实是什么？

第二编　经济组织法

第三章　内资企业法

【学习要点】

- 企业设立的立法原则
- 个人独资企业的设立
- 普通合伙企业的设立
- 普通合伙企业的财产
- 普通合伙企业的内、外部关系
- 普通合伙企业的入伙与退伙

现代企业法律制度是社会主义市场经济法律体系的重要组成部分。作为市场经济主体的企业是现代经济关系中最重要、最基本、最普遍、最活跃的主体。企业法作为规范企业的组织和行为、保护投资者与企业的合法权益、维护社会经济秩序的法律制度，是现代各国经济立法中重要的、不可或缺的组成部分。通过企业法的学习，有助于把握现代企业制度和企业法制的实质，了解企业法的基本理论问题，把握企业法的各种具体制度及其内在的市场经济暨法制精神。

第一节　企业法概述

一、企业的概念及种类

（一）企业的概念

企业是由一定数量的生产要素所组成的，经营性的，从事生产、流通或服务性活动的，具有一定法律主体资格的经济组织。企业具有以下特征：

（1）企业是从事生产、流通或服务性活动的经济组织。企业是国民经济的基本生产经营单位，企业所从事的经济活动的范围包括物质资料的生产领域、经营销售领域，也包括为满足人们生产和生活需要的服务领域。就这一点来讲，企业有别于行使立法、司法和行政权力的国家机关，也有别于从事社会公益活动的事业单位和社会团体。

（2）企业是由一定的生产要素有机结合而组成的经济组织，即企业是一定数量的人的要素和物的要素在特定组织形式下有机结合形成的独立生产经营体系。企业把这两种要素通过合理地组织、利用，使其合理地运作起来，获得动态的生命，形成创造社会财富的现实社会生产力。

（3）企业是经营性的经济组织。所谓经营性是指基于一定的经济目的来营运某一组织，参与社会的经济或其他活动。经营性不等于营利性，企业可以从事营利性经营，如一般的公司企业；也可以从事政策性经营，如政府设立的水、电、公共交通等公用事业企业和政策性经营的银行等。

(4) 企业是具有一定主体资格的经济组织。任何企业在法律上均具有一定的主体资格。一般来说，没有法人资格的合伙企业和独资企业具有相对独立的法律上的主体资格；具有法人资格的企业具有独立的法律上的主体资格。但法人企业在其自身组织体系中也未必完全是独立的，如政策性经营的企业可能在不同程度上受政府的控制，子公司的生产经营及决策活动也必然受制于其母公司。

(二) 企业的种类

依据不同的分类标准，企业可以被划分为不同种类：

(1) 以生产资料所有制性质为标准，可划分为全民所有制企业、集体所有制企业、私营企业和混合所有制企业。

(2) 以投资者对企业风险承担责任的形式为标准，可划分为独资企业、合伙企业和公司企业。

(3) 以企业是否具有涉外因素为标准，可划分为涉外企业和非涉外企业。其中涉外企业即外商投资企业，包括中外合资经营企业、中外合作经营企业和外商独资企业。

(4) 以企业所属的经济部门为标准，可划分为工业企业、农业企业、交通运输企业、商业企业、金融企业等。

(5) 以企业的法律地位为标准，可划分为法人企业和非法人企业。

二、企业法的概念和体系

(一) 企业法的概念

企业法是规范企业在设立、存续和终止过程中所发生的各类社会关系的法律规范的总称。它以企业这种经济组织为规范对象，规定及调整企业的设立、变更、终止，企业的法律地位和能力，企业的资本，投资者相互之间及其与企业的关系，企业内部的组织机构及其职权等关系。

(二) 企业法的特征

(1) 企业法是一种组织法与行为法相结合，以组织法为主体的法律规范。企业法作为组织法，对企业的种类、组织形式、组成的条件、法律地位、各类企业必须设置的法定机构、负责人及其职权作出了规定。作为行为法，企业法对企业的一些活动加以规范，如企业债券的发行与转让，股份的发行、盈余的分配等。但这些均以企业本身的组织和运作为出发点，凡超出企业经济组织范围的活动，如企业从事买卖、租赁、运输等活动，则不属于企业法的调整范围。

(2) 企业法是一种实体法与程序法相结合，以实体法为主的法律规范。作为实体法，企业法主要规定企业设立应具备的条件、企业的注册资本数额以及资本构成，投资者的权利和义务等内容。作为程序法，企业法对企业的设立、变更、终止，有关会议的召集和决策程序等作了规定。

(3) 企业法是一种强制性规范与任意性规范相结合，以强制性规范为主的法律规范。企业法作为强制性规范对企业的设立、债券的发行、利润的提取和分配等作了规定。作为任意性规范，企业法对企业的投资方式、经营方式等作出了规定。

（4）企业法是一种管理法与财产法相结合的法律规范。作为管理法，企业法通过规定企业设立的审核、批准和登记制度，以及对企业的组织机构及其行为的各方面要求，把企业的全部活动纳入法制轨道，保证企业的合法经营和维护社会正常的经济秩序。作为财产法，企业法又规定了企业财产的归属、企业盈利的分配、各类基金的计提、企业债权债务的享有与承担等内容。

（5）企业法是国内法与国际法相结合的法律。企业法就其本质而言，属于国内法，因为它主要规定本国企业。但由于市场经济有着世界性的共同规律，各国制定企业法时均借鉴其他国家企业法的相关的合理部分，特别是近年来，企业国际化的趋势更加明显，各国的企业立法出现了区域性、跨国的统一的企业法的立法趋势。因而，企业法又具有国际性。

（三）企业法的体系

1. 资本主义国家企业法的体系

在发达资本主义国家和地区，企业法分为商事企业法和特别企业法两大类。一般所称企业法，是指商事企业法。商事企业法主要为商事合伙法和公司法，包括民法典中有关民事主体的一般规定；特别企业法又称公共企业法，是指调整特殊企业或公司的专门法规，基本上不属于私法范畴。

商事企业法的立法体例，各国和各地区不一。一些民商法合一的大陆法系国家，如瑞士、意大利将各种商事企业，包括无限公司、两合公司、股份公司、股份两合公司、有限责任公司、合作社和相互保险公司等，都规定在民法典中。另一些大陆法系国家或地区，有的制定了公司法典，如法国和中国台湾地区；有的则将商事企业分别规定在商法典和单行的公司法中，如德国和日本。英美法的传统渊源是判例和习惯，但自19世纪中叶起，为适应经济生活的需要，英美法系国家也制定了许多商事企业法规，如英国现行的已经过多次修改的《1947年公司法》。当然，在英美商事企业法中，判例仍然发挥着重要作用，它在制定法的适用、解释、补充和法官判案时处于主导地位。

2. 我国企业法的体系

我国的企业法是在1979年以后逐步形成的。目前，我国企业立法已初具规模。然而，长期以来，我国主要是以所有制、部门、地域、行业为标准来界定和规范企业类型，主要有国有企业法律制度（全民所有制企业）、集体所有制企业、私营企业和个体工商户以及外商投资企业。与之相适应则确立了全民所有制企业、集体所有制企业、私营企业和外商投资企业几种立法模式，这种企业立法形式不能突出企业在组织形态上的法律特征，使企业带有所有制身份色彩，与市场经济不相适应。按各国立法通例，一般将企业按其组织上的法律形态特征在立法上划分为独资企业、合伙企业和公司企业。目前，我国传统的以所有制作为立法上的企业分类标准正在逐步破除，《公司法》、《合伙企业法》、《个人独资企业法》均已颁布施行，这标志着在市场经济条件下，我国已经形成了以公司法和合伙法为主体，以其他企业法为辅的企业法格局。

本章主要介绍个人独资企业法律制度、合伙企业法律制度。

三、企业的设立、变更、终止

（一）企业设立的概念

企业的设立，是指企业的创办人为使企业具备生产经营或服务性活动的能力，取得合法的主体资格，依照法律规定的条件和程序所实施的法律行为。企业的设立要求企业的创办人根据要设立企业的种类、规模、生产经营或者服务性的内容，合理地组织各种生产要素，进行人力、物力和资产的投资，进行基本建设或者其他方面的组建工作，形成企业的生产经营能力或者从事服务性活动能力。同时，企业的创办人还要制定企业的章程，确定自己的生产经营范围，组建法律规定的相应机构，并根据法律规定的程序履行申报、审批和登记手续，依法取得进行生产经营或者服务性活动的主体资格。

（二）企业设立的立法原则

关于企业的设立，存在着不同的立法原则：

（1）许可主义。又称“核准主义”，是指企业设立时，不仅要具备法律规定设立企业的各项条件，还需要通过法定的主管行政机关审核批准，方能进行注册登记成立。

（2）准则主义。又称“登记主义”，是指设立企业不需报有关主管行政机关批准，只要符合法律规定的成立条件，即可直接向企业登记机关申请登记，经登记机关审查合格后授予合法主体的资格。主要发达国家于19世纪末为了适应商品经济的发展，对企业设立均采取准则主义。

（3）严格准则主义。严格准则主义就是法律上严格规定企业设立应具备的条件以及企业设立人应对设立行为承担的责任，同时规定国家行政或司法机关加强对企业设立的管理和监督。目前，世界上大多数国家普遍采用这种原则。

（4）特许主义。特许主义分为两种情况：一种是为个别企业制定专门的法律，由该法予以特别调整，这种情况又称“法定主义”。另一种是制定特别法或专门法规，对符合条件者，经主管机关或领导人特许而设立企业。这种设立原则始于17世纪初，现代各国已很少采用。但在特定情况下，对某些政策性经营的企业以及其他一些承担一定的管理职能或从事军工、船只、能源、交通等关系到国计民生的企业，仍采用这种原则。发达国家的这类企业通常是非商事企业或国有企业，如英国广播公司（BBC）就是皇家特许公司。

（5）自由主义。自由主义是指法律对企业的设立不予调整，当事人设立的企业无须履行任何法律上的手续。这种情况仅发生在资本主义萌芽时期，中国在1904年由清政府颁布《公司律》以前也采用这种原则，如今世界各国均不再采用。

目前，我国企业设立的基本原则是以核准主义为主，辅之以特许主义和严格准则主义，即国家明文规定设立企业的条件和程序，当事人可依此规定准备、申报，经有关主管机关批准并核准登记，企业始告成立。个别企业实行特许设立原则。规范化公司，采取严格的准则主义。

（三）企业设立的一般条件

企业设立的一般条件是指企业设立时应具备的共同条件。主要包括：①有符合法律规定的名称。企业的名称是企业区别于其他法律主体的标志和符号，也是企业具有法律主体资格的必要条件。企业的名称必须符合法律的规定，才能依法获得登记。②制定章程，明确企业的经济范围和经营方式。企业章程是企业根据法律制定的，明确企业的宗旨和组织原则，规范企业行为的自律性纲领。③有符合规定数额以及与企业经营范围相适应的资金。资金是企业进行生产经营活动的物质基础，也是企业对外承担民事责任的资本保证。④有符合法律规定的组织机构和与生产经营规模和业务相适应的从业人员。⑤有与企业的生产经营规模相适应的经营场所和设施。⑥有符合法律规定设立的生产经营范围。⑦法律、法规规定的其他条件。

（四）企业设立登记

1. 企业设立登记的概念

企业设立登记是指企业的设立人提出企业登记的申请，经登记主管机关核准，确认其法律上的资格，并颁发有关法律文件的行为。

2. 企业设立登记的种类

企业设立，根据是否需要进行筹建工作和是否具备企业法人资格两个标准，划分为筹建登记和开业登记，企业法人登记和营业登记。

筹建登记。筹建就是指企业的设立人为取得筹建企业主体资格而进行的登记。《中华人民共和国企业法人登记管理条例》第三十六条规定：经国务院有关部门或各级计划部门批准的新建企业，其筹建期满1年的，应当按专项规定办理筹建登记。这里的专项规定是指国家工商行政管理局1984年颁发的《关于核发新建工商企业筹建许可证有关部门的通知》以及各省、自治区、直辖市人民政府所作的有关规定。需要进行筹建的企业，应由其主办单位、筹建单位和受委托的发起人、投资人申请办理筹建登记。登记的事项主要有：筹建企业名称、地址、负责人姓名、经济性质、筹建项目、投资总额、建筑面积、设计生产能力、筹建项目批准日期、计划竣工日期、筹建项目主管单位等。筹建申请一经获准登记，即可领取筹建许可证，刻制图章，开立银行账号，进行筹建工作。

开业登记。开业登记是指企业设立人为取得企业生产经营资格而进行的登记。需要进行基本建设的，在项目完工后申请开业登记。开业登记依企业是否取得法人地位分为企业法人登记和营业登记两种。开业登记获准后，符合法人条件的企业即取得企业法人资格，领取企业法人营业执照；不符合法人条件的企业，则领取营业执照。

3. 企业设立登记的管辖

根据我国法律规定，企业登记的主管机关是国家工商行政管理局和地方各级工商行政管理局。根据《企业法人登记条例实施细则》的规定，各级工商管理机关的企业登记职责的划分范围是：经国务院或其授权部门批准的全国性工业公司、工业企业集团，由国家工商行政管理局核准登记注册。全国性工业公司的子（分）公司，经省、自治区、直辖市人民政府或其授权部门批准设立的工业企业、工业企业集团，由省、自治区、直辖市工商行政管理局核准登记注册。其他工业企业，由所在市、县（区）工商行政管理局核准登记注册。此外，按有关规定，外商投资企业由国家工商总局和由国家工商总局授权的地方工商局负责登记。股份制企业，其中股份有限公司在审核公司成立的同级人民政府工商局进行登记。有限责任公司则在公司所在地工商局进行登记。

4. 企业设立登记的程序

企业设立登记要经过登记申请的提出，有主管部门对申请的审查，企业设立登记的核准以及设立登记的公告等几个程序。有限责任公司和股份有限公司在登记过程中还有一个企业名称预先核准的问题。

申请设立企业者，需向登记主管机关提交登记申请书、企业章程、企业主要负责人的身份证明和其他有关证明、文件。依法须经主管部门审批的企业，或者拟设立企业的经营范围中有依法须经审批的项目的，申请时须提交审批机关的批准文件。

《企业名称登记管理的规定》中规定，企业有特殊原因的，可以在申请设立登记前预先申请企业名称登记注册，登记机关在收到全部申请材料之日起10日内，作出核准或驳回的决定。预先登记的企业名称保留期为 1 年，期满不办理企业设立登记的，该企业名称自动失效。根据《公司登记管理条例》的规定，预先核准的公司名称保留期为 6 个月。

登记机关应在受理企业设立申请后 30 日内，作出核准企业设立登记或者不予登记的决定。须经主管部门或审批机关审批的企业，应在审批机关批准后 30 日内向登记机关申请设立登记。经核准设立登记的，登记机关根据企业的不同情况颁发不同的证照：对具备法人条件的企业，核发企业法人营业执照；对不具备法人条件但具备经营条件的企业和经营单位，核发营业执照。企业设立登记后，登记主管机关应发布企业登记公告。企业营业执照的签发日期，为企业成立的日期。

（五）企业设立的效力

企业设立是一种法律行为。企业设立产生如下法律后果：

（1）取得法律上的主体资格。这是企业设立行为最主要的法律后果，具备法人条件的依法取得法人资格；不具备法人条件的，依法取得合法生产经营的资格。

（2）取得企业名称的专用权。经过核准登记的名称受法律保护。企业有权使用自己的名称从事民事活动，也可依法许可他人使用其名称中的字号并收取费用。任何单位或个人不得盗用企业名称从事商业或其他活动。

（3）企业应当在核准登记的经营范围内并以核准登记的经营方式开展经营活动，否则将会导致企业的行为无效，并由此产生相关的法律责任。

（4）产生相应的法律责任。企业在设立的过程中，设立行为的违法，设立人要承担相应的责任。企业设立成功后，企业应承担在生产经营活动中产生的责任。

（六）企业的变更

企业的变更是指已经设立登记注册的企业在其存续期间，其组织机构和其他登记注册事项发生改变。企业变更的形式主要有：

（1）企业合并。企业合并是指两个或两个以上企业依法合并为一个企业的法律行为。企业合并有两种方式：一种是吸收合并，另一种是新设合并。所谓吸收合并，是指一个企业吸收其他企业加入本企业，吸收方存续，被吸收方解散；所谓新设合并，是指两个或两个以上企业合并成一个新的企业，原合并各方解散。

（2）企业分立。企业的分立是指一个企业依法分为两个或两个以上企业的法律行为。企业的分立有两种方式：一种是存续分立，另一种是解散分立。所谓存续分立是指一个企业分解出一部分或者若干部分另设企业，原企业存续。所谓解散分立是指一个企业分成两个或两个以上的新企业，原企业解散。

（3）企业其他事项的变更。企业其他事项的变更是指企业改变名称、住所、经营场所、法定代表人、经济性质、经营范围、经营方式、注册资金、经营期限，以及增设或者撤销分支机构。

企业变更必须遵守有关企业法的规定，企业的权利、义务不能因企业的变更而消灭。在企业变更的情况下，原企业的权利和义务由变更后的企业享有和承担。企业合并、分立时，必须依法清理债权、债务。合并、分立前的企业的债权、债务，由合并、分立后的企业享有和承担。

企业合并、分立，应当在主管部门或者审批机关批准后 30 日内，向登记主管机关申请办理变更登记、开业登记或者注销登记。企业其他事项的变更，向登记主管机关申请办理变更登记。登记以后，亦由登记机关向社会公告。

（七）企业的终止

企业的终止又称企业的消灭，是指已经设立的企业因企业章程或者法律规定事由的发生，致使企业停止生产经营活动，经注销登记后，企业在法律上主体资格消灭的一种法律行为。企业可因以下原因而终止：

（1）企业章程或者协议规定的解散事由已出现。

（2）企业歇业。

（3）企业因违法而被撤销。

（4）政府主管部门依法律、法规的规定将企业解散。

（5）企业依法被宣告破产。

（6）其他原因。

企业无论因何种原因而终止，都应进行清算。企业清算的任务一般包括清理资产、收回债权、偿还债务、分配企业剩余财产。企业清算完毕，应向企业登记主管机关申请办理注销登记。企业办理注销登记时，应当提交法定代表人签署的申请注销登记报告，有关主管部门批准企业终止的文件、清理债务完结的证明或者清算组织负责清理债权、债务的文件，经登记主管机关核准后，收缴企业营业执照正、副本和企业公章，通知其开户银行，并进行公告。至此，企业即告消灭。

第二节　个人独资企业法律制度

一、个人独资企业法概述

（一）个人独资企业的概念和特征

个人独资企业是指依照《个人独资企业法》在中国境内设立，由一个自然人投资，财产为投资人个人所有，投资人以其个人财产对企业债务承担无限责任的经营实体。它与公司、合伙等其他企业形式相比，具有以下特征：

（1）从投资主体来看。个人独资企业是由一个自然人投资的企业。根据《个人独资企业法》第四十七条规定：外商独资企业不适用本法。因此，这里讲的自然人显然只是指中国公民。至于作为个人独资企业投资人是否应具备权利能力和行为能力，各国规定不一，有的国家要求应同时具备权利能力和行为能力，有的国家则只要求具备权利能力，而不要求具备行为能力。我国《个人独资企业法》对此未作明确规定。

（2）从财产来看。个人独资企业的财产为投资者一人所有，投资者对个人独资企业的财产享有完全的所有权。

（3）从责任形态来看。投资者以其个人全部财产对企业债务承担无限责任。投资人若以其家庭共有财产作为个人出资的，则以家庭共有财产对企业债务承担无限责任。

（4）从内部机构设置来看。个人独资企业的内部机构设置简单，经营管理方式灵活。个人独资企业的投资人既是企业的所有者，又可以是企业的经营者，因此，法律对其内部机构和经营管理方式不像公司和其他企业那样加以严格的规定。

（5）从法律地位来看。个人独资企业是非法人企业。个人独资企业由一个自然人出资，投资人对企业的债务承担无限责任，在权利义务上，企业和个人是融为一体的，企业的责任即是投资人个人的责任，企业的财产即是投资人的财产。因此，个人独资企业不具有法人资格，也无独立承担民事责任的能力。个人独资企业虽然不具有法人资格，但却是独立的民事主体，可以自己的名义从事民事活动。

（二）个人独资企业法的概念

个人独资企业法有广义和狭义之分。广义的个人独资企业法，是指国家关于个人独资企业的各种法律规范的总称；狭义的个人独资企业法是指1999年8月30日第九届全国人民代表大会常务委员会第十一次会议通过的《中华人民共和国个人独资企业法》，该法共6章48条。

（三）个人独资企业法的基本原则

我国《个人独资企业法》遵循下列基本原则：

（1）依法保护个人独资企业的财产权和其他合法权益。个人独资企业的财产权是指个人独资企业的财产所有权，包括对财产的占有权、使用权、处分权和收益权；其他合法权益是指财产所有权以外的有关权益，如有关名称权、自主经营权、平等竞争权、拒绝摊派权等。

（2）个人独资企业从事经营活动必须遵守法律、行政法规，遵守诚实信用原则，不得损害社会公共利益。遵守法律、法规是每个企业应尽的义务，企业只有遵守法律、法规，才能保证生产经营活动的有序进行。诚实信用原则是我国民事活动的基本原则。企业只有诚实守信，才能取得他人的信任，这既能增加企业的商业机会，也能树立企业形象，同时也是维护正常的社会经济秩序的需要。不得损害社会公共利益也是我国民法规定的民事活动中必须遵循的基本原则之一。个人独资企业在经营活动中，还必须遵守社会公德，不得滥用权利。

（3）个人独资企业应当依法履行纳税义务。依法纳税是每个公民和企业应尽的义务，个人独资企业在经营活动中应当依法缴纳各项税款。

（4）个人独资企业应当依法招用职工。个人独资企业应严格依照劳动法及有关规定招用职工。

（5）个人独资企业职工的合法权益受法律保护。个人独资企业职工依劳动法和其他有关法律规定享有自主签订合同权、合理的休息权、获取劳动报酬权、接受职业技能培训权、享受保险福利权等各项权利不受侵犯。个人独资企业职工依法建立工会，工会依法开展活动。

二、个人独资企业的设立

（一）个人独资企业的设立条件

根据《个人独资企业法》第八条的规定，设立个人独资企业应当具备下列条件：

（1）投资人为一个自然人，且只能是中国公民。

（2）有合法的企业名称。名称是企业的标志，企业必须有相应的名称，并应符合法律、法规的要求。个人独资企业的名称中不得使用“有限”、“有限责任”或者“公司”字样。

（3）有投资人申报的出资。《个人独资企业法》对设立个人独资企业的出资数额未作限制。根据国家工商行政管理局《关于实施〈个人独资企业登记管理办法〉有关问题的通知》的规定，设立个人独资企业可以用货币出资，也可以用实物、土地使用权、知识产权或者其他财产权利出资，采取实物、土地使用权、知识产权或者其他财产权利出资的，应将其折算成货币数额。投资人申报的出资额应当与企业的生产经营规模相适应。

投资人对本企业的财产依法享有所有权，其有关权利可以依法进行转让和继承。个人独自企业投资人在申请企业设立登记时，明确以其家庭共有财产作为个人出资的，应当依法以家庭共有财产对企业债务承担无限责任。

（4）有固定的生产经营场所和必要的生产经营条件。生产经营场所包括企业的住所和与生产经营相适应的处所。住所是企业的主要办事机构所在地，是企业的法定地址。

（5）有必要的从业人员。即要有与其生产经营范围、规模相适应的从业人员。

（二）个人独资企业的设立程序

（1）提出申请。申请设立个人独资企业，应当由投资人或者其委托的代理人向个人独资企业所在地的登记机关提出设立申请。投资人申请设立登记，应当向登记机关提交下列文件：①投资人签署的个人独资企业设立申请书。设立申请书应当载明的事项有：企业的名称和住所、投资人的姓名和居所、投资人的出资额和出资方式、经营范围及方式。个人独资企业投资人以个人财产出资或者以其家庭共有财产作为个人出资的，应当在设立申请书中予以明确。②投资人身份证明，主要是身份证和其他有关证明材料。③企业住所证明和生产经营场所使用证明等文件。④委托代理人申请设立登记的，应当提交投资人的委托书和代理人的身份证明或者资格证明。⑤国家工商行政管理局规定提交的其他文件。

（2）工商登记。登记机关应当在收到设立申请文件之日起 15 日内，对符合个人独资企业法规定条件的予以登记，发给营业执照；对不符合个人独资企业法规定条件的，不予登记，并发给企业登记驳回通知书。个人独资企业的营业执照的签发日期，为个人独资企业成立日期。

个人独资企业设立分支机构的，应当在分支机构所在地的企业登记机关申请设立登记，领取营业执照。分支机构的民事责任由设立该分支机构的个人独资企业承担。

三、个人独资企业的投资人及事务管理

（一）个人独资企业的投资人

根据《个人独资企业法》的规定，个人独资企业的投资人为一个具有中国国籍的自然人。但法律、行政法规禁止从事营利性活动的人，不得作为投资人申请设立个人独资企业。

（二）个人独资企业的事务管理

依照《个人独资企业法》的规定，个人独资企业投资人可以自行管理企业事务，也可以委托或者聘用其他具有民事行为能力的人负责企业的事务管理。投资人委托或者聘用他人管理个人独资企业事务，应当与委托人或者被聘用的人签订书面合同，明确委托的具体内容和授予的权利范围。委托人或者被聘用的人应当履行诚信、勤勉义务，按照与投资人签订的合同负责个人独资企业的事务管理。投资人对委托人或者被聘用的人员职权的限制，不得对抗善意第三人。

我国《个人独资企业法》规定，投资人委托或者聘用的管理个人独资企业事务的人员不得有下列行为：①利用职务上的便利，索取或者收受贿赂；②利用职务或者工作上的便利侵占企业财产；③挪用企业的资金归个人使用或者借贷给他人；④擅自将企业资金以个人名义或者以他人名义开立账户储存；⑤擅自以企业财产提供担保；⑥未经投资人同意，从事与本企业相竞争的业务；⑦未经投资人同意，同本企业订立合同或者进行

交易；⑧未经投资人同意，擅自将企业商标或者其他知识产权转让给他人使用；⑨泄露本企业的商业秘密；⑩法律、行政法规禁止的其他行为。

个人独资企业应当依法设置会计账簿，进行会计核算。个人独资企业招用职工的，应当依法与职工签订劳动合同，保障职工的劳动安全，按时、足额发放职工工资。个人独资企业应当按照国家规定参加社会保险，为职工缴纳社会保险费。

四、个人独资企业的权利

（1）依法申请贷款权。个人独资企业可以根据《商业银行法》、《合同法》和中国人民银行发布的《贷款通则》等一系列法律、法规的规定申请贷款。

（2）依法取得土地使用权。个人独资企业可根据《土地管理法》、《土地管理法实施细则》和《城镇国有土地使用权出让和转让暂行条例》等规定取得土地使用权。

（3）拒绝摊派权。摊派是指在法律、法规的规定之外，以任何方式要求企业提供财力、物力和人力的行为。任何单位和个人不得违反法律、行政法规的规定，以任何方式强制个人独资企业提供财力、物力、人力；对于违法强制提供财力、物力、人力的行为，个人独资企业有权拒绝。

（4）法律、行政法规规定的其他权利。

五、个人独资企业的工商管理

根据《个人独资企业登记管理办法》的规定，个人独资企业存续期间登记事项发生变更的，应当在作出变更决定之日起的15日内依法向登记机关申请办理变更登记。个人独资企业申请变更登记，应当向登记机关提交下列文件：①投资人签署的变更登记申请书；②国家工商行政管理局规定提交的其他文件。从事法律、行政法规规定须报经有关部门审批的业务的，应当提交有关部门的批准文件。委托代理人申请变更登记的，应当提交投资人的委托书和代理人的身份证明或者资格证明。

登记机关应当在收到按规定提交的全部文件之日起15日内，作出核准登记或者不予登记的决定。予以核准的，换发营业执照或者发给变更登记通知书；不予核准的，发给企业登记驳回通知书。个人独资企业变更住所跨登记机关辖区的，应当向迁入地登记机关申请变更登记。迁入地登记机关受理的，由原登记机关将企业档案移送迁入地登记机关。个人独资企业因转让或者继承致使投资人变化的，个人独资企业可向原登记机关提交转让协议书或者法定继承文件，申请变更登记。个人独资企业改变出资方式致使个人财产与家庭共有财产变换的，个人独资企业可向原登记机关提交改变出资方式文件，申请变更登记。

根据《个人独资企业登记管理办法》的规定，个人独资企业应当按照登记机关的要求，在规定的时间内接受年度检验。登记机关依法对个人独资企业进行审查，以确认个人独资企业继续经营的资格。个人独资企业营业执照分为正本和副本，正本和副本具有同等法律效力。个人独资企业根据业务需要，可以向登记机关申请核发若干营业执照副本。个人独资企业营业执照遗失的，应当在报刊上声明作废，并向登记机关申请补领。个人独资企业营业执照毁损的，应当向登记机关申请更换。个人独资企业应当将营业执照正本置放在企业住所的醒目位置。任何单位和个人不得伪造、涂改、出租、转让营业执照。

六、个人独资企业的解散和清算

（一）个人独资企业的解散

我国《个人独资企业法》规定，个人独资企业出现下列情形之一时，应当予以解散：①投资人决定解散；②投资人死亡或者被宣告死亡，无继承人或者继承人决定放弃继承；③被依法吊销营业执照；④法律、行政法规规定的其他情形。

（二）个人独资企业的清算

个人独资企业解散时，应当进行清算。个人独资企业的清算可以由投资人自行清算，也可以由债权人申请人民法院指定清算人进行清算。投资人自行清算的，应当在清算前15日内书面通知债权人。无法通知的，应当予以公告。债权人应当在接到通知之日起30日内，未接到通知的应当在公告之日起60日内，向投资人申报其债权。个人独资企业解散后，原投资人对个人独资企业存续期间的债务仍应承担偿还责任，但债权人在5年内未向债务人提出偿债请求的，该责任消灭。

个人独资企业解散的，财产应当按照下列顺序清偿：①所欠职工工资和社会保险费用；②所欠税款；③其他债务。

清算期间，个人独资企业不得开展与清算目的无关的经营活动。在按规定清偿债务前，投资人不得转移、隐匿财产。个人独资企业财产不足以清偿债务的，投资人应当以其个人的其他财产予以清偿。个人独资企业清算结束后，投资人或者人民法院指定的清算人应当编制清算报告，并于15日内到登记机关办理注销登记。

七、违反《个人独资企业法》的法律责任

（一）投资人违法行为应承担的法律责任

（1）违反《个人独资企业法》规定，提交虚假文件或采取其他欺骗手段，取得企业登记的，责令改正，处以5 000元以下的罚款；情节严重的，吊销营业执照。

（2）违反《个人独资企业法》规定，个人独资企业使用的名称与其在登记机关登记的名称不相符合的，责令限期改正，处以2 000元以下的罚款。

（3）违反《个人独资企业法》规定，涂改、出租、转让营业执照的，责令改正，没收违法所得，处以3 000元以下的罚款；情节严重的，吊销营业执照。伪造营业执照的，责令停业，没收违法所得，处以5 000元以下的罚款。构成犯罪的，依法追究刑事责任。

（4）个人独资企业成立后无正当理由超过6个月未开业的，或者开业后自行停业连续6个月以上的，吊销营业执照。

（5）违反《个人独资企业法》规定，未领取营业执照，以个人独资企业名义从事经营活动的，责令停止经营活动，处以3 000元以下的罚款。个人独资企业登记事项发生变更时，未按本法规定办理有关变更登记的，责令限期办理变更登记；逾期不办理的，处以2 000元以下的罚款。

（6）违反《个人独资企业法》规定，侵犯职工合法权益，未保障职工劳动安全，不缴纳社会保险费用的，按照有关法律、行政法规予以处罚，并追究有关责任人员的责任。

（7）个人独资企业及其投资人在清算前或清算期间隐匿或转移财产，逃避债务的，依法追回其财产，并按照有关规定予以处罚；构成犯罪的，依法追究刑事责任。

（8）违反《个人独资企业法》规定，应当承担民事赔偿责任和缴纳罚款、罚金；其

财产不足以支付的，或者被判处没收财产的，应当先承担民事赔偿责任。

（二）投资人委托或者聘用的管理人员对投资人造成损害或侵犯投资人权益的法律责任

（1）投资人委托或者聘用的人员管理个人独资企业事务时违反双方订立的合同，给投资人造成损害的，承担民事赔偿责任。

（2）投资人委托或者聘用的人员违反《个人独资企业法》第二十条规定，侵犯个人独资企业财产权益的，责令退还侵占的财产；给企业造成损失的，依法承担赔偿责任；有违法所得的，没收违法所得；构成犯罪的，依法追究刑事责任。

（三）企业登记机关及其上级部门有关人员违法行为应承担的法律责任

（1）登记机关对不符合《个人独资企业法》规定条件的个人独资企业予以登记，或者对符合规定条件的企业不予登记的，对直接责任人员依法给予行政处分；构成犯罪的，依法追究刑事责任。

（2）登记机关的上级部门的有关主管人员强令登记机关对不符合《个人独资企业法》规定条件的企业予以登记，或者对符合规定条件的企业不予登记的，或者对登记机关的违法登记行为进行包庇的，对直接责任人员依法给予行政处分；构成犯罪的，依法追究刑事责任。

登记机关对符合法定条件的申请不予登记或者超过法定时限不予答复的，当事人可依法申请行政复议或提起行政诉讼。

违反法律、行政法规的规定强制个人独资企业提供财力、物力、人力的，按照有关法律、行政法规予以处罚，并追究有关责任人员的责任。

第三节　合伙企业法律制度

一、合伙企业法概述

（一）合伙企业的概念及分类

合伙是两个以上的人为了共同目的，相互约定共同出资、共同经营、共享收益、共担风险的自愿联合。世界各国关于合伙法律性质的规定主要有两种不同的情形：一种是将合伙视为合同关系，这一合同关系以合意为成立要件；另一种是将合伙视为经营实体，但合伙关系仍是基础。我国《民法通则》仅规定了“个人合伙”和“法人合伙型联营”两种形式，而未涉及合伙企业。《私营企业暂行条例》第一次对合伙企业作出了法定解释，该条例第八条规定：“合伙企业是指二人以上按照协议投资，共同经营、共负盈亏的企业。”《合伙企业法》又进一步对合伙企业作了明确的规定，该法第二条规定：“本法所称合伙企业，是指自然人、法人和其他组织依照本法在中国境内设立的普通合伙企业和有限合伙企业。”

合伙企业分为普通合伙企业和有限合伙企业。普通合伙企业由普通合伙人组成，合伙人对合伙企业债务承担无限连带责任。《合伙企业法》对普通合伙人承担责任的形式有特别规定的，从其规定。有限合伙企业由普通合伙人和有限合伙人组成，普通合伙人对合伙企业债务承担无限连带责任，有限合伙人以其认缴的出资额为限对合伙企业债务承担责任。

（二）合伙企业法的概念及其适用

合伙企业法有广义和狭义之分。狭义的合伙企业法是指由国家最高立法机关依法制定的、规范合伙企业合伙关系的专门法律，即《中华人民共和国合伙企业法》。该法由第八届全国人民代表大会常务委员会第二十四次会议于1997年2月23日通过，2006年8月27日第十届全国人民代表大会常务委员会第二十三次会议修订。广义的合伙企业法是指国家立法机关或者其他有权机关依法制定的、调整合伙企业合伙关系的各种法律规范的总称。

根据《合伙企业法》及全国人民代表大会法律委员会关于《中华人民共和国合伙企业法（修订草案）》审议结果的报告，在理解和掌握我国《合伙企业法》的适用时，需要注意以下两个问题：

（1）采取合伙制的非企业专业服务机构的合伙人承担责任形式的法律适用问题。《合伙企业法》规定，非企业专业服务机构依据有关法律采取合伙制的，其合伙人承担责任的形式可以适用《合伙企业法》关于特殊的普通合伙企业合伙人承担责任的规定。非企业专业服务机构，是指不采取企业形式成立的、不以营利为目的、以自己专业知识和专门技能提供特定咨询等服务的组织，如律师事务所、会计师事务所等专业服务机构。

（2）外国企业或者个人在中国境内设立合伙企业的管理办法问题。《合伙企业法》规定，外国企业或者个人在中国境内设立合伙企业的管理办法由国务院规定。外国企业，是指依照外国法律在中国境内设立的企业；外国个人即外国自然人，是指不具有中华人民共和国国籍的人。《合伙企业法》没有禁止外国企业或者个人在中国境内设立合伙企业，但具体的诸如一些程序性的问题等，需要由国务院作出具体的规定。

（三）合伙企业法的基本原则

《合伙企业法》遵循下列基本原则：

（1）协商原则。合伙协议是合伙人建立合伙关系，确定合伙人各自的权利义务，使合伙企业得以设立的前提，也是合伙企业的基础。合伙协议依法由全体合伙人协商一致，以书面形式订立。

（2）自愿、平等、公平、诚实信用原则。订立合伙协议、设立合伙企业，应当遵循自愿、平等、公平、诚实信用原则。自愿原则，是指全体合伙人在签订合伙协议、设立合伙企业的过程中，充分表达自己的真实意愿，根据自己的真实意愿作出签订合伙协议、设立合伙企业的意思表示。平等原则，是指全体合伙人在签订合伙协议、设立合伙企业的过程中，具有平等法律地位、享受平等的法律待遇以及享有平等的法律保护。公平原则，是指全体合伙人在签订合伙协议、设立合伙企业的过程中，应当本着公平的观念实施自己的行为，同时，司法机关也应当本着公平的观念处理有关纠纷。诚实信用原则，是指全体合伙人在签订合伙协议、设立合伙企业的过程中，讲诚实、守信用，以善意的方式处理有关问题。

（3）守法原则。合伙企业及其合伙人必须遵守法律、行政法规，遵守社会公德、商业道德，承担社会责任。

（4）合法利益受法律保护原则。合伙企业及其合伙人的合法财产和权益受法律保护。这主要包括两方面内容：一是受法律保护的对象是合法的财产和权益，也就是合伙企业及其合伙人财产应属于合法占有的财产，其权益也属于依法所享有的权益。非法占有的财产、非法所得利益，不仅不受法律的保护，而且还要受到法律的制裁，责任人还应依法承担相应的法律责任。二是严禁任何单位和个人侵犯合伙企业及其合伙人合法占有的财产和依法应享有的权益。

（5）依法纳税原则。依法纳税是每个公民和企业应尽的义务。合伙企业的生产经营所得和其他所得，按照国家有关税收规定，合伙企业不缴纳所得税，由合伙人分别缴纳所得税。合伙企业的生产经营所得和其他所得，是指合伙企业从事生产经营以及与生产经营有关的活动所取得的各项收入。

二、普通合伙企业

（一）普通合伙企业的概念

普通合伙企业，是指由普通合伙人组成，合伙人对合伙企业债务依照《合伙企业法》规定承担无限连带责任的一种合伙企业。普通合伙企业具有以下特点：

（1）由普通合伙人组成。所谓普通合伙人，是指在合伙企业中对合伙企业的债务依法承担无限连带责任的自然人、法人和其他组织。《合伙企业法》规定，国有独资公司、国有企业、上市公司以及公益性的事业单位、社会团体不得成为普通合伙人。

（2）合伙人对合伙企业的债务依法承担无限连带责任，法律另有规定的除外。所谓无限连带责任是指合伙人对企业的债务有向债权人全部给付的义务。合伙人不得以出资的多少或者盈余分配的多少作为拒绝给付的理由；在合伙企业资本不足以清偿债务时，债权人有权要求任何一个合伙人予以清偿。所谓法律另有规定的除外，是指《合伙企业法》有特殊规定的，合伙人可以不承担无限连带责任。如《合伙企业法》中“特殊的普通合伙企业”的规定，对以专业知识和专门技能为客户提供有偿服务的专业服务机构，可以设立为特殊的普通合伙企业。在这种特殊的普通合伙企业中，对一个合伙人或者数个合伙人在执业活动中因故意或者重大过失造成合伙企业债务的，应当承担无限责任或者无限连带责任，其他合伙人以其在合伙企业中的财产份额为限承担责任；合伙人在执业活动中非因故意或者重大过失造成的合伙企业债务以及合伙企业的其他债务，由全体合伙人承担无限连带责任。对合伙人执业活动中因故意或者重大过失造成的合伙企业债务，以合伙企业财产对外承担责任后，该合伙人应当按照合伙协议的约定对给合伙企业造成的损失承担赔偿责任。

（二）普通合伙企业的设立

1. 合伙企业的设立条件

根据《合伙企业法》第十四条规定，设立合伙企业应当具备下列条件：

（1）有2个以上合伙人。合伙人为自然人的，应当具有完全民事行为能力。外国企业或者个人在中国境内设立合伙企业的管理办法由国务院规定。

（2）有书面合伙协议。合伙协议是由各合伙人通过协商，共同决定相互间的权利义务达成的具有法律约束力的协议。合伙协议应当依法由全体合伙人协商一致，以书面形式订立。《合伙企业法》第十八条规定，合伙协议应当载明下列事项：合伙企业的名称和主要经营场所的地点；合伙目的和合伙经营范围；合伙人的姓名或者名称、住所；合伙人的出资方式、数额和缴付期限；利润分配、亏损分担方式；合伙事务的执行；入伙与退伙；争议解决办法；合伙企业的解散与清算；违约责任。合伙协议经全体合伙人签名、盖章后生效。合伙人按照合伙协议享有权利，履行义务。修改或者补充合伙协议，应当经全体合伙人一致同意；但是，合伙协议另有约定的除外。合伙协议未约定或者约定不明确的事项，由合伙人协商决定；协商不成的，依照本法和其他有关法律、行政法规的规定处理。

（3）有合伙人认缴或者实际缴付的出资。合伙协议生效后，合伙人应当按照合伙协议的规定缴纳出资。根据《合伙企业法》第十六条的规定，合伙人可以用货币、实物、知识产权、土地使用权或者其他财产权利出资，也可以用劳务出资。合伙人以实物、知识产权、土地使用权或者其他财产权利出资，需要评估作价的，可以由全体合伙人协商确定，也可以由全体合伙人委托法定评估机构评估。合伙人以劳务出资的，其评估办法由全体合伙人协商确定，并在合伙协议中载明。合伙人应当按照合伙协议约定的出资方式、数额和缴付期限，履行出资义务。以非货币财产出资的，依照法律、行政法规的规定，需要办理财产权转移手续的，应当依法办理。

（4）有合伙企业的名称和生产经营场所。根据《合伙企业法》和《企业名称管理规定》的有关规定，普通合伙企业在其名称中应当标明“普通合伙”字样。特殊的普通合伙企业名称中应当标明“特殊普通合伙”字样。

（5）法律、行政法规规定的其他条件。

2. 合伙企业的设立登记

（1）提出申请。申请人应当向企业登记机关提交下列文件：①全体合伙人签署的合伙申请书；②全体合伙人的身份证明；③全体合伙人指定的代表或者共同委托的代理人的委托书；④合伙协议；⑤出资权属证明；⑥经营场所证明；⑦国务院工商行政管理部门规定提交的其他文件。此外，法律、行政法规规定设立合伙企业须报经有关部门审批的，还应当提交有关批准文件。

（2）工商登记。申请人提交的登记申请材料齐全、符合法定形式，企业登记机关能够当场登记的，应当场予以登记，发给营业执照。除此以外，企业登记机关应当自收到申请登记文件之日起20日内，作出是否登记的决定。对符合《合伙企业法》规定条件的，予以登记，发给营业执照；对不符合规定条件的，不予登记，并应当给予书面答复，说明理由。合伙企业的营业执照签发日期，为合伙企业的成立日期。合伙企业领取营业执照前，合伙人不得以合伙企业的名义从事经营活动。合伙企业设立分支机构的，应当向分支机构所在地企业登记机关申请登记，领取营业执照。

（三）合伙企业的财产

现行《合伙企业法》对合伙企业财产的构成、性质及其管理和使用作了规定。

（1）合伙企业财产的构成。根据《合伙企业法》的规定，合伙人的出资、以合伙企业名义取得的收益和依法取得的其他财产，均为合伙企业的财产。由此可以看出，合伙企业财产由原始财产和积累财产两个部分组成。原始财产，即指全体合伙人的“出资”。积累财产，即合伙企业成立以后以合伙企业的名义依法取得的全部收益。

（2）合伙企业财产的性质。在性质上，上述合伙企业的两部分财产都是合伙人的共有财产。合伙企业的财产由全体合伙人依法共同管理和使用。除法律另有规定外，合伙企业清算前，合伙人不得请求分割合伙企业的财产，合伙人在合伙企业清算前私自转移或者处分合伙企业财产的，合伙企业不得以此对抗不知情的善意第三人。

（3）合伙企业财产份额的转让。合伙人转让其在合伙企业中的全部或者部分财产份额的，除合伙协议另有约定外，合伙人向合伙人以外的人转让其在合伙企业中的全部或者部分财产份额时，须经其他合伙人一致同意。合伙人之间转让在合伙企业中的全部或者部分财产份额时，应当通知其他合伙人。合伙人向合伙人以外的人转让其在合伙企业中的财产份额的，在同等条件下，其他合伙人有优先购买权，但是，合伙协议另有约定的除外。合伙人以外的人依法受让合伙人在合伙企业中的财产份额的，经修改合伙协议即成为合伙企业的合伙人，依照《合伙企业法》和修改后的合伙协议享有权利，履行义务。

（4）合伙企业财产份额的出质。合伙人以其在合伙企业中的财产份额出质的，须经其他合伙人一致同意；未经其他合伙人一致同意，其行为无效，由此给善意第三人造成损失的，由行为人依法承担赔偿责任。

（四）合伙企业的内部关系

1. 合伙企业事务执行

根据《合伙企业法》的规定，合伙人执行合伙企业事务，可以有两种形式：第一，全体合伙人共同执行合伙企业事务；第二，委托一名或数名合伙人执行合伙企业事务。当合伙企业事务依协议或全体合伙人决定委托一名或者数名合伙人执行合伙事务的，其他合伙人不再执行合伙企业事务。但并非所有的合伙事务都可以委托给部分合伙人决定。根据《合伙企业法》的规定，除合伙协议另有约定外，合伙企业的下列事项须经全体合伙人一致同意：①改变合伙企业的名称；②改变合伙企业的经营范围、主要经营场所的地点；③处分合伙企业的不动产；④转让或者处分合伙企业的知识产权和其他财产权利；⑤以合伙企业名义为他人提供担保；⑥聘任合伙人以外的人担任合伙企业的经营管理人员。

合伙人对执行合伙事务享有同等的权利，受托执行合伙企业事务的合伙人，对外代表合伙企业，并应当定期向其他不参加执行事务的合伙人报告事务执行情况以及合伙企业的经营状况和财务状况，其执行合伙事务所产生的收益归合伙企业，所产生的费用和亏损由合伙企业承担。不参加执行事务的合伙人有权监督执行事务的合伙人，监督的方式包括随时检查其执行合伙企业事务的情况、了解财产状况、查阅账簿等。合伙人分别执行合伙事务的，执行事务合伙人可以对其他合伙人执行的事务提出异议。提出异议时，应当暂停该项事务的执行。如果发生争议，依照有关规定作出决定。受委托执行合伙事务的合伙人不按照合伙协议或者全体合伙人的决定执行事务的，其他合伙人可以决定撤销该委托。上述“依照有关规定作出决定”是指合伙人对合伙企业有关事项作出决议，按照合伙协议约定的表决办法办理。合伙协议未约定或者约定不明确的，实行合伙人1人1票并经全体合伙人过半数通过的表决办法。

2. 对合伙人权利的限制

为保证合伙企业业务的正常开展，各合伙人在行使权利时，应根据法律规定履行下列义务：

（1）合伙人不得自营或者同他人合作经营与本合伙企业相竞争的业务。

（2）除合伙协议另有约定或者经全体合伙人同意外，合伙人不得同本合伙企业进行交易。

（3）合伙人不得从事损害本合伙企业利益的活动。

3. 合伙事务执行的决议办法

根据《合伙企业法》的规定，合伙人对合伙企业有关事项作出决议，除合伙企业法另有规定，应按照合伙协议约定的表决办法办理。合伙协议未约定或者约定不明确的，实行合伙人1人1票并经全体合伙人过半数通过的表决办法。

4. 合伙企业的损益分配

合伙企业内部的损益分配直接关系到合伙人的切身利益，所以其分配方法应在合伙协议中明确规定。根据《合伙企业法》第三十三条规定：合伙企业的利润分配、亏损分担，按照合伙协议的约定办理；合伙协议未约定或者约定不明确的，由合伙人协商决定；协商不成的，由合伙人按照实缴出资比例分配、分担；无法确定出资比例的，由合伙人平均分配、分担。合伙协议不得约定将全部利润分配给部分合伙人或者由部分合伙人承担全部亏损。

5. 非合伙人参与经营管理

经全体合伙人一致同意，合伙企业可以聘任合伙人以外的人担任合伙企业的经营管理人员。被聘任的合伙企业的经营管理人员应当在合伙企业授权范围内履行职务。超越合伙企业授权范围履行职务，或者在履行职务过程中因故意或者重大过失给合伙企业造成损失的，依法承担赔偿责任。

（五）合伙企业的外部关系

合伙企业的任何一个合伙人执行合伙企业事务，都是合伙企业和其他合伙人的代理人。为了保护善意第三人，《合伙企业法》规定，合伙企业对合伙人执行合伙事务以及对外代表合伙企业权利的限制，不得对抗善意第三人。

合伙企业对其债务，应先以其全部财产进行清偿，不足清偿的到期债务，各合伙人承担无限连带责任。合伙人由于承担连带责任，所清偿数额超过了其应当承担的数额时，有权向其他合伙人追偿。

合伙人发生与合伙企业无关的债务，相关债权人不得以其债权抵消其对合伙企业的债务；也不得代位行使合伙人在合伙企业中的权利。合伙人的自有财产不足清偿其与合伙企业无关的债务的，该合伙人可以以其从合伙企业中分取的收益用于清偿；债权人也可以依法请求人民法院强制执行该合伙人在合伙企业中的财产份额用于清偿。人民法院强制执行合伙人的财产份额时，应当通知全体合伙人，其他合伙人有优先购买权；其他合伙人未购买，又不同意将该财产份额转让给他人的，依照《合伙企业法》的规定为该合伙人办理退伙结算，或者办理削减该合伙人相应财产份额的结算。

（六）入伙和退伙

1. 入伙

入伙，是指在合伙企业存续期间，合伙人以外的第三人加入合伙，从而取得合伙人资格的行为。

新合伙人入伙，除合伙协议另有约定外，应当经全体合伙人一致同意并依法订立书面入伙协议，原合伙人应当向新合伙人如实告知原合伙企业的经营状况和财务状况。除另有约定，新合伙人与原合伙人享有同等的权利和义务，新合伙人对入伙前合伙企业的债务承担连带责任。

2. 退伙

退伙是指合伙人退出合伙企业，从而丧失其合伙人资格的行为。合伙人退伙，一般有两种原因：一是自愿退伙；二是法定退伙。

自愿退伙，是指合伙人基于自愿的意思表示而退伙。自愿退伙的表现形式，可以分为协议退伙和通知退伙两种。

关于协议退伙，《合伙企业法》第四十五条规定，合伙协议约定合伙期限的，在合伙企业存续期间，有下列情形之一的，合伙人可以退伙：①合伙协议约定的退伙事由出现；②经全体合伙人一致同意；③发生合伙人难以继续参加合伙的事由；④其他合伙人严重违反合伙协议约定的义务。合伙人违反上述规定退伙的，应当赔偿由此给合伙企业造成的损失。

关于通知退伙，《合伙企业法》第四十六条规定，合伙协议未约定合伙期限的，合伙人在不给合伙企业事务执行造成不利影响的情况下，可以退伙，但应当提前30日通知其他合伙人。合伙人违反上述规定退伙的，应当赔偿由此给合伙企业造成的损失。

法定退伙，是指合伙人因出现法律规定的事由而退伙。法定退伙分为两类：一是当然退伙；二是除名。

关于当然退伙，《合伙企业法》第四十八条规定，合伙人有下列情形之一的，当然退伙：①作为合伙人的自然人死亡或者被依法宣告死亡；②个人丧失偿债能力；③作为合伙人的法人或者其他组织依法被吊销营业执照、责令关闭撤销或者被宣告破产；④法律规定或者合伙协议约定合伙人必须具有相关资格而丧失该资格；⑤合伙人在合伙企业中的全部财产份额被人民法院强制执行。此外，合伙人被依法认定为无民事行为能力人或者限制民事行为能力人的，经其他合伙人一致同意，可以依法转为有限合伙人，普通合伙企业依法转为有限合伙企业。其他合伙人未能一致同意的，该无民事行为能力或者限制民事行为能力的合伙人退伙。当然退伙以法定事由实际发生之日为退伙生效日。

关于除名，《合伙企业法》第四十九条规定，合伙人有下列情形之一的，经其他合伙人一致同意，可以决议将其除名：①未履行出资义务；②因故意或者重大过失给合伙企业造成损失；③执行合伙事务时有不正当行为；④发生合伙协议约定的事由。对合伙人的除名决议应当书面通知被除名人。被除名人接到除名通知之日，除名生效，被除名人退伙。被除名人对除名决议有异议的，可以自接到除名通知之日起30日内，向人民法院起诉。

合伙人死亡或者被依法宣告死亡的，对该合伙人在合伙企业中的财产份额享有合法继承权的继承人，按照合伙协议的约定或者经全体合伙人一致同意，从继承之日起，取得该合伙企业的合伙人资格。有下列情形之一的，合伙企业应当向合伙人的继承人退还被继承合伙人的财产份额：①继承人不愿意成为合伙人；②法律规定或者合伙协议约定合伙人必须具有相关资格，而该继承人未取得该资格；③合伙协议约定不能成为合伙人的其他情形。合伙人的继承人为无民事行为能力人或者限制民事行为能力人的，经全体合伙人一致同意，可以依法成为有限合伙人，普通合伙企业依法转为有限合伙企业。全体合伙人未能一致同意的，合伙企业应当将被继承合伙人的财产份额退还该继承人。

合伙人退伙，其他合伙人应当与该退伙人按照退伙时的合伙企业财产状况进行结算，退还退伙人的财产份额。退伙人给合伙企业造成的损失负有赔偿责任的，相应扣减其应当赔偿的数额。退伙时有未了结的合伙企业事务的，待该事务了结后进行结算。退伙人在合伙企业中财产份额的退还办法，由合伙协议约定或者由全体合伙人决定，可以退还货币，也可以退还实物。合伙人退伙时，合伙企业财产少于合伙企业债务的，退伙人应当依照法律规定分担亏损。

退伙人退伙以后，并不能解除对于合伙企业既往债务的连带责任。根据《合伙企业法》的规定，退伙人对基于其退伙前的原因发生的合伙企业债务，承担无限连带责任。

（七）特殊的普通合伙企业

1. 特殊的普通合伙企业的概念

特殊的普通合伙企业，是指以专业知识和专门技能为客户提供有偿服务的专业机构性质的合伙公司。特殊的普通合伙企业名称中应当标明“特殊普通合伙”字样。

2. 特殊的普通合伙企业的责任形式

特殊的普通合伙企业与普通合伙企业的不同在于承担责任的原则不同。在特殊普通合伙企业中，各合伙人仍对合伙债务承担无限连带责任，但这种责任仅局限于合伙人本人的业务范围及过错，即对企业形成的债务属于本人职责范围或过错所导致的方可承担无限责任。这种制度将使有关专业服务机构的合伙人避免承担过度风险，有利于其发展壮大和在异地发展业务。《合伙企业法》规定，特殊的普通合伙企业中，一个合伙人或者数个合伙人在执业活动中因故意或者重大过失造成合伙企业债务的，应当承担无限责任或者无限连带责任，其他合伙人以其在合伙企业中的财产份额为限承担有限责任。合伙人在执业活动中非因故意或者重大过失造成的合伙企业债务以及合伙企业的其他债务，由全体合伙人承担无限连带责任。

合伙人执业活动中因故意或者重大过失造成的合伙企业债务，以合伙企业财产对外承担责任后，该合伙人应当按照合伙协议的约定对合伙企业造成的损失承担赔偿责任。

3. 特殊的普通合伙企业的执业风险防范

特殊的普通合伙企业应当建立执业风险基金，办理职业保险。

执业风险基金，主要是指为了化解经营风险，特殊的普通合伙企业从其经营受益中提取相应比例的资金留存或者根据相关规定上缴至指定机构所形成的资金。执业风险基金用于偿付合伙人执业活动造成的债务。执业风险基金应当单独立户管理。

职业保险，是指承保各种专业技术人员因工作上的过失或疏忽大意所造成的合同一方或他人的人身伤害或财产损失的经济赔偿责任的保险。

三、有限合伙企业

（一）有限合伙企业的概念及法律适用

1. 有限合伙企业的概念

有限合伙企业，是指由有限合伙人和普通合伙人共同组成，普通合伙人对合伙企业债务承担无限连带责任，有限合伙人以其认缴的出资额为限对合伙企业债务承担责任的合伙组织。

有限合伙企业与其他合伙企业的区别在于：在经营管理上，有限合伙人一般不参与合伙的具体经营管理，而由普通合伙人从事具体的经营管理；在风险承担上，普通合伙企业的合伙人之间对合伙债务承担无限连带责任。而有限合伙企业中不同类型的合伙人所承担的责任则存在差异，其中有限合伙人以其各自的出资额为限承担有限责任，普通合伙人之间承担无限连带责任。

2. 有限合伙企业的法律适用

《合伙企业法》规定，凡是合伙企业法中对有限合伙企业及其合伙人有特殊规定的，应当适用有关《合伙企业法》中对有限合伙企业的特殊规定；无特殊规定的，适用有关普通合伙企业及其合伙人的一般规定。

（二）有限合伙企业设立的特殊规定

1. 有限合伙企业的合伙人

《合伙企业法》规定，有限合伙企业由 2 个以上 50 个以下合伙人设立；但是，法律另有规定的除外。有限合伙企业至少应当有 1 个普通合伙人。根据规定，自然人、法人和其他组织可以依照法律规定设立有限合伙企业，但国有独资公司、国有企业、上市公司以及公益性的事业单位、社会团体不得成为普通合伙人。

在有限合伙企业存续期间，有限合伙人的人数可能发生变化，但无论如何变化，有限合伙企业必须包括有限合伙人与普通合伙人两部分。否则，有限合伙企业应当进行组织形式变化。《合伙企业法》规定，有限合伙企业仅剩有限合伙人的，应当解散；有限合伙企业仅剩普通合伙人的，转为普通合伙企业。

2. 有限合伙企业的名称

《合伙企业法》规定，有限合伙企业名称中应当标明“有限合伙”字样。

3. 有限合伙企业协议

有限合伙企业协议是有限合伙企业生产经营的重要法律文件。有限合伙协议除应当具备普通合伙企业应当载明的有关事项外，还应当载明下列事项：①普通合伙人和有限合伙人的姓名或者名称、住所；②执行事务合伙人应具备的条件和选择程序；③执行事务合伙人权限与违约处理办法；④执行事务合伙人的除名条件和更换程序；⑤有限合伙人入伙、退伙的条件、程序以及相关责任；⑥有限合伙人和普通合伙人相互转变的程序。

4. 有限合伙人的出资形式

有限合伙人可以用货币、实物、知识产权、土地使用权或者其他财产权利作价出资。由于有限合伙人并不参与有限合伙企业的日常经营管理活动，所以，有限合伙人不得以劳务出资。有限合伙人应当按照合伙协议的约定按期足额缴纳出资；未按期足额缴纳的，应当承担补缴义务，并对其他合伙人承担违约责任。有限合伙企业登记事项中应当载明有限合伙人的姓名或者名称及认缴的出资数额。

（三）有限合伙企业事务执行的特殊规定

1. 有限合伙企业事务执行人

有限合伙企业由普通合伙人执行合伙事务。执行事务合伙人可以要求在合伙协议中确定执行事务的报酬及报酬提取方式。《合伙企业法》对有限合伙人合伙事务执行作出了禁止性的规定：有限合伙人不执行合伙事务，不得对外代表有限合伙企业。

有限合伙人的下列行为，不视为执行合伙事务：①参与决定普通合伙人入伙、退伙；②对企业的经营管理提出建议；③参与选择承办有限合伙企业审计业务的会计师事务所；④获取经审计的有限合伙企业财务会计报告；⑤对涉及自身利益的情况，查阅有限合伙企业财务会计账簿等财务资料；⑥在有限合伙企业中的利益受到侵害时，向有责任的合伙人主张权利或者提起诉讼；⑦执行事务合伙人怠于行使权利时，督促其行使权利或者为了本企业的利益以自己的名义提起诉讼；⑧依法为本企业提供担保。另外，《合伙企业法》规定，第三人有理由相信有限合伙人为普通合伙人并与其交易的，该有限合伙人对该笔交易承担与普通合伙人同样的责任。有限合伙人未经授权以有限合伙企业名义与他人进行交易，给有限合伙企业或者其他合伙人造成损失的，该有限合伙人应当承担赔偿责任。

2. 有限合伙企业利润分配

《合伙企业法》规定，有限合伙企业不得将全部利润分配给部分合伙人；但是，合伙协议另有约定的除外。

3. 有限合伙人的权利

在不违反合伙协议的情况下，有限合伙人可以同本有限合伙企业进行交易；有限合伙人可以自营或者同他人合作经营与本有限合伙企业相竞争的业务。

（四）有限合伙企业财产出质与转让的特殊规定

《合伙企业法》规定，有限合伙人可以将其在有限合伙企业中的财产份额出质。有限合伙人可以按照合伙协议的约定向合伙人以外的人转让其在有限合伙企业中的财产份额，但应当提前30日通知其他合伙人。

（五）有限合伙企业债务清偿的特殊规定

《合伙企业法》规定，有限合伙人的自有财产不足清偿其与合伙企业无关的债务的，该合伙人可以以其从有限合伙企业中分取的收益用于清偿；债权人也可以依法请求人民法院强制执行该合伙人在有限合伙企业中的财产份额用于清偿。人民法院强制执行有限合伙人的财产份额时，应当通知全体合伙人。在同等条件下，其他合伙人有优先购买权。

（六）有限合伙企业入伙与退伙的特殊规定

1. 入伙

《合伙企业法》规定，新入伙的有限合伙人对入伙前有限合伙企业的债务，以其认缴的出资额为限承担责任。应强调的是，在普通合伙企业中，新合伙人对入伙前合伙企业的债务承担无限连带责任。

2. 退伙

根据《合伙企业法》规定，有限合伙人出现下列情形之一的，当然退伙：①作为合伙人的自然人死亡或者依法宣告死亡；②作为合伙人的法人或其他组织，被依法吊销营业执照、责令关闭、撤销或者被依法宣告破产；③法律规定或者协议约定合伙人必须具备一定资格而丧失资格；④合伙人在合伙企业中的全部财产份额被人民法院强制执行。但是，作为有限合伙人的自然人在有限合伙企业存续期间丧失民事行为能力的，其他合伙人不得因此要求其退伙。作为有限合伙人的自然人死亡、被依法宣告死亡或者作为有限合伙人的法人及其他组织终止时，其继承人或者权利承受人可以依法取得该有限合伙人在有限合伙企业中的资格。有限合伙人退伙后，对基于其退伙前的原因发生的有限合伙企业债务，以其退伙时从有限合伙企业中取回的财产承担责任。

（七）合伙人性质转变的特殊规定

《合伙企业法》规定，除合伙协议另有约定外，普通合伙人转变为有限合伙人，或者有限合伙人转变为普通合伙人，应当经全体合伙人一致同意。有限合伙人转变为普通合伙人的，对其作为有限合伙人期间有限合伙企业发生的债务承担无限连带责任。普通合伙人转变为有限合伙人的，对其作为普通合伙人期间合伙企业发生的债务承担无限连带责任。

四、合伙企业解散、清算

（一）合伙企业解散

合伙企业解散，是指合伙企业因某种法律事实的发生而使其民事主体资格归于消灭的法律行为。

根据《合伙企业法》的规定，合伙企业有下列情形之一的，应当解散：①合伙期限届满，合伙人决定不再经营；②合伙协议约定的解散事由出现；③全体合伙人决定解散；④合伙人已不具备法定人数满 30 天；⑤合伙协议约定的合伙目的已经实现或者无法实现；⑥依法被吊销营业执照、责令关闭或者被撤销；⑦法律、行政法规规定的其他原因。

（二）合伙企业清算

合伙企业清算，是指合伙企业解散宣告后，为了结束合伙企业现存的各种法律关系，依法清理合伙企业债权债务的行为。

合伙企业解散，应当由清算人进行清算。清算人由全体合伙人担任；经全体合伙人过半数同意，可以自合伙企业解散事由出现后 15 日内指定一个或者数个合伙人，或者委托第三人，担任清算人。自合伙企业解散事由出现之日起 15 日内未确定清算人的，合伙人或者其他利害关系人可以申请人民法院指定清算人。

清算人在清算期间执行下列事务：①清理合伙企业财产，分别编制资产负债表和财产清单；②处理与清算有关的合伙企业未了结的事务；③清缴所欠税款；④清理债权、债务；⑤处理合伙企业清偿债务后的剩余财产；⑥代表合伙企业参加诉讼或者仲裁活动。

清算人应自被确定之日起 10 日内将合伙企业解散事项通知债权人，并于 60 日内在报纸上公告。债权人应当自接到通知书之日起 30 日内，未接到通知书的自公告之日起 45 日内，向清算人申报债权。债权人申报债权，应当说明债权的有关事项，并提供证明材料。清算人应当对债权进行登记。清算期间，合伙企业存续，但不得开展与清算无关的经营活动。

合伙企业财产在支付清算费用和职工工资、社会保险费用、法定补偿金以及缴纳所欠税款、清偿债务后的剩余财产，依照《合伙企业法》的有关规定进行分配。清算结束，清算人应当编制清算报告，经全体合伙人签名、盖章后，在 15 日内向企业登记机关报送清算报告，申请办理合伙企业注销登记。合伙企业注销后，原普通合伙人对合伙企业存续期间的债务仍应承担无限连带责任。合伙企业不能清偿到期债务的，债权人可以依法向人民法院提出破产清算申请，也可以要求普通合伙人清偿。合伙企业依法被宣告破产的，普通合伙人对合伙企业债务仍应承担无限连带责任。

五、违反合伙企业法的法律责任

（一）合伙企业及合伙人违法行为应承担的法律责任

（1）违反《合伙企业法》的规定，提交虚假文件或者采取其他欺骗手段取得合伙企业登记的，由企业登记机关责令改正，处以 5 000 元以上 5 万元以下的罚款；情节严重的，撤销企业登记，并处以 5 万元以上 20 万元以下的罚款。

（2）违反《合伙企业法》的规定，合伙企业未在其名称中标明“普通合伙”、“特殊普通合伙”或者“有限合伙”字样的，由企业登记机关责令限期改正，处以2 000元以上 1 万元以下的罚款。

（3）违反《合伙企业法》的规定，未领取营业执照，而以合伙企业或者合伙企业分支机构名义从事合伙业务的，由企业登记机关责令停止，处以5 000元以上 5 万元以下的罚款。

（4）合伙企业登记事项发生变更时，未依照规定办理变更登记的，由企业登记机关责令限期登记；逾期不登记的，处以2 000元以上2万元以下的罚款。合伙企业登记事项发生变更，执行合伙事务的合伙人未按期申请办理变更登记的，应当赔偿由此给合伙企业、其他合伙人或者善意第三人造成的损失。

（5）合伙人执行合伙事务，或者合伙企业从业人员利用职务上的便利，将应当归合伙企业的利益据为己有的，或者采取其他手段侵占合伙企业财产的，应当将该利益和财产退还合伙企业；给合伙企业或者其他合伙人造成损失的，依法承担赔偿责任。

（6）合伙人对《合伙企业法》规定或者合伙协议约定必须经全体合伙人一致同意始得执行的事务擅自处理，给合伙企业或者其他合伙人造成损失的，依法承担赔偿责任。

（7）不具有事务执行权的合伙人擅自执行合伙事务，给合伙企业或者其他合伙人造成损失的，依法承担赔偿责任。

（8）合伙人违反《合伙企业法》规定或者合伙协议的约定，从事与本合伙企业相竞争的业务或者与本合伙企业进行交易的，该收益归合伙企业所有；给合伙企业或者其他合伙人造成损失的，依法承担赔偿责任。

（9）合伙人违反合伙协议的，应当依法承担违约责任。合伙人履行合伙协议发生争议的，合伙人可以通过协商或者调解解决。不愿通过协商、调解解决或者协商、调解不成的，可以按照合伙协议约定的仲裁条款或者事后达成的书面仲裁协议，向仲裁机构申请仲裁。合伙协议中未订立仲裁条款，事后又没有达成书面仲裁协议的，可以向人民法院起诉。

（二）合伙企业清算人违法行为应承担的法律责任

（1）清算人未依照本法规定向企业登记机关报送清算报告，或者报送清算报告隐瞒重要事实，或者有重大遗漏的，由企业登记机关责令改正。由此产生的费用和损失，由清算人承担和赔偿。

（2）清算人执行清算事务，牟取非法收入或者侵占合伙企业财产的，应当将该收入和侵占的财产退还合伙企业；给合伙企业或者其他合伙人造成损失的，依法承担赔偿责任。

（3）清算人违反《合伙企业法》规定，隐匿、转移合伙企业财产，对资产负债表或者财产清单作虚假记载，或者在未清偿债务前分配财产，损害债权人利益的，依法承担赔偿责任。

（三）行政管理机关及其人员违法行为应承担的法律责任

有关行政管理机关的工作人员违反规定，滥用职权、徇私舞弊、收受贿赂、侵害合伙企业合法权益的，依法给予行政处分。

（四）其他有关规定

违反《合伙企业法》的规定，构成犯罪的，依法追究刑事责任。应当承担民事赔偿责任和缴纳罚款、罚金，其财产不足以同时支付的，先承担民事赔偿责任。

非企业专业服务机构依据有关法律采取合伙制的，其合伙人承担责任的形式可以适用《合伙企业法》关于特殊的普通合伙企业合伙人承担责任的规定。

【思考题】

1. 简述企业设立的立法原则。

2. 简述个人独资企业的设立条件。

3. 简述合伙企业的损益分配。

4. 简述入伙和退伙的条件及效力。

5. 2011 年 1 月 15 日，甲出资 5 万元设立 A 个人独资企业（下称“A 企业”）。甲聘请乙管理企业事务，同时规定，凡乙对外签订标的额超过 5 000 元以上的合同，须经甲同意。2 月 10 日，乙未经甲同意，以 A 企业的名义向善意第三人丙购买价值 2 万元的货物。

2011 年 7 月 4 日，A 企业亏损，不能支付到期的丁的债务，甲决定解散该企业，并请求人民法院指定清算人。7 月 10 日，人民法院指定戊作为清算人对 A 企业进行清算。经查，A 企业和甲的资产及债权债务情况如下：①A 企业欠缴税款 2 000 元，欠乙工资 5 000元，欠社会保险费用 5 000 元，欠丁 10 万元；②A 企业的银行存款 1 万元，实物折价 8 万元；③甲在 B 合伙企业出资 6 万元，占 50% 的出资额，B 合伙企业每年可向合伙人分配利润；④甲个人其他可执行的财产价值 2 万元。

结合上例涉及的法律问题思考：

（1）乙于 2 月 10 日以 A 企业的名义向丙购入价值 2 万元货物的行为是否有效？请说明理由。

（2）试述 A 企业的财产清偿顺序。

（3）应如何满足丁的债权请求？

第四章　公司法

【学习要点】

- 公司的概念、特征及种类
- 有限责任公司的设立条件
- 有限责任公司的组织机构
- 一人有限责任公司的特别规定
- 国有独资公司的特别规定
- 股份有限公司与有限责任公司的区别
- 股份有限公司的设立条件和程序
- 股份有限公司的组织机构

公司是以营利为目的的社团法人。有限责任公司和股份有限公司是我国公司法认可的两种公司形态。有限责任公司既具有股东责任的有限性，又具有设立简便及人资两合的特点。国有独资公司和一人有限责任公司是有限责任公司的特殊形态。股份有限公司是典型的资合公司，具有开放性，其设立条件和程序也更加严格，其公司组织机构和治理结构也更加复杂。公司合并、分立、变更公司形式等公司组织形态的变化，是实现公司资产重组和提高经营竞争力的重要途径。公司财务会计制度既是保护股东、债权人利益和吸引投资、提高公司经营效益的重要保障，也是国家实施宏观经济管理的重要依据。外国公司分支机构应当根据中国法律规定的条件设立，进行合法经营，其合法权益受到同等保护。

第一节　公司法概述

一、公司的概念和特征

公司是指依照公司法规定的条件和程序设立的、以营利为目的的企业法人。公司作为一种依法设立的商事组织，其基本特征是具有法人性和营利性。

（1）法人性。公司具有独立的法律人格，有独立的法人财产，享有法人财产权。公司以其全部财产对公司的债务承担责任。

（2）营利性。营利性是公司企业、独资企业、合伙企业等商事组织区别于一般民事主体的根本特征。所谓营利性，是指公司设立的最终目的是为了获得利益，并将所获利益分配给股东。公司的营利性主要是通过其经营活动的开展来实现的。

此外，各国传统公司法律均确认了公司的社团属性。但是，随着公司形态的发展创新和法人制度的不断完善，一人公司日益得到大多数国家和地区立法的肯定，这无疑对公司的社团属性理论提出了挑战。2005 年修订的《中华人民共和国公司法》也明确规定了一人有限责任公司制度，顺应了公司立法的国际潮流。

二、公司的种类

（一）按股东对公司所承担的责任不同，公司可以分为无限责任公司、有限责任公司、股份有限公司、两合公司和股份两合公司

无限责任公司，又称无限公司，是指全体股东就公司债务对公司的债权人负连带无限责任的公司。无限公司是世界上最早的公司形式，有的国家赋予其法人资格，有的国家规定无限公司准用有关合伙的规定。我国现行《公司法》未对无限公司形式作出规定。

有限责任公司，又称有限公司，是指股东以其所认缴的出资额为限对公司承担责任，公司以其全部财产对公司债务承担责任的企业法人。

股份有限公司，又称股份公司，是指全部资本划分为等额股份，股东以其认购的股份为限对公司承担责任，公司以其全部财产对公司债务承担责任的企业法人。

两合公司，是指一部分股东（至少一个）对公司债务负有限责任，而另一部分股东（至少一个）对公司债务负无限责任的公司。两合公司实际上是有限责任公司和无限责任公司的混合体。这种公司类型在世界范围内已不多见。我国现行《公司法》未对两合公司形式作出规定。

股份两合公司，是指由无限责任股东和有限股份股东出资设立的公司。股份两合公司是股份公司和两合公司的结合，但从各国公司创设和发展的历程来看，这种结合并不成功，故现在多数国家和地区已不再规定这种公司形式。我国现行《公司法》亦无有关规定。

（二）按公司信用基础的不同，公司可分为人合公司、资合公司和人合兼资合公司

人合公司，是指以股东个人信用为基础的公司。无限公司即属于典型的人合公司。

资合公司，是指以资本额作为其对外信用基础的公司。股份公司即属于典型的资合公司。

人合兼资合公司，是指兼具股东信用和资本信用两种因素的公司，如有限责任公司、两合公司和股份两合公司。

（三）按公司国籍的不同，公司可分为本国公司、外国公司

本国公司，是指取得该国国籍的公司。关于公司的国籍目前有住所地说、登记国说、设立人国籍说、实际控制说、复合标准说等。我国采用复合标准说，即把公司的住所地和公司的登记注册地结合起来确定公司的国籍。凡依照我国法律在我国境内设立的公司均属于我国公司。故外商在我国境内投资设立的有限责任公司（中外合资经营企业、中外合作经营企业、外资企业）均适用我国的公司法。

外国公司，是指不具有该国国籍的公司。在我国所称的外国公司是指依照外国法律在中国境外登记成立的公司。

（四）按公司之间的控制与依附关系，公司可分为母公司和子公司

母公司，是指实际控制着其他公司的公司。

子公司，是指实际被其他公司控制的公司。但是子公司具有企业法人资格，依法独立承担民事责任。

在此必须注意区分母公司和控股公司。所谓控股公司，指持有其他公司一定比例以

上的股份而能够对其他公司进行控制的公司。控股公司是母公司的一种，但母公司的地位还可以通过其他途径（如人事连锁、特殊契约等）取得。

（五）按公司内部的管辖与被管辖关系，公司可分为总公司和分公司

总公司，又称本公司，是指管辖公司全部组织的总机构。

分公司，是指受总公司管辖的分支机构。分公司不同于子公司，分公司不具有法人资格，不能独立承担财产责任，但分公司可以在核准登记的范围内以自己的名义开展业务活动。

三、我国公司立法概况

新中国成立前我国公司立法有近50年的历史。光绪二十九年（1903年）1月正式颁行的《公司律》，是我国最早的成文公司法，"中华民国"成立后仍援用，并在略加修订后于1914年以《公司条例》的名义公布。1929年12月国民政府颁布新的《公司法》，1946年对其作了大修正，增加了"有限责任公司"，共计449条。该法后经多次修改，至今仍在我国台湾地区适用。

新中国成立后我国公司立法经历了一个曲折发展的过程。新中国成立初期，肯定了公司可以作为私营企业的主要组织形式，并确认了五种公司形式，即无限公司、有限公司、两合公司、股份有限公司和股份两合公司。但随着社会主义改造的完成，不再有现代意义上的公司形式。真正意义上的公司立法是从十一届三中全会后开始的。1985年国务院出台了《公司登记管理暂行规定》。1988年国务院发布了《中华人民共和国私营企业暂行条例》，规定了有限责任公司。1992年国家体改委、国家计委、财政部等六部委联合发布了《股份制企业试点办法》，同时，国家体改委出台了《股份有限公司规范意见》和《有限责任公司规范意见》。1993年12月29日，第八届全国人民代表大会常务委员会第五次会议通过了《中华人民共和国公司法》，该法于1993年7月1日起施行。国务院于1994年6月24日发布的《中华人民共和国公司登记管理条例》也于同日起施行。1999年12月25日第九届全国人民代表大会常务委员会第十三次会议通过了《关于修改〈中华人民共和国公司法〉的决定》，对该法进行了第一次修正；2004年8月28日第十届全国人民代表大会常务委员会第十一次会议《关于修改〈中华人民共和国公司法〉的决定》对该法进行了第二次修正。现行《公司法》是根据2005年10月27日第十届全国人民代表大会常务委员会第十八次会议第三次修订的，共分13章，219条。该法自2006年1月1日起施行。与此相适应，2005年12月18日国务院通过了《关于修改〈中华人民共和国公司登记管理条例〉的决定》。

第二节　有限责任公司

一、有限责任公司的概念和特征

有限责任公司，是指由一个或一个以上股东共同出资，股东以其所认缴的出资额为限对公司承担责任，公司以其全部财产对公司债务承担责任的企业法人。有限责任公司具有以下特征：

（1）股东责任的有限性。有限责任公司的股东以其出资额为限对公司的债务承担责

任，公司以其全部财产对其债务承担责任。

（2）股东出资的非股份性。有限责任公司的资本不进行等额划分，股东出资也不表现为证券形式的股票。有限责任公司向股东出具出资证明书作为出资凭证。这是有限责任公司与股份有限公司最主要的区别。

（3）股东人数的限制性。对有限责任公司的股东人数，许多国家的公司法都有下限和上限的规定。我国《公司法》规定，有限责任公司由50个以下股东出资设立。

（4）公司资本的相对封闭性。有限责任公司不公开发行股份募集资本。有限责任公司的股东之间可以相互转让其全部或者部分股权。但是，股东向股东以外的人转让股权，应当经其他股东过半数同意。正因为有限责任公司具有封闭性的特点，有的国家直接将其称为封闭性公司。

（5）公司设立程序的简便性。有限责任公司的设立程序简便，只有发起设立，而无募集设立。一般只要有公司章程，股东出资达到要求，经登记即可。

（6）公司组织机构设立的灵活性。有限责任公司一般设立董事会、监事会，但是，股东人数较少或者规模较小的有限责任公司，可以设1名执行董事，不设立董事会；可以设1～2名监事，不设立监事会。

二、有限责任公司的设立

（一）有限责任公司设立的条件

依据我国《公司法》的规定，设立有限责任公司，应当具备下列条件：

（1）股东符合法定人数。有限责任公司由50个以下股东出资设立。

（2）股东出资达到法定资本最低限额。有限责任公司的注册资本为在公司登记机关登记的全体股东认缴的出资额。有限责任公司注册资本的最低限额为人民币3万元。法律、行政法规对有限责任公司注册资本的最低限额有较高规定的，从其规定。

（3）股东共同制定公司章程。公司章程是规定公司的性质、宗旨、经营范围和法定代表人等重大事项的文件，是以书面形式固定下来的全体股东共同一致的意思表示。设立有限责任公司，必须依照《公司法》制定公司章程。有限责任公司章程应当载明下列事项：①公司名称和住所；②公司经营范围；③公司注册资本；④股东的姓名或者名称；⑤股东的出资方式、出资额和出资时间；⑥公司的机构及其产生办法、职权、议事规则；⑦公司法定代表人；⑧股东会会议认为需要规定的其他事项。股东应当在公司章程上签名、盖章。

（4）有公司名称，建立符合有限责任公司要求的组织机构。根据《公司法》及其他法规的规定，有限责任公司必须在公司名称中标明“有限责任公司”或者“有限公司”的字样。关于有限责任公司的组织机构，见本节第三部分。

（5）有公司住所。公司住所是指公司的主要办事机构所在地。公司在公司登记机关登记的住所只能有一个，并且公司住所应当在其公司登记机关的辖区内。

（二）有限责任公司设立的程序

（1）签订发起人发起。有限责任公司只能以发起人设立方式设立。发起人应当签订发起人协议，明确各自在公司设立过程中的权利和义务。

（2）申请公司名称预先核准。设立有限责任公司，应当由全体股东指定的代表或者共同委托的代理人向公司登记机关申请名称预先核准。预先核准的公司名称保留期为6个月。预先核准的公司名称在保留期内，不得用于从事经营活动，不得转让。

（3）报请审批。法律、行政法规或者国务院决定规定设立有限责任公司必须报经批准的，从其规定。但审批程序并不是所有有限责任公司设立的必经程序。

（4）订立公司章程。由全体股东共同制定和签署公司章程。

（5）缴纳出资。公司全体股东的首次出资额不得低于注册资本的20%，也不得低于法定的注册资本最低限额，其余部分由股东自公司成立之日起2年内缴足；其中，投资公司可以在5年内缴足。股东可以用货币出资，也可以用实物、知识产权、土地使用权等可以用货币估价并可以依法转让的非货币财产作价出资，但是，股东不得以劳务、信用、自然人姓名、商誉、特许经营权或者设定担保的财产等作价出资。对作为出资的非货币财产应当评估作价，核实财产，不得高估或者低估作价。法律、行政法规对评估作价有规定的，从其规定。全体股东的货币出资金额不得低于有限责任公司注册资本的30%。股东应当按期足额缴纳公司章程中规定的各自所认缴的出资额。股东以货币出资的，应当将货币出资足额存入有限责任公司在银行开设的账户；以非货币财产出资的，应当依法办理其财产权的转移手续。股东不按照前款规定缴纳出资的，除应当向公司足额缴纳外，还应当向已按期足额缴纳出资的股东承担违约责任。股东缴纳出资后，必须经依法设立的验资机构验资并出具证明。

（6）申请设立登记。股东的首次出资经依法设立的验资机构验资后，由全体股东指定的代表或者共同委托的代理人向公司登记机关（即工商行政管理机关）报送公司登记申请书、公司章程、验资证明等文件，申请设立登记。法律、行政法规或者国务院决定规定设立有限责任公司必须报经批准的，应当自批准之日起90日内向公司登记机关申请设立登记；逾期申请设立登记的，申请人应当报批准机关确认原批准文件的效力或者另行报批。

（7）登记发照。公司登记机关对符合法律规定条件的公司设立申请，予以登记，并发给企业法人营业执照；对不符合法律规定条件的，不予登记。公司营业执照签发日期为公司的成立日期。公司设立分公司的，应当自决定作出之日起30日内向分公司所在地的公司登记机关申请登记；法律、行政法规或者国务院决定规定必须报经有关部门批准的，应当自批准之日起30日内向公司登记机关申请登记。

三、有限责任公司的组织机构

（一）股东会

（1）股东会的组成及其职权。有限责任公司股东会由全体股东组成，股东会是公司的权力机构。股东会行使下列职权：①决定公司的经营方针和投资计划；②选举和更换非由职工代表担任的董事、监事，决定有关董事、监事的报酬事项；③审议批准董事会的报告；④审议批准监事会或者监事的报告；⑤审议批准公司的年度财务预算方案、决算方案；⑥审议批准公司的利润分配方案和弥补亏损方案；⑦对公司增加或者减少注册资本作出决议；⑧对发行公司债券作出决议；⑨对公司合并、分立、变更公司形式、解散和清算等事项作出决议；⑩修改公司章程；⑪公司章程规定的其他职权。对前列事项股东以书面形式一致表示同意的，可以不召开股东会会议，直接作出决定，并由全体股东在决定文件上签名、盖章。

（2）股东会的召集和议事规则。首次股东会会议由出资最多的股东召集和主持。股东会会议分为定期会议和临时会议。定期会议应当按照公司章程的规定按时召开。代表1/10以上表决权的股东、1/3以上的董事、监事会或者不设监事会的公司的监事提议召开临时会议的，应当召开临时会议。召开股东会会议，应当于会议召开15日以前通知全体股东；但是，公司章程另有规定或者全体股东另有约定的除外。股东会应当对所议事项的决定作成会议记录，出席会议的股东应当在会议记录上签名。股东会会议由股东按照出资比例行使表决权；但是，公司章程另有规定的除外。股东会会议作出修改公司章程、增加或者减少注册资本的决议，以及公司合并、分立、解散或者变更公司形式的决议，必须经代表2/3以上表决权的股东通过。股东会的议事方式和表决程序，除《公司法》有规定的外，由公司章程规定。

（二）董事会（或执行董事）、经理

（1）董事会的组成及其职权。有限责任公司设董事会，其成员为3~13人。股东人数较少或者规模较小的有限责任公司，可以设一名执行董事，不设立董事会。两个以上的国有企业或者其他两个以上的国有投资主体投资设立的有限责任公司，其董事会成员中应当有公司职工代表；其他有限责任公司董事会成员中也可以有公司职工代表。董事会中的职工代表由公司职工通过职工代表大会、职工大会或者其他形式民主选举产生。董事会对股东会负责，行使下列职权：①召集股东会会议，并向股东会报告工作；②执行股东会的决议；③决定公司的经营计划和投资方案；④制订公司的年度财务预算方案、决算方案；⑤制订公司的利润分配方案和弥补亏损方案；⑥制订公司增加或者减少注册资本以及发行公司债券的方案；⑦制订公司合并、分立、变更公司形式、解散的方案；⑧决定公司内部管理机构的设置；⑨决定聘任或者解聘公司经理及其报酬事项，并根据经理的提名决定聘任或者解聘公司副经理、财务负责人及其报酬事项；⑩制定公司的基本管理制度；⑪公司章程规定的其他职权。

（2）董事的任期。董事任期由公司章程规定，但每届任期不得超过3年。董事任期届满，连选可以连任。董事任期届满未及时改选，或者董事在任期内辞职导致董事会成员低于法定人数的，在改选出的董事就任前，原董事仍应当依照法律、行政法规和公司章程的规定，履行董事职务。

（3）董事长、副董事长。董事会设董事长1人，可以设副董事长。董事长、副董事长的产生办法由公司章程规定。

（4）董事会会议的召集与议事规则。董事会会议由董事长召集和主持；董事长不能履行职务或者不履行职务的，由副董事长召集和主持；副董事长不能履行职务或者不履行职务的，由半数以上董事共同推举一名董事召集和主持。董事会决议的表决，实行1人1票。董事会的议事方式和表决程序，除《公司法》有规定的外，由公司章程规定。董事会应当对所议事项的决定作成会议记录，出席会议的董事应当在会议记录上签名。

（5）经理。有限责任公司的经理，是管理公司日常事务的高级管理人员。有限责任公司可以设经理，由董事会决定聘任或者解聘。执行董事可以兼任公司经理。经理对董事会负责，行使下列职权：①主持公司的生产经营管理工作，组织实施董事会决议；②组织实施公司年度经营计划和投资方案；③拟订公司内部管理机构设置方案；④制定公司的基本管理制度；⑤制定公司的具体规章；⑥提请聘任或者解聘公司副经理、财务负责人；⑦决定聘任或者解聘除应由董事会决定聘任或者解聘以外的负责管理人员；⑧董事会授予的其他职权。

公司章程对经理职权另有规定的，从其规定。经理列席董事会会议。

（三）监事会（或监事）

（1）监事会的组成及其职权。监事会是对公司的业务活动进行监督和检查的机构。有的国家和地区称监事为监察人或者会计监察人。我国《公司法》规定，有限责任公司设立监事会，其成员不得少于3人。股东人数较少或者规模较小的有限责任公司，可以设1~2名监事，不设立监事会。监事会应当包括股东代表和适当比例的公司职工代表，其中职工代表的比例不得低于1/3，具体比例由公司章程规定。监事会中的职工代表由公司职工通过职工代表大会、职工大会或者其他形式民主选举产生。董事、高级管理人员不得兼任监事。监事会设主席1人，由全体监事过半数选举产生。监事会、不设监事会的公司的监事行使下列职权：①检查公司财务；②对董事、高级管理人员执行公司职务的行为进行监督，对违反法律、行政法规、公司章程或者股东会决议的董事、高级管理人员提出罢免的建议；③当董事、高级管理人员的行为损害公司的利益时，要求董事、高级管理人员予以纠正；④提议召开临时股东会会议，在董事会不履行本法规定的召集和主持股东会会议职责时召集和主持股东会会议；⑤向股东会会议提出提案；⑥依法对董事、高级管理人员提起诉讼；⑦公司章程规定的其他职权。监事可以列席董事会会议，并对董事会决议事项提出质询或者建议。监事会、不设监事会的公司的监事发现公司经营情况异常，可以进行调查；必要时，可以聘请会计师事务所等协助其工作，费用由公司承担。

（2）监事的任期。监事的任期每届为3年。监事任期届满，连选可以连任。监事任期届满未及时改选，或者监事在任期内辞职导致监事会成员低于法定人数的，在改选出的监事就任前，原监事仍应当依照法律、行政法规和公司章程的规定，履行监事职务。

（3）监事会会议的召集与议事规则。监事会主席召集和主持监事会会议；监事会主席不能履行职务或者不履行职务的，由半数以上监事共同推举一名监事召集和主持监事会会议。监事会每年度至少召开一次会议，监事可以提议召开临时监事会会议。监事会决议应当经半数以上监事通过。监事会应当对所议事项的决定作成会议记录，出席会议的监事应当在会议记录上签名。监事会的议事方式和表决程序，除本法有规定的外，由公司章程规定。

四、一人有限责任公司的特别规定

一人有限责任公司，是指只有一个自然人股东或者一个法人股东的有限责任公司。

根据我国《公司法》的规定，一人有限责任公司的注册资本最低限额为人民币10万元。股东应当一次足额缴纳公司章程规定的出资额。一个自然人只能投资设立一个一人有限责任公司。该一人有限责任公司不能投资设立新的一人有限责任公司。一人有限责任公司应当在公司登记中注明自然人独资或者法人独资，并在公司营业执照中载明。

一人有限责任公司不设股东会。股东作出《公司法》第三十八条第一款所列决定时（即一般有限责任公司股东会行使的职权），应当采用书面形式，并由股东签字后置备于公司。一人有限责任公司章程由股东制定。

一人有限责任公司应当在每一会计年度终了时编制财务会计报告，并经会计师事务所审计。一人有限责任公司的股东不能证明公司财产独立于股东自己财产的，应当对公司债务承担连带责任。

五、国有独资公司的特别规定

国有独资公司，是指国家单独出资、由国务院或者地方人民政府委托本级人民政府国有资产监督管理机构履行出资人职责的有限责任公司。

根据现行规定，设立国有独资公司，应当由国务院或者地方人民政府授权的本级人民政府国有资产监督管理机构作为申请人，申请设立登记。国有独资公司章程由国有资产监督管理机构制定，或者由董事会制订报国有资产监督管理机构批准。

国有独资公司不设股东会，由国有资产监督管理机构行使股东会职权。国有资产监督管理机构可以授权公司董事会行使股东会的部分职权，决定公司的重大事项，但公司的合并、分立、解散、增减注册资本和发行公司债券，必须由国有资产监督管理机构决定。其中，重要的国有独资公司合并、分立、解散、申请破产的，应当由国有资产监督管理机构审核后，报本级人民政府批准。前款所称重要的国有独资公司，按照国务院的规定确定。

国有独资公司设立董事会，依法行使职权。董事每届任期不得超过 3 年。董事会成员中应当有公司职工代表。董事会成员由国有资产监督管理机构委派；但是，董事会成员中的职工代表由公司职工代表大会选举产生。董事会设董事长一人，可以设副董事长。董事长、副董事长由国有资产监督管理机构从董事会成员中指定。国有独资公司设经理，由董事会聘任或者解聘。经理依照本法第五十条规定行使职权。经国有资产监督管理机构同意，董事会成员可以兼任经理。国有独资公司的董事长、副董事长、董事、高级管理人员，未经国有资产监督管理机构同意，不得在其他有限责任公司、股份有限公司或者其他经济组织兼职。

国有独资公司监事会成员不得少于 5 人，其中职工代表的比例不得低于 1/3，具体比例由公司章程规定。监事会成员由国有资产监督管理机构委派；但是，监事会中的职工代表由公司职工代表大会选举产生。监事会主席由国有资产监督管理机构从监事会成员中指定。监事会行使《公司法》规定的职权和国务院规定的其他职权。

六、有限责任公司的股权转让

（一）股权的概念与种类

股东基于向公司出资而享有的对公司的各种权利，即为股东的权利，通常称为股权或股东权。股权是一种具有复杂内容的权利。从其具体权能来看，股权是以财产权为基本内容，但又并非单纯的财产权，它还包含股东参与公司内部事务管理的权利内容，具有社员权的性质。

根据股权内容的不同，可以把股权分为自益权与共益权。凡股东以自己的利益为目的而行使的权利是自益权，如发给出资证明书的请求权、分配股息红利的请求权、分配公司剩余财产的请求权，股东诉权（直接诉权）等；凡股东以自己的利益并兼以公司的利益为目的而行使的权利是共益权，如出席股东会会议的权利，在股东会会议上的表决权，查阅、复制公司章程、股东会会议记录、董事会会议决议、监事会会议决议和财务会计报告的权利，等等。

根据股权行使方式的不同，可以把股权分为单独股东权与少数股东权。可以由股东一人单独行使的权利是单独股东权；须持有已发行股份一定比例以上的股东才能行使的权利是少数股东权，如召开临时股东会会议提议权利、临时股东会会议提案权。

根据我国《公司法》的规定，股东有权查阅、复制公司章程、股东会议记录、董事会会议决议、监事会会议决议和财务会计报告。股东可以要求查阅公司会计账簿。股东要求查阅公司会计账簿时，应当向公司提出书面请求，说明目的。公司有合理根据认为股东查阅会计账簿有不正当目的，可能损害公司合法利益的，可以拒绝提供查阅，并应当自股东提出书面请求之日起15日内书面答复股东并说明理由。公司拒绝提供查阅的，股东可以请求人民法院要求公司提供查阅。股东按照实缴的出资比例分取红利；公司新增资本时，股东有权优先按照实缴的出资比例认缴出资。但是，全体股东约定不按照出资比例分取红利或者不按照出资比例优先认缴出资的除外。

（二）有限责任公司的股权转让

有限责任公司的股东之间可以相互转让其全部或者部分股权。

股东向股东以外的人转让股权，应当经其他股东过半数同意。股东应就其股权转让事项书面通知其他股东征求同意，其他股东自接到书面通知之日起满30日未答复的，视为同意转让。其他股东半数以上不同意转让的，不同意的股东应当购买该转让的股权；不购买的，视为同意转让。经股东同意转让的股权，在同等条件下，其他股东有优先购买权。两个以上股东主张行使优先购买权的，协商确定各自的购买比例；协商不成的，按照转让时各自的出资比例行使优先购买权。公司章程对股权转让另有规定的，从其规定。

人民法院依照法律规定的强制执行程序转让股东的股权时，应当通知公司及全体股东，其他股东在同等条件下有优先购买权。其他股东自人民法院通知之日起满20日不行使优先购买权的，视为放弃优先购买权。

有下列情形之一的，对股东会该项决议投反对票的股东可以请求公司按照合理的价格收购其股权：①公司连续5年不向股东分配利润，而公司该5年连续盈利，并且符合本法规定的分配利润条件的；②公司合并、分立、转让主要财产的；③公司章程规定的营业期限届满或者章程规定的其他解散事由出现，股东会会议通过决议修改章程使公司存续的。自股东会会议决议通过之日起60日内，股东与公司不能达成股权收购协议的，股东可以自股东会会议决议通过之日起90日内向人民法院提起诉讼。

自然人股东死亡后，其合法继承人可以继承股东资格；但是，公司章程另有规定的除外。

股权依法转让后，公司应当注销原股东的出资证明书，向新股东签发出资证明书，并相应修改公司章程和股东名册中有关股东及其出资额的记载。对公司章程的该项修改不需再由股东会表决。

第三节　股份有限公司

一、股份有限公司的概念和特征

股份有限公司，是指全部资本划分为等额股份，股东以其认购的股份为限对公司承担责任，公司以其全部财产对公司债务承担责任的企业法人。股份有限公司具有以下特征：

(1) 公司资本的股份性。股份有限公司的资本划分为股份，每一股的金额相等。股份是股份有限公司资本的最小构成单位。资本股份化不仅能适应股份有限公司公开发行股份，募集社会资金的需要，而且便于股东权的行使和利润分配。

（2）公司资本募集的公开性。股份有限公司可以通过向社会公开发行股票筹集公司的资本，从而使其具有最广泛的社会性。

（3）公司股票的流通性。股份有限公司依法发行的股票，可以按照法律规定的条件和程序流通和转让。

（4）公司设立的条件和程序的严格性。由于股份有限公司涉及投资公众，因此各国公司立法对股份有限公司的设立均规定了较为严格的条件和程序。

二、股份有限公司的设立

（一）股份有限公司设立的条件

依据《公司法》的规定，设立股份有限公司应具备以下条件：

（1）发起人符合法定人数。设立股份有限公司，应当有 2 人以上 200 人以下为发起人，其中须有半数以上的发起人在中国境内有住所。

（2）发起人认购和募集的股本达到法定资本最低限额。股份有限公司注册资本的最低限额为人民币 500 万元。法律、行政法规对股份有限公司注册资本的最低限额有较高规定的，从其规定。

（3）股份发行、筹办事项符合法律规定。

（4）发起人制定公司章程，采用募集方式设立的经创立大会通过。股份有限公司章程应当载明下列事项：①公司名称和住所；②公司经营范围；③公司设立方式；④公司股份总数、每股金额和注册资本；⑤发起人的姓名或者名称、认购的股份数、出资方式和出资时间；⑥董事会的组成、职权、任期和议事规则；⑦公司法定代表人；⑧监事会的组成、职权、任期和议事规则；⑨公司利润分配办法；⑩公司的解散事由与清算办法；⑪公司的通知和公告办法；⑫股东大会会议认为需要规定的其他事项。

（5）有公司名称，建立符合股份有限公司要求的组织机构。依法设立的股份有限公司，必须在公司名称中标明股份有限公司或者股份公司的字样。

（6）有公司住所。

（二）股份有限公司设立的方式

股份有限公司的设立，可以采取发起设立或者募集设立的方式。发起设立，是指由发起人认购公司应发行的全部股份而设立公司。募集设立，是指由发起人认购公司应发行股份的一部分，其余股份向社会公开募集或者向特定对象募集而设立公司。

（三）发起设立股份有限公司的程序

（1）签订发起人协议。发起人应当签订发起人协议，明确各自在公司设立过程中的权利和义务。根据《公司法》的规定，股份有限公司的发起人应当承担下列责任：①公司不能成立时，对设立行为所产生的债务和费用负连带责任；②公司不能成立时，对认股人已缴纳的股款，负返还股款并加算银行同期存款利息的连带责任；③在公司设立过程中，由于发起人的过失致使公司利益受到损害的，应当对公司承担赔偿责任。股份有限公司成立后，发起人未按照公司章程的规定缴足出资的，应当补缴；其他发起人承担连带责任。股份有限公司成立后，发现作为设立公司出资的非货币财产的实际价额显著低于公司章程所定价额的，应当由交付该出资的发起人补足其差额；其他发起人承担连带责任。

（2）申请公司名称预先核准。设立股份有限公司，应当由全体发起人指定的代表或者共同委托的代理人向公司登记机关申请名称预先核准。预先核准的公司名称保留期为6个月。预先核准的公司名称在保留期内，不得用于从事经营活动，不得转让。

（3）制定公司章程。发起人应当共同制定公司章程，并在公司章程上签名、盖章。

（4）缴纳股款。以发起设立方式设立股份有限公司的，发起人应当书面认足公司章程规定其认购的股份；一次缴纳的，应即缴纳全部出资；分期缴纳的，应即缴纳首期出资。公司全体发起人的首次出资额不得低于注册资本的20%，其余部分由发起人自公司成立之日起2年内缴足；其中，投资公司可以在5年内缴足。在缴足前，不得向他人募集股份。以非货币财产出资的，应当依法办理其财产权的转移手续。发起人不按照前款规定缴纳出资的，应当按照发起人协议的约定承担违约责任。

（5）选举董事会和监事会。发起人首次缴纳出资后，应当选举董事会和监事会。

（6）申请设立登记。由董事会向公司登记机关报送公司章程、由依法设定的验资机构出具的验资证明以及法律、行政法规规定的其他文件，申请设立登记。

（7）登记发照。符合《公司法》规定的设立条件的，由公司登记机关登记为股份有限公司。公司营业执照签发日期为公司成立日期。

（四）募集设立股份有限公司的程序

由于募集设立需要向公众募集股份，所以其程序较为严格和复杂，其设立程序如下：

（1）签订发起人协议。

（2）申请公司名称预先核准。

（3）制定公司章程。发起人应当共同制定公司章程，但是公司章程须经创立大会通过后生效。

（4）发起人认购股份。以募集设立方式设立股份有限公司的，发起人认购的股份不得少于公司股份总数的35%；但是，法律、行政法规另有规定的，从其规定。

（5）办理公开募集股份有关事项。发起人应当向国务院证券监督管理机构提交募股申请。经国务院证券监督管理机构核准后，发起人必须公告招股说明书，并制作认股书。此外，发起人还应当同依法设立的证券公司签订承销协议，同银行签订代收股款协议。公开发行股票必须由证券公司承销。认股人按照所认购股数缴纳股款。代收股款的银行应当按照协议代收和保存股款，向缴纳股款的认股人出具收款单据，并负有向有关部门出具收款证明的义务。发起人、认股人缴纳股款或者交付抵作股款的出资后，除未按期募足股份、发起人未按期召开创立大会或者创立大会决议不设立公司的情形外，不得抽回其股本。

（6）召开创立大会。发行股份的股款缴足后，必须经依法设立的验资机构验资并出具证明。发起人应当在30日内主持召开公司创立大会。创立大会由认股人组成。发行的股份超过招股说明书规定的截止期限尚未募足的，或者发行股份的股款缴足后，发起人在30日内未召开创立大会的，认股人可以按照所缴股款并加算银行同期存款利息，要求发起人返还。

发起人应当在创立大会召开15日前将会议日期通知各认股人或者予以公告。创立大会应有代表股份总数过半数的认股人出席，方可举行。创立大会行使下列职权：①审议发起人关于公司筹办情况的报告；②通过公司章程；③选举董事会成员；④选举监事会成员；⑤对公司的设立费用进行审核；⑥对发起人用于抵作股款的财产的作价进行审核；⑦发生不可抗力或者经营条件发生重大变化直接影响公司设立的，可以作出不设立公司的决议。创立大会对前列事项作出决议，必须经出席会议的认股人所持表决权过半数通过。

（7）申请设立登记。董事会应于创立大会结束后30日内，向公司登记机关报送下列文件，申请设立登记：①公司登记申请书；②创立大会的会议记录；③公司章程；④验资证明；⑤法定代表人、董事、监事的任职文件及其身份证明；⑥发起人的法人资格证明或者自然人身份证明；⑦公司住所证明。以募集方式设立股份有限公司公开发行股票的，还应当向公司登记机关报送国务院证券监督管理机构的核准文件。

（8）登记发照。符合《公司法》规定的设立条件的，由公司登记机关登记为股份有限公司。公司营业执照签发日期为公司成立日期。

三、股份有限公司的组织机构

（一）股东大会

1. 股东大会的组成及其职权

股份有限公司股东大会由全体股东组成，股东大会是公司的权力机构。《公司法》关于有限责任公司股东会职权的规定，适用于股份有限公司股东大会。

2. 股东大会的召集和议事规则

股东大会应当每年召开一次年会。有下列情形之一的，应当在两个月内召开临时股东大会：①董事人数不足本法规定人数或者公司章程所定人数的2/3时；②公司未弥补的亏损达实收股本总额的1/3时；③单独或者合计持有公司10%以上股份的股东请求时；④董事会认为必要时；⑤监事会提议召开时；⑥公司章程规定的其他情形。《公司法》和公司章程规定公司转让、受让重大资产或者对外提供担保等事项必须经股东大会作出决议的，董事会应当及时召集股东大会会议，由股东大会就上述事项进行表决。

股东大会会议由董事会召集，董事长主持；董事长不能履行职务或者不履行职务的，由副董事长主持；副董事长不能履行职务或者不履行职务的，由半数以上董事共同推举一名董事主持。董事会不能履行或者不履行召集股东大会会议职责的，监事会应当及时召集和主持；监事会不召集和主持的，连续90日以上单独或者合计持有公司10%以上股份的股东可以自行召集和主持。

召开股东大会会议，应当将会议召开的时间、地点和审议的事项于会议召开20日前通知各股东；临时股东大会应当于会议召开15日前通知各股东；发行无记名股票的，应当于会议召开30日前公告会议召开的时间、地点和审议事项。

单独或者合计持有公司3%以上股份的股东，可以在股东大会召开10日前提出临时提案并书面提交董事会；董事会应当在收到提案后2日内通知其他股东，并将该临时提案提交股东大会审议。临时提案的内容应当属于股东大会职权范围，并有明确议题和具体决议事项。股东大会不得对通知中未列明的事项作出决议。无记名股票持有人出席股东大会会议的，应当于会议召开5日前至股东大会闭会时将股票交存于公司。

股东出席股东大会会议，所持每一股份有一表决权。但是，公司持有的本公司股份没有表决权。股东大会作出决议，必须经出席会议的股东所持表决权过半数通过。但是，股东大会作出修改公司章程、增加或者减少注册资本的决议，以及公司合并、分立、解散或者变更公司形式的决议，必须经出席会议的股东所持表决权的2/3以上通过。

股东大会选举董事、监事，可以根据公司章程的规定或者股东大会的决议，实行累积投票制。所谓累积投票制，是指股东大会选举董事或者监事时，每一股份拥有与应选董事或者监事人数相同的表决权，股东拥有的表决权可以集中使用。

股东可以委托代理人出席股东大会会议，代理人应当向公司提交股东授权委托书，并在授权范围内行使表决权。

股东大会应当对所议事项的决定作成会议记录，主持人、出席会议的董事应当在会议记录上签名。会议记录应当与出席股东的签名册及代理出席的委托书一并保存。

（二）董事会、经理

（1）董事会的组成及其职权。股份有限公司设董事会，其成员为5～19人。董事会成员中可以有公司职工代表。董事会中的职工代表由公司职工通过职工代表大会、职工大会或者其他形式民主选举产生。《公司法》关于有限责任公司董事会职权的规定，适用于股份有限公司董事会。

（2）董事长、副董事长。董事会设董事长1人，可以设副董事长。董事长和副董事长由董事会以全体董事的过半数选举产生。董事长召集和主持董事会会议，检查董事会决议的实施情况。副董事长协助董事长工作，董事长不能履行职务或者不履行职务的，由副董事长履行职务；副董事长不能履行职务或者不履行职务的，由半数以上董事共同推举1名董事履行职务。

（3）董事的任期。《公司法》关于有限责任公司董事任期的规定，适用于股份有限公司董事。

（4）董事会会议的召集与议事规则。董事会每年度至少召开两次会议，每次会议应当于会议召开10日前通知全体董事和监事。代表1/10以上表决权的股东、1/3以上董事或者监事会，可以提议召开董事会临时会议。董事长应当自接到提议后10日内，召集和主持董事会会议。董事会召开临时会议，可以另定召集董事会的通知方式和通知时限。董事会会议应有过半数的董事出席方可举行。董事会作出决议，必须经全体董事的过半数通过。董事会决议的表决，实行1人1票。董事会会议，应由董事本人出席；董事因故不能出席，可以书面委托其他董事代为出席，委托书中应载明授权范围。董事会应当对会议所议事项的决定作成会议记录，出席会议的董事应当在会议记录上签名。董事应当对董事会的决议承担责任。董事会的决议违反法律、行政法规或者公司章程、股东大会决议，致使公司遭受严重损失的，参与决议的董事对公司负赔偿责任；但经证明在表决时曾表明异议并记载于会议记录的，该董事可以免除责任。

（5）经理。股份有限公司设经理，由董事会决定聘任或者解聘。《公司法》关于有限责任公司经理职权的规定，适用于股份有限公司经理。公司董事会可以决定由董事会成员兼任经理。

（三）监事会

（1）监事会的组成及其职权。股份有限公司设立监事会，其成员不得少于3人。监事会应当包括股东代表和适当比例的公司职工代表，其中职工代表的比例不得低于1/3，具体比例由公司章程规定。监事会中的职工代表由公司职工通过职工代表大会、职工大会或者其他形式民主选举产生。监事会设主席1人，可以设副主席。监事会主席和副主席由全体监事过半数选举产生。监事会主席召集和主持监事会会议；监事会主席不能履行职务或者不履行职务的，由监事会副主席召集和主持监事会会议；监事会副主席不能履行职务或者不履行职务的，由半数以上监事共同推举一名监事召集和主持监事会会议。董事、高级管理人员不得兼任监事。《公司法》关于有限责任公司监事会职权的规定，适用于股份有限公司监事会。监事会行使职权所必需的费用，由公司承担。

（2）监事的任期。《公司法》关于有限责任公司监事任期的规定，适用于股份有限公司监事。

（3）监事会会议的召集与议事规则。监事会至少每6个月召开一次会议。监事可以提议召开临时监事会会议。监事会的议事方式和表决程序，除《公司法》有规定的外，由公司章程规定。监事会应当对所议事项的决定作成会议记录，出席会议的监事应当在会议记录上签名。

（四）上市公司组织机构的特别规定

上市公司，是指其股票在证券交易所上市交易的股份有限公司。为了充分保护社会公众与投资者的合法权益，保障证券市场的正常秩序，《证券法》对公司上市的条件和程序、上市公司的持续信息披露义务以及上市公司收购等问题作了明确的规定，而《公司法》则对上市公司的组织机构作出了特别的规定，具体内容为：上市公司在1年内购买、出售重大资产或者担保金额超过公司资产总额30%的，应当由股东大会作出决议，并经出席会议的股东所持表决权的2/3以上通过。上市公司设立独立董事。上市公司设立董事会秘书，负责公司股东大会和董事会会议的筹备、文件保管以及公司股权管理，办理信息披露事务等事宜。上市公司董事与董事会会议决议事项所涉及的企业有关联关系的，不得对该项决议行使表决权，也不得代理其他董事行使表决权。该董事会会议由过半数的无关联关系董事出席即可举行，董事会会议所作决议须经无关联关系董事过半数通过。出席董事会的无关联关系董事人数不足3人的，应将该事项提交上市公司股东大会审议。

四、股份有限公司的股份发行和转让

（一）股份与股票

股份有限公司资本的划分为均等的份额，这就是股份。公司的股份采取股票的形式。股票是公司签发的证明股东所持股份的凭证。股份（股票）可以从不同的角度加以分类：

（1）按股票票面上是否记载股东的姓名，可以分为记名股和无记名股。记名股是将股东的姓名或名称记载于股票票面的股份。无记名股是指在股票票面上不记载股东的姓名或名称的股份。根据我国《公司法》的规定，公司发行的股票，可以为记名股票，也可以为无记名股票。但是，公司向发起人、法人发行的股票，应当为记名股票，并应当记载该发起人、法人的名称或者姓名，不得另立户名或者以代表人姓名记名。

（2）按股东享有权利和承担义务的不同，可以分为普通股和特别股。普通股是指股东的权利一律平等，没有任何区别待遇的股份。特别股是指股东权利不同于普通股股东的股份。特别股又分为优先股和劣后股。优先股在公司盈余和公司剩余财产分配方面享有优先于普通股的权利，其特点是股息固定，不随公司经营状况而发生变动，但其股东往往不享有表决权。劣后股又称后配股，是指股东在公司盈余和公司剩余财产分配方面劣后于普通股股东的股份。

（3）按股份是否以金额表示，可以分为额面股和无额面股。额面股是指在股票票面上标明了一定金额的股份。无额面股又称比例股或部分股，即股票票面不标明金额，只表示其占公司资本总额的一定比例。此种股份的价值随公司财产的增减而增减，我国禁止发行无额面股。

（4）按投资主体的不同，可以分为国有股、法人股和个人股。这是我国目前特有的股份种类划分。根据股权管理的不同情况，国有股又可以分为国家股和国有法人股。国家股是指有权代表国家投资的机构或部门向股份有限公司出资形成或依法定程序取得的股份，在股份有限公司股权登记上记名为该机构或部门持有的股份。国有法人股是指具有法人资格的国有企业、事业及其他单位以其依法占用的法人资产向独立于自己的股份有限公司出资形成或依法定程序取得的股份，在股份有限公司股权登记上记名为该国有企业或事业及其他单位持有的股份。法人股，是指法人投资形成的股份。根据投资法人的种类不同，又可分为企业法人股、事业单位法人股和社会团体法人股。个人股，是指以个人合法取得的财产向公司投资形成的股份，包括社会公众股和职工内部股。

（5）按股票是否以人民币认购或交易，可分为A股、B股、H股、N股等。A股，又称人民币股，是指专供我国的法人和公民（不含我国香港、澳门、台湾地区的投资者）以人民币认购或买卖的股份。B股，又称人民币特种股或境内上市外资股，是指以人民币标明股票面值，在中国境内证券交易所上市，以外币认购和进行交易的股份。以前购买和交易B股仅限于外国和我国香港、澳门、台湾地区的投资者，自2000年起该限制被取消。H股、N股等又称境外上市外资股，是指有股份有限公司向境外投资者募集并在境外上市交易的股份，如H股是指在香港联交所上市，N股是指在美国纽约证券交易所上市。

（二）股份发行

（1）股份发行的原则。股份的发行，实行公平、公正的原则，同种类的每一股份应当具有同等权利。同次发行的同种类股票，每股的发行条件和价格应当相同；任何单位或者个人所认购的股份，每股应当支付相同价额。

（2）股份发行的价格。股票发行价格可以按票面金额，也可以超过票面金额，但不得低于票面金额。

（3）股票的形式。股票采用纸面形式或者国务院证券监督管理机构规定的其他形式。股票应当载明下列主要事项：①公司名称；②公司成立日期；③股票种类、票面金额及代表的股份数；④股票的编号。股票由法定代表人签名，公司盖章。发起人的股票，应当标明发起人股票字样。

（4）股票的交付。股份有限公司成立后，即向股东正式交付股票。公司成立前不得向股东交付股票。

（三）股份转让

（1）股份转让的一般规则。股东持有的股份可以依法转让。股东转让其股份，应当在依法设立的证券交易场所进行或者按照国务院规定的其他方式进行。上市公司的股票，依照有关法律、行政法规及证券交易所交易规则上市交易。记名股票，由股东以背书方式或者法律、行政法规规定的其他方式转让；转让后由公司将受让人的姓名或者名称及住所记载于股东名册。股东大会召开前20日内或者公司决定分配股利的基准日前5日内，不得进行前款规定的股东名册的变更登记。但是，法律对上市公司股东名册变更登记另有规定的，从其规定。无记名股票的转让，由股东将该股票交付给受让人后即发生转让的效力。

（2）股份转让的限制。为了防止内幕交易、欺诈客户以及操纵市场等现象的发生，保障投资公众的正当权益，维护证券市场的正常秩序，《公司法》对于发起人和股份有限公司的高级管理人员转让股份作了严格的限制。发起人持有的本公司股份，自公司成立之日起 1 年内不得转让。公司公开发行股份前已发行的股份，自公司股票在证券交易所上市交易之日起 1 年内不得转让。公司董事、监事、高级管理人员应当向公司申报所持有的本公司的股份及其变动情况，在任职期间每年转让的股份不得超过其所持有本公司股份总数的 25%；所持本公司股份自公司股票上市交易之日起 1 年内不得转让。上述人员离职后半年内，不得转让其所持有的本公司股份。公司章程可以对公司董事、监事、高级管理人员转让其所持有的本公司股份作出其他限制性规定。

（3）股份回购的限制。股份回购是指公司将本公司已发行的部分或全部股份买回的行为。由于股份回购容易导致内幕交易、操纵市场等现象的发生，并且可能损害公司债权人的利益，因此各国立法对于股份回购都有一定的限制。我国《公司法》规定，公司不得收购本公司股份。但是，有下列情形之一的除外：①减少公司注册资本；②与持有本公司股份的其他公司合并；③将股份奖励给本公司职工；④股东因对股东大会作出的公司合并、分立决议持异议，要求公司收购其股份的。公司因前列第①项至第③项的原因收购本公司股份的，应当经股东大会决议。公司依照前列规定收购本公司股份后，属于第①项情形的，应当自收购之日起 10 日内注销；属于第②项、第④项情形的，应当在 6 个月内转让或者注销。公司依照第③项规定收购的本公司股份，不得超过本公司已发行股份总额的 5%；用于收购的资金应当从公司的税后利润中支出；所收购的股份应当在 1 年内转让给职工。此外，公司不得接受本公司的股票作为质押权的标的。

第四节　公司董事、监事、高级管理人员的资格、义务和责任

一、公司董事、监事、高级管理人员的资格

高级管理人员，是指公司的经理、副经理、财务负责人，上市公司董事会秘书和公司章程规定的其他人员。

根据《公司法》的规定，有下列情形之一的，不得担任公司的董事、监事、高级管理人员：①无民事行为能力或者限制民事行为能力；②因贪污、贿赂、侵占财产、挪用财产或者破坏社会主义市场经济秩序，被判处刑罚，执行期满未逾 5 年，或者因犯罪被剥夺政治权利，执行期满未逾 5 年；③担任破产清算的公司、企业的董事或者厂长、经理，对该公司、企业的破产负有个人责任的，自该公司、企业破产清算完结之日起未逾 3 年；④担任因违法被吊销营业执照、责令关闭的公司、企业的法定代表人，并负有个人责任的，自该公司、企业被吊销营业执照之日起未逾 3 年；⑤个人所负数额较大的债务到期未清偿。

公司违反规定选举、委派董事、监事或者聘任高级管理人员的，该选举、委派或者聘任无效。董事、监事、高级管理人员在任职期间出现前列不得担任公司的董事、监事、高级管理人员情形的，公司应当解除其职务。

二、公司董事、监事、高级管理人员的义务

董事、监事、高级管理人员应当遵守法律、行政法规和公司章程，对公司负有忠实

义务和勤勉义务。

（一）忠实义务

忠实义务是指公司董事、监事、高级管理人员必须忠诚地为公司利益最大化履行职务，并且不得为了自己个人利益而与公司利益相冲突。具体情形如下：

（1）董事、监事、高级管理人员不得利用职权收受贿赂或者其他非法收入，不得侵占公司的财产。

（2）董事、高级管理人员不得有下列行为：①挪用公司资金；②将公司资金以其个人名义或者以其他个人名义开立账户存储；③违反公司章程的规定，未经股东会、股东大会或者董事会同意，将公司资金借贷给他人或者以公司财产为他人提供担保；④违反公司章程的规定或者未经股东会、股东大会同意，与本公司订立合同或者进行交易；⑤未经股东会或者股东大会同意，利用职务便利为自己或者他人谋取属于公司的商业机会，自营或者为他人经营与所任职公司同类的业务；⑥接受他人与公司交易的佣金归为己有；⑦擅自披露公司秘密；⑧违反对公司忠实义务的其他行为。董事、高级管理人员违反前款规定所得的收入应当归公司所有。

（3）股东会或者股东大会要求董事、监事、高级管理人员列席会议的，董事、监事、高级管理人员应当列席并接受股东的质询。董事、高级管理人员应当如实向监事会或者不设监事会的有限责任公司的监事提供有关情况和资料，不得妨碍监事会或者监事行使职权。

（二）勤勉义务

勤勉义务是指公司董事、监事、高级管理人员必须谨慎、尽力履行职务，尽善良管理人的注意义务，依照法律法规和公司章程履行职责，维护公司利益。

三、公司董事、监事、高级管理人员的责任

董事、监事、高级管理人员执行公司职务时违反法律、行政法规或者公司章程的规定，给公司造成损失的，应当承担赔偿责任。董事、高级管理人员有此情形的，有限责任公司的股东、股份有限公司连续 180 日以上单独或者合计持有公司 1% 以上股份的股东，可以书面请求监事会或者不设监事会的有限责任公司的监事向人民法院提起诉讼；监事有此情形的，前述股东可以书面请求董事会或者不设董事会的有限责任公司的执行董事向人民法院提起诉讼。

监事会、不设监事会的有限责任公司的监事，或者董事会、执行董事收到前款规定的股东书面请求后拒绝提起诉讼，或者自收到请求之日起 30 日内未提起诉讼，或者情况紧急、不立即提起诉讼将会使公司利益受到难以弥补的损害的，前款规定的股东有权为了公司的利益以自己的名义直接向人民法院提起诉讼。

他人侵犯公司合法权益，给公司造成损失的，前述股东可以依照前述规定向人民法院提起诉讼。

董事、高级管理人员违反法律、行政法规或者公司章程的规定，损害股东利益的，股东可以向人民法院提起诉讼。

第五节　公司财务、会计

一、公司财务会计报告的制作、审计和使用

公司应当依照法律、行政法规和国务院财政部门的规定建立本公司的财务、会计制度。公司聘用、解聘承办公司审计业务的会计师事务所，依照公司章程的规定，由股东会、股东大会或者董事会决定。公司股东会、股东大会或者董事会就解聘会计师事务所进行表决时，应当允许会计师事务所陈述意见。公司应当向聘用的会计师事务所提供真实、完整的会计凭证、会计账簿、财务会计报告及其他会计资料，不得拒绝、隐匿、谎报。

公司应当在每一会计年度终了时编制财务会计报告，并依法经会计师事务所审计。财务会计报告应当依照法律、行政法规和国务院财政部门的规定制作。公司除法定的会计账簿外，不得另立会计账簿。对公司资产，不得以任何个人名义开立账户存储。

有限责任公司应当按照公司章程规定的期限将财务会计报告送交各股东。股份有限公司的财务会计报告应当在召开股东大会年会的20日前置备于本公司，供股东查阅；公开发行股票的股份有限公司必须公告其财务会计报告。

二、公积金制度

（一）公积金的概念和种类

公积金，又称为储备金或准备金，是指为巩固公司的财务基础，公司依照法律和公司章程的规定或股东（大）会的决议从公司利润中提取而留存于公司内部的余额以及依法所得溢价额、受领赠予的所得等。

公积金按其来源可分为资本公积金和盈余公积金。资本公积金是指直接由资本或资产以及其他原因形成的公积金，包括公司发行股票的溢价收入、资产评估增值收入、公司接受赠予的财产、公司吸收合并其他公司所承受的资产余额、公司减资时所获得的资产余额等。盈余公积金是指公司在弥补亏损后，分配股利前，在税后利润中提取的公积金。盈余公积金又分为法定盈余公积金和任意盈余公积金。法定盈余公积金，也称为法定公积金，是指按法律规定的比例在公司税后利润中提取的公积金。任意盈余公积金，也称为任意公积金，是指根据公司章程或者股东会决议在法定公积金以外自由提取的公积金。

（二）公积金的提取与使用

公司分配当年税后利润时，应当提取利润的10%列入公司法定公积金。公司法定公积金累计额为公司注册资本50%以上的，可以不再提取。公司的法定公积金不足以弥补以前年度亏损的，在依照前款规定提取法定公积金之前，应当先用当年利润弥补亏损。

公司从税后利润中提取法定公积金后，经股东会或者股东大会决议，还可以从税后利润中提取任意公积金。公司弥补亏损和提取公积金后所余税后利润，有限责任公司股东按照实缴的出资比例分取红利（全体股东约定不按照出资比例分取红利或者不按照出资比例优先认缴出资的除外）；股份有限公司按照股东持有的股份比例分配（但股份有限公司章程规定不按持股比例分配的除外）。

股东会、股东大会或者董事会违反规定，在公司弥补亏损和提取法定公积金之前向股东分配利润的，股东必须将违反规定分配的利润退还公司。公司持有的本公司股份不得分配利润。

股份有限公司以超过股票票面金额的发行价格发行股份所得的溢价款以及国务院财政部门规定列入资本公积金的其他收入，应当列为公司资本公积金。

公司的公积金用于弥补公司的亏损、扩大公司生产经营或者转为增加公司资本。但是，资本公积金不得用于弥补公司的亏损。法定公积金转为资本时，所留存的该项公积金不得少于转增前公司注册资本的25%。

第六节　公司合并、分立、增资、减资、解散和清算

一、公司合并

公司合并，是指两个或两个以上的公司依法达成合意，归并为一个公司或创设一个新的公司的法律行为。公司合并可以采取吸收合并或者新设合并。一个公司吸收其他公司为吸收合并，被吸收的公司解散。两个以上公司合并设立一个新的公司为新设合并，合并各方解散。

公司合并，应当由合并各方签订合并协议，并编制资产负债表及财产清单。公司应当自作出合并决议之日起10日内通知债权人，并于30日内在报纸上公告。债权人自接到通知书之日起30日内，未接到通知书的自公告之日起45日内，可以要求公司清偿债务或者提供相应的担保。公司合并时，合并各方的债权、债务，应当由合并后存续的公司或者新设的公司承继。

公司合并登记事项发生变更的，应当依法向公司登记机关办理变更登记；公司解散的，应当依法办理公司注销登记；设立新公司的，应当依法办理公司设立登记。

二、公司分立

公司分立，是指一个公司又设立另一个公司或一个公司分解为两个以上公司的法律行为。公司分立有存续分立和新设分立两种形式。存续分立，又称为派生分立，是指公司将其一部分财产或者营业分离出去，成立一个或者几个新公司的行为。新公司取得法人资格，原公司也继续保留法人资格。新设分立，又称为解散分立，是指公司以其全部财产依法分别成立两个或者两个以上的新公司，并解散原公司的行为。

公司分立，其财产作相应的分割。公司分立，应当编制资产负债表及财产清单。公司应当自作出分立决议之日起10日内通知债权人，并于30日内在报纸上公告。公司分立前的债务由分立后的公司承担连带责任。但是，公司在分立前与债权人就债务清偿达成的书面协议另有约定的除外。

公司分立，登记事项发生变更的，应当依法向公司登记机关办理变更登记；公司解散的，应当依法办理公司注销登记；设立新公司的，应当依法办理公司设立登记。

三、公司减资

公司需要减少注册资本时，必须编制资产负债表及财产清单。公司应当自作出减少

注册资本决议之日起10日内通知债权人，并于30日内在报纸上公告。债权人自接到通知书之日起30日内，未接到通知书的自公告之日起45日内，有权要求公司清偿债务或者提供相应的担保。公司减资后的注册资本不得低于法定的最低限额。

公司减少注册资本，应当依法向公司登记机关办理变更登记。

四、公司增资

有限责任公司增加注册资本时，股东认缴新增资本的出资，依照《公司法》设立有限责任公司缴纳出资的有关规定执行。股份有限公司为增加注册资本发行新股时，股东认购新股，依照《公司法》设立股份有限公司缴纳股款的有关规定执行。

公司增资应当依法向公司登记机关办理变更登记。

五、公司解散

公司因下列原因应解散：①公司章程规定的营业期限届满或者公司章程规定的其他解散事由出现；②股东会或者股东大会决议解散；③因公司合并或者分立需要解散；④依法被吊销营业执照、责令关闭或者被撤销；⑤公司经营管理发生严重困难，继续存续会使股东利益受到重大损失，通过其他途径不能解决的，持有公司全部股东表决权10%以上的股东，可以请求人民法院解散公司。

公司有第①项情形的，可以通过修改公司章程而存续。由此修改公司章程，有限责任公司须经持有2/3以上表决权的股东通过，股份有限公司须经出席股东大会会议的股东所持表决权的2/3以上通过。

六、公司清算

除因公司合并或者分立需要解散公司的以外，公司应当在解散事由出现之日起15日内成立清算组，开始清算。有限责任公司的清算组由股东组成，股份有限公司的清算组由董事或者股东大会确定的人员组成。逾期不成立清算组进行清算的，债权人可以申请人民法院指定有关人员组成清算组进行清算。人民法院应当受理该申请，并及时组织清算组进行清算。

清算组在清算期间行使下列职权：①清理公司财产，分别编制资产负债表和财产清单；②通知、公告债权人；③处理与清算有关的公司未了结的业务；④清缴所欠税款以及清算过程中产生的税款；⑤清理债权、债务；⑥处理公司清偿债务后的剩余财产；⑦代表公司参与民事诉讼活动。

清算组应当自成立之日起10日内通知债权人，并于60日内在报纸上公告。债权人应当自接到通知书之日起30日内，未接到通知书的自公告之日起45日内，向清算组申报其债权。债权人申报债权，应当说明债权的有关事项，并提供证明材料。清算组应当对债权进行登记。在申报债权期间，清算组不得对债权人进行清偿。

清算组在清理公司财产、编制资产负债表和财产清单后，应当制订清算方案，并报股东会、股东大会或者人民法院确认。

公司财产在分别支付清算费用、职工的工资、社会保险费用和法定补偿金，缴纳所欠税款，清偿公司债务后的剩余财产，有限责任公司按照股东的出资比例分配，股份有限公司按照股东持有的股份比例分配。清算期间，公司存续，但不得开展与清算无关的经营活动。公司财产在未按前款规定清偿前，不得分配给股东。

清算组在清理公司财产、编制资产负债表和财产清单后，发现公司财产不足清偿债务的，应当依法向人民法院申请宣告破产。公司经人民法院裁定宣告破产后，清算组应当将清算事务移交给人民法院，依照有关企业破产的法律实施破产清算。

公司清算结束后，清算组应当制作清算报告，报股东会、股东大会或者人民法院确认，并报送公司登记机关，申请注销公司登记，公告公司终止。

清算组成员应当忠于职守，依法履行清算义务。清算组成员不得利用职权收受贿赂或者其他非法收入，不得侵占公司财产。清算组成员因故意或者重大过失给公司或者债权人造成损失的，应当承担赔偿责任。

第七节　外国公司的分支机构

一、外国公司分支机构的设立

外国公司是指依照外国法律在中国境外设立的公司。外国公司的分支机构是指外国公司依照我国公司法的规定，在我国境内设立的从事生产经营活动的场所或者办事机构。

依据《公司法》的规定，外国公司在我国境内设立分支机构必须遵守以下规定：

(1) 外国公司在中国境内设立分支机构，必须向中国主管机关提出申请，并提交其公司章程、所属国的公司登记证书等有关文件，经批准后，向公司登记机关依法办理登记，领取营业执照。

(2) 外国公司在中国境内设立分支机构，必须在中国境内指定负责该分支机构的代表人或者代理人，并向该分支机构拨付与其所从事的经营活动相适应的资金。

(3) 外国公司的分支机构应当在其名称中标明该外国公司的国籍及责任形式。外国公司的分支机构应当在本机构中置备该外国公司章程。

二、外国公司分支机构的地位

外国公司在中国境内设立的分支机构不具有中国法人资格。外国公司对其分支机构在中国境内进行经营活动承担民事责任。

经批准设立的外国公司分支机构，在中国境内从事业务活动，必须遵守中国的法律，不得损害中国的社会公共利益，其合法权益受中国法律保护。

三、外国公司分支机构的撤销与清算

外国公司分支机构撤销的具体原因，包括其因违法活动或其所属的外国公司因破产等原因终止，被我国主管机关吊销营业执照或责令撤销，也可能是该外国公司自行撤销其设在中国境内的分支机构。

外国公司撤销其在中国境内的分支机构时，必须依法清偿债务，依照我国法律有关公司清算程序的规定进行清算。未清偿债务之前，不得将其分支机构的财产移至中国境外。

【思考题】

1. 简述公司的概念和特征。

2. 简述有限责任公司的特征和设立条件。

3. 简述股份有限公司与有限责任公司的区别。

4. 简述股份有限公司设立的条件和方式。

5. 简述独立董事制度对完善公司治理结构的意义。

6. 甲、乙、丙拟共同出资设立一家有限责任公司（以下简称公司），并共同制定了公司章程草案。该公司章程草案有关要点如下：

（1）公司注册资本总额为600万元。各方出资数额、出资方式以及缴付出资的时间分别为：甲出资180万元，其中货币出资70万元，计算机软件作价出资110万元，首次货币出资20万元，其余货币出资和计算机软件出资自公司成立之日起1年内缴足；乙出资150万元，其中机器设备作价出资100万元，特许经营权出资50万元，自公司成立之日起6个月内一次缴足；丙以货币270万元出资，首次货币出资90万元，其余出资自公司成立之日起2年内缴付100万元，第3年缴付剩余的80万元。

（2）公司的董事长由甲委派，副董事长由乙委派，经理由丙提名并经董事会聘任，经理作为公司的法定代表人。在公司召开股东会会议时，出资各方行使表决权的比例为：甲按照注册资本30%的比例行使表决权；乙、丙分别按照注册资本35%的比例行使表决权。

（3）公司需要增加注册资本时，出资各方按照在股东会行使表决权的比例优先认缴出资；公司分配红利时，出资各方依照以下比例进行分配：甲享有红利25%的分配权；乙享有红利40%的分配权；丙享有红利35%的分配权。

结合上例涉及的法律问题思考：

（1）公司成立前出资人的首次出资总额是否符合公司法的有关规定？公司出资人的货币出资总额是否符合公司法的有关规定？甲以计算机软件和乙以特许经营权出资的方式是否符合有关规定？请分别说明理由。甲、乙、丙分期缴纳出资的时间是否符合公司法的有关规定？

（2）公司的法定代表人由经理担任是否符合公司法的有关规定？公司章程规定的出资各方在公司股东会会议上行使表决权的比例是否符合公司法的有关规定？

（3）公司章程规定增加注册资本时，不按照出资比例优先认缴出资是否违反公司法的有关规定？公司章程规定的出资各方分红比例是否符合公司法的有关规定？

第五章　外商投资企业法

【学习要点】

- 外商投资企业的概念和特征
- 中外合资经营企业、中外合作经营企业的设立和董事会的议事规则
- 中外合资经营企业的出资方式、投资总额与注册资本的关系
- 中外合资经营企业与中外合作经营企业的区别

外商投资企业是指依照中国的法律规定，经中国政府批准，在中国境内设立的，由中国投资者和外国投资者共同投资或者仅由外国投资者投资的企业。外商投资企业包括中外合资经营企业、中外合作经营企业和外资企业三种主要形式。外商投资企业均属中国企业，必须遵守中国的法律，受中国法律的保护和管辖，国家有关机关依法对外商投资企业实行管埋和监督。

第一节　外商投资企业法概述

一、外商投资企业的概念和特征

外商投资企业，是指依照中华人民共和国法律的规定，在中国境内由中国投资者和外国投资者共同投资或者由外国投资者单独投资设立的企业。外商投资企业具有以下基本特征：

（1）外商投资企业是外商直接投资举办的企业。直接投资是与间接投资相对而言来说的，即投资者将资金投入企业，并不同程度地参与企业的经营决策，通过企业盈利分配获取投资收益的投资方法。

（2）外商投资企业的资本部分或全部属于外国投资者。外商投资企业是外国企业和其他经济组织或者个人参与或独立设立的企业，区别于完全由中国投资者投资举办的内资企业。

（3）外商投资企业是依照中国的法律和行政法规，经中国政府批准，在中国境内设立的企业。企业设立的依据是中国法律，企业的住所在中国境内，从而使外商投资企业既区别于依照外国法律设立的外国企业和在我国境内从事生产经营的分支机构，也区别于我国的企业与我国人合资在中国境外设立的企业。外商投资企业设立后，必须遵守中国的法律，也受中国法律的保护。

二、外商投资企业的种类

根据我国有关法律和行政法规的规定，我国目前的外商投资企业主要有以下几种：

（一）中外合资经营企业

中外合资经营企业是由外国公司、企业和其他经济组织或者个人，按照平等互利的原则，经中国政府批准，依照我国《中外合资经营企业法》的规定，在中国境内，同中国的公司、企业或者其他经济组织共同举办的，具有中国法人资格的企业。中外合资经营企业也称股权式合营企业，中外投资者双方共同投资，共同经营，并按照出资比例来确定投资者的风险、责任和利润分配，各自的权利和义务十分明确。实践中，那些投资多、技术性强、合作时间长的项目较多地选择此种形式。

（二）中外合作经营企业

中外合作经营企业，是指中国合作者和外国合作者依照《中外合作经营企业法》的规定，在中国境内以合作企业合同为基础而共同举办的企业。中外合作经营企业亦称契约式合营企业，双方通过合作经营企业合同约定各自的权利和义务，合作方式较为灵活。中方投资者可以无形资产等要素作为合作的条件，解决了中方企业投资资金缺乏的问题；允许外方投资者先行回收投资，对外国投资者有较大吸引力。

（三）外资企业

外资企业亦称外商独资经营企业，是指依照中国法律，在中国境内设立的全部资本由外国投资者投资的企业。不包括外国的企业和其他经济组织在中国境内设立的分支机构。外资企业的全部资本属于外国投资者所有，这使外资企业既区别于中外合资经营企业和中外合作经营企业，也区别于完全由中国投资者投资举办的企业。

（四）中外合资股份有限公司

中外合资股份有限公司，是指外国的公司、企业和其他经济组织或者个人（外国股东）同中国的公司、企业或者其他经济组织（中国股东），依照中国法律，在中国境内设立的，全部资本由等额股份构成，股东以其所认购的股份对公司承担责任，公司以全部财产对公司债务承担责任，中外股东共同持有公司股份的企业法人。中外合资股份有限公司区别于全部资本属于外国投资者的外资企业，也不同于按约定承担连带责任的中外合作经营企业，其设立程序及资本构成又不同于一般的中外合资经营企业。

三、外商投资企业的投资项目

根据2002年2月21日国务院发布的《指导外商投资方向规定》的规定，外商投资企业的投资项目分为鼓励、允许、限制和禁止四类。

（一）鼓励类外商投资项目

属于下列情形之一的，列为鼓励类外商投资项目：①属于农业新技术、农业综合开发和能源、交通、重要原材料工业的；②属于高新技术、先进适用技术，能够改进产品性能、提高企业技术经济效益或者生产国内生产能力不足的新设备、新材料的；③适应市场需求，能够提高产品档次、开拓新兴市场或者增加产品国际竞争能力的；④属于新技术、新设备，能够节约能源和原材料、综合利用资源和再生资源以及防治环境污染的；⑤能够发挥中西部地区的人力和资源优势，并符合国家产业政策的；⑥法律、行政法规规定的其他情形。

（二）限制类外商投资项目

属于下列情形之一的，列为限制类外商投资项目：①技术水平落后的；②不利于节约资源和改善生态环境的；③从事国家规定实行保护性开采的特定矿种勘探、开采的；

④属于国家逐步开放的产业的；⑤法律、行政法规规定的其他情形。

（三）禁止类外商投资项目

属于下列情形之一的，列为禁止类外商投资项目：①危害国家安全或者损害社会公众利益的；②对环境造成污染损害，破坏自然资源或者损害人体健康的；③占用大量耕地，不利于保护、开发土地资源的；④危害军事设施安全和使用效能的；⑤运用我国特有工艺或者技术生产产品的；⑥法律、行政法规规定的其他情形。

（四）允许类外商投资项目

不属于鼓励类、限制类和禁止类的外商投资项目，为允许类外商投资项目。

产品全部直接出口的允许类外商投资项目，视为鼓励类外商投资项目。产品出口销售额占其产品销售总额70%以上的限制类外商投资项目，经省、自治区、直辖市及计划单列市人民政府或者国务院主管部门批准，可以视为允许类外商投资项目。

四、我国外商投资企业立法概况

外商投资企业法，是指调整外商投资企业在设立、管理、经营和终止过程中产生的经济关系的法律规范的总称。为适应对外开放，吸引外资的需要，我国已制定了一系列调整外商投资企业的法律规范。主要有：1979年7月1日通过并于1990年4月和2001年3月修正的《中华人民共和国中外合资经营企业法》，1983年9月发布并于2001年7月修正的《中外合资经营企业法实施条例》，1988年4月发布并于2000年10月修正的《中华人民共和国中外合作经营企业法》，1995年9月国务院发布的《中华人民共和国中外合作经营企业法实施细则》，1980年4月发布并于2000年10月修正的《中华人民共和国外资企业法》，1990年12月国务院发布并于2001年4月修正的《中华人民共和国外资企业法实施细则》，以及1994年3月通过的针对台湾同胞到祖国大陆投资的《中华人民共和国台湾同胞投资保护法》和国务院1999年12月发布的《中华人民共和国台湾同胞投资保护法实施细则》，等等。这些法律规范已基本形成了一个规范外商投资企业的法律体系。

外商投资企业必须遵守东道国的法律、法规，这是国际上通行的做法。为了加强对外商投资企业的管理和监督，我国外商投资企业法明确规定，外商投资企业必须遵守中国的法律、法规，不得损害中国的社会公共利益。同时，为了保护外商投资企业的合法利益，我国外商投资企业法规定，国家对外商投资企业不实行国有化和征收；在特殊情况下，根据社会公共利益的需要，可依照法律程序实行征收，并给予相应的补偿。

第二节　中外合资经营企业法

一、中外合资经营企业的概念和特征

中外合资经营企业，是指中国合营者与外国合营者依照中华人民共和国法律的规定，在中国境内共同投资、共同经营，并按投资比例分享利润、分担风险及亏损的企业。它具有如下特征：

（1）合营企业的一方为外国合营者，另一方为中国合营者。外国合营者可以是公司、企业、其他经济组织或者个人；中国合营者可以是公司、企业或者其他经济组织。

（2）中外合营各方共同投资、共同经营，按各自的出资比例共担风险、共负盈亏。

共同投资是指中外合营者都要有投资，并且各方出资折成一定的出资比例，其中，外国合营者的投资比例一般不低于25%。

(3) 合营企业的组织形式为有限责任公司，董事会为最高权力机关。

(4) 合营企业是中国法人，必须遵守中国的法律和行政法规，并受中国的法律和行政法规的保护。

二、中外合资经营企业的设立

(一) 设立合营企业的条件

申请设立的合营企业，必须符合下列一项或数项要求：①采用先进技术设备和科学管理方法，能增加产品品种，提高产品质量和产量，节约能源和材料；②有利于技术改造，能做到投资少、见效快、收益大；③能扩大产品出口，增加外汇收入；④能培训技术人员和经营管理人员。

对于申请设立的合营企业有损中国主权的，违反中国法律的，不符合中国国民经济发展要求的，造成环境污染的，签订的协议、合同、章程显属不公平并损害合营一方权益的，不予批准。

(二) 设立合营企业的审批机关

设立合营企业的审批机关是中华人民共和国对外贸易经济合作部和国务院授权的省、自治区、直辖市人民政府或者国务院有关部门（以下简称审批机关）。值得注意的是，为了适应中国加入WTO后的国际贸易发展的要求，根据第十届全国人民代表大会第一次会议通过的关于国务院机构改革方案，对外贸易经济合作部和商业部合并组建商务部。具备下列两个条件的，国务院授权省、自治区、直辖市人民政府或者国务院有关部门（以下简称受托机关）审批：①投资总额在国务院规定的投资审批权限以内，中国合营者的资金来源已经落实的；②不需要国家增拨原材料，不影响燃料、动力、交通运输、外贸出口配额等全国平衡的。其他合营企业的设立必须经审批机关审查批准，并在合营企业批准设立后，由审批机关发给批准证书。受托机关批准设立合营企业后，应当报审批机关备案。

(三) 设立合营企业的程序

设立合营企业一般要经过如下程序：①由中国合营者向企业主管部门呈报拟与外国合营者设立合营企业的项目建议书和初步可行性研究报告。②由中外合营者共同向审批机关报送下列档：设立合营企业的申请书；合营各方共同编制的可行性研究报告；由合营各方授权代表签署的合营企业协议、合同和章程；由合营各方委派的合营企业董事人选名单，以及由合营各方协商确定或由董事会选举产生的董事长、副董事长人选名单；中国合营者的企业主管部门和合营企业所在地的省、自治区、直辖市人民政府对设立合营企业签署的意见。③由审批机关批准。审批机关自接到按规定报送的全部档之日起，3个月内决定批准或者不批准。④向工商行政管理机关申请登记。合营企业申请者应当自收到审批机关发给的批准证书之日起1个月内，按照国家有关规定，向工商行政管理机关（以下简称登记管理机构）办理登记手续。合营企业的营业执照签发日期，即为该合营企业的成立日期。

三、中外合资经营企业的资本

（一）合营企业的注册资本

合营企业的注册资本是指为设立合营企业在工商行政管理机关登记注册的资本，应为合营企业各方认缴的出资额之和。在合营企业的注册资本中，外国合营者的投资比例一般不低于25%。合营企业在合营期限内，不得减少其注册资本，合营企业增加注册资本，应当经合营各方协商一致，由合营企业董事会会议通过后，报原审批机关批准，并向原工商行政管理机关办理变更登记手续。

（二）合营企业的投资总额

合营企业的投资总额是指按照合营企业合同、章程规定的生产规模需要投入的基本建设资金和流动资金的总和。它由注册资本和借入资本两部分构成。

合营企业的注册资本与投资总额必须保持一个适当的、合理的比例。1987 年 3 月 1 日，经国务院批准，国家工商行政管理局发布了《关于中外合资经营企业注册资本与投资总额比例的暂行规定》，明确了合营企业注册资本与投资总额的比例，其主要内容是：①合营企业的投资总额在 300 万美元以下（含 300 万美元）的，其注册资本至少应占投资总额的7/10；②合营企业的投资总额在 300 万美元以上至 1 000 万美元（含 1 000 万美元）的，其注册资本至少应占投资总额的 1/2，其中投资总额在 420 万美元以下的，注册资本不得低于 210 万美元；③合营企业的投资总额在1 000万美元以上至 3 000 万美元（含3 000万美元）的，其注册资本至少应占投资总额的 2/5，其中投资总额在 1 250 万美元以下的，注册资本不得低于 500 万美元；④合营企业的投资总额在3 000万美元以上的，其注册资本至少应占投资总额的 1/3，其中投资总额在3 600万美元以下的，注册资本不得低于 1 200 万美元。

（三）合营企业合营各方的出资方式

合营企业合营各方可以用现金出资，也可用实物、工业产权、专有技术、土地使用权等作价出资。以实物、工业产权、专有技术作为出资的，其作价由合营各方按照公平合理的原则协商确定，或者聘请合营各方同意的第三者评定。合营各方按照合营合同的规定向合营企业认缴的出资，必须是合营者自己所有的现金、自己所有并且未设立任何担保物权的实物、工业产权、专有技术等。凡是以实物、工业产权、专有技术作价出资的，出资者应当出具拥有所有权和处置权的有效证明。

作为外国合营者出资的机器设备或者其他物料，必须符合下列各项条件：①为合营企业生产所必不可少的；②中国不能生产，或虽能生产但价格过高或者技术性能和供应时间上不能保证需要的；③作价不得高于同类机器设备或者其他物料当时的国际市场价格。

作为外国合营者出资的工业产权或专有技术，必须符合下列条件之一：①能生产中国急需的新产品或出口适销产品的；②能显著改进现有产品的性能、质量，提高生产效率的；③能显著节约原材料、燃料、动力的。外国合营者以工业产权或专有技术作为出资，应提交该工业产权或专有技术的有关资料；外国合营者作为出资的机器设备或其他物料、工业产权或专有技术，应经中国合营者的企业主管部门审查同意，报审批机关批准。

中国合营者可以用土地使用权作为出资。如果土地使用权未作为中国合营者出资的一部分，合营企业应向中国政府缴纳土地使用费。

合营企业任何一方不得用以合营企业名义取得的贷款、租赁的设备或者其他财产以及合营者以外的他人财产作为自己的出资，也不得以合营企业的财产和权益或者合营他方的财产和权益为其出资担保。

（四）合营企业合营各方的出资期限

合营各方应当在合营合同中订明出资期限，并且应当按照合营合同规定的期限缴清各自的出资。合营合同规定一次缴清出资的，合营各方应当从营业执照签发之日起6个月内缴清；合营合同规定分期缴付出资的，合营各方第一期出资不得低于各自认缴出资额的15%，并且应当在营业执照签发之日起3个月内缴清。

合营企业投资者分期出资的总期限为：①注册资本在50万美元以下（含50万美元）的，自营业执照核发之日起1年内，应将资本全部缴齐；②注册资本在50万美元以上，100万美元以下（含100万美元）的，自营业执照核发之日起一年半内，应将资本全部缴齐；③注册资本在100万美元以上，300万美元以下（含300万美元）的，自营业执照核发之日起2年内，应将资本全部缴齐；④注册资本在300万美元以上，1 000万美元以下（含1 000万美元）的，自营业执照核发之日起3年内，应将资本全部缴齐；⑤注册资本在1 000万美元以上的，出资期限由审批机关根据实际情况审定。

通过收购国内企业资产或股权设立合营企业的外国投资者，应当自合营企业营业执照颁发之日起3个月内支付全部购买金。对特殊情况需要延长支付者，经审批机关批准后，应自营业执照颁发之日起6个月内支付购买总金额的60%以上，在1年内付清全部购买金，并按实际缴付的出资额的比例分配收益。控股投资者在付清全部购买金额之前，不能取得企业决策权，不得将其在企业中的权益、资产以合并报表的方式纳入该投资者的财务报表。

合营企业合同经审批后，如确因特殊情况需要超过合同规定的缴资期限延期缴资的，应报原审批机关和登记机关备案，并办理相关手续。合营企业的投资者均需按合同规定的比例和期限同步缴付认缴的出资额。因特殊情况不能同步缴付的，应报原审批机关批准，并按实际缴付的出资额比例分配收益。对合营企业中控股的投资者，在其实际缴付的投资额未达到其认缴的全部出资额之前，不能取得企业决策权，不得将其在企业中的收益、资产以合并报表的方式纳入该投资者的财务报表。

（五）中外合资经营企业的出资额的转让

合营企业出资额的转让是指在合营企业中合营一方将其全部或部分出资额转让给合营企业另一方或者第三者。

（1）合营企业出资额的转让条件。根据《中华人民共和国中外合资经营企业法》及其实施条例的规定，合营企业出资额的转让必须具备如下条件，才能具有法律效力：①合营企业出资额的转让须经合营各方同意。虽然出资额的转让是转让方与受让方之间的协议，但转让生效后，受让方成为合营企业的主体，参与企业的经营管理，必然涉及合营他方的利益。为了保护合营他方的合法权益，出资额的转让必须经合营各方同意。②合营企业出资额的转让须经董事会会议通过，报原审批机关批准。为了维护国家利益和加强对合营企业的管理，合营企业出资额的转让须接受国家审查。③合营企业一方转让其全部或部分出资额时，合营他方有优先购买权，即合营一方向第三者转让出资额的条件，不得比向合营他方转让的条件优惠。

（2）合营企业出资额的转让程序。合营企业出资额的转让，一般须经四个步骤：①申请出资额转让。当合营一方提出转让出资额要求时，合营他方应认真研究其是否正当、合法。如确实必须转让的，合营他方应作出明确表示，告知同意转让。同时合营他方应考虑是否购买部分或全部转让的出资额，如决定不购买，应及时通知对方寻找第三者。②董事会审查决定。在确定合营企业出资额转让时，应召集董事会会议进行审查。董事会审查时应注意掌握：出资额的转让是否经合营各方同意；出资额的转让是否经全体董事参加的董事会会议通过；是否对受让方进行了资格审查，是否符合转让条件。③报审批机关批准。报批时应报送以下档：转让出资额的申请书；转让出资额的协议书；原合营企业合同、章程修正本；受让者资信情况表及营业执照副本；受让者委托的董事名单；受让者主管部门签署的意见。审批机关受理后，应在 3 个月内作出批准或不批准的决定。④办理变更登记手续。转让出资额经审批机关批准后，合营企业应向原登记管理机构办理变更登记手续。

四、中外合资经营企业的组织机构

（一）合营企业的权力机构

合营企业的组织形式为有限责任公司，但不设立股东会。合营企业的董事会，是合营企业的最高权力机构，决定合营企业的一切重大问题。合营企业的董事会人数不得少于 3 人，其人数组成由各方协商，在合同、章程中确定。董事名额的分配由合营各方参照出资比例协商确定，董事由合营各方按照分配的名额委派和撤换。董事任期 4 年，可以连任。董事长、副董事长由合营各方协商确定或由董事会选举产生。合营一方担任董事长的，由他方担任副董事长。董事长是合营企业的法定代表人，董事长不能履行职责时，应授权副董事长或其他董事代表合营企业。

董事会的职权是按照合营企业章程的规定，讨论决定合营企业的重大问题，即企业发展规划、生产经营活动方案、收支预算、利润分配、劳动工资计划、停业，以及总经理、副总经理、总工程师、总会计师等高级管理人员的任命或聘请及其职权和待遇等。

董事会会议由董事长召集，董事长不能召集时，可以由董事长委托副董事长或者其他董事召集。董事会会议每年至少召开一次。经 1/3 以上的董事提议，可召集董事会临时会议。董事会会议应有 2/3 以上董事出席方能举行。董事不能出席，可出具委托书委托他人代表其出席和表决。董事会会议一般应在合营企业的法定地址所在地举行。

下列事项由出席董事会会议的董事一致通过方可作出决议：①合营企业章程的修改；②合营企业的中止、解散；③合营企业注册资本的增加、转让；④合营企业与其他经济组织的合并。

（二）合营企业的经营管理机构

合营企业的经营管理机构，负责企业的日常经营管理工作。经营管理机构设总经理 1 人，副总经理若干人，其他高级管理人员若干人。总经理、副总经理由董事会聘任。可以由中国公民担任，也可以由外国公民担任。总经理、副总经理不得兼任其他经济组织的总经理、副总经理，不得参与其他经济组织对本企业的商业竞争。

总经理执行董事会的各项决议，组织领导合营企业的日常经营管理工作。在董事会授权范围内，总经理对外代表合营企业，对内任免下属人员，执行董事会授予的其他职权。

五、中外合资经营企业的经营管理

（一）合营企业的计划、购买和销售

合营企业的基本建设计划应根据批准的可行性研究报告编制，并纳入企业主管部门的基本建设计划，企业主管部门应优先予以安排和保证实施。合营企业按照合营合同规定的经营范围和生产规模所制订的生产经营计划（包括购买物资计划、产品销售计划、外汇收支计划、劳动工资计划等），由董事会批准执行，报企业主管部门备案。企业主管部门和各级计划管理部门，不得对合营企业下达指令性生产经营计划。

合营企业所需的机器设备、原材料、燃料、配套件、运输工具和办公用品等（以下简称物资），有权自行决定在中国购买或者向国外购买。合营企业需要在中国购置的办公、生活用品，按需要量购买，不受限制。中国政府鼓励合营企业向国际市场销售其产品，合营企业有权自行出口其产品，也可以委托外国合营者的销售机构或者中国的外贸公司代销或者经销。合营企业产品也可在中国市场销售。

（二）合营企业的财务与会计

合营企业应当建立健全财务会计管理机构，执行国家统一的财务会计制度，根据中国有关法律和财务会计制度的规定，制定适合本企业的财务会计制度，并报当地财政、税务机关备案。合营企业应向合营各方、当地税务机关、主管财政机关、企业主管部门报送季度和年度的会计报表。年度会计报表应抄报原审批机关。

合营企业原则上采用人民币为记账本位币，但经合营各方商定，也可采用某一种外币为记账本位币。以外币记账的合营企业，除编制外币的会计报表外，还应另编制折合人民币的会计报表。

合营企业的利润是企业在一定期间的经营成果，包括营业利润、投资净收益和营业外收支净额。合营企业缴纳所得税后的利润按如下原则分配：①提取储备基金、职工奖励及福利基金、企业发展基金。提取比例由董事会确定。②储备基金除用于垫补合营企业亏损外，经审批机关批准也可以用于本企业增加资本，扩大生产。③合营企业的税后利润中可向投资人分配的部分，按照投资人的实际出资比例进行分配。合营企业以前年度尚未分配的利润，可并入本年度的可分配利润中进行分配。

合营企业的下列文件、证件、报表，应经中国注册会计师验证和出具证明方为有效：①合营各方的出资证明书；②合营企业的年度会计报表；③合营企业清算的会计报表。

合营企业依照国家有关税收的法律和行政法规的规定，可以享受减税、免税的优惠待遇。

（三）合营企业的劳动用工管理

合营企业在劳动用工方面享有自主权，同时也要遵守中国的法律和行政法规的规定。合营企业用工实行劳动合同制，劳动合同由合营企业同本企业的工会组织代表职工集体签订，规模较小的合营企业，也可以由合营企业同职工个人签订。劳动合同的内容一般包括：合营企业职工的雇用、解雇和辞退；生产和工作任务；工资和奖惩；工作时间和假期；劳动保险和生活福利；劳动保护；劳动纪律等事项。

合营企业在合同期内因生产、技术条件发生变化，或因其他原因解雇职工时，应在解雇前1个月通知本企业的工会组织和被解雇的职工本人，并报当地的劳动管理部门备案。对于被解雇的职工，合营企业应根据该职工工作的年限发给一定的补偿金。职工如果经医院证明是因工伤、职业病，在进行治疗期间，以及女职工怀孕6个月以上休假和产假期间，合营企业不得解雇这些职工。职工在劳动合同期内因特殊情况需要辞职时，须通过企业的工会组织提前1个月向企业提出，理由充分时，企业应准予辞职，但可不发给补偿金。

六、中外合资经营企业的终止与清算

（一）合营企业的合营期限

合营企业的合营期限，按不同行业、不同情况，作不同的约定。举办的合营企业属于下列行业的，合营各方应当依照国家有关法律、行政法规的规定，在合营合同中约定合营企业的合营期限：①服务性行业的，如饭店、公寓、写字楼、娱乐、饮食、出租汽车、彩扩、洗相、维修、咨询等；②从事土地开发及经营房地产的；③从事资源勘探开发的；④国家规定限制投资项目的；⑤国家其他法律、法规规定需要约定合营期限的。对于属于国家规定鼓励投资和允许投资项目的合营企业，除上述行业外，合营各方可以在合同中约定合营期限，也可以不约定合营期限。

合营企业的合营期限，一般项目的合营期限原则上为10～30年。投资大、建设周期长、资金利润率低的项目以及外国合营者提供先进技术或者关键技术生产尖端产品的项目，或者在国际上有竞争能力的产品的项目，其合营期限可以延长到50年。经国务院特别批准的，可以在50年以上。合营期限从营业执照签发之日起计算。

约定合营期限的合营企业，合营期满，合营各方如同意延长合营期限，应在期满前6个月，向审批机关报送由合营各方授权代表签署的延长合营期限的申请书。审批机关应在接到申请书之日起1个月内决定批准或者不批准。合营企业各方如一致同意将合营合同中约定的合营期限条款修改为不约定合营期限的条款，应提出申请，报原审批机关审查，原审批机关应当自收到上述申请档之日起90日内决定批准或者不批准。

（二）合营企业的解散

已经开业的合营企业，具有下列情况之一时应解散：①合营期限届满；②企业发生严重亏损，无力继续经营；③合营一方不履行合营企业协议、合同、章程的义务，致使企业无法继续经营；④因自然灾害、战争等不可抗力遭受严重损失，无法继续经营；⑤合营企业未达到其经营目的，同时又无发展前途；⑥合营企业合同、章程所规定的其他解散原因已经出现。其中，除第①种情形外，其他情形下的合营企业解散，应由董事会提出申请，报审批机关批准。在发生上述第③种情况下，不履行合营企业协议、合同、章程规定义务的一方，应对合营企业由此造成的损失负赔偿责任。

（三）合营企业的清算

合营企业解散时应当进行清算。合营企业的清算应由董事会提出清算的程序、原则和清算委员会人选，报企业主管部门审核并监督清算。清算委员会的成员一般应在合营企业的董事中选任，董事不能担任或不适合担任清算委员会成员时，合营企业可聘请在中国注册的会计师、律师担任。审批机关认为必要时，可以派人进行监督。

清算委员会的任务是对合营企业的财产、债权、债务进行全面清查；编制资产负债表和财产目录，提出财产作价和计算依据，制订清算方案，提请董事会会议通过后执行。清算期间，清算委员会代表该合营企业起诉和应诉。

合营企业解散时，其资产净额或者剩余财产减除企业未分配利润、各项基金和清算费用后的余额，超过实缴资本的部分为清算所得，应当依法缴纳所得税。合营企业清偿债务后的剩余财产按照合营各方的出资比例进行分配，合营企业协议、合同、章程另有规定的除外。清算工作结束后，由清算委员会提出清算结束报告，提请董事会会议通过，报原审批机关，并向原登记主管机关办理注销登记手续，缴销营业执照。

第三节　中外合作经营企业法

一、中外合作经营企业法的概念和特征

中外合作经营企业，是指中国合作者与外国合作者依照中华人民共和国法律的规定，在中国境内共同举办的，按合作企业合同的约定分配收益或者产品、分担风险和亏损的企业。它具有如下特征：

（1）合作企业的一方为外国合作者，另一方为中国合作者。外国合作者包括外国的企业和其他经济组织或者个人，中国合作者包括中国的企业或者其他经济组织。

（2）合作企业合作各方的权利和义务由合作合同所确定。合作各方投资或者提供合作条件、利润或者产品的分配、风险和亏损的分担、经营管理的方式和合作企业终止时财产的归属等事项，都在合作各方签订的合同中确定。

（3）合作企业法人资格有可选择性。合作企业可以是依法取得中国法人资格的企业，也可以是不具备法人资格的企业。具备法人资格的合作企业为有限责任公司，以其投资或者提供的合作条件为限对合作企业承担责任；不具备法人资格的合作企业及其合作各方，依照中国民事法律的有关规定承担民事责任。

（4）合作企业中的外国合作者可以先行回收投资。合作期满后，合作企业的全部资产一般归中国合作者所有。

（5）合作企业的管理机构具有多样性。合作企业可以采用董事会制，也可以采用联合管理委员会制，还可以采用委托管理制，即委托中外合作者以外的他人经营管理。

中外合作经营企业与中外合资经营企业之间的区别有：①合营的方式不同。中外合资经营企业属于股权式的合营，而中外合作经营企业则属于契约式的合营。②法律地位不同。合营企业必须取得法人资格并以其注册资本为限对公司债务负有限责任。合作企业可以取得法人资格，也可以不取得法人资格，仅以原来合作的双方对企业的债务负连带责任。③出资方式不同。合营企业一般以货币来计算双方投资的比例。合营者可以用货币出资，也可用实物、工业产权等作价出资。合作企业是以合同来规定投资的条件，双方可以避免因经济体制不同而带来在作价上的麻烦。④分配方式不同。合营企业是按合营各方的注册资本比例分配利润和分担风险。合营期满后，资产清算也按此比例分配。合作企业可以采取利润分成，也可以采取分别承包、各负盈亏或产品分成等方式。⑤经营管理不同。合营企业是合营双方组成董事会，以董事会为中心共同进行经营管理，在董事会领导下，实行总经理负责制。合作企业可不设董事会，由双方组成联合管理委员会或委托他方进行管理。⑥财产处理不同。合营企业在合同期满后，对所有财产要进行清算，剩余资产按双方投资比例分配。合作企业则允许外方在合作期内先行收回投资，合作期满后剩余的财产无偿地归中方合作者所有，因而在合同期满后不再进行清算。

二、中外合作经营企业的设立

（一）设立合作企业的条件

在中国境内设立合作企业，应当符合国家的发展政策和产业政策，遵守国家关于指导外商投资方向的规定。根据《中外合作经营企业法》的规定，国家鼓励举办的合作企业是：①产品出口的生产型合作企业；②技术先进的生产型合作企业。

根据《中外合作经营企业法实施细则》的规定，申请设立合作企业，有下列情形之一的，不予批准：①有损国家主权或者社会公共利益的；②危害国家安全的；③对环境造成污染损害的；④有违反法律、行政法规或者国家产业政策的其他情形的。

（二）设立合作企业的审批机关

设立合作企业的审批机关与设立合营企业的审批机关相同。

属于下列情形的，由国务院授权的部门或者地方人民政府审查批准：①投资总额在国务院规定由国务院授权的部门或者地方人民政府审批的投资限额以内的；②自筹资金，并且不需要国家平衡建设、生产条件的；③产品出口不需要领取国家有关主管部门发放的出口配额、许可证，或者虽需要领取，但在报送项目建议书前已征得国家有关主管部门同意的；④有法律、行政法规规定由国务院授权的部门或者地方人民政府审查批准的其他情形的。

审批机关和国务院授权的部门批准设立的合作企业，由审批机关颁发批准证书。国务院授权的地方人民政府批准设立的合作企业，由有关地方人民政府颁发批准证书，并自批准之日起30日内将有关批准文件报送审批机关备案。

（三）设立合作企业的程序

根据《中外合作经营企业法》及其实施细则的规定，设立合作企业一般要经过如下程序：

（1）由中国合作者向审批机关报送有关文件。这些档包括：设立合作企业的项目建议书，并附送主管部门审查同意的档；合作各方共同编制的可行性研究报告，并附送主管部门审查同意的档；由合作各方的法定代表人或其授权的代表签署的合作企业协定、合同、章程；合作各方的营业执照或者注册登记证明、资信证明及法定代表人的有效证明档，外国合作者是自然人的，应当提供有关其身份、履历和资信情况的有效证明档；合作各方协商确定的合作企业董事长、副董事长、董事或者联合管理委员会主任、副主任、委员的人选名单；审查批准机关要求报送的其他档。

（2）由审批机关审查批准。审查批准机关应当自收到规定的全部档之日起45日内决定批准或者不批准。审查批准机关认为报送的档不全或者有不当之处的，有权要求合作各方在指定期间内补全或者修正。

（3）向工商行政管理机关申请登记。经批准设立的合作企业应当自接到批准证书之日起30日内向工商行政管理机关申请登记，领取营业执照。营业执照签发日期，为合作企业成立日期。

三、合作企业的投资、合作条件

（1）合作企业的注册资本。合作企业的注册资本，是指为设立合作企业，在工商行政管理机关登记的合作各方认缴的出资额之和。注册资本以人民币表示，也可以用合作各方约定的一种可自由兑换的外币表示。合作企业注册资本在合作期限内不得减少。但是，因投资总额和生产经营规模等变化，确需减少的，须经审查批准机关批准。

（2）合作各方的出资方式。合作各方向合作企业的投资或者提供的合作条件可以是货币，也可以是实物或者工业产权、专有技术、土地使用权等财产权利。合作各方应当以其自有的财产或者财产权利作为投资或者合作条件，对该投资或者合作条件不得设置抵押权或者其他形式的担保。中国合作者的投资或者提供的合作条件，属于国有资产的，应当依照有关法律、行政法规的规定进行资产评估。

（3）合作各方的出资比例。在依法取得中国法人资格的合作企业中，外国合作者的投资一般不低于合作企业注册资本的25%。在不具有法人资格的合作企业中，对合作各方向合作企业投资或者提供合作条件的具体要求，由国务院审批机关规定。合作企业合作各方的出资过程比较灵活、简便。合作各方的出资可以不必作价，可以不必计算出资额，也可以不确定合作各方的出资比例。

（4）合作各方的出资期限。合作各方应当根据合作企业的生产经营需要，依照有关法律、行政法规的规定，在合作企业合同中约定合作各方向合作企业投资或者提供合作条件的期限。合作各方没有按照合作企业合同约定缴纳投资或者提供合作条件的，工商行政管理机关应当限期履行；限期届满仍未履行的，审查批准机关应当撤销合作企业的批准证书，工商行政管理机关应当吊销合作企业的营业执照，并予以公告。

合作各方缴纳投资或者提供合作条件后，应当由中国注册会计师验证并出具验资报告，由合作企业据以发给合作各方出资证明书。未按照合作企业合同约定缴纳投资或者提供合作条件的一方，应当向已按照合作企业合同约定缴纳投资或者提供合作条件的他方承担违约责任。

四、中外合作经营企业的组织机构

（一）合作企业的组织形式

中外合作经营企业的组织形式有两种：法人型的合作企业和合伙型的合作企业。申请具有法人资格的合作企业，其组织形式为有限责任公司。其合作各方对合作企业的责任以各自认缴的出资额或提供的合作条件为限，合作企业以其全部资产对其债务承担责任。不具有法人资格的合作企业，其合作各方应根据其认缴的出资额或提供的合作条件，在合同中约定各自承担债务责任的比例，但不得影响合作各方连带责任的履行。偿还合作企业债务超过自己应当承担数额的合作一方，有权向其他合作者追偿。

（二）中外合作经营企业的组织机构

合作企业在组织机构的设置上有较大的灵活性，具有法人资格的合作企业，一般实行董事会制。董事会是合作企业的最高权力机构，决定合作企业的重大问题。不具备法人资格的合作企业设联合管理委员会。联合管理委员会是企业的最高权力机构，其职权与董事会相同。董事会或者联合管理委员会成员不得少于3人，其名额的分配由中外合作者参照其投资或者提供的合作条件协商确定。董事会董事或者联合管理委员会委员由合作各方自行委派或者撤换。董事会董事长、副董事长或者联合管理委员会主任、副主任的产生办法由合作企业章程规定；中外合作者的一方担任董事长、主任的，副董事长、副主任由他方担任。董事或者委员的任期由合作企业章程规定，但是每届任期不得超过3年。董事或者委员任期届满，委派方继续委派的，可以连任。

董事会会议或者联合管理委员会会议每年至少召开一次，由董事长或者主任召集并主持。董事长或者主任因特殊原因不能履行职务时，由董事长或者主任指定副董事长、副主任或者其他董事、委员召集并主持。1/3 以上董事或者委员可以提议召开董事会会议或者联合管理委员会会议。董事会会议或者联合管理委员会会议应当有 2/3 以上董事或者委员出席方能举行，不能出席董事会会议或者联合管理委员会会议的董事或者委员，应当书面委托他人代表其出席和表决。董事会会议或者联合管理委员会会议作出决议，须经全体董事或者委员的过半数通过。董事或者委员无正当理由不参加又不委托他人代表其参加董事会会议或者联合管理委员会会议的，视为出席董事会会议或者联合管理委员会会议并在表决中弃权。召开董事会会议或者联合管理委员会会议，应当在会议召开的 10 天前通知全体董事或者委员。董事会或者联合管理委员会也可以用通信的方式作出决议。

下列事项由出席董事会会议或者联合管理委员会会议的董事或者委员一致通过，方可作出决议：①合作企业章程的修改；②合作企业注册资本的增加或者减少；③合作企业的解散；④合作企业的资产抵押；⑤合作企业合并、分立和变更组织形式；⑥合作各方约定由董事会会议或者联合管理委员会会议一致通过方可作出决议的其他事项。

合作企业成立后，经合作各方一致同意，可以委托合作一方进行经营管理，另一方不参加管理；也可以委托合作各方以外的第三人经营管理。合作企业委托第三人经营管理的，必须经董事会或者联合管理委员会一致同意，报审查批准机关批准，并向工商行政管理机关办理变更登记手续。

五、中外合作经营企业终止与清算

根据《中外合作经营企业法》及其实施细则的规定，合作企业有下列情形之一的，应予以终止：①合作期限届满；②合作企业发生严重亏损，或者因不可抗力遭受严重损失，无力继续经营；③中外合作者一方或者数方不履行合作企业合同、章程规定的义务，致使合作企业无法继续经营；④合作企业合同、章程中规定的其他解散原因已经出现；⑤合作企业违反法律、行政法规，被依法责令关闭。

上述第②项、第④项所列情形发生时，应当由合作企业的董事会或者联合管理委员会作出决定，报审查批准机关批准。在上述第③项所列情形下，不履行合作企业合同、章程规定的义务的中外合作者一方或者数方，应当对履行合同而遭受损失的他方承担赔偿责任；履行合同的一方或者数方有权向审查批准机关提出申请，解散合作企业。

合作企业期满或者提前终止时，应当依照法定程序对资产和债权、债务进行清算。中外合作者应当按照合作企业合同的约定确定合作企业的财产归属。合作企业终止后，应当向工商行政管理机关和税务机关办理注销登记手续。

第四节　外资企业法

一、外资企业的概念

外资企业是指依照中国有关法律在中国境内设立的全部资本由外国投资者投资的企业。但不包括外国的企业和其他经济组织在中国境内的分支机构。

外资企业不同于中外合资经营企业、中外合作经营企业，其主要特征是：它的全部资本是由外国投资者投资的，合营企业、合作企业的资本是由中外合资者或中外合作者共同投资的。与此相联系的另一个重要特征是：外资企业是由外国投资者经营的，合营企业是由中外合营者共同经营的，合作企业除了少数实行委托管理制的以外，一般也是由中外合作者共同经营的。

二、外资企业的设立

（一）设立外资企业的条件

设立外资企业，必须有利于中国国民经济的发展，国家鼓励举办产品出口或者技术先进的外资企业。

对于申请设立外资企业，有下列情况之一的，不予批准：①有损中国主权或者社会公共利益的；②危及中国国家安全的；③违反中国法律、法规的；④不符合中国国民经济发展要求的；⑤可能造成环境污染的。

（二）设立外资企业的审批机关

设立外资企业，应由国务院依法设立的审批机关审查批准，发给批准证书。设立外资企业的申请属于下列情形的，国务院授权省、自治区、直辖市和计划单列市、经济特区人民政府审查批准：①投资总额在国务院规定的投资审批权限以内的；②不需要国家调拨原材料，不影响能源、交通运输、外贸出口配额等全国综合平衡的。

（三）设立外资企业的程序

1. 设立外资企业的申请

外国投资者在提出设立外资企业的申请前，应当就下列事项向拟设立外资企业所在地的县级或者县级以上地方人民政府提交报告。报告内容包括：设立外资企业的宗旨；经营范围、规模；生产产品；使用的技术设备；用地面积及要求；需要用水、电、煤、煤气或者其他能源的条件及数量；对公共设施的要求等。县级或者县级以上地方人民政府应当在收到外国投资者提交的报告之日起30日内以书面形式答复外国投资者。

外国投资者设立外资企业，应当通过拟设立外资企业所在地的县级或者县级以上地方人民政府向审批机关提出申请，并报送下列文件：设立外资企业申请书；可行性研究报告；外资企业章程；外资企业法定代表人（或者董事会人选）名单；外国投资者的法律证明文件和资信证明文件；拟设立外资企业所在地的县级或者县级以上地方人民政府的书面答复；需要进口的物资清单；其他需要报送的档。两个或者两个以上外国投资者共同申请设立外资企业，应当将其签订的合同副本报送审批机关备案。

2. 设立外资企业的审批

审批机关应当在收到申请设立外资企业的全部档之日起90日内决定批准或者不批准。审批机关如果发现上述档不齐备或者有不当之处，可以要求限期补报或者修改。

3. 设立外资企业的登记

设立外资企业的申请经审批机关批准后，外国投资者应当在收到批准证书之日起30日内向工商行政管理机关申请登记，领取营业执照。外国投资者在收到批准证书之日起满30日未向工商行政管理机关申请登记的，外资企业批准证书自动失效。登记主管机关应当在受理申请后30日内，作出核准登记或者不予核准登记的决定。外资企业的营业执照签发日期，为该企业成立日期。

三、外资企业的注册资本和外国投资者的出资

1. 外资企业的注册资本

外资企业的注册资本，是指为设立外资企业在工商行政管理机关登记的资本总额，即外国投资者认缴的全部出资额。外资企业的注册资本要与其经营规模相适应，注册资本与投资总额的比例应当符合中国的有关规定。外资企业在经营期内不得减少其注册资本。外资企业注册资本的增加、转让，必须经审批机关批准，并向工商行政管理机关办理变更登记手续。外资企业将其财产或者权益对外抵押、转让，须经审批机关批准，并向工商行政管理机关备案。

2. 外国投资者的出资

外国投资者可以用可自由兑换的外币出资，也可以用机器设备、工业产权、专有技术等作价出资。经审批机关批准，外国投资者也可以用其从中国境内举办的其他外商投资企业获得的人民币利润出资。

外国投资者以机器设备作价出资的，该机器设备必须符合下列要求：一是外资企业生产所必需的；二是中国不能生产，或者虽能生产，但在技术性能或者供应时间上不能保证需要的。

外国投资者以工业产权、专有技术作价出资的，该工业产权、专有技术必须符合下列要求：①外国投资者自己所有的；②能生产中国急需的新产品或者出口适销产品的。该工业产权、专有技术的作价应当与国际上通常的作价原则相一致，其作价金额不得超过外资企业注册资本的20%。

外国投资者缴付出资的期限应当在设立外资企业申请书和外资企业章程中载明。外国投资者可以分期缴付出资，但最后一期出资应当在营业执照签发之日起3年内缴清。其第一期出资不得少于外国投资者认缴的出资额的15%，并应当在外资企业营业执照签发之日起90日内缴清。外国投资者未能在外资企业营业执照签发之日起90日内缴付第一期出资的，或者无正当理由逾期30天不缴付其他各期出资的，外资企业批准证书即自动失效。外资企业应当向工商行政管理机关办理注销登记手续，缴销营业执照；不办理注销登记手续和缴销营业执照的，由工商行政管理机关吊销其营业执照，并予以公告。

四、外资企业的经营管理

（一）外资企业的组织形式

外资企业的组织形式为有限责任公司，经批准也可以为其他责任形式。外资企业为有限责任公司的，外国投资者对企业的责任以其认缴的出资额为限。外资企业以其全部资产对其债务承担责任。外资企业为其他责任形式的，外国投资者对企业的责任适用有

关法律、法规的规定。

（二）外资企业的经营管理

1. 外资企业的物资购买与产品销售

外资企业在批准的经营范围内所需的原材料、燃料等物资，按照公平、合理的原则，可以在国内市场或者在国际市场购买。外资企业在中国购买物资，在同等条件下，享受与中国其他企业同等的待遇。外资企业进口的物资以及技术劳务的价格不得高于当时的国际市场同类物资以及技术劳务的正常价格。

外资企业可以自行在中国销售本企业生产的产品，也可以委托商业机构代销其产品。外资企业有权自行出口本企业生产的产品，也可以委托中国的外贸公司代销或者委托中国境外的公司代销。外资企业的出口产品价格，由外资企业参照当时的国际市场价格自行确定，但不得低于合理的出口价格。用高价进口、低价出口等方式逃避税收的，税务机关有权根据税法规定，追究其法律责任。

2. 外资企业的土地使用管理

外资企业的用地，由外资企业所在地的县级或者县级以上地方人民政府根据本地区的情况审核后，予以安排。外资企业应当在营业执照签发之日起30日内，持批准证书和营业执照到外资企业所在地县级或者县级以上地方人民政府的土地管理部门办理土地使用手续，领取土地证书。土地证书为外资企业使用土地的法律凭证。外资企业在经营期限内未经批准，其土地使用权不得转让。

外资企业在领取土地证书时，应当向其所在地土地管理部门缴纳土地使用费。外资企业使用经过开发的土地，应当缴付土地开发费。

3. 外资企业的财务会计管理

外资企业应当依照中国法律、法规和财政机关的规定，建立财务会计制度并报其所在地财政、税务机关备案。外资企业依照中国税法规定缴纳所得税后的利润，应当提取储备基金和职工奖励及福利基金。储备基金的提取比例不得低于税后利润的10%，当累计提取金额达到注册资本的50%时，可以不再提取。职工奖励及福利基金的提取比例由外资企业自行确定。外资企业以往会计年度的亏损未弥补前，不得分配利润；以往会计年度未分配的利润，可与本会计年度可供分配的利润一并分配。

外资企业的年度会计报表和清算会计报表，应当依照中国财政、税务机关的规定编制。以外币编报会计报表的，应当同时编报外币折合为人民币的会计报表。外资企业的年度会计报表和清算会计报表，应当聘请中国的注册会计师进行验证并出具报告。外资企业的年度会计报表和清算会计报表，连同中国的注册会计师出具的报告，应当在规定的时间内报送财政、税务机关，并报审批机关和工商行政管理机关备案。

五、外资企业的终止与清算

（一）外资企业的终止

外资企业有下列情形之一的，应予以终止：①经营期限届满；②经营不善，严重亏损，外国投资者决定解散；③因自然灾害、战争等不可抗力而遭受严重损失，无法继续经营；④破产；⑤违反中国法律、法规，危害社会公共利益被依法撤销；⑥外资企业章程规定的其他解散事由已经出现。

外资企业如存在上述第②、第③、第④项所列情形，应当自行提交终止申请书，报审批机关核准。审批机关作出核准的日期为企业的终止日期。

（二）外资企业的清算

外资企业除因破产或者依法撤销而终止的，应当在终止之日起15日内对外公告并通知债权人，并在终止公告发出之日起15日内，提出清算程序、原则和清算委员会人选，报审批机关审核后进行清算。清算委员会应当由外资企业的法定代表人、债权人代表以及有关主管机关的代表组成，并聘请中国的注册会计师、律师等参加。

外资企业在清算结束之前，外国投资者不得将该企业的资金汇出或者携出中国境外，不得自行处理企业的财产。外资企业清算结束，其资产净额和剩余财产超过注册资本的部分视同利润，应当依照中国税法缴纳所得税。外资企业清算处理财产时，在同等条件下，中国的企业或者其他经济组织有优先购买权。

外资企业清算结束，应当向工商行政管理机关办理注销登记手续，缴销营业执照。外资企业因破产终止的，参照中国有关法律、法规进行清算。外资企业被依法解散的，依照中国有关规定进行清算。

【思考题】

1. 简述中外合资经营企业的设立条件。
2. 简述关于中外合资经营企业注册资本与投资总额比例的有关规定。
3. 简述中外合资经营企业董事会的议事规则。
4. 简述中外合资经营企业与中外合作经营企业的区别。
5. 中、日两家公司拟在中国设立一合资经营企业，经协商，双方达成以下协议：合营企业的组织形式为股份有限公司；企业注册资本600万美元，其中，中方投资480万美元（含场地使用权作价100万美元，机器设备作价100万美元，现金280万美元），日方投资120万美元（含专利权作价25万美元，以合营企业名义租赁的机器设备作价15万美元，现金80万美元）；合营各方按注册资本的投资比例分享利润，分担风险及亏损；合营企业以股东大会为最高权力机构，以总经理为企业法人代表；合营企业在以后的发展中可以通过向社会发行股票来筹集扩大再生产所需要的资金；鉴于合营企业是长期项目，因而不予规定合营期限。

上述中外合资经营企业合同有什么法律问题？请说明理由。

第六章　破产法律制度

【学习要点】

- 我国破产法的特点
- 破产原因
- 债权人会议的法律地位
- 和解和重整的特点
- 破产宣告的效力
- 破产财产与破产债权的特点、范围与例外
- 撤销权、追回权、取回权、抵消权

破产是商品经济发展到一定阶段的必然产物。破产法是程序法和实体法的统一，对商品经济的发展具有举足轻重的作用。本章重点阐述了我国破产法的概念和特点、破产条件、破产申请、债权人会议、重整、和解、破产宣告、破产清算、破产财产与破产债权。对与破产有关的取回权、别除权、抵消权、否认权等权利的含义及其行使亦作了论述。

第一节　破产法概述

一、破产和破产法的概念

“破产”一词，源于拉丁语“Falletux”，即“失败”的意思。在我国，“破产”往往与“倾家荡产”相联系。传统破产法把“破产”理解为债务人不能清偿债务，即无力偿债的事实状态。然而，在现代破产法上，“破产”一词至少有两层含义：一是指债务人拮据，无力清偿到期债务的一种事实状态；二是指法院依法审理破产案件，按照法定程序将债务人的全部财产公平地清偿给全体债权人的程序和制度。同时，在现代破产法上，“破产”已不再与倒闭清算相等同，破产法也不再是单纯的清算法，它可以通过重整以及和解制度担负起救助债务人特别是拯救困境企业的任务。

破产法是调整破产关系的法律规范的总称。它有狭义和广义之分。狭义的破产法仅指对债务人破产清算的法律。广义的破产法则还包括以避免债务人破产为目的的和解制度、重整制度等方面的法律。现代破产法一般是广义上的。因此，具体而言，破产法是规定债务人不能清偿到期债务时，法院强制对其全部财产清算分配，公平清偿给债权人，或者通过和解、重整等措施清偿债务的法律规范的总称。

二、破产制度的意义

破产制度源于罗马法中的财产委付程序制度。然而，真正意义上的破产制度，却是

在近现代资本主义商品经济发展的基础上形成和发展的。破产是商品经济发展的必然法律现象。这是因为，商品经济是以商品生产和商品交换为主要特征的，在契约关系中，当债务人有清偿能力而不承认或不履行债务时，债权人可通过法律上的民事债权制度和民事诉讼与执行制度实现其债权。但是在债务人已丧失清偿能力无法清偿到期债务时，因其全部财产不足以使全部债权获得清偿，若仍允许债务人对个别或部分债权予以偿还，就必然损害其他债权人的利益。为了维护正常的商品经济秩序，有必要建立一种新的法律制度来调整债务人丧失清偿能力时的债务清偿问题，保障债权人的利益，使全体债权能得到公平清偿，这就是破产制度。

破产制度作为清理债权债务关系的法律制度，在现代商品经济社会具有十分重要的意义：

（1）对于债权人而言，通过破产程序，可以使他们的债权请求得到公平的待遇，避免了在缺乏公平清偿秩序的情况下可能受到的损害。

（2）对于债务人而言，破产制度可以起到两方面作用：一是通过破产淘汰落后，促使企业努力改善经营管理；二是通过和解、重整、破产企业的整体变价等破产程序及制度，使债务人企业能够获得复苏机会，摆脱债务困境。

（3）对于社会而言，破产制度一方面能够真正实现优胜劣汰，充分发挥市场竞争机制的作用，使市场资源得到有效的、合理的利用，促进社会经济的发展；另一方面，通过破产和解、重整等措施，妥善处理破产事件，尽量减少因企业破产给社会带来的消极影响，有利于社会的安定。

三、我国破产立法概况

1906 年清朝政府起草了我国第一部有关破产的法律——《大清破产律》，采用了商人破产主义。“中华民国”成立后，以德国和日本破产法为蓝本，拟定了破产法草案，共 337 条，但该草案并未能公布施行。1934 年，司法行政部曾草拟破产法草案，分实体法、程序法、复权和罚则四编，共 333 条。同年颁布《商人债务清理暂行条例》。1935 年，立法院民法委员会开始起草《破产法》，并于同年 7 月颁布，同年 10 月起施行。该法分总则、和解、破产和罚则四章，共 159 条，后经 1937 年和 1980 年修改，现仍在我国台湾地区施行。

新中国成立后，我国法制建设进入了初步发展时期。20 世纪 50 年代初期，最高人民法院和司法部曾经对私营企业的破产问题颁布过一些规范性文件，如 1955 年最高人民法院、司法部《关于私营企业破产还债程序中两个问题的批复》，1956 年最高人民法院《关于私营企业破产还债中的问题的批复》和 1957 年的《关于破产清偿的几个问题的复函》等。但后来由于众所周知的原因，破产立法进入了停滞时期。直至 1979 年实行改革开放后，随着企业法律制度的建立和完善，破产立法工作才进入了实质性阶段，并于 1984 年 12 月正式成立了破产法起草小组。1985 年 9 月，起草小组拟出《企业破产法》征求意见稿，以后经过多次修改，形成了《企业破产法（草案）》。但该草案在 1986 年 6 月和 9 月两次提交全国人大常委会审议均未能通过。与此同时，国家先后在沈阳、武汉、重庆、太原等城市的 27 家企业率先试行企业破产。1986 年 8 月 3 日，沈阳防爆器材厂宣告破产倒闭，成为我国改革开放以来的第一个破产企业。1986 年 12 月 2 日第六届全国人民代表大会常务委员会第十八次会议通过了《中华人民共和国企业破产法（试行）》，该法自1988年11月1日正式试行，但仅适用于全民所有制企业。1991年修订的《中华人民共和国民事诉讼法》设第十九章“企业法人破产还债程序”，共8条，适用于非全民所有制的企业法人。

为了配合《中华人民共和国企业破产法（试行）》和《民事诉讼法》第十九章的实施，最高人民法院、国务院以及有关部委出台了一系列有关破产问题的司法解释、行政法规和行政规章，主要有：最高人民法院发布的《关于贯彻执行〈中华人民共和国企业破产法（试行）〉若干问题的意见》（1991年）、《关于适用〈中华人民共和国民事诉讼法〉若干问题的意见》（1992年）、《关于人民法院审理企业破产案件若干问题的紧急通知》（1997年）、《关于当前人民法院审理企业破产案件应当注意的几个问题的通知》（1997年）以及《关于审理企业破产案件若干问题的规定》（2002年）等，国务院发布的《关于在若干城市试行国有企业破产有关问题的通知》（1994年）、《关于在若干城市试行国有企业兼并破产和职工再就业有关问题的补充通知》（1997年），国家经贸委和中国人民银行发布的《关于试行国有企业兼并破产中若干问题的通知》（1996年）。这些行政法规与规章对破产企业职工的安置、破产财产（包括土地使用权）的处置、银行贷款损失处理、银行代表参加政府制定破产预案、试点破产的组织领导等破产法实施中的一些难点作出了较为具体的规定，使破产试点工作能够顺利进行。

《中华人民共和国企业破产法（试行）》、《民事诉讼法》第十九章以及相关行政法规、行政规章、司法解释的颁布实施，适应了我国当时经济体制改革和形势发展的需要，对于维护经济秩序，建立优胜劣汰的市场竞争机制，规范企业破产行为，保障债权人和债务人的正当权益，妥善安置破产企业职工，维护社会安定，发挥了积极的作用。然而，由于时代认识的局限性以及缺乏经验，当时的破产立法的缺陷日益显现，主要表现为：①破产立法宗旨偏重于国有企业改革，对实现债务公平清偿重视不够；②破产立法不统一，给司法实践带来极大的不便，并破坏了法制的统一；③政府行政参与破产程序的色彩过于浓厚；④许多法律规范过于笼统，可操作性差；⑤有些制度（如清算组的组成、破产债权的申报）设计不合理，实际效果不理想，债权人的利益得不到有效的保护。为此，早在1994年3月，全国人大财经委员会根据第八届全国人民代表大会常务委员会立法规划的要求，开始着手组织新破产法的起草工作。经数易其稿，广泛征求社会各界的意见，全国人大常委会多次审议，2006年8月27日第十届全国人民代表大会常务委员会第二十三次会议通过了《中华人民共和国企业破产法》（以下简称《企业破产法》）。该法自2007年6月1日起施行。

四、破产法的效力范围

关于破产法的效力范围，主要涉及对象效力范围和空间效力范围两个问题。

（一）对象效力范围

就一国破产法的对象效力范围而言，主要取决于该国关于破产能力的规定。破产能力是指债务人具有的能够依破产程序进行债务清偿的法律资格。综观各国破产立法现状，关于破产能力的规定主要有三种形式，即商人破产主义、一般人破产主义和折中破产主义。商人破产主义是指只有商人（包括商自然人、商合伙和商法人）才具有破产资格，其他人不能被宣告破产。商人破产主义以1807年《法国商法典》为代表，比利时、意大利等国也采此立法。一般破产主义是指破产法对于商人及一般人均得适用。德国、日本、英美法系等国家采此立法。折中破产主义是指商人和非商人均具有破产能力，但是商人适用的破产程序与非商人适用的破产程序有所不同。西班牙、丹麦、挪威等国采用此立法。

我国《企业破产法》第二条规定："企业法人不能清偿到期债务，并且资产不足以清偿全部债务或者明显缺乏清偿能力的，依照本法规定清理债务。"第一百三十五条规定："其他法律规定企业法人以外的组织的清算，属于破产清算的，参照适用本法规定的程序。"根据这些规定，我国目前仅赋予了企业法人和其他组织的破产能力，而排除了自然人的破产能力。

此外，《企业破产法》第一百三十四条规定："商业银行、证券公司、保险公司等金融机构有本法第二条规定情形的，国务院金融监督管理机构可以向人民法院提出对该金融机构进行重整或者破产清算的申请。国务院金融监督管理机构依法对出现重大经营风险的金融机构采取接管、托管等措施的，可以向人民法院申请中止以该金融机构为被告或者被执行人的民事诉讼程序或者执行程序。金融机构实施破产的，国务院可以依据本法和其他有关法律的规定制定实施办法。"由此可见，金融机构破产适用特别破产程序。

（二）空间效力范围

就破产法的空间效力范围而言，有破产属地主义与破产普及主义之分。所谓破产属地主义，是指一国域内的破产程序不对债务人位于域外的财产直接发生效力；同样，一国域外的破产程序也不对债务人位于域内的财产直接发生效力。而破产普及主义则认可域内破产程序的域外效力和域外破产程序的域内效力。迄今为止，只有少数国家有处理跨国界破产的普及主义法律框架。但是近年来国际上推动各国破产法转向普及主义的潮流正变得越来越强劲，一个显著的例证就是 1997 年 5 月联合国国际贸易委员会第 30 届会议通过的《跨国界破产示范法》。

我国《企业破产法》第五条规定："依照本法开始的破产程序，对债务人在中华人民共和国领域外的财产发生效力。对外国法院作出的发生法律效力的破产案件的判决、裁定，涉及债务人在中华人民共和国领域内的财产，申请或者请求人民法院承认和执行的，人民法院依照中华人民共和国缔结或者参加的国际条约，或者按照互惠原则进行审查，认为不违反中华人民共和国法律的基本原则，不损害国家主权、安全和社会公共利益，不损害中华人民共和国领域内债权人的合法权益的，裁定承认和执行。"可见，我国采用的是破产普及主义的立法。

第二节　破产申请和受理

一、破产界限

破产界限，又称为破产原因，是指法院据以裁定并宣告债务人破产的法律标准。因此，把握破产界限也是申请人决定是否提出破产申请的基本前提。

在破产立法上，对破产界限主要有两种立法例：①列举主义，即在法律中列举若干表明债务人丧失清偿能力的具体破产行为。凡存在者，即认定达到破产界限。英美法系采用这种立法例。②概括主义，即对破产界限作抽象的概括规定。大陆法系国家多采用这种立法例。其中，德国、日本、奥地利、瑞士等国家将破产原因概括为支付不能、支付停止、债务超过。法国、意大利、比利时、西班牙等国家将破产原因概括为支付停止。

也有的国家将两种立法方式结合起来，如法国1955年的《破产法》。

我国对破产原因采用的是概括主义立法。我国《企业破产法》第二条规定："企业法人不能清偿到期债务，并且资产不足以清偿全部债务或者明显缺乏清偿能力的，依照本法规定清理债务。企业法人有前款规定情形，或者有明显丧失清偿能力可能的，可以依照本法规定进行重整。"

二、破产案件的管辖

破产案件的管辖是指人民法院受理破产案件的分工，包括地域管辖和级别管辖。

关于地域管辖，《企业破产法》第三条规定："破产案件由债务人住所地人民法院管辖。"债务人住所地指债务人的主要办事机构所在地。债务人无办事机构的，由其注册地人民法院管辖。

关于级别管辖，《企业破产法》未作明确规定。依据最高人民法院《关于审理企业破产案件若干问题的规定》（2002年7月18日最高人民法院审判委员会第1232次会议通过）的规定，基层法院一般管辖县、县级市或区的工商行政管理机关核准登记企业的破产案件；中级法院一般管辖地区、地级市（含本级）以上工商行政管理机关核准登记企业的破产案件；纳入国家计划调整的企业破产案件，由中级人民法院管辖；个别案件的级别管辖，可以依照《民事诉讼法》第三十九条关于移送管辖的规定确定级别管辖，由上级法院审理下级法院管辖的案件，或由下级法院审理上级法院管辖的交办案件。

三、破产申请的提出

破产申请是破产申请人请求法院受理破产案件的意思表示。我国《企业破产法》第七条规定："债务人有本法第二条规定的情形，可以向人民法院提出重整、和解或者破产清算申请。债务人不能清偿到期债务，债权人可以向人民法院提出对债务人进行重整或者破产清算的申请。企业法人已解散但未清算或者未清算完毕，资产不足以清偿债务的，依法负有清算责任的人应当向人民法院申请破产清算。"据此，债权人和债务人都有权向有管辖权的法院提出破产申请。

向人民法院提出破产申请，应当提交破产申请书和有关证据。破产申请书应当载明下列事项：①申请人、被申请人的基本情况；②申请目的；③申请的事实和理由；④人民法院认为应当载明的其他事项。

债务人提出申请的，还应当向人民法院提交财产状况说明、债务清册、债权清册、有关财务会计报告、职工安置预案以及职工工资的支付和社会保险费用的缴纳情况。

人民法院受理破产申请前，申请人可以请求撤回申请。

四、破产申请的受理

（一）人民法院受理破产申请的程序

债权人提出破产申请的，人民法院应当自收到申请之日起5日内通知债务人。债务人对申请有异议的，应当自收到人民法院的通知之日起7日内向人民法院提出。人民法院应当自异议期满之日起10日内裁定是否受理。债务人未对申请有异议的，人民法院应当自收到破产申请之日起15日内裁定是否受理。有特殊情况需要延长前两款规定的裁定受理期限的，经上一级人民法院批准，可以延长15日。

人民法院受理破产申请的，应当自裁定作出之日起5日内送达申请人。

债权人提出申请的，人民法院应当自裁定作出之日起5日内送达债务人。债务人应当自裁定送达之日起15日内，向人民法院提交财产状况说明、债务清册、债权清册、有关财务会计报告以及职工工资的支付和社会保险费用的缴纳情况。

人民法院裁定不受理破产申请的，应当自裁定作出之日起5日内送达申请人并说明理由。申请人对裁定不服的，可以自裁定送达之日起10日内向上一级人民法院提起上诉。

人民法院受理破产申请后至破产宣告前，经审查发现债务人不符合《企业破产法》第二条规定情形的，可以裁定驳回申请。申请人对裁定不服的，可以自裁定送达之日起10日内向上一级人民法院提起上诉。

人民法院应当自裁定受理破产申请之日起25日内通知已知债权人，并予以公告。通知和公告应当载明下列事项：①申请人、被申请人的名称或者姓名；②人民法院受理破产申请的时间；③申报债权的期限、地点和注意事项；④管理人的名称或者姓名及其处理事务的地址；⑤债务人的债务人或者财产持有人应当向管理人清偿债务或者交付财产的要求；⑥第一次债权人会议召开的时间和地点；⑦人民法院认为应当通知和公告的其他事项。

（二）人民法院受理破产申请的法律后果

人民法院对债权人或债务人提出的破产申请进行审查并作出受理裁定后，产生以下法律后果：

（1）自人民法院受理破产申请的裁定送达债务人之日起至破产程序终结之日，债务人的有关人员承担下列义务：①妥善保管其占有和管理的财产、印章和账簿、文书等资料；②根据人民法院、管理人的要求进行工作，并如实回答询问；③列席债权人会议并如实回答债权人的询问；④未经人民法院许可，不得离开住所地；⑤不得新任其他企业的董事、监事、高级管理人员。这里所称有关人员，是指企业的法定代表人；经人民法院决定，可以包括企业的财务管理人员和其他经营管理人员。

（2）人民法院受理破产申请后，债务人对个别债权人的债务清偿无效。

（3）人民法院受理破产申请后，债务人的债务人或者财产持有人应当向管理人清偿债务或者交付财产。债务人的债务人或者财产持有人故意违反规定向债务人清偿债务或者交付财产，使债权人受到损失的，不免除其清偿债务或者交付财产的义务。

（4）人民法院受理破产申请后，管理人对破产申请受理前成立而债务人和对方当事人均未履行完毕的合同有权决定解除或者继续履行，并通知对方当事人。管理人自破产申请受理之日起2个月内未通知对方当事人，或者自收到对方当事人催告之日起30日内未答复的，视为解除合同。管理人决定继续履行合同的，对方当事人应当履行；但是，对方当事人有权要求管理人提供担保。管理人不提供担保的，视为解除合同。

（5）人民法院受理破产申请后，有关债务人财产的保全措施应当解除，执行程序应当中止。

（6）人民法院受理破产申请后，已经开始而尚未终结的有关债务人的民事诉讼或者仲裁应当中止；在管理人接管债务人的财产后，该诉讼或者仲裁继续进行。

（7）人民法院受理破产申请后，有关债务人的民事诉讼，只能向受理破产申请的人民法院提起。

第三节　管理人

一、管理人的概念

破产程序开始后，无论是进行破产和解、重整，还是破产清算，都需要对该债务人的财产和有关事务进行必要的管理，包括财产清理、营业维持、权利行使和财产处分等。这种专门管理债务人财产和有关破产事务的机构就被称为管理人。当然，在国外破产立法中也有“受托人”、“接管人”、“监督人”等其他称谓。

关于管理人的性质和地位，学理上存在“债权人代表说”、“债务人代表说”、“财团代表说”、“受托人说”以及“法定机构说”等诸多观点。从我国现行立法来看，管理人是为实现破产程序的目的而设立的，它应该保持独立和中立，应当维护全体债权人、债务人以及职工、财产所有人等其他利害关系人的利益。

二、管理人的资格及其选任

根据我国《企业破产法》的规定，管理人由人民法院指定。人民法院裁定受理破产申请的，应当同时指定管理人。

债权人会议认为管理人不能依法、公正执行职务或者有其他不能胜任职务情形的，可以申请人民法院予以更换。

管理人可以由有关部门、机构的人员组成的清算组或者依法设立的律师事务所、会计师事务所、破产清算事务所等社会中介机构担任。

人民法院根据债务人的实际情况，可以在征询有关社会中介机构的意见后，指定该机构具备相关专业知识并取得执业资格的人员担任管理人。

有下列情形之一的，不得担任管理人：①因故意犯罪受过刑事处罚；②曾被吊销相关专业执业证书；③与本案有利害关系；④人民法院认为不宜担任管理人的其他情形。

个人担任管理人的，应当参加执业责任保险。

三、管理人的职权、职责与义务

（一）管理人的职权

（1）管理人经人民法院许可，在第一次债权人会议召开之前，可以决定继续或者停止债务人的营业。

（2）管理人可以实施下列行为：①涉及土地、房屋等不动产权益的转让；②探矿权、采矿权、知识产权等财产权的转让；③全部库存或者营业的转让；④借款；⑤设定财产担保；⑥债权和有价证券的转让；⑦履行债务人和对方当事人均未履行完毕的合同；⑧放弃权利；⑨担保物的取回；⑩对债权人利益有重大影响的其他财产处分行为。管理人实施以上行为，应当及时报告债权人委员会。未设立债权人委员会的，管理人实施前款规定的行为应当及时报告人民法院。

（3）管理人经人民法院许可，可以聘用必要的工作人员。

（二）管理人的职责

《企业破产法》第二十五条规定了管理人的基本职责：①接管债务人的财产、印章和账簿、文书等资料；②调查债务人财产状况，制作财产状况报告；③决定债务人的内部管理事务；④决定债务人的日常开支和其他必要开支；⑤在第一次债权人会议召开之前，决定继续或者停止债务人的营业；⑥管理和处分债务人的财产；⑦代表债务人参加诉讼、仲裁或者其他法律程序；⑧提议召开债权人会议；⑨人民法院认为管理人应当履行的其他职责。

此外，在破产程序的不同阶段，管理人还负有其他一些职责，主要有：①对债务人在破产程序前的不当财产处分行为行使撤销权和追回权；②接受债权申报，调查职工债权，编制债权表；③重整期间主持债务人营业或者对债务人自行营业进行监督；④制备重整计划草案；⑤申请人民法院批准重整计划草案；⑥监督重整计划的执行；⑦在破产宣告后拟订破产财产变价方案；⑧破产程序终结时，办理破产人的注销登记，等等。

（三）管理人的义务

管理人应当勤勉尽责，忠实执行职务。

管理人没有正当理由不得辞去职务。管理人辞去职务应当经人民法院许可。

第四节　债务人财产

一、债务人财产的范围

破产申请受理时属于债务人的全部财产，以及破产申请受理后至破产程序终结前债务人取得的财产，为债务人财产。破产申请受理后至破产程序终结前债务人取得的财产，主要包括债务人财产的本身增值，债务人经营收益以及管理人行使撤销权、追回权、取回权等而获得的财产。此外，债务人财产还可能受其债权人行使抵消权的影响。

二、撤销权

撤销权是指对于在破产申请前一定期间内债务人所实施的致使其本身的财产不当减少的行为，由管理人请求人民法院予以否认并使之归于无效的权利。

（1）撤销破产欺诈行为。人民法院受理破产申请前1年内，涉及债务人财产的下列行为，管理人有权请求人民法院予以撤销：①无偿转让财产的；②以明显不合理的价格进行交易的；③对没有财产担保的债务提供财产担保的；④对未到期的债务提前清偿的；⑤放弃债权的。

（2）撤销个别清偿行为。人民法院受理破产申请前6个月内，债务人有不能清偿到期债务，并且资产不足以清偿全部债务或者明显缺乏清偿能力的情形，仍对个别债权人进行清偿的，管理人有权请求人民法院予以撤销。但是，个别清偿使债务人财产受益的除外。所谓“使债务人财产受益”是指在此期间给债务人财产带来相应的利益，例如，为维持企业经营而支付电费、水费、通信费，为维持生产购买原材料而支付材料款，为追索债务而支付律师费，等等。

三、追回权

对于债务人不当减少的财产以及本应追缴归债务人的财产，管理人应当采取积极措施予以追回。根据《企业破产法》的规定，管理人行使追回权主要有以下情形：

（1）行使撤销权追回财产。

（2）因债务人无效处置财产的行为而追回财产。涉及债务人财产的下列行为无效：①为逃避债务而隐匿、转移财产的；②虚构债务或者承认不真实的债务的。

（3）对企业管理层的特别追回权。债务人的董事、监事和高级管理人员利用职权从企业获取的非正常收入和侵占的企业财产，管理人应当追回。

（4）追缴出资。人民法院受理破产申请后，债务人的出资人尚未完全履行出资义务的，管理人应当要求该出资人缴纳所认缴的出资，而不受出资期限的限制。

四、取回权

取回权是指财产所有人取回属于自己所有的财产的权利，包括债务人的取回权和其他财产所有权人的取回权。

（一）债务人的取回权

人民法院受理破产申请后，管理人可以通过清偿债务或者提供为债权人接受的担保，取回质物、留置物。债务清偿或者替代担保，在质物或者留置物的价值低于被担保的债权额时，以该质物或者留置物当时的市场价值为限。

（二）出卖人的取回权

人民法院受理破产申请时，出卖人已将买卖标的物向作为买受人的债务人发运，债务人尚未收到且未付清全部价款的，出卖人可以取回在运途中的标的物。但是，管理人可以支付全部价款，请求出卖人交付标的物。

（三）其他所有权人的取回权

人民法院受理破产申请后，债务人占有的不属于债务人的财产，该财产的权利人可以通过管理人取回，但另有规定的除外。

五、抵消权

抵消权是指债权人与破产企业互有债务时，债权人以自己的破产债权与该债务进行抵消的权利。

债权人在破产申请受理前对债务人负有债务的，可以向管理人主张抵消。但是，有下列情形之一的，不得抵消：①债务人的债务人在破产申请受理后取得他人对债务人的债权的；②债权人已知债务人有不能清偿到期债务或者破产申请的事实，对债务人负担债务的；但是，债权人因为法律规定或者有破产申请1年前所发生的原因而负担债务的除外；③债务人的债务人已知债务人有不能清偿到期债务或者破产申请的事实，对债务人取得债权的；但是，债务人的债务人因为法律规定或者有破产申请1年前所发生的原因而取得债权的除外。

第五节　债权申报

债权申报是债权人在人民法院受理破产申请后，在法定期限内依照法定程序主张并证明其债权，以便参加破产程序的法律行为。

一、债权申报的期限和方式

人民法院受理破产申请后，应当确定债权人申报债权的期限。债权申报期限自人民法院发布受理破产申请公告之日起计算，最短不得少于30日，最长不得超过3个月。债权人应当在人民法院确定的债权申报期限内向管理人申报债权。

债权人申报债权时，应当书面说明债权的数额和有无财产担保，并提交有关证据。申报的债权是连带债权的，应当说明。

二、债权申报的范围

（1）未到期的债权。未到期的债权，在破产申请受理时视为到期。

（2）附利息的债权。附利息的债权，自破产申请受理时起停止计息。

（3）附条件、附期限的债权和诉讼、仲裁未决的债权。债权人可以申报。

（4）连带债权。①连带债权人可以由其中一人代表全体连带债权人申报债权，也可以共同申报债权。②连带债务人数人被裁定适用本法规定的程序的，其债权人有权就全部债权分别在各破产案件中申报债权。

（5）代位求偿权。债务人的保证人或者其他连带债务人已经代替债务人清偿债务的，以其对债务人的求偿权申报债权。债务人的保证人或者其他连带债务人尚未代替债务人清偿债务的，以其对债务人的将来求偿权申报债权。但是，债权人已经向管理人申报全部债权的除外。

（6）合同解除的损害赔偿请求权。管理人或者债务人依法解除合同的，对方当事人以因合同解除所产生的损害赔偿请求权申报债权。

（7）受托人的请求权。债务人是委托合同的委托人，被裁定适用本法规定的程序，受托人不知道该事实，继续处理委托事务的，受托人以由此产生的请求权申报债权。

（8）票据付款人的请求权。债务人是票据的出票人，被裁定适用本法规定的程序，该票据的付款人继续付款或者承兑的，付款人以由此产生的请求权申报债权。

债务人所欠职工的工资和医疗、伤残补助、抚恤费用，所欠的应当划入职工个人账户的基本养老保险、基本医疗保险费用，以及法律、行政法规规定应当支付给职工的补偿金，不必申报，由管理人调查后列出清单并予以公示。职工对清单记载有异议的，可以要求管理人更正；管理人不予更正的，职工可以向人民法院提起诉讼。

三、债权的审核与确认

管理人收到债权申报材料后，应当登记造册，对申报的债权进行审查，并编制债权表。债权表和债权申报材料由管理人保存，供利害关系人查阅。依法编制的债权表，应当提交第一次债权人会议核查。

债务人、债权人对债权表记载的债权无异议的，由人民法院裁定确认。债务人、债权人对债权表记载的债权有异议的，可以向受理破产申请的人民法院提起诉讼。

四、未申报和逾期申报债权的处理

在人民法院确定的债权申报期限内，债权人未申报债权的，可以在破产财产最后分配前补充申报；但是，此前已进行的分配，不再对其补充分配。为审查和确认补充申报债权的费用，由补充申报人承担。

债权人未依照《企业破产法》规定申报债权的，不得依照《企业破产法》规定的程序行使权利。

第六节　债权人会议

一、债权人会议的性质

债权人会议是由全体债权人组成，以维护债权人共同利益为目的，在法院监督下讨论决定有关破产事宜，表达债权人意愿的破产机构。债权人自治是破产法的一项重要原则。关于其性质，学术界有不同观点，主要有临时集会说和团体机关说。前一种观点认为债权人会议不是权利主体或非法人团体，从而无诉讼能力，在破产程序中不具备独立地位，只是债权人为谋求共同利益而召集的临时集会。后一种观点认为债权人会议是债权人团体的意思表示机关，以决议的形式参与破产程序的重大事项决策，取得破产法上的常设机关地位。

二、债权人会议的组成

根据《企业破产法》的规定，依法申报债权的债权人为债权人会议的成员，有权参加债权人会议，享有表决权。债权尚未确定的债权人，除人民法院能够为其行使表决权而临时确定债权额的外，不得行使表决权。对债务人的特定财产享有担保权的债权人，未放弃优先受偿权利的，对于通过和解协议、通过破产财产的分配方案不享有表决权。

债权人可以委托代理人出席债权人会议，行使表决权。代理人出席债权人会议，应当向人民法院或者债权人会议主席提交债权人的授权委托书。

债权人会议应当有债务人的职工和工会的代表参加，对有关事项发表意见。

债权人会议设主席1人，由人民法院从有表决权的债权人中指定。

三、债权人会议的职权

债权人会议行使下列职权：①核查债权；②申请人民法院更换管理人，审查管理人的费用和报酬；③监督管理人；④选任和更换债权人委员会成员；⑤决定继续或者停止债务人的营业；⑥通过重整计划；⑦通过和解协议；⑧通过债务人财产的管理方案；⑨通过破产财产的变价方案；⑩通过破产财产的分配方案；⑪人民法院认为应当由债权人会议行使的其他职权。债权人会议应当对所议事项的决议作成会议记录。

四、债权人会议的召集和议决

（一）债权人会议的召集

债权人会议主席主持债权人会议。第一次债权人会议由人民法院召集，自债权申报期限届满之日起15日内召开。以后的债权人会议，在人民法院认为必要时，或者管理人、债权人委员会、占债权总额1/4以上的债权人向债权人会议主席提议时召开。召开债权人会议，管理人应当提前15日通知已知的债权人。

（二）债权人会议的议决

债权人会议的决议，由出席会议的有表决权的债权人过半数通过，并且其所代表的债权额占无财产担保债权总额的1/2以上。但是，法律另有规定的除外。债权人认为债权人会议的决议违反法律规定，损害其利益的，可以自债权人会议作出决议之日起15日内，请求人民法院裁定撤销该决议，责令债权人会议依法重新作出决议。

债权人会议的决议，对于全体债权人均有约束力。

对于债务人财产的管理方案和破产财产的变价方案，经债权人会议表决未通过的，由人民法院裁定。通过破产财产的分配方案，经债权人会议二次表决仍未通过的，由人民法院裁定。对前述裁定，人民法院可以在债权人会议上宣布或者另行通知债权人。债权人对人民法院关于债务人财产的管理方案和破产财产的变价方案作出的裁定不服的，债权额占无财产担保债权总额1/2以上的债权人对人民法院关于破产财产的分配方案作出的裁定不服的，可以自裁定宣布之日或者收到通知之日起15日内向该人民法院申请复议。复议期间不停止裁定的执行。

五、债权人委员会

（一）债权人委员会的设立及其组成

债权人会议可以决定设立债权人委员会。债权人委员会由债权人会议选任的债权人代表和一名债务人的职工代表或者工会代表组成。债权人委员会成员不得超过9人。债权人委员会成员应当经人民法院书面决定认可。

（二）债权人委员会的职权与职责

债权人委员会行使下列职权：①监督债务人财产的管理和处分；②监督破产财产分配；③提议召开债权人会议；④债权人会议委托的其他职权。

债权人委员会执行职务时，有权要求管理人、债务人的有关人员对其职权范围内的事务作出说明或者提供有关文件。管理人、债务人的有关人员违反规定拒绝接受监督的，债权人委员会有权就监督事项请求人民法院作出决定；人民法院应当在5日内作出决定。

管理人实施下列行为，应当及时报告债权人委员会：①涉及土地、房屋等不动产权益的转让；②探矿权、采矿权、知识产权等财产权的转让；③全部库存或者营业的转让；④借款；⑤设定财产担保；⑥债权和有价证券的转让；⑦履行债务人和对方当事人均未履行完毕的合同；⑧放弃权利；⑨担保物的取回；⑩对债权人利益有重大影响的其他财产处分行为。未设立债权人委员会的，管理人实施前款规定的行为应当及时报告人民法院。

第七节 重整制度

一、重整的概念

所谓重整是指已具有破产原因或破产原因之虞而又有再生希望的债务人实施的旨在挽救其生存的积极程序。从破产制度的历史发展来看，单纯以清偿债务为立法目的的破产法越来越无法解决公司及企业破产所带来的一系列社会问题。于是，产生了具有积极拯救功能的制度——重整制度，它不是单纯以清偿债务为目的，也不像和解制度那样只是消极地避免债务人受破产宣告，而是对其进行积极的挽救，以企再生。从世界破产立法的发展来看，破产、和解与重整已成为现代破产制度的三大基石。

重整一般适用于公司，故有学者直接称之为“公司的重整”（Corporate Reorganization）。对于重整制度的立法，有的国家将其规定在公司法中，如英国；有的则规定于破产法中，如美国破产法典、德国破产法；也有的国家单独制定重整法，如日本的公司更生法。

二、重整申请和重整期间

债务人或者债权人可以依法直接向人民法院申请对债务人进行重整。

债权人申请对债务人进行破产清算的，在人民法院受理破产申请后、宣告债务人破产前，债务人或者出资额占债务人注册资本1/10以上的出资人，可以向人民法院申请重整。

人民法院经审查认为重整申请符合本法规定的，应当裁定债务人重整，并予以公告。

自人民法院裁定债务人重整之日起至重整程序终止，为重整期间。

三、重整的法律效力

（一）债务人继续营业

重整期间，经债务人申请，人民法院批准，债务人可以在管理人的监督下自行管理财产和营业事务。依法已接管债务人财产和营业事务的管理人应当向债务人移交财产和营业事务，管理人的职权由债务人行使。

管理人负责管理财产和营业事务的，可以聘任债务人的经营管理人员负责营业事务。

重整期间，债务人或者管理人为继续营业而借款的，可以为该借款设定担保。

（二）担保物权行使的限制

重整期间，对债务人的特定财产享有的担保权暂停行使。但是，担保物有损坏或者价值明显减少的可能，足以危害担保权人权利的，担保权人可以向人民法院请求恢复行使担保权。

（三）取回权的限制

债务人合法占有的他人财产，该财产的权利人在重整期间要求取回的，应当符合事先约定的条件。

（四）收益分配的禁止

重整期间，债务人的出资人不得请求投资收益分配。

（五）企业管理层持股转让的限制

重整期间，债务人的董事、监事、高级管理人员不得向第三人转让其持有的债务人的股权。但是，经人民法院同意的除外。

四、重整计划的制订和批准

（一）重整计划草案的制作

债务人或者管理人应当自人民法院裁定债务人重整之日起6个月内，同时向人民法院和债权人会议提交重整计划草案。该期限届满，经债务人或者管理人请求，有正当理由的，人民法院可以裁定延期3个月。债务人或者管理人未按期提出重整计划草案的，人民法院应当裁定终止重整程序，并宣告债务人破产。

债务人自行管理财产和营业事务的，由债务人制作重整计划草案。管理人负责管理财产和营业事务的，由管理人制作重整计划草案。

（二）重整计划草案的内容

重整计划草案应当包括下列内容：①债务人的经营方案；②债权分类；③债权调整方案；④债权受偿方案；⑤重整计划的执行期限；⑥重整计划执行的监督期限；⑦有利于债务人重整的其他方案。

（三）重整计划草案的表决

下列各类债权的债权人参加讨论重整计划草案的债权人会议，依照下列债权分类，分组对重整计划草案进行表决：①对债务人的特定财产享有担保权的债权；②债务人所欠职工的工资和医疗、伤残补助、抚恤费用，所欠的应当划入职工个人账户的基本养老保险、基本医疗保险费用，以及法律、行政法规规定应当支付给职工的补偿金；③债务人所欠税款；④普通债权。人民法院在必要时可以决定在普通债权组中设小额债权组对重整计划草案进行表决。

重整计划不得规定减免债务人欠缴的社会保险费用；该项费用的债权人不参加重整计划草案的表决。

人民法院应当自收到重整计划草案之日起 30 日内召开债权人会议，对重整计划草案进行表决。出席会议的同一表决组的债权人过半数同意重整计划草案，并且其所代表的债权额占该组债权总额的 2/3 以上的，即为该组通过重整计划草案。债务人或者管理人应当向债权人会议就重整计划草案作出说明，并回答询问。债务人的出资人代表可以列席讨论重整计划草案的债权人会议。重整计划草案涉及出资人权益调整事项的，应当设出资人组，对该事项进行表决。各表决组均通过重整计划草案时，重整计划即为通过。

（四）重整计划草案的批准

自重整计划通过之日起 10 日内，债务人或者管理人应当向人民法院提出批准重整计划的申请。人民法院经审查认为符合本法规定的，应当自收到申请之日起 30 日内裁定批准，终止重整程序，并予以公告。

部分表决组未通过重整计划草案的，债务人或者管理人可以同未通过重整计划草案的表决组协商。该表决组可以在协商后再表决一次。双方协商的结果不得损害其他表决组的利益。

未通过重整计划草案的表决组拒绝再次表决或者再次表决仍未通过重整计划草案，但重整计划草案符合下列条件的，债务人或者管理人可以申请人民法院批准重整计划草案：①按照重整计划草案，对债务人的特定财产享有担保权的债权就该特定财产将获得全额清偿，其因延期清偿所受的损失将得到公平补偿，并且其担保权未受到实质性损害，或者该表决组已经通过重整计划草案；②按照重整计划草案，债务人所欠职工的工资和医疗、伤残补助、抚恤费用，所欠的应当划入职工个人账户的基本养老保险、基本医疗保险费用，以及法律、行政法规规定应当支付给职工的补偿金，债务人所欠税款，将获得全额清偿，或者相应表决组已经通过重整计划草案；③按照重整计划草案，普通债权所获得的清偿比例，不低于其在重整计划草案被提请批准时依照破产清算程序所能获得的清偿比例，或者该表决组已经通过重整计划草案；④重整计划草案对出资人权益的调整公平、公正，或者出资人组已经通过重整计划草案；⑤重整计划草案公平对待同一表决组的成员，并且所规定的债权清偿顺序不违反破产财产顺序清偿的规定；⑥债务人的经营方案具有可行性。人民法院经审查认为重整计划草案符合规定的，应当自收到申请之日起30日内裁定批准，终止重整程序，并予以公告。

重整计划草案未获得通过且未依法获得批准，或者已通过的重整计划未获得批准的，人民法院应当裁定终止重整程序，并宣告债务人破产。

五、重整计划的执行

重整计划由债务人负责执行。人民法院裁定批准重整计划后，已接管财产和营业事务的管理人应当向债务人移交财产和营业事务。自人民法院裁定批准重整计划之日起，在重整计划规定的监督期内，由管理人监督重整计划的执行。在监督期内，债务人应当向管理人报告重整计划执行情况和债务人财务状况。

监督期届满时，管理人应当向人民法院提交监督报告。自监督报告提交之日起，管理人的监督职责终止。管理人向人民法院提交的监督报告，重整计划的利害关系人有权查阅。

经管理人申请，人民法院可以裁定延长重整计划执行的监督期限。

经人民法院裁定批准的重整计划，对债务人和全体债权人均有约束力。

债权人未依照规定申报债权的，在重整计划执行期间不得行使权利；在重整计划执行完毕后，可以按照重整计划规定的同类债权的清偿条件行使权利。债权人对债务人的保证人和其他连带债务人所享有的权利，不受重整计划的影响。

六、重整计划的终止

债务人不能执行或者不执行重整计划的，人民法院经管理人或者利害关系人请求，应当裁定终止重整计划的执行，并宣告债务人破产。重整期间，有下列情形之一的，经管理人或者利害关系人请求，人民法院应当裁定终止重整程序，并宣告债务人破产：①债务人的经营状况和财产状况继续恶化，缺乏挽救的可能性；②债务人有欺诈、恶意减少债务人财产或者其他显著不利于债权人的行为；③由于债务人的行为致使管理人无法执行职务。

人民法院裁定终止重整计划执行的，债权人在重整计划中作出的债权调整的承诺失去效力。债权人因执行重整计划所受的清偿仍然有效，债权未受清偿的部分作为破产债权。但是，已受部分清偿的债权人，只有在其他同顺位债权人同自己所受的清偿达到同一比例时，才能继续接受分配。为重整计划的执行提供的担保继续有效。按照重整计划减免的债务，自重整计划执行完毕时起，债务人不再承担清偿责任。

第八节 和 解

一、和解的概念

破产和解，是指破产程序开始后，经由债务人与债权人会议达成协议，就债务人延期清偿债务、减免债务、进行重整等事项达成协议，以中止破产程序，挽救复苏企业的法律行为。破产和解制度最早出现于1673年法国的《商事条例》，但作为预防破产的和解制度则首创于1883年比利时的《预防破产之和解制度》。破产和解制度具有以下法律特征：

（1）破产和解适用于已具备破产原因的债务人，并且是以避免破产清算为目的的。传统的破产制度是以债权人为中心的强制偿债制度，强调的是债权人利益的绝对维护，未能顾及债务人的利益和破产所带来的社会影响。而破产和解制度则给予了债务人以复苏的机会，能够减少破产给社会带来的不利影响。

（2）破产和解的内容一般是延期、分期偿还债务以及减免债务。通过债权人的让步，不仅使债务人获得了拯救的机会，而且往往能够使债权人获得比在破产清算时更多的清偿。

（3）破产和解须由债务人与债权人团体之间达成协议。和解的协议草案应由债务人提出，经由债权人会议表决通过，达成和解协议。

（4）破产和解具有强制性。经人民法院裁定认可的和解协议，对债务人和全体和解债权人均有约束力。

二、和解申请

债务人可以依法直接向人民法院申请和解，也可以在人民法院受理破产申请后、宣告债务人破产前，向人民法院申请和解。

人民法院受理破产申请后，债务人与全体债权人就债权债务的处理自行达成协议的，可以请求人民法院裁定认可，并终结破产程序。

三、和解协议草案的表决

债务人申请和解，应当提出和解协议草案。

人民法院经审查认为和解申请符合规定的，应当裁定和解，予以公告，并召集债权人会议讨论和解协议草案。

债权人会议通过和解协议的决议，由出席会议的有表决权的债权人过半数同意，并且其所代表的债权额占无财产担保债权总额的2/3以上。

四、和解协议的生效

债权人会议通过和解协议的，由人民法院裁定认可，终止和解程序，并予以公告。管理人应当向债务人移交财产和营业事务，并向人民法院提交执行职务的报告。经人民法院裁定认可的和解协议，对债务人和全体和解债权人均有约束力。和解债权人是指人民法院受理破产申请时对债务人享有无财产担保债权的人。

债务人应当按照和解协议规定的条件清偿债务。对债务人的特定财产享有担保权的权利人，自人民法院裁定和解之日起可以行使权利。和解债权人对债务人的保证人和其他连带债务人所享有的权利，不受和解协议的影响。和解债权人未依法申报债权的，在和解协议执行期间不得行使权利；在和解协议执行完毕后，可以按照和解协议规定的清偿条件行使权利。

因债务人的欺诈或者其他违法行为而成立的和解协议，人民法院应当裁定无效，并宣告债务人破产。遇此情形，和解债权人因执行和解协议所受的清偿，在其他债权人所受清偿同等比例的范围内，不予返还。

五、和解程序的终结

和解程序的终结有以下三种情形：

（1）和解协议草案经债权人会议表决未获得通过，或者已经债权人会议通过的和解协议未获得人民法院认可的，人民法院应当裁定终止和解程序，并宣告债务人破产。

（2）债务人不能执行或者不执行和解协议的，人民法院经和解债权人请求，应当裁定终止和解协议的执行，并宣告债务人破产。人民法院裁定终止和解协议执行的，和解债权人在和解协议中作出的债权调整的承诺失去效力。和解债权人因执行和解协议所受的清偿仍然有效，和解债权未受清偿的部分作为破产债权。已受部分清偿的债权人，只有在其他债权人同自己所受的清偿达到同一比例时，才能继续接受分配。为和解协议的执行提供的担保继续有效。

（3）和解协议执行完毕，债务人按照和解协议规定的条件清偿债务的，由人民法院裁定终结破产程序。按照和解协议减免的债务，自和解协议执行完毕时起，债务人不再承担清偿责任。

第九节　破产清算

一、破产宣告

（一）破产宣告的概念

破产宣告，是指人民法院依当事人的申请或法定职权裁定宣布债务人破产以清偿债务的诉讼活动。

（二）破产宣告的方式

破产宣告是一种司法行为，只能由人民法院以裁定方式作出。

人民法院依法宣告债务人破产的，应当自裁定作出之日起 5 日内送达债务人和管理人，自裁定作出之日起 10 日内通知已知债权人，并予以公告。

（三）破产宣告的条件

《企业破产法》第二条规定：“企业法人不能清偿到期债务，并且资产不足以清偿全部债务或者明显缺乏清偿能力的，依照本法规定清理债务。”因此，债务人具备破产原因（或者称达到破产界限）是破产宣告的必要条件。但是，在破产宣告前，有下列情形之一的，人民法院应当裁定终结破产程序，并予以公告：①第三人为债务人提供足额担保或者为债务人清偿全部到期债务的；②债务人已清偿全部到期债务的。

（四）破产宣告的后果

破产宣告标志着破产案件不可逆转地进入清算程序。债务人被宣告破产后，债务人称为破产人，债务人财产称为破产财产，人民法院受理破产申请时对债务人享有的债权称为破产债权。普通破产债权只能通过法定程序根据破产财产分配方案从破产财产中获得清偿。

但是，对破产人的特定财产享有担保权的权利人，对该特定财产享有优先受偿的权利。这种债权人所享有的可以不依破产程序而能从破产人的特定财产上得到优先受偿的权利，称为别除权。债权人行使优先受偿权利未能完全受偿的，其未受偿的债权作为普通债权；放弃优先受偿权利的，其债权作为普通债权。

二、破产费用和共益债务

（一）破产费用

破产费用是指在人民法院受理破产申请后，为破产程序的进行以及为全体债权人的共同利益而从债务人财产中优先支付的费用。

根据《企业破产法》规定，人民法院受理破产申请后发生的下列费用，为破产费用：①破产案件的诉讼费用；②管理、变价和分配债务人财产的费用；③管理人执行职务的费用、报酬和聘用工作人员的费用。

（二）共益债务

共益债务是指在破产程序中为全体债权人的共同利益而管理、变价和分配破产财产而负担的债务。与之相应的权利即为共益债权。

根据《企业破产法》规定，人民法院受理破产申请后发生的下列债务，为共益债务：①因管理人或者债务人请求对方当事人履行双方均未履行完毕的合同所产生的债务；②债务人财产受无因管理所产生的债务；③因债务人不当得利所产生的债务；④为债务人继续营业而应支付的劳动报酬和社会保险费用以及由此产生的其他债务；⑤管理人或者相关人员执行职务致人损害所产生的债务；⑥债务人财产致人损害所产生的债务。

（三）破产费用和共益债务的清偿

（1）破产费用和共益债务由债务人财产随时清偿。

（2）债务人财产不足以清偿所有破产费用和共益债务的，先行清偿破产费用。

（3）债务人财产不足以清偿所有破产费用或者共益债务的，按照比例清偿。

（4）债务人财产不足以清偿破产费用的，管理人应当提请人民法院终结破产程序。

三、破产财产的清偿顺序

破产财产在优先清偿破产费用和共益债务后，依照下列顺序清偿：①破产人所欠职工的工资和医疗、伤残补助、抚恤费用，所欠的应当划入职工个人账户的基本养老保险、基本医疗保险费用，以及法律、行政法规规定应当支付给职工的补偿金；②破产人欠缴的除前项规定以外的社会保险费用和破产人所欠税款；③普通破产债权。破产财产不足以清偿同一顺序的清偿要求的，按照比例分配。

四、变价和分配

（一）破产财产变价和分配方案的确定

管理人应当及时拟订破产财产分配方案，提交债权人会议讨论。破产财产分配方案应当载明下列事项：①参加破产财产分配的债权人名称或者姓名、住所；②参加破产财产分配的债权额；③可供分配的破产财产数额；④破产财产分配的顺序、比例及数额；⑤实施破产财产分配的方法。

债权人会议通过破产财产分配方案后，由管理人将该方案提请人民法院裁定认可。

（二）破产财产变价和分配方案的执行

管理人应当按照债权人会议通过的或者人民法院依法裁定的破产财产变价方案，适时变价出售破产财产。变价出售破产财产应当通过拍卖进行。但是，债权人会议另有决议的除外。破产企业可以全部或者部分变价出售。企业变价出售时，可以将其中的无形资产和其他财产单独变价出售。按照国家规定不能拍卖或者限制转让的财产，应当按照国家规定的方式处理。破产企业的董事、监事和高级管理人员的工资按照该企业职工的平均工资计算。

破产财产分配方案经人民法院裁定认可后，由管理人执行。破产财产的分配应当以货币分配方式进行。但是，债权人会议另有决议的除外。管理人按照破产财产分配方案实施多次分配的，应当公告本次分配的财产额和债权额。管理人实施最后分配的，应当在公告中指明，并载明规定的事项。

对于附生效条件或者解除条件的债权，管理人应当将其分配额提存。管理人依照规定提存的分配额，在最后分配公告日，生效条件未成就或者解除条件成就的，应当分配给其他债权人；在最后分配公告日，生效条件成就或者解除条件未成就的，应当交付给债权人。

债权人未受领的破产财产分配额，管理人应当提存。债权人自最后分配公告之日起满 2 个月仍不领取的，视为放弃受领分配的权利，管理人或者人民法院应当将提存的分配额分配给其他债权人。

破产财产分配时，对于诉讼或者仲裁未决的债权，管理人应当将其分配额提存。自破产程序终结之日起满 2 年仍不能受领分配的，人民法院应当将提存的分配额分配给其他债权人。

五、破产程序的终结

破产人无财产可供分配的，管理人应当请求人民法院裁定终结破产程序。

管理人在最后分配完结后，应当及时向人民法院提交破产财产分配报告，并提请人民法院裁定终结破产程序。人民法院应当自收到管理人终结破产程序的请求之日起 15 日内作出是否终结破产程序的裁定。裁定终结的，应当予以公告。

管理人应当自破产程序终结之日起 10 日内，持人民法院终结破产程序的裁定，向破产人的原登记机关办理注销登记。管理人于办理注销登记完毕的次日终止执行职务。但是，存在诉讼或者仲裁未决情况的除外。

自破产程序依法终结之日起 2 年内，有下列情形之一的，债权人可以请求人民法院按照破产财产分配方案进行追加分配：①发现有符合《破产法》规定应当追回的财产的；②发现破产人有应当供分配的其他财产的。有前列规定情形，但财产数量不足以支付分配费用的，不再进行追加分配，由人民法院将其上交国库。

破产人的保证人和其他连带债务人，在破产程序终结后，对债权人依照破产清算程序未受清偿的债权，依法继续承担清偿责任。

第十节　破产法律责任

一、破产法律责任的概念

破产法律责任，是指因造成企业破产或违反破产法的规定所应承担的法律责任。分为破产违法行为的责任和造成企业破产损失的责任两大类。

破产违法行为主要包括：①违反说明义务，指在破产程序中负有说明义务的人故意不履行说明义务，从而妨碍破产程序行为；②违反提交义务，指在程序中有义务提交一定文件、财产的人故意不履行提交义务，从而妨碍破产程序进行的行为；③欺诈破产行为，指债务人违反破产法的规定，通过隐瞒真实情况或制造虚假情况的手段，实施了导致破产财产减少或者破产财产的负担增加，从而损害债权人利益的行为；④偏颇性破产行为，指债务人违反破产法的规定，给予个别债权人以某种不正当的特殊清偿利益，从而损害其他债权人利益的行为；⑤浪费破产行为，指债务人以放任、故意、不合理的方式花费财产，导致破产财产的非正常减少，从而损害债权人利益的行为。⑥受贿，指破产程序职能机构的人员在执行事务的过程中，非法索取或者收受他人提供的金钱或者其他不正当利益，从而妨害公平清偿秩序的行为；⑦行贿，指破产案件的当事人或者其他人员，非法向程序职能机构人员以及债权人提供金钱或者其他不正当利益，从而妨碍公平清偿秩序的行为；⑧违反行动限制，指其特定行动的自由受到破产法限制的特定人员，违反规定实施受限制的行动，有碍破产程序进行的行为。

二、破产法律责任的形式

破产责任形式包括民事责任、行政责任和刑事责任。其具体规定如下：

（1）企业董事、监事或者高级管理人员违反忠实义务、勤勉义务，致使所在企业破产的，依法承担民事责任。有此情形的人员，自破产程序终结之日起3年内不得担任任何企业的董事、监事、高级管理人员。

（2）有义务列席债权人会议的债务人的有关人员，经人民法院传唤，无正当理由拒不列席债权人会议的，人民法院可以拘传，并依法处以罚款。债务人的有关人员违反本法规定，拒不陈述、回答，或者作虚假陈述、回答的，人民法院可以依法处以罚款。

（3）债务人违反本法规定，拒不向人民法院提交或者提交不真实的财产状况说明、债务清册、债权清册、有关财务会计报告以及职工工资的支付情况和社会保险费用的缴纳情况的，人民法院可以对直接责任人员依法处以罚款。债务人违反本法规定，拒不向管理人移交财产、印章和账簿、文书等资料的，或者伪造、销毁有关财产证据材料而使财产状况不明的，人民法院可以对直接责任人员依法处以罚款。

（4）债务人有《企业破产法》第三十一条、第三十二条、第三十三条规定的行为，损害债权人利益的，债务人的法定代表人和其他直接责任人员依法承担赔偿责任。

（5）债务人的有关人员违反本法规定，擅自离开住所地的，人民法院可以予以训诫、拘留，可以依法并处罚款。

（6）管理人未依照《企业破产法》规定勤勉尽责，忠实执行职务的，人民法院可以依法处以罚款；给债权人、债务人或者第三人造成损失的，依法承担赔偿责任。

（7）违反《企业破产法》规定，构成犯罪的，依法追究刑事责任。

【思考题】

1. 什么是破产能力？
2. 简述破产管理人的法律地位。
3. 简述破产重整制度的意义。

4. 2010年1月，某工商银行与百达公司签订一份借款合同，由该银行贷给百达公司50万元，期限1年。期满后，百达公司以无力还贷为由，拒绝偿还。该银行遂于2011年4月向法院起诉。法院一审判决百达公司立即偿还银行贷款50万元及利息、滞纳金4万元，百达公司在上诉期内没有上诉，但仍未履行。该银行于是向法院申请强制执行。法院查封了百达公司机器设备。正在执行过程中，百达公司的其他几个债权人于2011年8月1日向法院申请其破产，法院受理了此案。经查，百达公司总资产200万元（变现价值），其中，法院查封的机器设备价值40万元，一处厂房价值10万元，因欠大华公司货款8万元（履行期为2010年1月），双方于2011年3月20日经补办担保手续，抵押给大华公司。总负债300万元，其中，欠职工工资和劳动保险费用60万元，国家税款10万元。

结合上例涉及的法律问题思考：

（1）法院受理破产案件后，工商银行要求法院继续执行已查封的财产，法院能否继续执行？为什么？

（2）百达公司欠大华公司的8万元货款是否属破产债权？

（3）如果破产费用为5万元，假设百达公司有一债权人的破产债权为2万元，那么，该债权人能分配到的财产有多少？

第三编　市场运行法

第七章　合同法

【学习要点】

- 合同法的基本原则
- 合同的订立
- 合同的效力
- 合同的担保
- 合同保全制度
- 合同的解除
- 违约责任

1999 年《中华人民共和国合同法》的颁行，标志着我国合同法律制度的统一。本章主要介绍合同法总则的内容，让学生掌握如何订立合同，如何认定合同成立与否，如何判断合同的效力，如何履行合同，以及在违约情形出现时如何归责。此外，由于合同担保制度和合同保全制度是保障债权人利益得以实现的重要法律制度，所以本章对此将作详细讲述。

第一节　合同法概述

一、合同的概念和特征

合同，又称契约，是指当事人之间设立、变更、终止某种权利义务关系的协议。《中华人民共和国合同法》（以下简称《合同法》）第二条规定："本法所称合同是平等主体的自然人、法人、其他组织之间设立、变更、终止民事权利义务关系的协议。婚姻、收养、监护等有关身份关系的协议，适用其他法律的规定。"可见，我国《合同法》并不调整所有的合同关系。《合同法》所称合同具有如下特征：

（1）合同是平等主体之间的协议。合同当事人的法律地位平等，一方不得凭借行政权力、经济实力等将自己的意志强加给另一方。

（2）合同主体的范围具有广泛性。自然人、法人和其他组织均可成为合同的当事人。自然人既包括成年人，也包括未成年人；既包括我国公民，也包括外国人和无国籍人。法人包括企业法人和非企业法人；非企业法人又包括机关法人、事业单位法人和社会团体法人。其他组织是指依法或者依据有关政策成立，有一定的组织机构和财产，但又不具备法人资格的各类组织，包括合伙企业、个人独资企业、非法人集体企业、非法人外商投资企业、企业法人的分支机构、个体工商户、农村承包经营户等。

(3) 合同的内容限于一定范围的民事权利义务关系。这一特征包含两层意思：其一，《合同法》仅调整当事人设立、变更、终止民事权利义务关系的协议，所以不以民事权利义务关系为内容的行政协议、国际条约等不属于《合同法》的调整范围；其二，《合同法》不调整所有的有关民事权利义务关系的协议，如婚姻、收养、监护等有关身份关系的协议，适用其他法律的规定。

(4) 合同的标的具有多样性。合同权利义务所指向的对象可以是物（如买卖合同中的商品）、行为（如保管合同中的保管行为）和智力成果（如技术开发合同中的技术成果）。

二、合同的种类

(一) 有名合同、无名合同

有名合同，也称为列名合同、典型合同，是指现行立法已确定了其名称及其规则的合同，如《合同法》明确规定的买卖合同、供用电水气热力合同、赠与合同、借款合同、租赁合同、融资租赁合同、承揽合同、建设工程合同、运输合同、技术合同、保管合同、仓储合同、委托合同、行纪合同、居间合同等15类合同。

无名合同，是指现行立法未明确规定其名称及其规则的合同。

对于有名合同，应当严格适用现行立法的有关规定。对于无名合同，《合同法》第一百二十四条规定："本法分则或者其他法律没有明文规定的合同，适用本法总则的规定，并可以参照本法分则或者其他法律最相类似的规定。"

(二) 单务合同、双务合同

单务合同，是指仅一方当事人承担民事义务的合同，如借用合同、赠与合同。

双务合同，是指双方当事人均负有一定民事义务的合同，如买卖合同、租赁合同等。

区分单务合同和双务合同的法律意义在于合同履行中当事人的抗辩权不同。在双务合同履行过程中，当事人享有同时履行抗辩权、先履行抗辩权、后履行抗辩权等。有关抗辩权问题将在本章第四节作详细讲述。

(三) 有偿合同、无偿合同

有偿合同，是指当事人享受合同权利必须支付相应对价的合同，如买卖合同、借款合同。

无偿合同，是指当事人享受合同权利无须支付相应对价的合同，如赠与合同、借用合同。

值得注意的是，有偿合同不一定为双务合同；无偿合同也不一定为单务合同。如附条件的赠与合同属于无偿合同，但又是双务合同；委托合同为双务合同，但可以是有偿的，也可以是无偿的。

区分有偿合同和无偿合同的法律意义在于当事人的合同责任不同，如《合同法》第三百七十四条规定："保管期间，因保管人保管不善造成保管物毁损、灭失的，保管人应当承担损害赔偿责任，但保管是无偿的，保管人证明自己没有重大过失的，不承担损害赔偿责任。"

(四) 要式合同、非要式合同

要式合同，是指必须按照法律规定的特定形式订立才能成立的合同。

非要式合同，是指法律对合同的形式未作特别规定的合同。

《合同法》第十条规定："当事人订立合同，有书面形式、口头形式和其他形式。法律、行政法规规定采用书面形式的，应当采用书面形式。当事人约定采用书面形式的，应当采用书面形式。”

（五）诺成合同、实践合同

诺成合同，是指当事人意思表示一致即告成立的合同。

实践合同，是指除当事人意思表示一致以外，还须实际交付标的物才能成立的合同。

大多数合同属于诺成合同，如买卖合同、租赁合同、建设工程合同等。而普通的赠与合同、自然人之间的借款合同、民间借贷合同、小件行李物品保管合同一般应认定为实践合同。区分诺成合同和实践合同，对于判定合同是否成立以及当事人之间的法律关系具有重要意义。

（六）主合同、从合同

主合同，是指不依赖其他合同而独立存在的合同。

从合同，又称为附属合同，是指必须以其他合同存在为前提的合同，如担保合同。

一般而言，主合同无效，从合同也无效。但我国《担保法》第五条规定：“担保合同是主合同的从合同，主合同无效，担保合同无效。担保合同另有约定的，按照规定。”

三、我国合同立法概况

新中国成立之初，为了恢复和发展国民经济，我国广泛运用合同形式固定各种经济关系。1950 年 9 月 27 日政务院财政经济委员会发布《机关、国营企业、合作社签订合同契约暂行办法》，随后一大批合同法规章出台。1957 年至 1976 年间，由于受“左”倾主义的影响，我国基本取消了合同制度，合同立法经历了曲折的发展阶段。合同制度真正逐步建立和完善是在党的十一届三中全会以后。1981 年 12 月 13 日，第五届全国人民代表大会第四次会议通过了《经济合同法》（1982 年 7 月 1 日起施行）；1985 年 3 月 21 日，第六届全国人民代表大会常务委员会第十次会议通过了《涉外经济合同法》（1985 年 7 月 1 日起施行）；1987 年 6 月 23 日，第六届全国人大常委会第二十一次会议通过了《技术合同法》（1987 年 11 月 1 日起施行）。为了配合这三部合同法的实施，国务院先后发布了《工矿产品购销合同条例》、《农副产品购销合同条例》、《技术合同法实施条例》等行政法规，最高人民法院也出台了一系列司法解释。这些立法在促进我国当时商品交换和市场经济体制确立，扩大对外开放，保障当事人合法权益等方面曾发挥了十分重要的作用。但是，到了 20 世纪末，随着改革开放的不断深入和扩大，原有的合同制度已明显不能适应形势发展的要求。1999 年 3 月 15 日第九届全国人民代表大会第二次会议审议通过了《中华人民共和国合同法》。该法于 1999 年 10 月 1 日起施行，《中华人民共和国经济合同法》、《中华人民共和国涉外经济合同法》、《中华人民共和国技术合同法》同时废止。为了正确、统一适用《合同法》，1999 年 12 月 1 日最高人民法院审判委员会第 1090 次会议通过了《最高人民法院关于适用〈中华人民共和国合同法〉若干问题的解释（一）》。

四、合同法的基本原则

（一）平等的原则

《合同法》第三条规定：“合同当事人的法律地位平等，一方不得将自己的意志强加给另一方。”平等原则应理解为当事人在合同订立时、合同履行时以及承担合同责任时的法律地位均是平等的，任何一方不得以大欺小、以强欺弱、以上压下，任何一方不允许有超越法律的特权。

（二）自愿的原则

《合同法》第四条规定："当事人依法享有自愿订立合同的权利，任何单位和个人不得非法干预。"自愿原则应理解为当事人有权自主决定是否订立合同；一方当事人有权自愿选择对方当事人；当事人有权选择订立合同的形式；当事人在不违反法律、行政法规规定和社会公共利益的前提下有权自愿约定合同的内容；当事人在合同订立后可以协议补充、变更、解除合同。任何单位和个人不得非法干预。

（三）公平的原则

《合同法》第五条规定："当事人应当遵循公平原则确定各方的权利和义务。"公平原则应理解为当事人在设定民事权利和义务以及承担合同责任时要公平、公允、合情合理，不得显失公平。

（四）诚实信用的原则

《合同法》第六条规定："当事人行使权利、履行义务应当遵循诚实信用原则。"诚实信用原则应理解为在订立合同时，当事人不得以欺诈手段或者假借订立合同恶意进行磋商；在履行合同时，当事人应当根据合同性质、目的和交易习惯履行及时通知、协助、提供必要条件、防止损失扩大、保密等义务；在合同终止后，当事人应当履行保密等后契约义务。

（五）守法、不损害社会公共利益的原则

《合同法》第七条规定："当事人订立、履行合同，应当遵守法律、行政法规，尊重社会公德，不得扰乱社会经济秩序，损害社会公共利益。"

第二节　合同的订立

一、合同的形式

当事人订立合同，有书面形式、口头形式和其他形式。书面形式是指合同书、信件和数据电文（包括电报、电传、传真、电子数据交换和电子邮件）等可以有形地表现所载内容的形式。口头形式包括当面谈判和通过电话协商两种形式。其他形式主要是行为推定形式，其特点是当事人不是通过语言文字，而是通过积极行动进行意思表示或者不作为而默认对方的意思表示来订立合同。

当事人采用口头形式和其他形式订立合同具有简便易行的优点，但因无文字依据，一旦发生纠纷，当事人往往举证困难，不利于分清责任。因而，订立合同一般宜采用书面形式。《合同法》第十条第二款规定："法律、行政法规规定采用书面形式的，应当采用书面形式。当事人约定采用书面形式的，应当采用书面形式。"《合同法》明确规定非自然人之间的借款合同、租赁期限为6个月以上的租赁、融资租赁合同、建设工程合同、技术开发合同以及技术转让合同等六种合同应当采用书面形式。为了贯彻合同自愿原则，《合同法》第三十六条进一步规定："法律、行政法规规定或者当事人约定采用书面形式订立合同，当事人未采用书面形式但一方已经履行主要义务，对方接受的，该合同成立。"

二、合同的内容与主要条款

根据《合同法》的规定，合同的内容由当事人约定，一般包括以下条款：①当事人的名称或者姓名和住所；②标的；③数量；④质量；⑤价款或者报酬；⑥履行期限、地点和方式；⑦违约责任；⑧解决争议的方法。当事人对合同条款的理解有争议的，应当按照合同所使用的词句、合同的有关条款、合同的目的、交易习惯以及诚实信用原则，确定该条款的真实意思。合同文本采用两种以上文字订立并约定具有同等效力的，对各文本使用的词句推定具有相同含义。各文本使用的词句不一致的，应当根据合同的目的予以解释。

当事人可以参照各类合同的示范文本订立合同，也可以采用格式条款订立合同。所谓格式条款，是指当事人为了重复使用而预先拟定，并在订立合同时未与对方协商的条款。采用格式条款订立合同的，提供格式条款的一方应当遵循公平原则确定当事人之间的权利和义务，并采取合理的方式提请对方注意免除或者限制其责任的条款，按照对方的要求，对该条款予以说明。对格式条款的理解发生争议的，应当按照通常理解予以解释。对格式条款有两种以上解释的，应当作出不利于提供格式条款一方的解释。格式条款和非格式条款不一致的，应当采用非格式条款。

三、合同订立的方式

《合同法》第十三条规定："当事人订立合同，采取要约、承诺方式。"

（一）要约

（1）要约与要约邀请的概念。要约，又称为发盘、报价、订约提议，是指希望和他人订立合同的意思表示，并且符合：①内容具体确定；②表明经受要约人承诺，要约人即受该意思表示约束。要约可以向特定人发出，也可以向非特定人发出。要约邀请是希望他人向自己发出要约的意思表示。寄送的价目表、拍卖公告、招标公告、招股说明书、商业广告等为要约邀请。商业广告的内容符合要约规定的，视为要约。

（2）要约的生效。要约到达受要约人时生效。采用数据电文形式订立合同，收件人指定特定系统接收数据电文的，该数据电文进入该特定系统的时间，视为到达时间；未指定特定系统的，该数据电文进入收件人的任何系统的首次时间，视为到达时间。

（3）要约的撤回与撤销。要约可以撤回。撤回要约的通知应当在要约到达受要约人之前或者与要约同时到达受要约人。要约可以撤销。撤销要约的通知应当在受要约人发出承诺通知之前到达受要约人。但有下列情形之一的，要约不得撤销：①要约人确定了承诺期限或者以其他形式明示要约不可撤销；②受要约人有理由认为要约是不可撤销的，并已经为履行合同作了准备工作。

（4）要约的失效。根据《合同法》的规定，有下列情形之一的，要约失效：①拒绝要约的通知到达要约人；②要约人依法撤销要约；③承诺期限届满，受要约人未作出承诺；④受要约人对要约的内容作出实质性变更。

（二）承诺

（1）承诺的概念。承诺，又称为接受提议，是受要约人同意要约的意思表示。承诺应当由受要约人向要约人作出。承诺的内容应当与要约的内容一致。受要约人对要约的内容作出实质性变更的，为新要约。有关合同标的、数量、质量、价款或者报酬、履行期限、履行地点和方式、违约责任和解决争议方法等的变更，是对要约内容的实质性变更。承诺应当以通知的方式作出，但根据交易习惯或者要约表明可以通过行为作出承诺的除外。承诺应当在要约确定的期限内到达要约人。要约没有确定承诺期限的，承诺应当依照下列规定到达：①要约以对话方式作出的，应当即时作出承诺，但当事人另有约定的除外。②要约以非对话方式作出的，承诺应当在合理期限内到达；要约以信件或者电报作出的，承诺期限自信件载明的日期或者电报交发之日开始计算，信件未载明日期的，自投寄该信件的邮戳日期开始计算；要约以电话、传真等快速通讯方式作出的，承诺期限自要约到达受要约人时开始计算。

（2）承诺的生效。承诺通知到达要约人时生效。承诺不需要通知的，根据交易习惯或者要约的要求作出承诺的行为时生效。

（3）承诺的撤回。承诺可以撤回。撤回承诺的通知应当在承诺通知到达要约人之前或者与承诺通知同时到达要约人。

（4）迟延承诺。迟延承诺分为一般迟延承诺和意外迟延承诺。一般迟延承诺，又称为逾期承诺，是指受要约人超过承诺期限所作出的承诺。意外迟延承诺，是指受要约人在承诺期限内发出，按照通常情形能够及时到达要约人，但因其他原因承诺到达要约人时超过承诺期限的承诺。根据《合同法》的规定，受要约人超过承诺期限发出承诺的，除要约人及时通知受要约人该承诺有效的以外，为新要约；而对于意外迟延承诺，除要约人及时通知受要约人因承诺超过期限不接受该承诺的以外，该承诺有效。

四、合同的成立

（一）合同成立的时间

一般而言，承诺生效时合同成立。当事人采用合同书形式订立合同的，自双方当事人签字或者盖章时合同成立。当事人采用信件、数据电文等形式订立合同的，可以在合同成立之前要求签订确认书。签订确认书时合同成立。法律、行政法规规定或者当事人约定采用书面形式订立合同，当事人未采用书面形式但一方已经履行主要义务，对方接受的，该合同成立。采用合同书形式订立合同，在签字或者盖章之前，当事人一方已经履行主要义务，对方接受的，该合同成立。

（二）合同成立的地点

承诺生效的地点为合同成立的地点。采用数据电文形式订立合同的，收件人的主营业地为合同成立的地点；没有主营业地的，其经常居住地为合同成立的地点。当事人另有约定的，按照其约定。当事人采用合同书形式订立合同的，双方当事人签字或者盖章的地点为合同成立的地点。

五、缔约过失责任

（一）缔约过失责任的概念

缔约过失责任，是指当事人在订立合同的过程中，因违背诚实信用原则而致对方损失时所应承担的损害赔偿责任。缔约过失责任发生于合同订立阶段，它不同于违约责任。承担违约责任的前提是合同已成立并生效。

（二）缔约过失责任的适用

根据《合同法》的规定，当事人在订立合同过程中有下列情形之一，给对方造成损失的，应当承担损害赔偿责任：①假借订立合同，恶意进行磋商；②故意隐瞒与订立合同有关的重要事实或者提供虚假情况；③有其他违背诚实信用原则的行为。此外，当事人在订立合同过程中知悉的商业秘密，无论合同是否成立，不得泄露或者不正当地使用。泄露或者不正当地使用该商业秘密给对方造成损失的，应当承担损害赔偿责任。

第三节　合同的效力

一、合同效力的概念

合同效力，是指合同在法律上的约束力。合同有效，即指该合同在法律上对当事人具有约束力；反之，合同无效，即指该合同在法律上对当事人无约束力。根据《合同法》的规定，从效力角度可以将合同划分为有效合同、无效合同、效力待定合同和可变更、可撤销的合同四大类。

二、有效合同

（一）有效合同的概念

有效合同，又称为生效合同，是指符合法律规定的有效要件，因而对当事人具有法律约束力的合同。合同生效不同于合同成立。合同成立仅表明当事人意思表示一致，完成了合同的订立过程。而合同生效除要求合同已成立以外，还要求符合法律规定的有效要件。《合同法》第八条规定："依法成立的合同，对当事人具有法律约束力。当事人应当按照约定履行自己的义务，不得擅自变更或者解除合同。依法成立的合同，受法律保护。"

（二）合同生效的要件

根据《合同法》的规定，合同生效应具备以下要件：

（1）合同当事人具有相应的民事权利能力和民事行为能力。根据《合同法》的规定，限制民事行为能力人订立的合同，经法定代理人追认后，该合同有效，但纯获利益的合同或者与其年龄、智力、精神健康状况相适应而订立的合同，不必经法定代理人追认。行为人没有代理权、超越代理权或者代理权终止后以被代理人名义订立的合同，未经被代理人追认，对被代理人不发生效力，由行为人承担责任。行为人没有代理权、超越代理权或者代理权终止后以被代理人名义订立的合同，未经被代理人追认，对被代理人不发生效力，由行为人承担责任。但是，法人或者其他组织的法定代表人、负责人超越权限订立的合同，除相对人知道或者应当知道其超越权限的以外，该代表行为有效。

（2）意思表示真实。指当事人是出于自愿而订立合同，而不存在一方以欺诈、胁迫手段或者乘人之危，使对方违背真实意愿订立合同的情形；也不存在当事人的内心想法与外在表示不一致的情形。

（3）合同内容不违反法律、行政法规或者社会公共利益。

（4）订立合同的程序和形式合法（包括办理法定的登记、审批手续）。法律、行政法规规定合同应当办理批准手续或者办理批准、登记等手续才生效。在一审法庭辩论终结前，当事人仍未办理批准手续的，或者仍未办理批准、登记等手续的，人民法院应当认定该合同未生效；法律、行政法规规定合同应当办理登记手续，但未规定登记后生效的，当事人未办理登记手续也不影响合同的效力，合同标的物所有权及其他物权不能转移。

（三）合同生效的时间

依法成立的合同，自成立时生效。法律、行政法规规定应当办理批准、登记等手续生效的，依照其规定。当事人对合同的效力可以约定附条件。附生效条件的合同，自条件成就时生效。附解除条件的合同，自条件成就时失效。当事人为自己的利益不正当地阻止条件成就的，视为条件已成就；不正当地促成条件成就的，视为条件不成就。当事人对合同的效力可以约定附期限。附生效期限的合同，自期限届至时生效。附终止期限的合同，自期限届满时失效。

三、无效合同

（一）无效合同的概念

无效合同，是指不具备合同有效要件因而在法律上对当事人无约束力的合同。合同无效不同于合同未成立。

（二）无效合同的适用情形

（1）有下列情形之一的，合同无效：①一方以欺诈、胁迫的手段订立合同，损害国家利益；②恶意串通，损害国家、集体或者第三人利益；③以合法形式掩盖非法目的；④损害社会公共利益；⑤违反法律、行政法规的强制性规定。

（2）合同中的下列免责条款无效：①造成对方人身伤害的；②因故意或者重大过失造成对方财产损失的。

（3）格式条款具有以上情形的，或者提供格式条款一方免除其责任、加重对方责任、排除对方主要权利的，该条款无效。

四、效力待定合同

（一）效力待定合同的概念

效力待定合同，是指合同虽然已经成立，但因其不完全符合有关生效要件，故其效力尚未确定的合同。效力待定合同一般须经有权人表示承认才能生效。

（二）效力待定合同的适用情形

（1）限制民事行为能力人依法不能独立订立的合同。限制民事行为能力人订立的合同，经法定代理人追认后，该合同有效。但纯获利益的合同或者与其年龄、智力、精神健康状况相适应而订立的合同，不必经法定代理人追认。相对人可以催告法定代理人在1个月内予以追认。法定代理人未表示的，视为拒绝追认。合同被追认之前，善意相对人有撤销的权利。撤销应当以通知的方式作出。

（2）无权代理人以被代理人的名义订立的合同。行为人没有代理权、超越代理权或者代理权终止后以被代理人名义订立的合同，未经被代理人追认，对被代理人不发生效力，由行为人承担责任。相对人可以催告被代理人在1个月内予以追认。被代理人未表示的，视为拒绝追认。合同被追认之前，善意相对人有撤销的权利。撤销应当以通知的方式作出。为了保障善意第三人的正当权益，《合同法》第四十九条规定："行为人没有代理权、超越代理权或者代理权终止后以被代理人名义订立合同，相对人有理由相信行为人有代理权的，该代理行为有效。"这就是表见代理，它是指本属于无权代理，但是因为本人的行为，使得相对人有理由相信该无权代理人具有代理权，因而法律规定本人须对之负授权人责任的制度。构成表见代理须具备三个基本要件：①须无代理权人与他人为民事行为；②本人的行为在客观上造成了相对人相信行为人具有代理权；③相对人须为善意且无过失。

（3）无处分权人处分他人财产而订立的合同。无处分权的人处分他人财产，经权利人追认或者无处分权的人订立合同后取得处分权的，该合同有效。

五、可变更、可撤销合同

（一）可变更、可撤销合同的概念

可变更、可撤销合同，是指因意思表示不真实，当事人一方有权请求人民法院或仲裁机构予以变更或撤销的合同。可变更、可撤销的合同不同于效力待定合同，对于可变更、可撤销合同，如果当事人不申请变更或者撤销，则该合同有效；而对于效力待定合同，未经有权人追认，则该合同无效。

（二）可变更、可撤销合同的适用情形

（1）因重大误解订立的合同。行为人因为对行为的性质，对方当事人，标的物的品种、质量、规格和数量等的错误认识，使行为的后果与自己的意思相悖，并造成较大损失的，可以认定为重大误解。

（2）在订立合同时显失公平的合同。一方当事人利用优势或者利用对方没有经验，致使双方的权利与义务明显违反公平、等价有偿原则的，可以认定为显失公平。

（3）以欺诈、胁迫手段或乘人之危订立的合同。一方当事人故意告知对方虚假情况，或者故意隐瞒真实情况，诱使对方当事人作出错误意思表示的，可以认定为欺诈行为。以给公民及其亲友的生命健康、荣誉、名誉、财产等造成损害或者以给法人的荣誉、名誉、财产等造成损害为要挟，迫使对方作出违背真实的意思表示的，可以认定为胁迫行为。一方当事人乘对方处于危难之机，为牟取不正当利益，迫使对方作出不真实的意思表示，严重损害对方利益的，可以认定为乘人之危。

（三）变更、撤销合同请求权的行使和消灭

一方以欺诈、胁迫的手段或者乘人之危，使对方在违背真实意思的情况下订立的合同，受损害方有权请求人民法院或者仲裁机构变更或者撤销。当事人请求变更的，人民法院或者仲裁机构不得撤销。有下列情形之一的，撤销权消灭：①具有撤销权的当事人自知道或者应当知道撤销事由之日起 1 年内没有行使撤销权；②具有撤销权的当事人知道撤销事由后明确表示或者以自己的行为放弃撤销权。

六、合同被确认无效或被撤销的法律后果

无效的合同或者被撤销的合同，自始没有法律约束力。合同部分无效的，不影响其余部分的效力，其余部分仍然有效。合同无效、被撤销或者终止的，不影响合同中独立存在的有关解决争议方法的条款的效力。合同无效或者被撤销后，因该合同取得的财产，应当予以返还；不能返还或者没有必要返还的，应当折价补偿。有过错的一方应当赔偿对方因此所受到的损失；双方都有过错的，应当各自承担相应的责任。当事人恶意串通，损害国家、集体或者第三人利益的，因此取得的财产收归国家所有或者返还集体、第三人。

第四节　合同的履行

一、合同履行的原则

（一）全面履行原则

全面履行原则，又称适当履行原则，正确履行原则，严格履行原则，是指合同生效后，

当事人各方应按照合同约定全面履行其合同义务。具体而言，这一原则要求合同当事人按照合同规定的标的、数量、质量、履行期限、履行地点以及履行方式，全面完成其合同义务。《合同法》第六十条第一款规定："当事人应当按照约定全面履行自己的义务。"第七十六条进一步规定："合同生效后，当事人不得因姓名、名称的变更或者法定代表人、负责人、承办人的变动而不履行合同义务。"

（二）诚实信用原则

诚实信用原则，是指当事人应本着诚实信用精神履行其合同明示义务和合同随附义务。所谓合同随附义务，是指因合同的订立和合同的履行伴随而来的义务，主要包括：①通知义务；②协助义务；③保密义务；④注意义务；⑤减损义务。《合同法》第六十条第二款明确规定："当事人应当遵循诚实信用原则，根据合同的性质、目的和交易习惯履行通知、协助、保密等义务。"

二、合同履行中的特殊规则

（一）合同条款不明确时的履行规则

合同生效后，当事人就质量、价款或者报酬、履行地点等内容没有约定或者约定不明确的，可以协议补充；不能补充协议的，按照合同有关条款或者交易习惯确定。按照合同有关条款或者交易习惯仍不能确定的，适用下列规定：

（1）质量要求不明确的，按照国家标准、行业标准履行；没有国家标准、行业标准的，按照通常标准或者符合合同目的的特定标准履行。

（2）价款或者报酬不明确的，按照订立合同时履行地的市场价格履行；依法应当执行政府定价或者政府指导价的，按照规定履行。

（3）履行地点不明确的，给付货币的，在接受货币一方所在地履行；交付不动产的，在不动产所在地履行；其他标的，在履行义务一方所在地履行。

（4）履行期限不明确的，债务人可以随时履行，债权人也可以随时要求履行，但应当给对方必要的准备时间。

（5）履行方式不明确的，按照有利于实现合同目的的方式履行。

（6）履行费用的负担不明确的，由履行义务一方负担。

（二）政府价格调整时的履行规则

执行政府定价或者政府指导价的，在合同约定的交付期限内政府价格调整时，按照交付时的价格计价。逾期交付标的物的，遇价格上涨时，按照原价格执行；价格下降时，按照新价格执行。逾期提取标的物或者逾期付款的，遇价格上涨时，按照新价格执行；价格下降时，按照原价格执行。

（三）提前履行或者部分履行债务规则

债权人可以拒绝债务人提前履行债务，但提前履行不损害债权人利益的除外。债务人提前履行债务给债权人增加的费用，由债务人负担。

债权人可以拒绝债务人部分履行债务，但部分履行不损害债权人利益的除外。债务人部分履行债务给债权人增加的费用，由债务人负担。

（四）由第三人或向第三人履行债务的规则

当事人约定由债务人向第三人履行债务的，债务人未向第三人履行债务或者履行债务不符合约定，应当向债权人承担违约责任。

当事人约定由第三人向债权人履行债务的，第三人不履行债务或者履行债务不符合约定，债务人应当向债权人承担违约责任。

三、合同履行中的抗辩权

抗辩是指一方当事人根据法定事由，反驳或者对抗对方当事人的主张和请求。根据《合同法》的规定，当事人在合同履行过程中可主张以下几种抗辩权：

（一）同时履行抗辩权

当事人互负债务，没有先后履行顺序的，应当同时履行。一方在对方履行之前有权拒绝其履行请求。一方在对方履行债务不符合约定时，有权拒绝其相应的履行要求。

（二）先履行抗辩权（不安抗辩权）

先履行抗辩权，又称为不安抗辩权，是指在双务合同中，应先履行债务的一方当事人在有对方当事人（后履行一方）将难以履行合同的确切证据时，可以暂时中止履行合同的权利。根据《合同法》的规定，应当先履行债务的当事人，有确切证据证明对方有下列情形之一的，可以中止履行：①经营状况严重恶化；②转移财产、抽逃资金，以逃避债务；③丧失商业信誉；④有丧失或者可能丧失履行债务能力的其他情形。当事人没有确切证据中止履行的，应当承担违约责任。当事人中止履行的，应当及时通知对方。对方提供适当担保时，应当恢复履行。中止履行后，对方在合理期限内未恢复履行能力并且未提供适当担保的，中止履行的一方可以解除合同。

（三）后履行抗辩权

当事人互负债务，有先后履行顺序，先履行一方未履行的，后履行一方有权拒绝其履行要求。先履行一方履行债务不符合约定的，后履行一方有权拒绝其相应的履行要求。

四、合同履行中的债权保全

债权保全，是指为了防止债务人的财产不当减少而允许债权人对债务人的不当行为行使撤销权或者对第三人行使代位权以保障债权得以实现的一种法律制度。债权人的代位权是为了保持债务人的责任财产而设立的，适用于债务人的财产应增加且能增加而因债务人的故意未增加的情形。债权人的撤销权是为了恢复债务人的责任财产而设立的，适用于债务人的财产不应减少而因债务人和第三人的行为发生减少的情形。

（一）代位权

代位权，是指当债务人怠于行使其对第三人享有的到期债权对债权人造成损害时，债权人享有的以自己的名义代位行使债务人对第三人的债权的权利。《合同法》第七十三条规定：“因债务人怠于行使其到期债权，对债权人造成损害的，债权人可以向人民法院请求以自己的名义代位行使债务人的债权，但该债权专属于债务人自身的除外。代位权的行使范围以债权人的债权为限。债权人行使代位权的必要费用，由债务人负担。”根据这一规定以及相关司法解释，债权人提起代位权诉讼，应当符合下列条件：

（1）债权人对债务人的债权合法。

（2）债务人怠于行使其到期债权，对债权人造成损害。也就是指债务人不履行其对债权人的到期债务，又不以诉讼方式或者仲裁方式向其债权人主张其享有的具有金钱给付内容的到期债权，致使债权人的到期债权未能实现。

（3）债务人的债权已到期。

（4）债务人的债权不是专属于债务人自身的债权。专属于债务人自身的债权，是指基于扶养关系、抚养关系、赡养关系、继承关系产生的给付请求权和劳动报酬、退休金、养老金、抚恤金、安置费、人寿保险、人身伤害赔偿请求权等权利。

（二）撤销权

撤销权，是指当债务人处分其财产或者权利对债权人造成损害时，债权人享有的请求法院撤销债务人该行为的权利。《合同法》第七十四条规定："因债务人放弃其到期债权或者无偿转让财产，对债权人造成损害的，债权人可以请求人民法院撤销债务人的行为。债务人以明显不合理的低价转让财产，对债权人造成损害，并且受让人知道该情形的，债权人也可以请求人民法院撤销债务人的行为。撤销权的行使范围以债权人的债权为限。债权人行使撤销权的必要费用，由债务人负担。"根据这一规定，债权人提起撤销权诉讼应当符合下列条件：

（1）债务人实施了一定的处分其财产或者权利的行为。

（2）债务人实施的处分行为须发生于债务成立之时或之后。

（3）债务人的处分行为会对债权人造成损害。

（4）债务人和受让人主观上有恶意或过错。但如果是无偿处分行为，则不以受让人主观上是否有恶意或过错为要件。

撤销权自债权人知道或者应当知道撤销事由之日起1年内行使。自债务人的行为发生之日起5年内没有行使撤销权的，该撤销权消灭。

第五节　合同的担保

合同的担保，是指根据法律规定或者合同约定，合同双方当事人为保障合同切实履行所采取的具有法律约束力的措施。担保是一种事前措施，能增强当事人履行合同的责任心。担保具有预防性、附属性和保障性。

担保分为保证、抵押、质押、留置和定金。第三人为债务人向债权人提供担保时，可以要求债务人提供反担保。反担保人可以是债务人，也可以是债务人之外的其他人。反担保方式可以是债务人提供的抵押或者质押，也可以是其他人提供的保证、抵押或者质押。

我国有关担保问题的现行立法主要有《中华人民共和国担保法》（1995年6月30日第八届全国人民代表大会常务委员会第十四次会议通过，1995年10月1日起施行），《最高人民法院关于适用〈中华人民共和国担保法〉若干问题的解释》（2000年9月29日最高人民法院审判委员会第1133次会议通过，2000年12月13日起施行）以及《中华人民共和国物权法》（2007年3月16日第十届全国人民代表大会第五次会议通过，2007年10月1日起施行）中的第四编"担保物权"。

一、保证

（一）保证的概念

保证是指保证人和债权人约定，当债务人不履行债务时，保证人按照约定履行债务或者承担责任的行为。保证人应为主合同当事人以外的第三人。

（二）保证人的资格

具有代为清偿债务能力的法人、其他组织或者公民，可以作保证人。但是下列情形例外：

（1）国家机关不得为保证人，但经国务院批准为使用外国政府或者国际经济组织贷款进行转贷的除外。

（2）学校、幼儿园、医院等以公益为目的的事业单位、社会团体不得为保证人。但是，从事经营活动的事业单位、社会团体为保证人的，如无其他导致保证合同无效的情况，其所签订的保证合同应当认定为有效。

（3）企业法人的分支机构、职能部门不得为保证人。企业法人的分支机构有法人书面授权的，可以在授权范围内提供保证。企业法人的分支机构未经法人书面授权或者超出授权范围与债权人订立保证合同的，该合同无效或者超出授权范围的部分无效。债权人和企业法人有过错的，应当根据其过错各自承担相应的民事责任；债权人无过错的，由企业法人承担民事责任。

任何单位和个人不得强令银行等金融机构或者企业为他人提供保证；银行等金融机构或者企业对强令其为他人提供保证的行为，有权拒绝。

不具有完全代偿能力的法人、其他组织或者自然人，以保证人身份订立保证合同后，又以自己没有代偿能力要求免除保证责任的，人民法院不予支持。

（三）保证的方式

保证的方式有一般保证和连带责任保证。

（1）一般保证。当事人在保证合同中约定，债务人不能履行债务时，由保证人承担责任的，为一般保证。一般保证中的保证债务兼有从属性和补充性。保证人享有先诉（检索）抗辩权，即在主合同纠纷未经审判或者仲裁，并就债务人财产依法强制执行仍不能履行债务前，一般保证人有权拒绝承担保证责任。但有下列情形之一的，保证人不得行使该权利：①债务人住所变更，致使债权人要求其履行债务发生重大困难的；②人民法院受理债务人破产案件，中止执行程序的；③保证人以书面形式放弃前款规定的权利的。

（2）连带责任保证。当事人在保证合同中约定保证人与债务人对债务承担连带责任的，为连带责任保证。连带保证责任具有从属性，但不具有补充性。

当事人对保证方式没有约定或者约定不明确的，按照连带责任保证承担保证责任。

（四）保证合同

保证人与债权人应当以书面形式订立保证合同。保证人与债权人可以就单个主合同分别订立保证合同，也可以协议在最高债权额限度内就一定期间连续发生的借款合同或者某项商品交易合同订立一个保证合同（叫做最高额保证合同）。保证合同应当包括以下内容：①被保证的主债权种类、数额；②债务人履行债务的期限；③保证的方式；④保证担保的范围；⑤保证的期间；⑥双方认为需要约定的其他事项。保证合同不完全具备前款规定内容的，可以补正。

（五）保证责任

1. 保证责任的范围

（1）保证担保的范围包括主债权及利息、违约金、损害赔偿金和实现债权的费用。保证合同另有约定的，按照约定。当事人对保证担保的范围没有约定或者约定不明确的，保证人应当对全部债务承担责任。

（2）同一债务有两个以上保证人的，保证人应当按照保证合同约定的保证份额，承担保证责任。没有约定保证份额的，保证人承担连带责任，债权人可以要求任何一个保证人承担全部保证责任，保证人都负有担保全部债权实现的义务。已经承担保证责任的保证人，有权向债务人追偿，或者要求承担连带责任的其他保证人清偿其应当承担的份额。

（3）保证人依法就连续发生的债权作保证，未约定保证期间的，保证人可以随时书面通知债权人终止保证合同，但保证人对于通知到债权人前所发生的债权，承担保证责任。

2. 保证责任的期间

（1）一般保证的保证人与债权人在保证合同中约定了保证期间约定的，按照约定；未约定保证期间的，保证期间为主债务履行期届满之日起6个月。

（2）连带责任保证的保证人与债权人在保证合同中约定了保证期间约定的，按照约定；未约定保证期间的，债权人有权自主债务履行期届满之日起6个月内要求保证人承担保证责任。

（3）最高额保证合同对保证期间没有约定或者约定不明的，如最高额保证合同约定有保证人清偿债务期限的，保证期间为清偿期限届满之日起6个月。没有约定债务清偿期限的，保证期间自最高额保证终止之日或自债权人收到保证人终止保证合同的书面通知到达之日起6个月。

保证期间不因任何事由发生中断、中止、延长的法律后果。保证合同约定的保证期间早于或者等于主债务履行期限的，视为没有约定，保证期间为主债务履行期届满之日起6个月。保证合同约定保证人承担保证责任直至主债务本息还清时为止等类似内容的，视为约定不明，保证期间为主债务履行期届满之日起2年。主合同对主债务履行期限没有约定或者约定不明的，保证期间自债权人要求债务人履行义务的宽限期届满之日起计算。

3. 保证责任的免除

（1）在一般保证合同的保证期间，债权人未对债务人提起诉讼或者申请仲裁的，保证人免除保证责任；债权人已提起诉讼或者申请仲裁的，保证期间适用诉讼时效中断的规定。

（2）保证期间，债权人未要求保证人承担保证责任的，保证人免除保证责任。

（3）保证期间，债权人依法将主债权转让给第三人的，保证债权同时转让，保证人在原保证担保的范围内对受让人承担保证责任。但是保证人与债权人事先约定仅对特定的债权人承担保证责任或者禁止债权转让的，保证人不再承担保证责任。

（4）保证期间，债权人许可债务人转让部分债务未经保证人书面同意的，保证人对未经其同意转让部分的债务，不再承担保证责任。但是，保证人仍应当对未转让部分的债务承担保证责任。

（5）保证期间，债权人与债务人对主合同数量、价款、币种、利率等内容作了变动，未经保证人同意的，如果减轻债务人的债务的，保证人仍应当对变更后的合同承担保证责任；如果加重债务人的债务的，保证人对加重的部分不承担保证责任。债权人与债务人对主合同履行期限作了变动，未经保证人书面同意的，保证期间为原合同约定的或者法律规定的期间。债权人与债务人协议变动主合同内容，但并未实际履行的，保证人仍应当承担保证责任。

（6）同一债权既有保证又有主合同债务人提供的物的担保的，保证人对物的担保以外的债权承担保证责任。债权人放弃物的担保的，保证人在债权人放弃权利的范围内免除保证责任。

（7）一般保证的保证人在主债权履行期间届满后，向债权人提供了债务人可供执行财产的真实情况的，债权人放弃或者怠于行使权利致使该财产不能被执行，保证人可以请求人民法院在其提供可供执行财产的实际价值范围内免除保证责任。

（8）主合同当事人双方串通，骗取保证人提供保证的，或者主合同债权人采取欺诈、胁迫等手段，使保证人在违背真实意思的情况下提供保证的，保证人不承担保证责任。

（六）保证人的权利

保证人享有以下两方面的权利：

（1）追偿权。①保证人承担保证责任后，有权向债务人追偿；②人民法院受理债务人破产案件后，债权人未申报债权的，保证人可以参加破产财产分配，预先行使追偿权。

（2）抗辩权。保证人享有债务人的抗辩权。债务人放弃对债权人的抗辩权的，保证人仍有权抗辩。

二、抵押

（一）抵押的概念

抵押是指债务人或者第三人不转移财产的占有，将该财产作为债权的担保，当债务人不履行到期债务或者发生当事人约定的情形时，债权人有权就该财产优先受偿。

在抵押法律关系中，提供财产担保的债务人或第三人为抵押人，债权人为抵押权人，提供担保的财产为抵押财产或者抵押物。

（二）抵押财产的范围

1. 可以抵押的财产

根据现行规定，债务人或者第三人有权处分的下列财产可以抵押：①建筑物和其他土地附着物；②建设用地使用权；③以招标、拍卖、公开协商等方式取得的荒地等土地承包经营权；④生产设备、原材料、半成品、产品；⑤正在建造的建筑物、船舶、航空器；⑥交通运输工具；⑦法律、行政法规未禁止抵押的其他财产。抵押人可以将前列财产一并抵押。

经当事人书面协议，企业、个体工商户、农业生产经营者可以将现有的以及将有的生产设备、原材料、半成品、产品抵押，但债务人不履行到期债务或者发生当事人约定的实现抵押权的情形，债权人有权就实现抵押权时的动产优先受偿。这在学说上被称为浮动抵押。

根据“房地一体”的原则，以建筑物抵押的，该建筑物占用范围内的建设用地使用权一并抵押。以建设用地使用权抵押的，该土地上的建筑物一并抵押。抵押人未依照规定一并抵押的，未抵押的财产视为一并抵押。

2. 不得抵押的财产

根据现行规定，下列财产不得抵押：①土地所有权；②耕地、宅基地、自留地、自留山等集体所有的土地使用权，但法律规定可以抵押的除外；③学校、幼儿园、医院等以公益为目的的事业单位、社会团体的教育设施、医疗卫生设施和其他社会公益设施；④所有权、使用权不明或者有争议的财产；⑤依法被查封、扣押、监管的财产；⑥法律、行政法规规定不得抵押的其他财产。

以法定程序确认为违法、违章的建筑物抵押的，抵押无效。当事人以农作物和与其尚未分离的土地使用权同时抵押的，土地使用权部分的抵押无效。学校、幼儿园、医院等以公益为目的的事业单位、社会团体，以其教育设施、医疗卫生设施和其他社会公益设施以外的财产为自身债务设定抵押的，人民法院可以认定抵押有效。按份共有人以其共有财产中享有的份额设定抵押的，抵押有效。共同共有人以其共有财产设定抵押，未经其他共有人的同意，抵押无效。但是，其他共有人知道或者应当知道而未提出异议的视为同意，抵押有效。

此外，乡镇、村企业的建设用地使用权不得单独抵押。但是，以乡镇、村企业的厂房等建筑物抵押的，其占用范围内的建设用地使用权一并抵押。

（三）抵押合同

设立抵押权，当事人应当采取书面形式订立抵押合同。抵押合同一般包括下列条款：①被担保债权的种类和数额；②债务人履行债务的期限；③抵押财产的名称、数量、质量、状况、所在地、所有权归属或者使用权归属；④担保的范围。

抵押合同是主债权债务合同的从合同。主债权债务合同无效，抵押合同无效，但法律另有规定的除外。抵押合同被确认无效后，债务人、担保人、债权人有过错的，应当根据其过错各自承担相应的民事责任。

此外，抵押权人在债务履行期届满前，不得与抵押人约定债务人不履行到期债务时抵押财产归债权人所有。有此约定的，在学说上称为流抵契约、流押契约、抵押物代偿条款。禁止订立流抵契约，有利于保障抵押人的利益。

（四）抵押权的设立

以建筑物（包括正在建造的建筑物）和其他土地附着物、建设用地使用权以及以招标、拍卖、公开协商等方式取得的荒地等土地承包经营权抵押的，应当办理抵押登记。抵押权自登记时设立。

以生产设备、原材料、半成品、产品、交通运输工具或者正在建造的船舶、航空器抵押的，抵押权自抵押合同生效时设立；未经登记，不得对抗善意第三人。

企业、个体工商户、农业生产经营者以现有的以及将有的生产设备、原材料、半成品、产品等动产一并抵押的（即浮动抵押），应当向抵押人住所地的工商行政管理部门办理登记。抵押权自抵押合同生效时设立；未经登记，不得对抗善意第三人。

（五）抵押权的担保范围

抵押权的担保范围包括主债权及其利息、违约金、损害赔偿金和实现抵押权的费用。当事人另有约定的，按照约定。

（六）抵押权的效力范围

抵押权人有权就抵押财产优先受偿。

抵押期间，抵押财产毁损、灭失或者被征收等，抵押权人可以就获得的保险金、赔偿金或者补偿金等优先受偿。被担保债权的履行期未届满的，也可以提存该保险金、赔偿金或者补偿金等。

建设用地使用权抵押后，该土地上新增的建筑物不属于抵押财产。该建设用地使用权实现抵押权时，应当将该土地上新增的建筑物与建设用地使用权一并处分，但新增建筑物所得的价款，抵押权人无权优先受偿。

拍卖划拨的国有土地使用权所得的价款，在依法缴纳相当于应缴纳的土地使用权出让金的款额后，抵押权人有优先受偿权。

订立抵押合同前抵押财产已出租的，原租赁关系不受该抵押权的影响。抵押权设立后抵押财产出租的，该租赁关系不得对抗已登记的抵押权。

抵押期间，抵押人经抵押权人同意转让抵押财产的，应当将转让所得的价款向抵押权人提前清偿债务或者提存。转让的价款超过债权数额的部分归抵押人所有，不足部分由债务人清偿。

抵押物因附合、混合或者加工使抵押物的所有权为第三人所有的，抵押权的效力及于补偿金；抵押物所有人为附合物、混合物或者加工物的所有人的，抵押权的效力及于附合物、混合物或者加工物；第三人与抵押物所有人为附合物、混合物或者加工物的共有人的，抵押权的效力及于抵押人对共有物享有的份额。抵押权设定前为抵押物的从物的，抵押权的效力及于抵押物的从物。但是，抵押物与其从物为两个以上的人分别所有时，抵押权的效力不及于抵押物的从物。

抵押期间，抵押人未经抵押权人同意，不得转让抵押财产，但受让人代为清偿债务消灭抵押权的除外。

企业、个体工商户、农业生产经营者依法以现有的以及将有的生产设备、原材料、半成品、产品等动产一并抵押的（即浮动抵押），不得对抗正常经营活动中已支付合理价款并取得抵押财产的买受人。抵押财产自下列情形之一发生时确定：①债务履行期届满，债权未实现；②抵押人被宣告破产或者被撤销；③当事人约定的实现抵押权的情形；④严重影响债权实现的其他情形。

（七）抵押权的行使

抵押权人应当在主债权诉讼时效期间行使抵押权；未行使的，人民法院不予保护。

债务人不履行到期债务或者发生当事人约定的实现抵押权的情形，抵押权人可以与抵押人协议以抵押财产折价或者以拍卖、变卖该抵押财产所得的价款优先受偿。协议损害其他债权人利益的，其他债权人可以在知道或者应当知道撤销事由之日起1年内请求人民法院撤销该协议。抵押权人与抵押人未就抵押权实现方式达成协议的，抵押权人可以请求人民法院拍卖、变卖抵押财产。抵押财产折价或者变卖的，应当参照市场价格。抵押财产折价或者拍卖、变卖后，其价款超过债权数额的部分归抵押人所有，不足部分由债务人清偿。

债务人不履行到期债务或者发生当事人约定的实现抵押权的情形，致使抵押财产被人民法院依法扣押的，自扣押之日起抵押权人有权收取该抵押财产的天然孳息或者法定孳息，但抵押权人未通知应当清偿法定孳息的义务人的除外。前款规定的孳息应当先充抵收取孳息的费用。

抵押权不得与债权分离而单独转让或者作为其他债权的担保。债权转让的，担保该债权的抵押权一并转让，但法律另有规定或者当事人另有约定的除外。

抵押人的行为足以使抵押财产价值减少的，抵押权人有权要求抵押人停止其行为。抵押财产价值减少的，抵押权人有权要求恢复抵押财产的价值，或者提供与减少的价值相应的担保。抵押人不恢复抵押财产的价值也不提供担保的，抵押权人有权要求债务人提前清偿债务。

同一财产向两个以上债权人抵押的，拍卖、变卖抵押财产所得的价款依照下列规定清偿：①抵押权已登记的，按照登记的先后顺序清偿；顺序相同的，按照债权比例清偿；②抵押权已登记的先于未登记的受偿；③抵押权未登记的，按照债权比例清偿。当事人同一天在不同的法定登记部门办理抵押物登记的，视为顺序相同。因登记部门的原因致使抵押物进行连续登记的，抵押物第一次登记的日期，视为抵押登记的日期，并依此确定抵押权的顺序。当事人办理抵押物登记手续时，因登记部门的原因致使其无法办理抵押物登记，抵押人向债权人交付权利凭证的，可以认定债权人对该财产有优先受偿权。

抵押权人可以放弃抵押权或者抵押权的顺位。抵押权人与抵押人可以协议变更抵押权顺位以及被担保的债权数额等内容，但抵押权的变更，未经其他抵押权人书面同意，不得对其他抵押权人产生不利影响。

债务人以自己的财产设定抵押，抵押权人放弃该抵押权、抵押权顺位或者变更抵押权的，其他担保人在抵押权人丧失优先受偿权益的范围内免除担保责任，但其他担保人承诺仍然提供担保的除外。

以招标、拍卖、公开协商等方式取得的荒地等土地承包经营权抵押的，或者依法以乡镇、村企业的厂房等建筑物占用范围内的建设用地使用权一并抵押的，实现抵押权后，未经法定程序，不得改变土地所有权的性质和土地用途。

（八）抵押权的消灭

有下列情形之一的，抵押权消灭：①主债权消灭；②抵押权实现；③债权人放弃抵押权；④法律规定抵押权消灭的其他情形。

第三人提供抵押，未经其书面同意，抵押权人允许债务人转移全部或者部分债务的，抵押人不再承担相应的担保责任。

（九）最高额抵押

最高额抵押是指为担保债务的履行，债务人或者第三人对一定期间内将要连续发生的债权提供担保财产的，债务人不履行到期债务或者发生当事人约定的实现抵押权的情形，抵押权人有权在最高债权额限度内就该担保财产优先受偿。抵押权人实现最高额抵押权时，如果实际发生的债权余额高于最高限额的，以最高限额为限，超过部分不具有优先受偿的效力；如果实际发生的债权余额低于最高限额的，以实际发生的债权余额为限对抵押物优先受偿。

有下列情形之一的，最高额抵押权人的债权确定：①约定的债权确定期间届满；②没有约定债权确定期间或者约定不明确的，抵押权人或者抵押人自最高额抵押权设立之日起满2年后请求确定债权；③新的债权不可能发生；④抵押财产被查封、扣押；⑤债务人、抵押人被宣告破产或者被撤销；⑥法律规定债权确定的其他情形。

最高额抵押权设立前已经存在的债权，经当事人同意，可以转入最高额抵押担保的债权范围。最高额抵押担保的债权确定前，部分债权转让的，最高额抵押权不得转让，但当事人另有约定的除外。最高额抵押担保的债权确定前，抵押权人与抵押人可以通过协议变更债权确定的期间、债权范围以及最高债权额，但变更的内容不得对其他抵押权人产生不利影响。

三、质押

（一）质押的概念

质押是指为担保债务的履行，债务人或第三人将其动产移交给债权人占有，或者将有权处分的权利作为债务履行的担保，当债务人不履行到期债务或者发生当事人约定的情形，债权人有权就该动产或者权利优先受偿。

在质押法律关系中，提供动产或者权利担保的债务人或第三人为出质人，债权人为质权人，交付的动产为质押财产。根据质押标的的不同，质押分为动产质押和权利质押。

（二）动产质押

1. 动产质押财产的范围

动产质押财产应当是依法可以转让的动产。法律、行政法规禁止转让的动产不得出质。

2. 动产质押合同

设立质权，当事人应当采取书面形式订立质权合同。质权合同一般包括下列条款：

①被担保债权的种类和数额；②债务人履行债务的期限；③质押财产的名称、数量、质量、状况；④担保的范围；⑤质押财产交付的时间。

质押合同是主债权债务合同的从合同。主债权债务合同无效，质押合同无效，但法律另有规定的除外。质押合同被确认无效后，债务人、担保人、债权人有过错的，应当根据其过错各自承担相应的民事责任。

为保障出质人的利益，我国现行立法禁止流质契约，即质权人在债务履行期届满前，不得与出质人约定债务人不履行到期债务时质押财产归债权人所有。

3. 动产质权的设立

质权自出质人交付质押财产时设立。

质权人将质物返还给出质人后，以其质权对抗第三人的，人民法院不予支持。出质人以间接占有的财产出质的，自书面通知送达占有人时视为移交。

质押合同中对质押的财产约定不明，或者约定的出质财产与实际移交的财产不一致的，以实际交付占有的财产为准。

4. 动产质权的担保范围

动产质权的担保范围包括主债权及其利息、违约金、损害赔偿金、保管质押财产和实现质权的费用。当事人另有约定的，按照约定。

5. 动产质权的效力范围

质权人有权就质押财产优先受偿。动产质权的效力及于质物的从物。但是，从物未随同质物移交质权人占有的，质权的效力不及于从物。

质押期间，质押财产毁损、灭失或者被征收等，质权人可以就获得的保险金、赔偿金或者补偿金等优先受偿。被担保债权的履行期未届满的，也可以提存该保险金、赔偿金或者补偿金等。

6. 动产质权的行使

债务人不履行到期债务或者发生当事人约定的实现质权的情形，质权人可以与出质人协议以质押财产折价，也可以就拍卖、变卖质押财产所得的价款优先受偿。质押财产折价或者变卖的，应当参照市场价格。质押财产折价或者拍卖、变卖后，其价款超过债权数额的部分归出质人所有，不足部分由债务人清偿。

质权人有权收取质押财产的孳息，但合同另有约定的除外。孳息应当先充抵收取孳息的费用。

因不能归责于质权人的事由可能使质押财产毁损或者价值明显减少，足以危害质权人权利的，质权人有权要求出质人提供相应的担保；出质人不提供的，质权人可以拍卖、变卖质押财产，并与出质人通过协议将拍卖、变卖所得的价款提前清偿债务或者提存。

出质人可以请求质权人在债务履行期届满后及时行使质权；质权人不行使的，出质人可以请求人民法院拍卖、变卖质押财产。

7. 动产质权人的义务和责任

质权人负有妥善保管质押财产的义务；因保管不善致使质押财产毁损、灭失的，应当承担赔偿责任。质权人的行为可能使质押财产毁损、灭失的，出质人可以要求质权人将质押财产提存，或者要求提前清偿债务并返还质押财产。

质权人在质权存续期间，未经出质人同意，擅自使用、处分质押财产，给出质人造成损害的，应当承担赔偿责任。

质权人在质权存续期间，未经出质人同意转质，造成质押财产毁损、灭失的，应当向出质人承担赔偿责任。

在债务履行期届满后，出质人可以请求质权人及时行使质权。因质权人怠于行使权利造成损害的，由质权人承担赔偿责任。

8. 动产质权的消灭

有下列情形之一的，质权消灭：①主债权消灭；②质权实现；③债权人放弃质权；④法律规定质权消灭的其他情形。

第三人提供质押，未经其书面同意，质权人允许债务人转移全部或者部分债务的，质押人不再承担相应的担保责任。

质权人可以放弃质权。债务人以自己的财产出质，质权人放弃该质权的，其他担保人在质权人丧失优先受偿权益的范围内免除担保责任，但其他担保人承诺仍然提供担保的除外。

债务人履行债务或者出质人提前清偿所担保的债权的，质权人应当返还质押财产。

（三）权利质押

（1）可用于质押的权利。下列权利可以质押：①汇票、支票、本票、债券、存款单、仓单、提单；②依法可以转让的股份、股票；③依法可以转让的商标专用权，专利权、著作权中的财产权；④依法可以质押的其他权利，如公路桥梁、公路隧道或者公路渡口等不动产收益权。

（2）权利质押合同。以汇票、支票、本票、债券、存款单、仓单、提单出质的，应当在合同约定的期限内将权利凭证交付质权人。质押合同自权利凭证交付之日起生效。以依法可以转让的股票出质的，出质人与质权人应当订立书面合同，并向证券登记机构办理出质登记。质押合同自登记之日起生效。以有限责任公司的股份出质的，适用公司法股份转让的有关规定。质押合同自股份出质记载于股东名册之日起生效。以依法可以转让的商标专用权，专利权、著作权中的财产权出质的，出质人与质权人应当订立书面合同，并向其管理部门办理出质登记。质押合同自登记之日起生效。

（3）质权人的权利和义务。以载明兑现或者提货日期的汇票、支票、本票、债券、存款单、仓单、提单出质的，汇票、支票、本票、债券、存款单、仓单、提单兑现或者提货日期先于债务履行期的，质权人可以在债务履行期届满前兑现或者提货，并与出质人协议将兑现的价款或者提取的货物用于提前清偿所担保的债权或者向与出质人约定的第三人提存。股票出质后，不得转让，但经出质人与质权人协商同意的可以转让。出质人转让股票所得的价款应当向质权人提前清偿所担保的债权或者向与质权人约定的第三人提存。权利出质后，出质人不得转让或者许可他人使用，但经出质人与质权人协商同意的可以转让或者许可他人使用。出质人所得的转让费、许可费应当向质权人提前清偿所担保的债权或者向与质权人约定的第三人提存。

四、留置

（一）留置的概念

留置，是指债权人已经合法占有的债务人的动产，当债务人不按照合同约定的期限履行债务时，债权人有权扣留该动产，并有权就该动产优先受偿。

在留置关系中，债权人为留置权人，占有的动产为留置财产。

留置适用保管合同、运输合同、加工承揽合同以及法律规定可以留置的其他合同。

（二）留置的要件

留置动产应符合以下要件：

（1）债权人须已合法地占有债务人的动产。债权人不得通过非法手段占有债务人的动产。债权人合法占有债务人交付的动产时，不知债务人无处分该动产的权利，债权人可以按照《担保法》第八十二条的规定行使留置权。

（2）债权人留置的动产，应当与债权属于同一法律关系，但企业之间留置的除外。

（3）债务已届清偿期。债权人的债权未届清偿期，其交付占有标的物的义务已届履行期的，不能行使留置权。但是，债权人能够证明债务人无支付能力的除外。

（4）不违反法律规定或者当事人的约定。法律规定或者当事人约定不得留置的动产，不得留置。

（三）留置担保的范围

留置担保的范围包括主债权及利息、违约金、损害赔偿金，留置物保管费用和实现留置权的费用。

（四）留置权的行使和消灭

留置财产为可分物的，留置财产的价值应当相当于债务的金额。

留置权人负有妥善保管留置财产的义务，因保管不善致使留置财产毁损、灭失的，应当承担赔偿责任。

留置权人有权收取留置财产的孳息。孳息应当先充抵收取孳息的费用。

留置权人与债务人应当约定留置财产后的债务履行期间；没有约定或者约定不明确的，留置权人应当给债务人两个月以上履行债务的期间，但鲜活易腐等不易保管的动产除外。债务人逾期未履行的，留置权人可以与债务人协议以留置财产折价，也可以就拍卖、变卖留置财产所得的价款优先受偿。留置财产折价或者变卖的，应当参照市场价格。债务人可以请求留置权人在债务履行期届满后行使留置权；留置权人不行使的，债务人可以请求人民法院拍卖、变卖留置财产。

留置财产折价或者拍卖、变卖后，其价款超过债权数额的部分归债务人所有，不足部分由债务人清偿。

同一动产上已设立抵押权或者质权，该动产又被留置的，留置权人优先受偿。

留置权人对留置财产丧失占有或者留置权人接受债务人另行提供担保的，留置权消灭。

五、定金

（一）定金的概念

定金，是指根据法律规定或者合同约定，为保障合同履行，一方当事人在合同履行前先行支付给对方一定数额的货币。

（二）定金的种类

（1）立约定金。它是指一方为担保将来与对方订立合同而向对方交付的定金。当事人约定以交付定金作为订立主合同担保的，给付定金的一方拒绝订立主合同的，无权要求返还定金；收受定金的一方拒绝订立合同的，应当双倍返还定金。

（2）成约定金。它是指当事人约定作为主合同成立的要件而交付的定金。当事人约定以交付定金作为主合同成立或者生效要件的，给付定金的一方未支付定金，但主合同已经履行或者已经履行主要部分的，不影响主合同的成立或者生效。

(3) 解约定金。它是指为保留主合同解除权而交付的定金。定金交付后，交付定金的一方可以按照合同的约定以丧失定金为代价而解除主合同，收受定金的一方可以双倍返还定金为代价而解除主合同。对解除主合同后责任的处理，适用《中华人民共和国合同法》的规定。

(三) 定金合同

定金应当以书面形式约定。当事人在定金合同中应当约定交付定金的期限。定金合同从实际交付定金之日起生效。定金的数额由当事人约定，但不得超过主合同标的额的20%。实际交付的定金数额多于或者少于约定数额，视为变更定金合同；收受定金一方提出异议并拒绝接受定金的，定金合同不生效。

(四) 定金罚则

给付定金的一方不履行约定的债务的，无权要求返还定金；收受定金的一方不履行约定的债务的，应当双倍返还定金。当事人一方不完全履行合同的，应当按照未履行部分所占合同约定内容的比例，适用定金罚则。因不可抗力、意外事件致使主合同不能履行的，不适用定金罚则。因合同关系以外第三人的过错，致使主合同不能履行的，适用定金罚则。受定金处罚的一方当事人，可以依法向第三人追偿。

第六节　合同的变更、转让和终止

一、合同的变更

合同变更有狭义和广义之分。狭义的合同变更是指合同有效成立后，尚未履行或尚未完全履行之前，当事人就其内容进行修改和补充。广义的合同变更还包括合同的转让，即合同当事人的变更。在《合同法》中，合同的变更仅指合同内容的变更。

根据《合同法》的规定，当事人协商一致，可以变更合同。法律、行政法规规定变更合同应当办理批准、登记等手续的，依照其规定。当事人对合同变更的内容约定不明确的，推定为未变更。

二、合同的转让

合同的转让，即合同主体的变更，是指合同当事人一方依法将其合同权利或义务全部或部分地转让给第三人。合同转让分为权利转让、义务转让（转移）、权利和义务一并转让（概括转让）。

(一) 权利转让

债权人可以将合同的权利全部或者部分转让给第三人，但有下列情形之一的除外：①根据合同性质不得转让；②按照当事人约定不得转让；③依照法律规定不得转让。法律、行政法规规定转让权利应当办理批准、登记等手续的，依照其规定。

债权人转让权利的，应当通知债务人。未经通知，该转让对债务人不发生效力。债权人转让权利的通知不得撤销，但经受让人同意的除外。债权人转让权利的，受让人取得与债权有关的从权利，但该从权利专属于债权人自身的除外。债务人接到债权转让通知后，债务人对让与人的抗辩，可以向受让人主张。债务人接到债权转让通知时，债务人对让与人享有债权，并且债务人的债权先于转让的债权到期或者同时到期的，债务人可以向受让人主张抵消。

（二）义务转移

债务人将合同的义务全部或者部分转移给第三人的，应当经债权人同意。法律、行政法规规定转移义务应当办理批准、登记等手续的，依照其规定。

债务人转移义务的，新债务人可以主张原债务人对债权人的抗辩。债务人转移义务的，新债务人应当承担与主债务有关的从债务，但该从债务专属于原债务人自身的除外。

（三）权利和义务一并转让

当事人一方经对方同意，可以将自己在合同中的权利和义务一并转让给第三人。权利和义务一并转让的，适用权利转让和义务转移的规定。

当事人订立合同后合并的，由合并后的法人或者其他组织行使合同权利，履行合同义务。当事人订立合同后分立的，除债权人和债务人另有约定的以外，由分立的法人或者其他组织对合同的权利和义务享有连带债权，承担连带债务。

三、合同权利义务的终止

（一）合同权利义务终止的原因及其法律后果

合同权利义务的终止，是指因发生法律规定或者当事人约定的事由，使当事人之间的权利义务关系消灭，从而终止当事人的合同关系。《合同法》第九十一条规定，有下列情形之一的，合同的权利义务终止：①债务已经按照约定履行；②合同解除；③债务相互抵消；④债务人依法将标的物提存；⑤债权人免除债务；⑥债权债务同归于一人；⑦法律规定或者当事人约定终止的其他情形。

合同权利义务的终止，不影响合同中结算和清理条款的效力。合同的权利义务终止后，当事人应当遵循诚实信用原则，根据交易习惯履行通知、协助、保密等义务。

（二）合同解除

合同解除，是指在合同有效成立后，因当事人一方的意思表示或者双方的协议，使合同权利义务关系消灭的行为。合同解除分为协议解除和法定解除两种情形。

当事人协商一致，可以解除合同。当事人可以约定一方解除合同的条件。解除合同的条件成就时，解除权人可以解除合同。

有下列情形之一的，当事人可以解除合同：①因不可抗力致使不能实现合同目的；②在履行期限届满之前，当事人一方明确表示或者以自己的行为表明不履行主要债务；③当事人一方迟延履行主要债务，经催告后在合理期限内仍未履行；④当事人一方迟延履行债务或者有其他违约行为致使不能实现合同目的；⑤法律规定的其他情形。

法律规定或者当事人约定解除权行使期限，期限届满但当事人不行使的，该权利消灭。法律没有规定或者当事人没有约定解除权行使期限，经对方催告后，在合理期限内不行使的，该权利消灭。当事人一方主张解除合同的，应当通知对方。合同自通知到达对方时解除。对方有异议的，可以请求人民法院或者仲裁机构确认解除合同的效力。法律、行政法规规定解除合同应当办理批准、登记等手续的，依照其规定。

合同解除后，尚未履行的，终止履行；已经履行的，根据履行情况和合同性质，当事人可以要求恢复原状、采取其他补救措施，并有权要求赔偿损失。

（三）债务抵消

债务抵消，是指合同当事人依照法律的规定或者约定将双方相互负有的义务相互充抵，从而消灭合同权利义务关系的行为。债务抵消分为法定抵消和协议抵消两种。

当事人互负到期债务，该债务的标的物种类、品质相同的，任何一方可以将自己的债务与对方的债务抵消，但依照法律规定或者按照合同性质不得抵消的除外。当事人主张抵消的，应当通知对方。通知自到达对方时生效。抵消不得附条件或者附期限。

当事人互负债务，标的物种类、品质不相同的，经双方协商一致，也可以抵消。

（四）提存

提存，是指由于债权人的原因而无法向其交付合同标的物时，债务人将标的物提交给有关部门存放作为其履行交货义务的方式。

有下列情形之一，难以履行债务的，债务人可以将标的物提存：①债权人无正当理由拒绝受领；②债权人下落不明；③债权人死亡未确定继承人或者丧失民事行为能力未确定监护人；④法律规定的其他情形。

标的物不适于提存或者提存费用过高的，债务人依法可以拍卖或者变卖标的物，提存所得的价款。

标的物提存后，除债权人下落不明的以外，债务人应当及时通知债权人或者债权人的继承人、监护人。标的物提存后，毁损、灭失的风险由债权人承担。提存期间，标的物的孳息归债权人所有。提存费用由债权人负担。债权人可以随时领取提存物，但债权人对债务人负有到期债务的，在债权人未履行债务或者提供担保之前，提存部门根据债务人的要求应当拒绝其领取提存物。债权人领取提存物的权利，自提存之日起5年内不行使而消灭，提存物扣除提存费用后归国家所有。

（五）债务免除与混同

债权人免除债务人部分或者全部债务的，合同的权利义务部分或者全部终止。债权和债务同归于一人的，合同的权利义务终止，但涉及第三人利益的除外。

第七节　违约责任

一、违约责任的概念

违约，是指合同当事人违反合同约定的义务。它分为实际违约和预期违约。实际违约是指在合同履行期届满时当事人未履行合同义务或者不适当履行合同义务。预期违约是指在合同履行期届满前当事人一方明确表示或者以自己的行为表明不履行合同义务。

违约责任，是指在合同有效成立后，合同当事人违反合同义务所应承担的民事责任。具体而言，违约责任仅发生于有效成立的合同关系中；承担违约责任的主体只能是合同当事人；违约责任是因违反合同义务所引起的责任；违约责任是一种民事责任。

二、违约责任的归责原则

违约责任的归责原则，是指在追究合同当事人的违约责任中应遵循的基本准则。归责原则直接决定着违约责任的构成要件，当事人的举证责任以及责任的范围。根据《合同法》的规定，对于不同的违约纠纷应当适用严格责任原则、过错责任原则和特殊过错责任原则三种不同的原则来处理。

（一）严格责任原则

严格责任原则，也称为无过错责任原则，是指当事人违反合同义务即应承担责任。换言之，当事人主观上是否有违约的故意或者过失，不影响其违约责任的承担。《合同法》第一百零七条规定："当事人一方不履行合同义务或者履行合同义务不符合约定的，应当承担继续履行、采取补救措施或者赔偿损失等违约责任。"第一百二十一条进一步规定："当事人一方因第三人的原因造成违约的，应当向对方承担违约责任。当事人一方和第三人之间的纠纷，依照法律规定或者按照约定解决。"由此可见，严格责任原则适用于一般的合同关系中。

（二）过错责任原则

过错责任原则，是指合同当事人违反合同义务且存在过错时才承担违约责任。这一原则仅在少数合同关系中适用，如《合同法》第三百零三条规定："在运输过程中旅客自带物品毁损、灭失，承运人有过错的，应当承担损害赔偿责任。"第四百零六条规定："有偿的委托合同，因受托人的过错给委托人造成损失的，委托人可以要求赔偿损失。"

（三）特殊过错责任原则

特殊过错责任原则，是指当事人违反合同义务且存在故意或者重大过失时才承担违约责任。这一原则仅适用于无偿合同。如《合同法》第一百八十九条规定："因赠与人故意或者重大过失致使赠与的财产毁损、灭失的，赠与人应当承担损害赔偿责任。"第三百七十四条规定："保管期间，因保管人保管不善造成保管物毁损、灭失的，保管人应当承担损害赔偿责任，但保管是无偿的，保管人证明自己没有重大过失的，不承担损害赔偿责任。"第四百零六条规定："无偿的委托合同，因受托人的故意或者重大过失给委托人造成损失的，委托人可以要求赔偿损失。"

三、承担违约责任的方式

根据《合同法》的规定，当事人承担违约责任的方式主要有：继续履行、采取补救措施、支付违约金、赔偿损失、定金制裁等。

（一）继续履行

继续履行，又称为实际履行，是指当债务人不履行合同义务时，债权人可以请求人民法院或仲裁机构强制债务人实际履行合同义务。继续履行意味着当事人不得以其他方式代替合同义务的履行。当事人订立合同均基于一定目的。只有合同义务得到全面履行，当事人的订约目的才能最终实现。《合同法》第一百一十条规定："当事人一方不履行非金钱债务或者履行非金钱债务不符合约定的，对方可以要求履行，但有下列情形之一的除外：①法律上或者事实上不能履行；②债务的标的不适于强制履行或者履行费用过高；③债权人在合理期限内未要求履行。"第一百一十四条第二款进一步规定："当事人就迟延履行约定违约金的，违约方支付违约金后，还应当履行债务。"

（二）采取补救措施

采取补救措施主要适用于当事人交付的标的物质量不符合约定的情形。根据《合同法》的规定，质量不符合约定的，应当按照当事人的约定承担违约责任。对违约责任没有约定或者约定不明确的，可以协议补充；不能达成补充协议的，按照合同有关条款或者交易习惯确定；仍不能确定的，受损害方根据标的的性质以及损失的大小，可以合理选择要求对方承担修理、更换、重作、退货、减少价款或者报酬等违约责任。

（三）支付违约金

违约金，是指按照当事人的约定或者法律的规定，一方当事人违约时应当向对方支付的一定数额的货币。支付违约金是承担违约责任的一种较为普遍的方式。为了既充分尊重当事人的意愿，又保障相对公平，《合同法》第一百一十四条第一款规定："当事人可以约定一方违约时应当根据违约情况向对方支付一定数额的违约金，也可以约定因违约产生的损失赔偿额的计算方法。约定的违约金低于造成的损失的，当事人可以请求人民法院或者仲裁机构予以增加；约定的违约金过分高于造成的损失的，当事人可以请求人民法院或者仲裁机构予以适当减少。"

（四）赔偿损失

赔偿损失这一违约责任方式的适用，除了应符合前述的归责原则外，还须有实际损失的发生，且违约行为与该损失之间存在因果关系。《合同法》规定，当事人一方不履行合同义务或者履行合同义务不符合约定的，在履行义务或者采取补救措施后，对方还有其他损失的，应当赔偿损失。当事人一方不履行合同义务或者履行合同义务不符合约定，给对方造成损失的，损失赔偿额应当相当于因违约所造成的损失，包括合同履行后可以获得的利益，但不得超过违反合同一方订立合同时预见到或者应当预见到的因违反合同可能造成的损失。经营者对消费者提供商品或者服务有欺诈行为的，依照《中华人民共和国消费者权益保护法》的规定承担损害赔偿责任。当事人一方违约后，对方应当采取适当措施防止损失的扩大；没有采取适当措施致使损失扩大的，不得就扩大的损失要求赔偿。当事人因防止损失扩大而支出的合理费用，由违约方承担。

（五）定金制裁

当事人可以依照《中华人民共和国担保法》约定一方向对方给付定金作为债权的担保。债务人履行债务后，定金应当抵作价款或者收回。给付定金的一方不履行约定的债务的，无权要求返还定金；收受定金的一方不履行约定的债务的，应当双倍返还定金。当事人既约定违约金，又约定定金的，一方违约时，对方可以选择适用违约金或者定金条款。

四、违约责任的免除

违约责任的免除存在于三种情况：其一，非违约方免于追究；其二，当事人在合同中约定的免责事由出现；其三，发生不可抗力事件。不可抗力，是指不能预见、不能避免并不能克服的客观情况。根据《合同法》的规定，因不可抗力不能履行合同的，根据不可抗力的影响，部分或者全部免除责任，但法律另有规定的除外。当事人迟延履行后发生不可抗力的，不能免除责任。当事人一方因不可抗力不能履行合同的，应当及时通知对方，以减轻可能给对方造成的损失，并应当在合理期限内提供证明。

五、违约责任与侵权责任的竞合

竞合，是指争相符合，同时符合。当事人的某一行为的后果导致既符合违约责任的构成要件，又符合侵权责任的构成要件，这就是违约责任与侵权责任的竞合。对于责任竞合的处理，各国立法差异较大。以法国法为代表的立法规定，合同当事人不得将对方的违约行为视为侵权行为，只有在没有合同关系存在时才产生侵权责任。以德国法为代表的立法规定，受害人基于双重违法行为而产生两个请求权，受害人可以提起合同之诉，也可提起侵权之诉。我国《合同法》第一百二十二条规定：“因当事人一方的违约行为，侵害对方人身、财产权益的，受损害方有权选择依照本法要求其承担违约责任或者依照其他法律要求其承担侵权责任。”

六、诉讼时效期限

《合同法》第一百二十九条规定：“因国际货物买卖合同和技术进出口合同争议提起诉讼或者申请仲裁的期限为4年，自当事人知道或者应当知道其权利受到侵害之日起计算。因其他合同争议提起诉讼或者申请仲裁的期限，依照有关法律的规定。”根据《中华人民共和国民法通则》和《中华人民共和国仲裁法》的规定，一般的合同争议提起诉讼或者申请仲裁的期限为2年。由于已废止的《中华人民共和国技术合同法》和《中华人民共和国涉外经济合同法》规定技术合同争议和技术进出口合同争议的诉讼时效和申请仲裁的期限分别为1年和2年，与《合同法》的规定不一致，对此，《最高人民法院关于适用〈中华人民共和国合同法〉若干问题的解释（一）》规定：技术合同争议当事人的权利受到侵害的事实发生在合同法实施之前，自当事人知道或者应当知道其权利受到侵害之日起至合同法实施之日超过1年的，人民法院不予保护；尚未超过1年的，其提起诉讼的时效期间为2年。技术进出口合同争议当事人的权利受到侵害的事实发生在合同法实施之前，自当事人知道或者应当知道其权利受到侵害之日起至合同法施行之日超过2年的，人民法院不予保护；尚未超过2年的，其提起诉讼的时效期间为4年。

【思考题】

1. 简述合同法的基本原则。
2. 简述迟延承诺的法律后果。
3. 简述有效合同的要件。
4. 简述无效合同的适用情形。
5. 简述不安抗辩权的适用情形。
6. 甲、乙两公司采用合同书形式订立了一份买卖合同，双方约定由甲公司向乙公司提供100台精密仪器，甲公司于8月31日以前交货，并负责将货物运至乙公司，乙公司在收到货物后10日内付清货款。合同订立后双方均未签字盖章。7月28日，甲公司与丙运输公司订立货物运输合同，双方约定由丙公司将100台精密仪器运至乙公司。8月1日，丙公司先运了70台精密仪器至乙公司，乙公司全部收到，并于8月8日将70台精密仪器的货款付清。8月20日，甲公司掌握了乙公司转移财产、逃避债务的确切证据，随即通知丙公司暂停运输其余30台精密仪器，并通知乙公司中止交货，要求乙公司提供担保；乙公司及时提供了担保。8月26日，甲公司通知丙公司将其余30台精密仪器运往乙公司，丙公司在运输途中发生交通事故，30台精密仪器全部毁损，致使甲公司8月31日前不能按时全部交货。9月5日，乙公司要求甲公司承担违约责任。

根据以上事实及《中华人民共和国合同法》的规定，回答下列问题：

（1）甲、乙公司订立的买卖合同是否成立？

（2）甲公司8月20日中止履行合同的行为是否合法？

（3）乙公司9月5日要求甲公司承担违约责任的行为是否合法？

（4）丙公司对货物毁损应承担什么责任？

第八章　工业产权法

【学习要点】

- 工业产权的特征
- 专利权的主体、客体和内容
- 专利权的申请和取得
- 专利侵权行为
- 商标注册申请的基本原则
- 商标侵权行为

工业产权属于知识产权。为了加强对工业产权的保护以及适应中国加入 WTO 后的新形势，我国分别于 2000 年和 2001 年对《专利法》和《商标法》进行了较大程度的修订。本章在阐述工业产权法基本原理和基本知识的同时，概要讲述我国这两部修订后的法律的主要内容。

第一节　工业产权法概述

一、工业产权的概念和特征

（一）工业产权的概念

工业产权，确切地应称为产业产权，是指对于工业、商业、农业、采掘业和其他产业具有实用经济意义的精神产权。工业产权与著作权（版权）构成知识产权。

工业产权这一概念最早出现在法国 1791 年的专利法中，其含义仅局限于专利权。随着保护无形财产权法律制度在各国的推广运用，工业产权一词在国际上开始流传，至 1883 年《保护工业产权巴黎公约》（以下简称《巴黎公约》）签订时，此词得到国际上的正式承认。《巴黎公约》第一条明确规定："工业产权应作广义的解释，不仅适用于工业和商业本身，也适用于农业和采掘业以及一切制造品或天然产品，例如酒类、谷物、烟叶、水果、牲畜、矿产品、矿泉水、啤酒、花卉和面粉。""工业产权的保护以发明专利权、实用新型、工业品式样、商标、服务商标、商店名称、产地标记或原产地名称，以及制止不正当的竞争，作为对象。"目前我国的工业产权主要是指专利权和商标权。

（二）工业产权的特征

尽管各国立法对保护工业产权的对象和内容有较大的差异，但工业产权有一些共同的特征，主要有：

（1）专有性。工业产权的专有性也称垄断性、独占性或排他性，是指此种权利经国家特定机关审查批准后，只有权利人才能享有，非经权利人同意或法律强制性规定，他人不得享有或使用，否则即构成侵权行为。

（2）地域性。任何工业产权均只能依一定国家的法律产生，又只在其依法产生的地域内有效。如果工业产权所有人希望在其他国家或地区也享有独占权，则应依照其他国家的法律另行提出申请。

（3）时间性。工业产权都有法定的保护期限。一旦保护期届满，除依法续展者外，权利人的权利便自行终止，其智力成果便进入公有领域，成为人类社会的共同财富，任何人皆可自由地、无偿地使用。

二、我国工业产权立法概况

新中国成立初期，为迅速改变我国在科技、文化等方面落后的状况，除在1949年的《中国人民政治协商会议共同纲领》和1954年的《中华人民共和国宪法》中对发展科学技术、文化艺术等问题作了原则性规定外，还先后颁布了一系列有关知识产权方面的单行法规、条例。例如，1950年颁布了《商标注册暂行条例》及其《实施细则》、《保障发明权与专利权暂行条例》；1954年颁布了《有关生产的发明、技术改进及合理化建议的奖励暂行条例》；1957年国务院转发中央工商行政管理局《关于实行商标全面注册的意见》；1963年颁布了《商标管理条例》、《发明奖励条例》和《技术改进奖励条例》等。这些法规、条例草创了我国工业产权保护制度。然而“文革”期间，工业产权立法基本停滞。

党的十一届三中全会以后，我国知识产权制度得到逐步建立和完善。1979年初成立的专利法起草小组，着手起草专利法；1979年5月工商行政管理总局开始起草商标法。1982年8月23日第五届人民代表大会常务委员会第二十四次会议通过了《中华人民共和国商标法》（以下简称《商标法》），该法自1983年3月1日起施行（1993年、2001年两次修正）。1983年3月10日国务院发布《中华人民共和国商标法实施细则》（1988年、1993年、1995年、1999年四次修正）。2002年8月3日国务院公布《中华人民共和国商标法实施条例》（2002年9月15日起施行，同时废止《中华人民共和国商标法实施细则》）。1984年3月12日第六届人民代表大会常务委员会第四次会议通过了《中华人民共和国专利法》（以下简称《专利法》），该法自1985年4月1日起施行（1992年、2000年两次修正）。1985年1月19日经国务院批准中国专利局发布《中华人民共和国专利法实施细则》（1992年、2001年两次修正）。

与此同时，为了加强国际经济文化的交流和国际知识产权的保护，我国先后于1980年加入了《世界知识产权组织公约》，1985年加入了《保护工业产权的巴黎公约》，并分别于1989年10月和1993年12月正式成为《商标国际注册马德里协定》和《专利合作条约》两个公约的成员国。

第二节 专利法

一、专利的概念

“专利”一词来自拉丁文“Litterae Patents”，意为“公开的文书”。现代“专利”一词，有以下三层不同的含义：从法律意义来说，专利就是专利权的简称，指的是受专利法保护的对某项发明创造具有的独占权；从技术发明来说，专利就是取得专利权的发明创造，指的是具有独占权的专利技术；从其保护的内容来说，专利是指记载着授予专利权的发明或实用新型说明书及其摘要、权利要求书、表示外观设计的图片或照片等内容的公开文献。在我国，“专利”通常是指专利权，即由国家颁发专利证书，授予权利人在法律规定的期限内，对某项发明或者实用新型享有制造、使用、许可销售、销售、进口的专有权或对外观设计享有制造、使用、销售、进口的专有权。

二、专利权的主体

专利权的主体有广义和狭义之分。广义的专利权主体是指在专利权法律关系中的权利享有者和义务承担者，包括发明人、设计人、专利申请人、专利权人、专利实施被许可人等。狭义的专利权主体仅指专利权人。根据《专利法》的规定，专利申请人、专利权人可以是发明人、设计人本人，也可以是其他人；可以是自然人，也可以是法人或其他组织。但应注意以下特别规定：

（一）职务发明创造

所谓职务发明创造，是指执行本单位的任务或者主要是利用本单位的物质技术条件所完成的发明创造。执行本单位的任务所完成的职务发明创造是指：①在本职工作中作出的发明创造；②履行本单位交付的本职工作之外的任务所作出的发明创造；③退职、退休或者调动工作后1年内作出的，与其在原单位承担的本职工作或者原单位分配的任务有关的发明创造。这里所称本单位，包括临时工作单位。本单位的物质技术条件，是指本单位的资金、设备、零部件、原材料或者不对外公开的技术资料等。

根据我国《专利法》的规定，职务发明创造申请专利的权利属于该单位；申请被批准后，该单位为专利权人。利用本单位的物质技术条件所完成的发明创造，单位与发明人或者设计人订有合同，对申请专利的权利和专利权的归属作出约定的，从其约定。

（二）非职务发明创造的权利归属

职务发明创造以外的发明创造即为非职务发明创造。非职务发明创造，申请专利的权利属于发明人或者设计人；申请被批准后，该发明人或者设计人为专利权人。

发明人或者设计人，是指对发明创造的实质性特点作出创造性贡献的人。在完成发明创造过程中，只负责组织工作的人、为物质技术条件的利用提供方便的人或者从事其他辅助工作的人，不是发明人或者设计人。

（三）合作完成的发明创造与委托完成的发明创造的权利归属

两个以上单位或者个人合作完成的发明创造、一个单位或者个人接受其他单位或者个人委托所完成的发明创造，除另有协议的以外，申请专利的权利属于完成或者共同完成的单位或者个人；申请被批准后，申请的单位或者个人为专利权人。

（四）同一种发明创造专利权的归属

两个以上的申请人分别就同样的发明创造在不同日期申请专利的，专利权授予最先申请人。两个以上申请人在同一日期分别就同样的发明创造申请专利的，应当在收到专利局的通知后自行协商确定有权提出申请的人。专利局只对协商确定的申请人授予专利权；如果协商意见不一致或者一方拒绝协商，则专利局对双方都不授予专利权。

三、专利权的客体

专利权的客体是指专利权所指向的对象或者专利法的保护对象，即依照专利法可以申请并取得专利权的发明创造。对申请专利保护的发明创造，世界各国的规定不尽相同。我国《专利法》第二条规定：“本法所称的发明创造是指发明、实用新型和外观设计。”

（一）发明

一般而言，发明是指人们通过创造性劳动所制造或设计出来的某种前所未有的东西。但这与专利法上所说的发明相比，有很大差别。我国《专利法实施细则》第二条规定：“专利法所称的发明是指对产品、方法或者其改进所提出的新的技术方案。”可见，在我国作为专利法保护对象的发明有三种：一种是产品发明，是指人们通过智力劳动创造出来的各种成品或产品；第二种是方法发明，是指人们利用自然规律使某一物品或物质发生新的质变，或成为另一种新的物品或物质的方法；第三种是改进发明，是指人们对已有的产品发明和方法发明提出实质性革新的技术方案。

（二）实用新型

专利法所说的实用新型，是指对产品的形状、构造或者其结合所提出的适于实用的新的技术方案。实用新型和发明都是科学技术上的发明创造，从这个意义上讲，两者的本质是相同的。实际上，实用新型与发明又有许多的不同，其主要在于：一是发明水平与实用性高低的区别。实用新型的创造性低于发明，我国专利法对发明强调其“突出的实质性特点”和“显著的进步”，而对实用新型仅要求“实质性特点和进步”。但是，对实用新型的实用性要求一般高于发明。二是保护范围宽窄的区别。发明专利的范围较宽，它包括产品发明、方法发明和改进发明；实用新型只涉及有形状的物品，而不涉及无形状的物品和制造方法。三是专利保护期限长短的区别。实用新型专利的保护期限为10年，而发明专利的保护期限为20年。四是专利审批手续繁简的区别。专利局收到实用新型专利的申请后，经初步审查认为符合专利法要求的，不再进行实质审查，即可公告，并通知申请人，发给实用新型专利证书；而对发明专利，则必须经过实质审查。而且审查的手续更复杂，审查的时间也更长。

（三）外观设计

专利法所称外观设计，是指对产品的形状、图案或者其结合以及色彩与形状、图案的结合所作出的富有美感并适于工业应用的新设计。外观设计不涉及制造技术构造和用途，因而与发明、实用新型完全不同。实用新型虽然也强调形状，但仍着眼于产品形状的技术效果，要求形状与技术构造、功能等结合在一起，这一点与外观设计只强调产品形状的美感效果也是不同的。一种外观设计只适用于一类产品上，如果有人将相同的图案用于其他类的产品上，不视为侵犯外观设计专利权。

（四）不受专利法保护的智力成果

专利法保护发明创造，但并不是所有的发明创造都受专利法保护。为了保护国家和社会公众利益，促进科学技术发展，我国专利法规定了五种不授予专利权的对象：①科学发现；②智力活动的规则和方法；③疾病的诊断和治疗方法；④动物和植物品种；⑤用原子核变换方法获得的物质。但是对动、植物品种的生产方法依法可授予专利权。另外，对违反国家法律、社会公德或者妨害公共利益的发明创造，也不授予专利权。

四、专利权的内容

专利权的内容包括人身权利和财产权利两个方面。

（一）人身权利

专利权中的人身权利，是指发明人、设计人、专利权人依法享有的，与其人身不可分离的权利。这种权利不因专利申请权、专利权转让以及专利实施许可而变化或丧失。

（1）署名权。发明人或者设计人有在专利文件中写明自己是发明人或者设计人的权利。

（2）标记权。专利权人有权在其专利产品或者该产品的包装上标明专利标记和专利号。

（二）财产权利

专利权中的财产权利，是指专利权人因取得专利而依法享有的具有经济内容的权利。该权利可以依法转让、赠与和继承。

（1）专利实施权。专利权人有自行实施专利，并禁止他人未经许可实施其专利的权利。发明和实用新型专利权被授予后，除法律另有规定的以外，任何单位或者个人未经专利权人许可，都不得实施其专利，即不得为生产经营目的制造、使用、许诺销售[①]、销售、进口其专利产品，或者使用其专利方法以及使用、许诺销售、销售、进口依照该专利方法直接获得的产品。外观设计专利权被授予后，任何单位或者个人未经专利权人许可，都不得实施其专利，即不得为生产经营目的制造、销售、进口其外观设计专利产品。

（2）专利转让权。专利权人可以将其获得的专利权转让给他人。根据我国专利法的规定，转让专利权的，当事人应当订立书面合同，并向国务院专利行政部门登记，由国务院专利行政部门予以公告。专利申请权或者专利权的转让自登记之日起生效。中国单位或者个人向外国人转让专利申请权或者专利权的，必须经国务院有关主管部门批准。

（3）专利实施许可权。专利权人有权准许他人实施自己的专利并获得专利使用费。任何单位或者个人实施他人专利的，应当与专利权人订立书面实施许可合同，向专利权人支付专利使用费。被许可人无权允许合同规定以外的任何单位或者个人实施该专利。

（三）专利权的限制

专利权是一种具有排他性的专有权，但是，专利权人的这种权利是有所限制的。为了维护国家和社会的整体利益，专利法对于专利权人的权利作了限制规定。

（1）为推广应用目的对发明专利权的限制。具体而言有两种情形：其一，国有企业事业单位的发明专利，对国家利益或者公共利益具有重大意义的，国务院有关主管部门和省、自治区、直辖市人民政府报经国务院批准，可以决定在批准的范围内推广应用，允许指定的单位实施，由实施单位按照国家规定向专利权人支付使用费。其二，中国集体所有制单位和个人的发明专利，对国家利益或者公共利益具有重大意义，需要推广应用的，参照前款规定办理。

（2）强制许可。专利实施的强制许可是指国务院专利行政部门在一定条件下，可以

---

① 许诺销售，是指明确表明愿意出售某一种专利产品的行为，可以是面向个人的，也可以是面向公众的；可以是口头形式的，也可以是书面形式的；可以通过展示或者演示的方式，也可以采用电话、电传、广告或者其他途径。

不经专利权人的同意，通过行政申请程序直接允许申请者实施发明专利或者实用新型专利，并向其颁发实施专利的强制许可。在我国，强制许可的形式有三种：一是对滥用专利权实施的强制许可。《专利法》第四十八条规定："具备实施条件的单位以合理的条件请求发明或者实用新型专利权人许可实施其专利，而未能在合理长的时间内获得这种许可时，国务院专利行政部门根据该单位的申请，可以给予实施该发明专利或者实用新型专利的强制许可。"二是为公益目的的强制许可。《专利法》第四十九条规定："在国家出现紧急状态或者非常情况时，或者为了公共利益的目的，国务院专利行政部门可以给予实施发明专利或者实用新型专利的强制许可。有权作出强制许可决定的机关为国务院专利行政部门。"三是从属专利发明创造的强制许可。《专利法》第五十条规定："一项取得专利权的发明或者实用新型比前已经取得专利权的发明或者实用新型具有显著经济意义的重大技术进步，其实施又有赖于前一发明或者实用新型的实施的，国务院专利行政部门根据后一专利权人的申请，可以给予实施前一发明或者实用新型的强制许可。"为充分保护专利权人的权利，我国专利法规定取得实施强制许可的单位或者个人不享有独占实施权，无权允许他人实施，并且应当付给专利权人合理的使用费。

五、专利权的申请和取得

（一）专利的申请

1. 专利申请的提出

中国单位或者个人在国内申请专利，可以自行办理，也可以委托专利代理机构办理；既可以仅提出本国的专利申请，也可以根据中华人民共和国参加的有关国际条约提出专利国际申请。中国单位或者个人将其在国内完成的发明创造向外国申请专利的或者根据中国参加的国际条约提出专利国际申请的，应当先向国务院专利行政部门申请专利，再委托其指定的专利代理机构办理。外国人、外国企业或者外国其他组织，可以依法在我国申请专利并有权获得专利权。在中国有经常居所或营业所的外国人、外国企业或者外国其他组织在中国申请专利的，给予国民待遇。在中国没有经常居所或者营业所的外国人、外国企业或者外国其他组织在中国申请专利的，依照其所属国同中国签订的协议或者共同参加的国际条约，或者依照互惠原则予以办理，并应委托由国务院专利行政部门指定的专利代理机构办理专利申请和其他专利事务。

2. 申请专利的原则

（1）书面原则。专利申请的书面原则是指申请人为获得专利权所履行的各种法定手续都必须以书面形式办理。我国《专利法》第二十六条规定："申请发明或者实用新型专利的，应当提交请求书、说明书及其摘要和权利要求书等文件。"

（2）单一性原则。指一件发明或者实用新型专利申请应当限于一项发明或者实用新型；一件外观设计专利申请应当限于一种产品所使用的一项外观设计。不能把两项以上的发明、实用新型或外观设计放在一件专利申请案中办理。但是，如果属于一个总的发明构思的两项以上的发明或者实用新型，可以作为一件申请提出；用于同一类别并且成套出售或者使用的产品的两项以上的外观设计，可以作为一件申请提出。这就是合并申请制度。这里的"同一类别"，是指产品属于分类表中同一小类；"成套出售或者使用"，是指各产品的设计构思相同，并且习惯上是同时出售、同时使用。

（3）优先权原则。优先权原则是《巴黎公约》所确立的工业产权国际保护的重要原则之一。优先权，是指任何一个巴黎公约成员国国民向任何一个公约成员国就工业产权保护第一次提出正式申请后的一定期间内（专利和实用新型为12个月，商标与外观设计为6个月），再向其他成员国提出申请时，该成员国应当将该申请人的第一次申请日视为在该国提出申请的日期，即优先权日。我国《专利法》规定，申请人自发明或者实用新型在外国第一次提出专利申请之日起12个月内，或者自外观设计在外国第一次提出专利申请之日起6个月内，又在中国就相同主题提出专利申请的，依照该外国同中国签订的协议或者共同参加的国际条约，或者依照相互承认优先权的原则，可以享有优先权。第一次提出申请的日期为优先权日。我国《专利法》还有本国优先权的规定，即申请人自发明或实用新型在中国第一次提出专利申请之日起12个月内，又向国务院专利行政部门就相同主题提出专利申请的，可以享有优先权。申请人要求优先权的，应当在申请的时候提出书面声明，并且在3个月内提交第一次提出的专利申请文件的副本；未提出书面声明或者逾期未提出专利申请文件副本的，视为未要求优先权。

3. 申请专利应提交的文件

申请发明或者实用新型专利的，应当提交请求书、说明书及其摘要和权利要求书等文件。请求书应当写明发明或者实用新型的名称，发明人或者设计人的姓名，申请人姓名或者名称、地址，以及其他事项。说明书应当对发明或者实用新型作出清楚、完整地说明，以所属技术领域的技术人员能够实施为准；必要的时候，应当有附图。摘要应当简要说明发明或者实用新型的技术要点。权利要求书应当以说明书为依据，说明要求专利保护的范围。申请外观设计专利的，应当提交请求书以及该外观设计的图片或者照片等文件，并且应当写明使用该外观设计的产品及其所属的类别。申请人可以对其专利申请文件进行修改，但是，对发明和实用新型专利申请文件的修改不得超出原说明书和权利要求书记载的范围，对外观设计专利申请文件的修改不得超出原图片或者照片表示的范围。

4. 申请日

我国《专利法》规定，国务院专利行政部门收到申请文件之日为申请日，如果申请文件是邮寄的，以寄出的邮戳日为申请日。申请人要求优先权并且符合规定的，优先权日作为申请日。

（二）取得专利权的条件

1. 授予发明、实用新型专利权应具备的条件

根据我国专利法规定，授予专利权的发明和实用新型应当具备新颖性、创造性和实用性。

（1）新颖性。它是指在申请日以前没有同样的发明或者实用新型在国内外出版物上公开发表过、在国内公开使用过或者以其他方式为公众所知，也没有同样的发明或者实用新型由他人向国务院专利行政部门提出过申请并且记载在申请日以后公布的专利申请文件中。考虑到现实生活中的实际情况，以及科学研究和国际交往的需要，我国《专利法》第二十四条规定，申请专利的发明创造在申请日以前6个月内，有下列情形之一的，不丧失新颖性：一是在中国政府主办或承认的国际展览会上首次展出的；二是在规定的学术会议或者技术会议上首次发表的；三是他人未经申请人同意而泄露其内容的。

（2）创造性。它是指同申请日以前已有的技术相比，该发明有突出的实质性特点和显著的进步；该实用新型有实质性特点和进步。

（3）实用性。它是指该发明或者实用新型能够制造或者使用，并且能够产生积极效果。专利法上所讲的实用性，包括三方面的内容：第一，可实施性，即该项发明或者实用新型能够在产业领域中制造或使用；第二，再现性，即发明或实用新型的对象可以多次制造或批量生产；第三，有益性，即实际使用了这项技术，能为社会提供某种有益的效果。

2. 授予外观设计专利权应具备的条件

我国《专利法》第二十三条规定："授予专利权的外观设计，应当同申请日以前在国内外出版物上公开发表过或者国内公开使用过的外观设计不相同和不近似，并不得与他人在先取得的合法权利相冲突。"这就是说，授予外观设计专利权的条件是新颖性。当然，根据我国专利法对外观设计所作的定义，授予专利权的外观设计还必须具备富有美感及适应于工业应用的特点。不符合以上条件的，不能授予外观设计专利权。

（三）专利申请的审查和批准

国务院专利行政部门在收到专利申请后，对符合专利法的发明创造的申请应予受理，并进行审查，依法作出是否授予专利权的决定。

1. 对发明专利申请的审批程序

我国专利法对发明专利的申请采取早期公开、延迟审查制度，其审批程序是：

（1）初步审查。初步审查在有的国家被称为"形式审查"。初步审查的主要内容是：审查申报的文件是否齐全、申请的手续是否完备、该发明主题是否符合法律规定、申请文件是否按照法律规定撰写、申请人是否具备申请资格等。对以上各项如有不符合要求的，应当通知申请人在指定的期限内补正。申请人无正当理由不补正的，其申请视为撤回。补正后仍不符合专利法要求的，专利局予以驳回。

（2）早期公开。所谓早期公开，是指发明专利案自提出申请之日起，有优先权的自优先权之日起，满 18 个月，即行公布。国务院专利行政部门可以根据申请人的请求早日公布其申请。

（3）实质审查。发明专利自申请日起 3 年内，国务院专利行政部门可以根据申请人随时提出的请求，对其申请进行实质审查。申请人无正当理由逾期不请求实质审查的，该申请即被视为撤回。国务院专利行政部门认为必要的时候，可以自行对发明专利申请进行实质审查。实质审查主要是指专利局对申请专利的发明是否具备新颖性、创造性、实用性及单一性等内容所作的审查。发明专利申请经过实质审查后，专利局认为不符合专利法规定的，应通知申请人在限期内陈述意见或对其申请进行修改。无正当理由逾期不答复的，该申请即被视为撤回。如果经申请人陈述意见或者进行修改后，仍然不符合专利法规定的，应当予以驳回。

（4）批准并公告。发明专利申请经实质审查没有发现驳回理由的，国务院专利行政部门应当作出授予发明专利权的决定，发给发明专利证书，并予以登记和公告。发明专利权自公告之日起生效。

（5）复审。我国《专利法》第四十一条规定："国务院专利行政部门设立专利复审委员会。专利申请人对国务院专利行政部门驳回申请的决定不服的，可以自收到通知之日起 3 个月内，向专利复审委员会请求复审。专利复审委员会复审后，作出决定，并通知专利申请人。如果专利申请人对专利复审委员会的复审决定不服的，可以自收到通知之日起 3 个月内向人民法院起诉。"

2. 对实用新型、外观设计专利申请的审批程序

我国对于实用新型和外观设计专利的申请，实行初步审查制，即经初步审查认为符合专利法规定要求的，不进行实质审查，国务院专利行政部门即作出授予实用新型专利权或外观设计专利权的决定，发给相应的专利证书，并予以登记和公告，实用新型专利权和外观设计专利权自公告之日起生效。我国《专利法》为实用新型和外观设计专利申请的审批同样设置了复审程序和司法救济程序，即发明专利申请人、实用新型专利申请人、外观设计专利申请人均适用《专利法》第四十一条的规定。

六、专利权的期限、终止和无效

（一）专利权的期限

专利权的期限是指专利权生效和失效之间这一段的有效时间。我国《专利法》第四十二条规定："发明专利权的期限为20年，实用新型专利权和外观设计专利权的期限为10年，均自申请日起计算。"

（二）专利权的终止

专利权的终止是指专利权失去效力，不再受法律保护。一旦专利权终止，该发明创造即进入了公有领域。我国《专利法》规定，专利权终止的原因有以下几种：

（1）因保护期限届满而终止。

（2）因没有按期缴纳年费而终止。

（3）由于专利权人以书面声明放弃而终止。

（4）由于专利权人死亡又无继承人而终止。

专利权在期限届满前终止的，由国务院专利行政部门登记和公告。

（三）专利权的无效

专利权的无效，是指自国务院专利行政部门公告授予专利权之日起，因专利权的授予不符合专利法的有关规定，由他人向专利复审委员会提出请求，经专利复审委员会审查，宣告该专利权无效。

宣告专利权无效的决定，由国务院专利行政部门登记和公告。对专利复审委员会宣告专利权无效或者维持专利权的决定不服的，可以自收到通知之日起3个月内向人民法院起诉。人民法院应当通知无效宣告请求程序的对方当事人作为第三人参加诉讼。

宣告无效的专利权视为自始即不存在。宣告专利权无效的决定，对在宣告专利权无效前人民法院作出并已执行的专利侵权的判决、裁定，已经履行或者强制执行的专利侵权纠纷处理决定，以及已经履行的专利实施许可合同和专利权转让合同，不具有追溯力。但是因专利权人的恶意给他人造成的损失，应当给予赔偿。

如果依照上述规定，专利权人或者专利权转让人不向被许可实施专利人或者专利权受让人返还专利使用费或者专利权转让费，明显违反公平原则，专利权人或者专利权转让人应当向被许可实施专利人或者专利权受让人返还全部或者部分专利使用费或者专利转让费。

七、专利权的保护

（一）专利权的保护范围

（1）发明、实用新型专利权的保护范围。发明或者实用新型专利权的保护范围以其

权利要求的内容为准，说明书及附图可以用于解释权利要求。

（2）外观设计专利权的保护范围。外观设计专利权的保护范围以表示在图片或者照片中的该外观设计专利产品为准。

（二）专利侵权行为

专利侵权行为，是指未经专利权人许可实施其专利的行为以及假冒他人专利的行为。大体可以分为两类：一是非法利用专利的行为，具体表现为，未经发明或者实用新型专利权人许可，为生产经营目的制造、使用、许诺销售、销售、进口其专利产品或者使用其专利方法以及使用、许诺销售、销售、进口依照该专利方法直接获得的产品；未经外观设计专利权人许可制造、销售、进口外观设计专利产品。二是非法妨碍利用专利的行为，即违背专利权人的意愿，以欺骗他人获取高额利润为目的而冒充获得专利权的发明创造。

我国《专利法》第六十三条规定，有下列情形之一的，不视为侵犯专利权：①专利权人制造、进口或者经专利权人许可而制造、进口的专利产品或者依照专利方法直接获得的产品售出后，使用、许诺销售或者销售该产品的；②在专利申请日前已经制造相同产品、使用相同方法或者已经作好制造、使用的必要准备，并且仅在原有范围内继续制造、使用的；③临时通过中国领陆、领水、领空的外国运输工具，依照其所属国同中国签订的协议或者共同参加的国际条约，或者依照互惠原则，为运输工具自身需要而在其装置和设备中使用有关专利的；④专为科学研究和实验而使用有关专利的。

为生产经营目的使用或者销售不知道是未经专利权人许可而制造并售出的专利产品或者依照专利方法直接获得的产品，能证明其合法来源的，不承担赔偿责任。

（三）专利权的保护方式

对于未经专利权人许可而实施其专利的专利侵权行为，引起纠纷的，由当事人协商解决；不愿协商或者协商不成的，专利权人或者利害关系人可以向人民法院起诉，也可以请求管理专利工作的部门处理。管理专利工作的部门处理时，认定侵权行为成立的，可以责令侵权人立即停止侵权行为，当事人不服的，可以自收到通知之日起 15 日内依照《行政诉讼法》向人民法院起诉；侵权人期满不起诉又不停止侵权行为的，管理专利工作的部门可以申请人民法院强制执行。进行处理的管理专利工作的部门应当事人的请求，可以就侵犯专利权的赔偿数额进行调解；调解不成的，当事人可以依照《民事诉讼法》向人民法院起诉。

向人民法院起诉的，其诉讼时效期间为 2 年，自专利权人或利害关系人得知或者应当得知侵权行为之日起计算。发明专利申请公布后至专利权授予前使用该发明未支付适当使用费的，专利权人要求支付使用费的诉讼时效为 2 年，自专利权人得知或者应当得知他人使用其发明之日起计算，但是，专利权人于专利权授予之日前即已得知或者应当得知的，自专利权授予之日起计算。

（四）违反专利法的法律责任

我国《专利法》对侵犯专利权、违反《专利法》的行为规定了以下三种法律责任：

1. 行政责任

（1）假冒他人专利的，除依法承当民事责任外，由管理专利工作的部门责令改正并予公告，没收违法所得，可以并处违法所得 3 倍以下的罚款，没有违法所得的，可以处 5 万元以下的罚款。

（2）将非专利产品冒充专利产品的或者将非专利方法冒充专利方法的，由管理专利工作的部门责令改正并予公告，可以处5万元以下的罚款。

（3）擅自向外国申请专利，泄露国家秘密的，由所在单位或者上级主管机关给予行政处分。

（4）侵夺发明人或者设计人的非职务发明创造专利申请权和专利法规定的其他权益的，由所在单位或者上级主管机关给予行政处分。

（5）管理专利工作的部门不得参与向社会推荐专利产品等经营活动。管理专利工作的部门违反这一规定的，由上级机关或者监察机关责令改正，消除影响，有违法收入的予以没收；情节严重的，对直接负责的主管人员和其他直接责任人员依法给予行政处分。

（6）从事专利管理工作的国家机关工作人员及其他有关国家工作人员玩忽职守、滥用职权、徇私舞弊的，依法给予行政处分。

2. 民事责任

追究民事责任的，主要针对侵犯专利权和假冒专利的行为。

（1）停止侵权行为。管理专利工作的部门处理专利权纠纷时，认定侵权行为成立的，可以责令侵权人立即停止侵权行为。专利权人或者利害关系人有证据证明他人即将实施侵犯其专利权的行为，如不及时制止将会使其合法权益收到难以弥补的损害的，可以在起诉前向人民法院申请采取责令停止有关行为和财产保全的措施。

（2）赔偿损失。赔偿数额按照权利人因被侵权所受到的损失或者侵权人因侵权所获得的利益确定。被侵权人的损失或者侵权人获得的利益难以确定，有专利许可使用费可以参照的，人民法院可以根据专利权的类别，侵权人侵权的性质和情节，专利许可使用费的数额，该专利许可的性质、范围、时间等因素，参照该专利许可使用费的1~3倍合理确定赔偿数额；没有专利许可使用费可以参照或者专利许可使用费明显不合理的，人民法院可以根据专利权的类别、侵权人侵权的性质和情节等因素，一般在人民币5 000元以上30万元以下确定赔偿数额，最多不得超过人民币50万元。人民法院根据权利人的请求以及具体案情，可以将权利人因调查、制止侵权所支付的合理费用计算在赔偿数额范围之内。

（3）消除影响，恢复信誉。人民法院可以根据专利权人的要求，责令侵权人公开向专利权人登报道歉，承认错误，以消除由于专利侵权所造成的不良影响。

3. 刑事责任

假冒他人专利。中国单位或者个人在中国完成的发明创造未经国务院有关主管部门批准，擅自向外国申请专利，泄露国家秘密；从事专利管理工作的国家机关工作人员以及其他有关国家机关工作人员玩忽职守、滥用职权、徇私舞弊等，构成犯罪的，依法追究刑事责任。

第三节　商标法

一、商标的概念和种类

（一）商标的概念

商标即商品的标记，是指生产者或经营者在自己的商品上或者服务中使用的，用于区别其他生产者或经营者的商品或者服务的一种专用标志。具体而言，商标的所有者或使用者是生产者、经营者；商标是在商品上或服务中使用的标记，它依附于商品或服务而存在；商标是标明商品或服务来源并区别于同类商品或服务的标记，应具有显著特征，便于识别。

（二）商标的种类

（1）注册商标和未注册商标。这是根据商标是否被商标主管部门核准注册所作的划分。在我国，经商标局核准注册的商标为注册商标，否则即为非注册商标。

（2）文字商标、图形商标、字母商标、数字商标、三维标志商标、颜色组合商标和其他组合商标。这是根据商标的结构组成或状态所作的划分。其中三维标志商标又称立体商标，是指以具有长、宽、高三种度量的立体物为标志的商标。颜色组合商标，是指以独特新颖的不同颜色的组合为标志的商标。其他组合商标，是指以文字、图形、字母、数字、三维标志、颜色等要素中的两种或两种以上要素组合而成的商标。

（3）制造商标、销售商标、服务商标和集体商标。这是按照商标使用者的不同所作的划分。制造商标，又称工业商标或生产商标，是指商品生产者在其生产制造的商品上所使用的商标。销售商标，又称为商业商标或推销商标，是指销售者在其销售的商品上所使用的商标。服务商标，是服务的提供者在其向社会公众提供的服务项目上所使用的标志。集体商标，又称团体商标，是指以团体、协会或者其他组织名义注册，供该组织成员在商事活动中使用，以表明使用者在该组织中的成员资格的标志。

（4）驰名商标和非驰名商标。这是根据商标的社会影响的大小所作的划分。驰名商标，是指在市场上享有较高声誉并为相关公众所熟知的注册商标。我国《商标法》第十四条规定，认定驰名商标应当考虑下列因素：①相关公众对该商标的知晓程度；②该商标使用的持续时间；③该商标的任何宣传工作的持续时间、程度和地理范围；④该商标作为驰名商标受保护的记录；⑤该商标驰名的其他因素。

二、商标的构成要素

我国《商标法》第八条规定："任何能够将自然人、法人或者其他组织的商品与他人的商品区别开的可视性标志，包括文字、图形、字母、数字、三维标志和颜色组合，以及上述要素的组合，均可以作为商标申请注册。"依此规定，任何能够将自然人、法人或者其他组织的商品与他人的商品区别开的可视性标志，包括文字、图形、字母、数字、三维标志和颜色组合，以及上述要素的组合，均可以作为注册商标的构成要素。换言之，不具备可视性特征的如气味、旋律等就不能作为注册商标的构成要素。

为了便于识别，防止误认，保护国家利益、社会公共利益以及其他经营者的正当权益，我国《商标法》对于商标标志的使用作了以下几方面限制性或禁止性规定：

（1）下列标志不得作为商标使用：①同中华人民共和国的国家名称、国旗、国徽、军旗、勋章相同或者近似的，以及同中央国家机关所在地特定地点的名称或者标志性建筑物的名称、图形相同的；②同外国的国家名称、国旗、国徽、军旗相同或者近似的，但该国政府同意的除外；③同政府间国际组织的名称、旗帜、徽记相同或者近似的，但经该组织同意或者不易误导公众的除外；④与表明实施控制、予以保证的官方标志、检验印记相同或者近似的，但经授权的除外；⑤同"红十字"、"红新月"的名称、标志相同或者近似的；⑥带有民族歧视性的；⑦夸大宣传并带有欺骗性的；⑧有害于社会主义道德风尚或者有其他不良影响的。县级以上行政区划的地名或者公众知晓的外国地名，不得作为商标。但是，地名具有其他含义或者作为集体商标、证明商标组成部分的除外；已经注册的使用地名的商标继续有效。

（2）下列标志不得作为商标注册：①仅有本商品的通用名称、图形、型号的；②仅仅直接表示商品的质量、主要原料、功能、用途、重量、数量及其他特点的；③缺乏显著特征的。前款所列标志经过使用取得显著特征，并便于识别的，可以作为商标注册。

（3）以三维标志申请注册商标的，仅由商品自身的性质产生的形状、为获得技术效果而需有的商品形状或者使商品具有实质性价值的形状，不得注册。

（4）就相同或者类似商品申请注册的商标是复制、模仿或者翻译他人未在中国注册的驰名商标，容易导致混淆的，不予注册并禁止使用。就不相同或者不相类似商品申请注册的商标是复制、模仿或者翻译他人已经在中国注册的驰名商标，误导公众，致使该驰名商标注册人的利益可能受到损害的，不予注册并禁止使用。

（5）未经授权，代理人或者代表人以自己的名义将被代理人或者被代表人的商标进行注册，被代理人或者被代表人提出异议的，不予注册并禁止使用。

（6）商标中有商品的地理标志，而该商品并非来源于该标志所标示的地区，误导公众的，不予注册并禁止使用；但是，已经善意取得注册的继续有效。这里所称地理标志，是指标示某商品来源于某地区，该商品的特定质量、信誉或者其他特征，主要由该地区的自然因素或者人文因素所决定的标志。根据《商标法》第六条的规定，地理标志，可以依照规定，作为证明商标或者集体商标申请注册。

三、商标注册的申请

（一）商标注册申请人

根据我国《商标法》的规定，商标注册申请人可以是自然人、法人或其他组织。自然人包括中国人、外国人和无国籍人。法人包括企业法人、机关法人、事业单位法人和社会团体法人。其他组织包括个人独资企业、合伙企业、企业法人的分支机构、个体工商户、农村承包经营户以及不具备法人资格的其他组织。

两个以上的自然人、法人或者其他组织可以共同向商标局申请注册同一商标，共同享有和行使该商标专用权。

外国人或者外国企业在中国申请商标注册的，应当按其所属国和中华人民共和国签订的协议或者共同参加的国际条约办理，或者按对等原则办理。外国人或者外国企业在中国申请商标注册和办理其他商标事宜的，应当委托国家认可的具有商标代理资格的组织代理。

（二）商标注册申请的基本原则

为了便于商标使用人申请注册商标和加强对注册商标的管理，我国《商标法》及《商标法实施条例》就商标注册申请确立了以下几项原则：

（1）自愿注册原则。所谓自愿注册指商标使用人是否申请商标注册取决于自己的意愿。自愿注册原则是一种国际惯例。在实行商标自愿注册的同时，我国对极少数商品上使用的商标仍实行强制注册的办法。《商标法》第六条规定：“国家规定必须使用注册商标的商品，必须申请商标注册，未经核准注册的，不得在市场销售。”

（2）一件商标一份申请的原则。又称分类申请原则，是指一份商标注册申请只能请求注册一件商标。我国《商标法》规定，商标注册申请人在不同类别的商品上申请注册同一商标的，应当按商品分类表提出注册申请；注册商标需要在同一类的其他商品上使用的，应当另行提出注册申请；注册商标需要改变其标志的，应当重新提出注册申请。

（3）优先权原则。《商标法》第二十四条规定："商标注册申请人自其商标在外国第一次提出商标注册申请之日起6个月内，又在中国就相同商品以同一商标提出商标注册申请的，依照该外国同中国签订的协议或者共同参加的国际条约，或者按照相互承认优先权的原则，可以享有优先权。依照前款要求优先权的，应当在提出商标注册申请的时候提出书面声明，并且在3个月内提交第一次提出的商标注册申请文件的副本；未提出书面声明或者逾期未提交商标注册申请文件副本的，视为未要求优先权。"第二十五条规定："商标在中国政府主办的或者承认的国际展览会展出的商品上首次使用的，自该商品展出之日起6个月内，该商标的注册申请人可以享有优先权。依照前款要求优先权的，应当在提出商标注册申请的时候提出书面声明，并且在3个月内提交展出其商品的展览会名称、在展出商品上使用该商标的证据、展出日期等证明文件；未提出书面声明或者逾期未提交证明文件的，视为未要求优先权。"

（三）商标注册申请的提出和变更

商标注册申请人可以委托国家工商行政管理局认可的商标代理组织代理，也可以直接办理。外国人或者外国企业在中国申请商标注册和办理其他商标事宜的，应当委托国家认可的具有商标代理资格的组织代理。当事人委托商标代理组织申请商标注册或者办理其他商标事宜，应当提交代理委托书。代理委托书应当载明代理内容及权限；外国人或者外国企业的代理委托书还应当载明委托人的国籍。

共同申请注册同一商标的，应当在申请书中指定一个代表人；没有指定代表人的，以申请书中顺序排列的第一人为代表人。申请人变更其名义、地址、代理人，或者删减指定的商品的，可以向商标局办理变更手续。申请人转让其商标注册申请的，应当向商标局办理转让手续。

申请商标注册的，应当按规定的商品分类表填报使用商标的商品类别和商品名称。商标注册申请人应备齐商标注册申请时所需的文件与费用。

以三维标志申请注册商标的，应当在申请书中予以声明，并提交能够确定三维形状的图样。以颜色组合申请注册商标的，应当在申请书中予以声明，并提交文字说明。申请注册集体商标、证明商标的，应当在申请书中予以声明，并提交主体资格证明文件和使用管理规则。

注册商标需要变更注册人的名义、地址或者其他注册事项的，应当提出变更申请。

为申请商标注册所申报的事项和所提供的材料应当真实、准确、完整。

四、商标注册的审查和核准

（一）商标注册审核的基本原则

（1）申请在先的原则。它是指对于两个或者两个以上申请人，在同一种或者类似的商品上以相同或者近似的商标申请注册时，准予申请在先的商标注册，驳回在后的注册申请。我国《商标法》第二十九条规定："两个或者两个以上的商标注册申请人，在同一种商品或者类似商品上，以相同或者近似的商标申请注册的，初步审定并公告申请在先的商标；同一天申请的，初步审定并公告使用在先的商标，驳回其他人的申请，不予公告。"《商标法实施条例》第十九条规定："两个或者两个以上的申请人，在同一种商品或者类似商品上，分别以相同或者近似的商标在同一天申请注册的，各申请人应当自收到商标局通知之日起 30 日内提交其申请注册前在先使用该商标的证据。同日使用或者均未使用的，各申请人可以自收到商标局通知之日起 30 日内自行协商，并将书面协议报送商标局；不愿协商或者协商不成的，商标局通知各申请人以抽签的方式确定一个申请人，驳回其他人的注册申请。商标局已经通知但申请人未参加抽签的，视为放弃申请，商标局应当书面通知未参加抽签的申请人。”因此严格地讲，我国审核商标注册实行的是以申请在先为主，以使用在先及协商为补充的原则。

（2）保护在先权利的原则。所谓在先权利，是指他人在注册商标申请人提出注册商标申请以前，已经依法取得或者依法享有并受法律保护的权利，包括商标权、著作权、企业名称权、肖像权、知名商品特有包装或者装潢使用权等。我国《商标法》第三十一条规定，申请商标注册不得损害他人现有的在先权利。根据该规定，如果申请商标注册的标志与上述他人的在先权利冲突时，商标局将不予核准注册；已经核准注册的，要予以撤销。

（3）禁止恶意抢注的原则。所谓恶意抢注，是指申请人为了自身的利益而对明知是他人已使用的商标抢先申请注册的行为。尽管未注册商标的使用人未能就该商标取得专用权，但恶意抢注行为违反了诚实信用这一民商法的基本原则，因此应当予以禁止。我国《商标法》第三十一条明确规定，申请商标注册，不得以不正当手段抢先注册他人已经使用并有一定影响的商标。

（二）商标注册审核的程序

（1）形式审查。形式审查是审查商标注册的申请是否具备法定的条件和手续，从而确定对申请是否受理。它包括：审查商标申请人是否具有申请商标注册的权利；商标申请文件、图样是否齐备；申请书的填写和商标图样是否合乎规格；商品分类是否正确；申请费和注册费及其他商标规费是否已足额缴纳，等等。

（2）实质审查。审查内容包括：商标是否具备法定构成要素；商标是否具备显著性；商标是否符合公共秩序和道德的要求；商标是否与他人已经注册或者审定公告的商标相同或者近似等。实质审查是决定申请注册的商标能否初步审定并予以公告的重要环节。根据《商标法》及《商标法实施条例》的规定，商标局对受理的商标注册申请，依照有关规定进行审查，对符合规定的或者在部分指定商品上使用商标的注册申请符合规定的，予以初步审定，并予以公告；对不符合规定或者在部分指定商品上使用商标的注册申请不符合规定的，予以驳回或者驳回在部分指定商品上使用商标的注册申请，书面通知申请人并说明理由。商标注册申请人不服的，可以自收到通知之日起 15 日内向商标评审委员会申请复审，由商标评审委员会作出决定，并书面通知申请人。当事人对商标评审委员会的决定不服的，可以自收到通知之日起 30 日内向人民法院起诉。

（3）商标的异议。我国《商标法》对初步审定公告的商标，采取异议制度。根据《商标法》及《商标法实施条例》的规定，对初步审定的商标，自公告之日起 3 个月内，任何人均可以提出异议。对初步审定、予以公告的商标提出异议的，商标局应当听取异议人和被异议人陈述事实和理由，经调查核实后，作出裁定。经裁定异议不能成立的，予以核准注册，发给商标注册证，并予公告；经裁定异议成立的，不予核准注册。异议成立，包括在部分指定商品上成立。异议在部分指定商品上成立的，在该部分指定商品上的商标注册申请不予核准。当事人不服的，可以自收到通知之日起 15 日内向商标评审委员会申请复审，由商标评审委员会作出裁定，并书面通知异议人和被异议人。当事人对商标评审委员会的裁定不服的，可以自收到通知之日起30日内向人民法院起诉。人民法院应当通知商标复审程序的对方当事人作为第三人参加诉讼。被异议商标在异议裁定生效前已经刊发注册公告的，撤销原注册公告，经异议裁定核准注册的商标重新公告。经异议裁定核准注册的商标，自该商标异议期满之日起至异议裁定生效前，对他人在同一种或者类似商品上使用与该商标相同或者近似的标志的行为不具有追溯力；但是，因该使用人的恶意给商标注册人造成的损失，应当给予赔偿。

（4）核准注册。公告期满无异议的或者经裁定异议不能成立的，予以核准注册，发给商标注册证，并予公告。

五、注册商标的有效期限、续展、转让和许可使用

（一）注册商标的有效期限

注册商标的有效期限是指注册商标受法律保护的期限，或称为专用权的期限。我国《商标法》第三十七条规定：“注册商标的有效期为10年，自核准注册之日起计算。”

（二）注册商标的续展

注册商标的续展是指注册商标有效期的延续。我国《商标法》第三十八条规定：“注册商标有效期满，需要继续使用的，应当在期满前6个月内申请续展注册；在此期间未能提出申请的，可以给予6个月的宽展期。宽展期满仍未提出申请的，注销其注册商标。每次续展注册的有效期为10年。续展注册经核准后，予以公告。”续展注册商标有效期自该商标上一届有效期满次日起计算。

（三）注册商标的转让

注册商标的转让，是指商标权人将其所有的注册商标的专用权，依照法定的程序转让给他人的法律行为。注册商标转让后，受让人成为新的商标权人，而原商标权人不再享有商标权。《商标法》第三十九条规定：“转让注册商标的，转让人和受让人应当签订转让协议，并共同向商标局提出申请。受让人应当保证使用该注册商标的商品质量。转让注册商标经核准后，予以公告。受让人自公告之日起享有商标专用权。”

（四）注册商标的许可使用

注册商标的许可使用，是指商标注册人或其授权的人将其注册商标的部分或全部使用权许可给他人使用的法律行为。注册商标许可使用后，许可人并不丧失商标权。为了加强对商标使用的管理，保护消费者权益，《商标法》在赋予注册商标权人许可使用权的同时，也规定了相应的义务。该法第四十条规定：“商标注册人可以通过签订商标使用许可合同，许可他人使用其注册商标。许可人应当监督被许可人使用其注册商标的商品质量。被许可人应当保证使用该注册商标的商品质量。经许可使用他人注册商标的，必须在使用该注册商标的商品上标明被许可人的名称和商品产地。”

六、注册商标争议的裁定

（一）注册商标争议的概念

注册商标争议，是指两个或两个以上的商标注册人之间就商标专用权发生的争执，具体而言是指在先申请注册的商标注册人认为他人在后申请注册的商标与其在同一种或者类似商品上的注册商标相同或者近似，而请求撤销该注册商标的一种法律行为。它不

同于商标异议。商标异议是对商标局初步审定的商标提出不同意见并要求撤销该初步审定商标的一种法律行为。两者申请的主体、针对的对象、请求的事项、提出请求的时间、处理的机构均有所不同。

（二）适用注册商标争议裁定的情形

根据《商标法》第四十一条的规定，适用注册商标争议裁定的有以下三类情形：

（1）已经注册的商标，违反规定，将商标禁止使用的标志或者将注册商标禁止使用的标志作为商标标志的，或者是以欺骗手段或者其他不正当手段取得注册的。对于这类情形，由商标局撤销该注册商标；其他单位或者个人可以请求商标评审委员会裁定撤销该注册商标。

（2）已经注册的商标，违反规定，属于下列情形：①复制、模仿或者翻译他人已经在中国注册的驰名商标，误导公众，致使该驰名商标注册人的利益可能受到损害的；②未经授权，代理人或者代表人以自己的名义将被代理人或者被代表人的商标进行注册，被代理人或者被代表人提出异议的；③商标中有商品的地理标志，而该商品并非来源于该标志所标示的地区，误导公众的；④损害他人现有的在先权利，或者以不正当手段抢先注册他人已经使用并有一定影响的商标的。自商标注册之日起 5 年内，商标所有人或者利害关系人可以请求商标评审委员会裁定撤销该注册商标。对恶意注册的，驰名商标所有人不受 5 年的时间限制。

（3）除前两类情形外，对已经注册的商标有争议的，还可以自该商标经核准注册之日起 5 年内，向商标评审委员会申请裁定。

对核准注册前已经提出异议并经裁定的商标，不得再以相同的事实和理由申请裁定。

（三）注册商标争议的裁定

商标评审委员会受理商标评审申请后，应当及时将申请书副本送交对方当事人，限其自收到申请书副本之日起 30 日内答辩；期满未答辩的，不影响商标评审委员会的评审。商标评审委员会对商标评审申请已经作出裁定或者决定的，任何人不得以相同的事实和理由再次提出评审申请。

商标评审委员会作出维持或者撤销注册商标的裁定后，应当书面通知有关当事人。当事人对商标评审委员会的裁定不服的，可以自收到通知之日起 30 日内，向人民法院起诉。人民法院应当通知商标裁定程序的对方当事人作为第三人参加诉讼。

七、商标使用的管理

商标的使用，包括将商标用于商品、商品包装或者容器以及商品交易文书上，或者将商标用于广告宣传、展览以及其他商业活动中。

（一）注册商标的使用管理

（1）使用注册商标，可以在商品、商品包装、说明书或者其他附着物上标明“注册商标”或者注册标记。使用注册标记，应当标注在商标的右上角或者右下角。

（2）使用注册商标，有下列行为之一的，由商标局责令限期改正或者撤销其注册商标：①自行改变注册商标的；②自行改变注册商标的注册人名义、地址或者其他注册事项的；③自行转让注册商标的；④连续 3 年停止使用的。

（3）使用注册商标，其商品粗制滥造，以次充好，欺骗消费者的，由各级工商行政管理部门分别不同情况，责令限期改正，并可以予以通报或者处以罚款，或者由商标局撤销其注册商标。

（4）注册商标被撤销的或者期满不再续展的，自撤销或者注销之日起 1 年内，商标局对与该商标相同或者近似的商标注册申请，不予核准。

（5）国家规定必须使用注册商标的商品，必须申请商标注册。未经核准注册，在市场销售的，由地方工商行政管理部门责令限期申请注册，可以并处罚款。

（二）未注册商标的使用管理

根据我国《商标法》的规定，除国家规定必须使用注册商标的商品外，允许生产者、经营者在其商品上使用未注册商标，无须办理任何手续，并且使用人可以随时更改甚至转让未注册商标。但使用未注册商标也应遵守法律的有关规定。《商标法》第四十八条规定，使用未注册商标，有下列行为之一的，由地方工商行政管理部门予以制止，限期改正，并可以予以通报或者处以罚款：①冒充注册商标的；②违反《商标法》第十条的规定，将禁止使用的标志作为商标使用的；③粗制滥造，以次充好，欺骗消费者的。

八、注册商标专用权的保护

（一）注册商标专用权的内容

（1）专用权。商标注册人享有在其注册商标所核定的商品上独占使用该商标的权利。这种权利是排他的，他人无权干预。

（2）禁止权。商标注册人有排除和禁止他人未经许可擅自使用其注册商标的权利。

（3）转让权。商标注册人可以转让其注册商标。

（4）许可使用权。商标注册人可以通过签订商标使用许可合同，许可他人使用其注册商标。

（二）注册商标专用权的范围

注册商标专用权的范围，是指商标注册人对其所注册的商标所享有的使用权的范围。《商标法》第五十一条规定：“注册商标的专用权，以核准注册的商标和核定使用的商品为限。”所谓“核准注册的商标”，是指依法经过核准注册的商标图样中组成商标的文字、图形、字母、数字、三维标志和颜色组合，以及上述要素的组合。所谓“核定使用的商品”，是指已经核准注册在案的某一类别中的具体的商品。

（三）侵犯注册商标专用权的行为

根据《商标法》及《商标法实施条例》的规定，有下列行为之一的，均属侵犯注册商标专用权：

（1）未经商标注册人的许可，在同一种商品或者类似商品上使用与其注册商标相同或者近似的商标的。

（2）销售侵犯注册商标专用权的商品的。

（3）伪造、擅自制造他人注册商标标识或者销售伪造、擅自制造的注册商标标识的。

（4）未经商标注册人同意，更换其注册商标并将该更换商标的商品又投入市场的。

（5）在同一种或者类似商品上，将与他人注册商标相同或者近似的标志作为商品名称或者商品装潢使用，误导公众的。

（6）故意为侵犯他人注册商标专用权行为提供仓储、运输、邮寄、隐匿等便利条件的。

但是，注册商标中含有的本商品的通用名称、图形、型号，或者直接表示商品的质量、主要原料、功能、用途、重量、数量及其他特点，或者含有地名，注册商标专用权人无权禁止他人正当使用。

（四）商标侵权行为的法律责任

（1）民事责任。侵犯注册商标专用权引起纠纷的，由当事人协商解决；不愿协商或者协商不成的，商标注册人或者利害关系人可以向人民法院起诉，也可以请求工商行政管理部门处理。进行处理的工商行政管理部门根据当事人的请求，可以就侵犯商标专用权的赔偿数额进行调解；调解不成的，当事人可以依照《民事诉讼法》向人民法院起诉。侵犯商标专用权的赔偿数额，为侵权人在侵权期间因侵权所获得的利益，或者被侵权人在被侵权期间因被侵权所受到的损失，包括被侵权人为制止侵权行为所支付的合理开支。侵权人因侵权所得利益，或者被侵权人因被侵权所受损失难以确定的，由人民法院根据侵权行为的情节判决给予50万元以下的赔偿。销售不知道是侵犯注册商标专用权的商品，能证明该商品是自己合法取得的并说明提供者的，不承担赔偿责任。

（2）行政责任。使用注册商标，其商品粗制滥造，以次充好，欺骗消费者的，由各级工商行政管理部门分别不同情况，责令限期改正，并可以予以通报或者处以罚款，或者由商标局撤销其注册商标。罚款的数额为非法经营额20%以下或者非法获利两倍以下。对于国家规定必须使用注册商标的商品，未经核准注册，在市场销售的，由地方工商行政管理部门责令限期申请注册，可以并处罚款。罚款的数额为非法经营额10%以下。使用未注册商标，有下列行为之一的，由地方工商行政管理部门予以制止，限期改正，并可以予以通报或者处以罚款：①冒充注册商标的；②违反规定使用禁止作为商标使用标志的；③粗制滥造，以次充好，欺骗消费者的。罚款的数额为非法经营额20%以下或者非法获利两倍以下。工商行政管理部门根据当事人的请求处理侵犯注册商标专用权纠纷时，认定侵权行为成立的，责令立即停止侵权行为，没收、销毁侵权商品和专门用于制造侵权商品、伪造注册商标标识的工具，并可处以罚款。罚款数额为非法经营额3倍以下；非法经营额无法计算的，罚款数额为10万元以下。当事人对处理决定不服的，可以自收到处理通知之日起15日内依照《行政诉讼法》向人民法院起诉；侵权人期满不起诉又不履行的，工商行政管理部门可以申请人民法院强制执行。

（3）刑事责任。未经商标注册人许可，在同一种商品上使用与其注册商标相同的商标，构成犯罪的，除赔偿被侵权人的损失外，依法追究刑事责任。伪造、擅自制造他人注册商标标识或者销售伪造、擅自制造的注册商标标识，构成犯罪的，除赔偿被侵权人的损失外，依法追究刑事责任。销售明知是假冒注册商标的商品，构成犯罪的，除赔偿被侵权人的损失外，还依法追究其刑事责任。

【思考题】

1. 简述《巴黎公约》确立的基本原则。

2. 简述专利权的限制。

3. 简述商标注册审核的基本原则。

4. 简述商标异议与注册商标争议的区别。

5. 一个科研所研究员受某生产单位委托研究开发新的生产工艺，但双方未就新开发所完成的发明创造的归属作出约定。研究开发中，该研究员利用生产单位按约定提供的研究设备和技术资料完成了新工艺的开发，并发明了一种新的生产方法。该研究员就该发明创造提出专利申请。生产单位提出异议，认为该发明创造使用了本单位的设备和资料，所以应与研究员共有专利权。研究员提出专利是一种无形资产，新生产方法是其头脑中心构思，当然归其本人所有。

结合上例涉及的法律问题思考：

（1）该发明是职务发明还是非职务发明？

（2）该发明的专利申请权应归谁？

（3）假如双方在合同中约定，开发成果专利权的所有权归生产单位，那么成果完成后，研究员有什么权利？

第九章　证券法

【学习要点】

- 证券法的基本原则
- 证券监督管理体制
- 证券发行制度
- 证券的上市制度
- 证券交易的规则

证券法本质上是一部“投资者利益保护法”。尽管我国证券市场是一个新兴市场，但其发展之迅速令世人瞩目。1998 年颁布，2005 年重新修订的《中华人民共和国证券法》，对规范证券发行和交易行为，保护投资者的合法利益，维护社会经济秩序和社会公共利益，促进社会主义市场经济的发展，起到了十分重要的作用。本章主要讲述我国证券法的基本原则、证券发行制度、证券交易制度、上市公司的收购和证券监督管理体制。

第一节　证券法概述

一、证券的概念和特征

（一）证券的概念

证券是指证明某种财产权利的凭证。证券通常分为货币证券、商品证券和资本证券。所谓货币证券，是指具有与货币相似的支付、结算、流通、信用等主要功能，并在一定范围内可以代替货币使用的证券，如汇票、本票、支票等。所谓商品证券，是指持有人拥有领取特定商品权利的证券，如货运单、提单等。所谓资本证券，是指能在资本市场上流通，持有人拥有收益请求权的证券，如股票、公司债券等。《中华人民共和国证券法》（以下简称《证券法》）规定的证券为股票、公司债券和国务院依法认定的其他证券，如投资基金凭证、非公司企业债券、政府债券等，属于资本证券。

（二）证券的特征

（1）要式性。证券除应当依照法定的条件和程序发行外，还应当符合法定的形式。如《公司法》规定：股票采用纸面形式或者国务院证券管理部门规定的其他形式。

（2）收益性。投资者进行证券投资的目的就是为了获得一定的收益。股票持有人有权要求公司依据法律、公司章程或者股东大会决议分红派息；公司债券持有人有权要求公司到期还本付息。

（3）风险性。证券的收益性仅表明获得收益的可能性，而非现实性，因为投资者是否实际取得收益以及取得多少收益最终取决于公司的营利状况和财产状况。因此，证券投资具有一定的风险。

（4）平等性。同次发行的同种证券，其发行条件以及持有人所享有的权利内容应当相同。

（5）流通性。依法发行的证券，当事人可以依法自由买卖、赠与和继承。当然，法律对证券转让期限有限制性规定的，在限定的期限内，不得买卖。

二、我国证券立法概况

证券法是关于证券的发行与交易的法律规范的总称。证券法有狭义和广义之分。狭义的证券法仅指证券法典。广义的证券法是指包括证券法典在内的有关证券的发行与交易的法律规范。

新中国成立初期，为了配合对旧中国证券市场的利用，引导和招揽社会游资，将其纳入恢复经济的建设轨道，缓解对金融市场的压力，中国人民银行有关机构先后颁布了《管理证券交易暂行办法》、《证券交易所营业简则》、《经纪人申请登记办法》、《股票上场须知》、《交割办法》等规章制度。之后随着北京、天津的证券交易所于1952年停止交易和一系列政治运动，证券市场被排斥在社会主义经济之外，证券法制建设中断达数十年之久。

改革开放后，最早出台的证券法规是1981年国务院颁布的《中华人民共和国国库券条例》。1986年国务院颁布了《中华人民共和国银行管理暂行条例》，1987年国务院颁布了《企业债券管理条例》、《关于加强股票、债券管理的通知》等。1993年4月，国务院发布了《股票发行与交易管理暂行条例》。1993年12月，第八届全国人民代表大会常务委员会第五次会议通过了《中华人民共和国公司法》，其中对股票、公司债券的发行和上市作出了规定。随后，我国修订了《刑法》。修正后的《刑法》中增列了有关证券犯罪和处罚的规定。国务院和政府有关部门发布的有关法规还有《企业债券管理条例》、《可转换公司债券管理暂行办法》、《国务院关于股份有限公司到境外募集股份及上市的特别规定》、《证券交易所管理办法》、《证券经营机构股票承销业务管理办法》、《证券投资基金管理暂行办法》、《公开发行股票公司信息披露实施细则》、《禁止证券欺诈行为暂行办法》、《证券市场禁入暂行规定》等。1998年12月29日，第九届全国人民代表大会常务委员会第六次会议通过了《中华人民共和国证券法》，自1999年7月1日起施行。2004年8月28日，根据第十届全国人民代表大会常务委员会第十一次会议《关于修改〈中华人民共和国证券法〉的决定》，对《证券法》作了个别条款的修正。2005年10月27日，第十届全国人民代表大会常务委员会第十八次会议对《证券法》作了大幅度修订后重新颁布，自2006年1月1日起施行。新的《证券法》共12章240条，对我国证券的发行与交易、证券经营与中介机构以及证券市场的监督管理作了全面的规定。

三、证券法的基本原则

证券法的基本原则是对证券规则体系具有统领作用的根本规则，是证券法的精神和灵魂。依据我国《证券法》的规定，我国证券法确立了以下基本原则：

（一）公开、公平、公正原则

《证券法》第三条规定：“证券的发行、交易活动，必须实行公开、公平、公正的原则。”

（二）自愿、有偿、诚实信用原则

《证券法》第四条规定："证券发行、交易活动的当事人具有平等的法律地位，应当遵守自愿、有偿、诚实信用的原则。"

（三）守法原则

《证券法》第五条规定："证券发行、交易活动，必须遵守法律、行政法规；禁止欺诈、内幕交易和操纵证券交易市场的行为。"

（四）原则上分业经营管理原则

《证券法》第六条规定："证券业和银行业、信托业、保险业实行分业经营、分业管理，证券公司与银行、信托、保险业务机构分别设立。国家另有规定的除外。"由此，我国证券法只是原则上实行分业经营管理，以国家另行规定的形式为混合经营留下了一定的法律空间。

（五）政府统一监管与行业自律相结合原则

《证券法》第七条规定："国务院证券监督管理机构依法对全国证券市场实行集中统一监督管理。国务院证券监督管理机构根据需要可以设立派出机构，按照授权履行监督管理职责。"第八条规定："在国家对证券发行、交易活动实行集中统一监督管理的前提下，依法设立证券业协会，实行自律性管理。"

从目前国务院机构设置情况来看，国务院证券监督管理机构即中国证券监督管理委员会（以下简称中国证监会）是全国证券期货市场的主管部门。中国证监会按照国务院授权履行行政管理职能，依法对全国证券期货业进行集中统一监督管理。中国证监会根据需要可以设立派出机构，派出机构按照中国证监会的授权履行监督管理职责。证券业自律管理主要包括证券交易所的自律管理和证券业协会的自律管理两个方面。

（六）国家审计监督原则

《证券法》第九条规定："国家审计机关依法对证券交易所、证券公司、证券登记结算机构、证券监督管理机构进行审计监督。"

第二节　证券监督管理体制

一、我国证券监督管理体制

为了控制和化解市场风险，维护证券市场的正常秩序，必须对证券市场进行监督和管理。从目前的情况来看，世界各国对证券市场的监督管理主要有三种模式：一是政府集中统一监管的模式；二是自律性监管模式；三是政府监管与自律性监管相结合的模式。政府集中统一监管就是国家制定统一的证券法和证券交易法，并设立专门的机构依法对全国的证券市场实施统一的监督管理。在实行自律性监管模式的国家，一般没有统一的证券法或证券交易法，国家没有设立专门的机构对证券市场实行统一的监督管理，而是由证券业协会等自律性组织依据章程、行业规章进行自我监管。

我国《证券法》规定："国务院证券监督管理机构依法对全国证券市场实行集中统一监督管理。""在国家对证券发行、交易活动实行集中统一监督管理的前提下，依法设立证券业协会，实行自律性管理。"由此可见，我国对证券市场实行的是政府监管与自律性监管相结合的监督管理体制。

二、国务院证券监督管理机构

（一）国务院证券监督管理机构的设置及其法律地位

《证券法》第一百七十八条规定："国务院证券监督管理机构依法对证券市场实行监督管理，维护证券市场秩序，保障其合法运行。"从目前国务院机构设置情况来看，国务院证券监督管理机构即中国证监会是国务院直属事业单位，是全国证券期货市场的主管部门。中国证监会按照国务院授权履行行政管理职能，依法对全国证券期货业进行集中统一监督管理。中国证监会根据需要可以设立派出机构，派出机构按照中国证监会的授权履行监督管理职责。

（二）国务院证券监督管理机构的职责

根据《证券法》的规定，国务院证券监督管理机构在对证券市场实施监督管理中履行下列职责：

（1）依法制定有关证券市场监督管理的规章、规则，并依法行使审批或者核准权。

（2）依法对证券的发行、上市、交易、登记、存管、结算进行监督管理。

（3）依法对证券发行人、上市公司、证券公司、证券投资基金管理公司、证券服务机构、证券交易所、证券登记结算机构的证券业务活动进行监督管理。

（4）依法制定从事证券业务人员的资格标准和行为准则，并监督实施。

（5）依法监督检查证券发行、上市和交易的信息公开情况。

（6）依法对证券业协会的活动进行指导和监督。

（7）依法对违反证券市场监督管理法律、行政法规的行为进行查处。

（8）法律、行政法规规定的其他职责。

此外，国务院证券监督管理机构可以和其他国家或者地区的证券监督管理机构建立监督管理合作机制，实施跨境监督管理。

三、证券业自律管理

证券业自律管理主要包括证券交易所的自律管理和证券业协会的自律管理两个方面。

（一）证券交易所自律管理

从现行的规定来看，证券交易所具有双重管理职能：一是根据国务院证券监督管理机构的授权行使的管理职能；二是依据有关行政法规和内部规章制度享有的自律管理职能。

（二）证券业协会自律管理

（1）证券业协会的性质。《证券法》第一百七十四条第一款规定："证券业协会是证券业的自律性组织，是社会团体法人。"中国证券业协会于 1991 年 8 月 28 日成立，总部设在北京。证券业协会的宗旨是：根据发展社会主义市场经济的要求，贯彻执行国家有关方针、政策和法规，发挥政府与证券经营机构之间的桥梁和纽带作用，促进证券业的开拓发展，加强证券业的自律管理，维护会员的合法权益，建立和完善具有中国特色的证券市场。

（2）证券业协会的组成与组织机构。证券业协会由协会会员组成。会员分团体会员和个人会员，团体会员为证券公司。《证券法》规定，证券公司应当加入证券业协会。个人会员只限于证券市场管理部门有关领导以及从事证券研究及业务工作的专家，由协会根据需要吸收。证券业协会的权力机构为由全体会员组成的会员大会。会员大会每2年举行一次，必要时经常务理事会决议可召开临时会议。证券业协会设理事会，理事会成员由会员大会选举产生，每届任期2年，可连选连任。证券业协会的章程由会员大会制定，并报国务院证券监督管理机构备案。

（3）证券业协会的职责。根据《证券法》的规定，证券业协会履行下列职责：①教育和组织会员遵守证券法律、行政法规；②依法维护会员的合法权益，向证券监督管理机构反映会员的建议和要求；③收集整理证券信息，为会员提供服务；④制定会员应遵守的规则，组织会员单位的从业人员进行业务培训，开展会员间的业务交流；⑤对会员之间、会员与客户之间发生的证券业务纠纷进行调解；⑥组织会员就证券业的发展、运作及有关内容进行研究；⑦监督、检查会员行为，对违反法律、行政法规或者协会章程的，按照规定给予纪律处分；⑧证券业协会章程规定的其他职责。

第三节　证券发行

一、证券发行的审核制度

为了规范证券的发行，维护投资者的权益，各国制定了相应的制度。根据干预管理的程度，证券发行制度可以分为注册制、核准制和审批制。

注册制，又称为公开管理原则，是指发行人在发行证券之前，必须将有关公司的各种资料全面、准确地向证券监管机关申报、注册。监管机关只对申报材料的全面性、真实性、准确性和及时性进行形式上的审查，如无异议，则申请自动生效，发行人即可发行证券。

核准制，又称为实质管理原则，是指发行人在发行证券的时候，不仅要公开公司的真实情况，而且必须符合法定条件（实质性条件）。在这一制度下，主管机关不仅审核发行公司披露的信息是否全面、真实，而且审核发行公司的股本规模、股本结构、股份分布、经营业绩、产业结构等。对于符合条件的，应予核准；不符合条件的，不予核准。

审批制是指发行公司只有经审查符合法定条件并获主管机关批准后才能发行证券。在审批制下，政府主管机关不仅对发行申请进行形式上和实质内容方面的审查，而且有权最终决定是否准予发行证券。批准与否的主要依据是国家政策以及部门规章。

我国对公开发行证券实行核准制，《证券法》第十条规定："公开发行证券，必须符合法律、行政法规规定的条件，并依法报经国务院证券监督管理机构或者国务院授权的部门核准；未经依法核准，任何单位和个人不得公开发行证券。"不过，对于企业直接或间接到境外发行证券或者将其证券在境外上市交易，仍实行审批制。《证券法》第二百三十八条规定：" 境内企业直接或者间接到境外发行证券或者将其证券在境外上市交易，必须经国务院证券监督管理机构依照国务院的规定批准。"

为切实提高上市公司质量，推动证券发行制度从核准制向注册制转变，我国《证券法》还引入了保荐制度。《证券法》第十一条规定："发行人申请公开发行股票、可转换为股票的公司债券，依法采取承销方式的，或者公开发行法律、行政法规规定实行保荐制度的其他证券的，应当聘请具有保荐资格的机构担任保荐人。保荐人应当遵守业务规则和行业规范，诚实守信，勤勉尽责，对发行人的申请文件和信息披露资料进行审慎核查，督导发行人规范运作。"

二、股票的发行

（一）设立股份有限公司公开发行股票的条件及报送的文件

1. 设立股份有限公司公开发行股票的条件

《证券法》规定，设立股份有限公司公开发行股票，应当符合《公司法》规定的条件和经国务院批准的国务院证券监督管理机构规定的其他条件。根据这一规定，设立股份有限公司公开发行股票应当具备：

（1）符合《公司法》规定的条件。根据《公司法》的规定，设立股份有限公司，应当具备的条件包括：①发起人符合法定人数；②发起人认购和募集的股本达到法定资本最低限额；③股份发行、筹办事项符合法律规定；④发起人制定公司章程，采用募集方式设立的经创立大会通过；⑤有公司名称，建立符合股份有限公司要求的组织机构；⑥有公司住所。

（2）符合经国务院批准的国务院证券监督管理机构规定的其他条件。

2. 设立股份有限公司公开发行股票应报送的文件

设立股份有限公司公开发行股票，除符合上述条件外，还应当向国务院证券监督管理机构报送募股申请和下列文件：公司章程；发起人协议；发起人姓名或者名称；发起人认购的股份数、出资种类及验资证明；招股说明书；代收股款银行的名称及地址；承销机构名称及有关协议。依法应当聘请保荐人的，还应当报送保荐人出具的发行保荐书。法律、行政法规规定设立公司必须报经批准的，还应当提交相应的批准文件。

（二）公司公开发行新股的条件及报送文件

1. 公司公开发行新股的条件

《证券法》规定，公司公开发行新股，应当符合下列条件：①具备健全且运行良好的组织机构；②具有持续盈利能力，财务状况良好；③最近3年财务会计文件无虚假记载，无其他重大违法行为；④经国务院批准的国务院证券监督管理机构规定的其他条件。

上市公司非公开发行新股，应当符合经国务院批准的国务院证券监督管理机构规定的条件，并报国务院证券监督管理机构核准。

2. 公司公开发行新股应报送的文件

公司公开发行新股，应当向国务院证券监督管理机构报送募股申请和下列文件：①公司营业执照；②公司章程；③股东大会决议；④招股说明书；⑤财务会计报告；⑥代收股款银行的名称及地址；⑦承销机构名称及有关的协议。依法应当聘请保荐人的，还应当报送保荐人出具的发行保荐书。

为了规范公开发行股票所募集资金的使用，《证券法》规定，公司对公开发行股票所募集资金，必须按照招股说明书所列资金用途使用。改变招股说明书所列资金用途，必须经股东大会作出决议，擅自改变用途而未作纠正的，或者未经股东大会认可的，不得公开发行新股。

三、公司债券的发行

（一）公开发行公司债券的条件及报送的文件

1. 公开发行公司债券的条件

公开发行公司债券，应当符合下列条件：①股份有限公司的净资产不低于人民币

3 000万元，有限责任公司的净资产不低于人民币6 000万元；②累计债券余额不超过公司净资产的4%；③最近3年平均可分配利润足以支付公司债券1年的利息；④筹集的资金投向符合国家产业政策；⑤债券的利率不超过国务院限定的利率水平；⑥国务院规定的其他条件。

公开发行公司债券筹集的资金，必须用于核准的用途，不得用于弥补亏损和非生产性支出。上市公司发行可转换为股票的公司债券，除应当符合上述规定的条件外，还应当符合《证券法》关于公开发行股票的条件，并报国务院证券监督管理机构核准。

2. 公开发行公司债券应报送的文件

申请公开发行公司债券，应当向国务院授权的部门或者国务院证券监督管理机构报送下列文件：①公司营业执照；②公司章程；③公司债券募集办法；④资产评估报告和验资报告；⑤国务院授权的部门或者国务院证券监督管理机构规定的其他文件。依照规定聘请保荐人的，还应当报送保荐人出具的发行保荐书。

（二）不得再次公开发行公司债券的情形

《证券法》规定，有下列情形之一的，不得再次公开发行公司债券：①前一次公开发行的公司债券尚未募足；②对已公开发行的公司债券或者其他债务有违约或者延迟支付本息的事实，仍处于继续状态；③违反《证券法》规定，改变公开发行公司债券所募资金的用途。

四、证券的发行程序

（一）申报

发行人发行证券，应当依照法定程序向国务院证券监督管理机构或者国务院授权的部门报送发行申请文件。发行人依法申请核准发行证券所报送的申请文件的格式、报送方式，由依法负责核准的机构或者部门规定。申请文件必须真实、准确、完整。为证券发行出具有关文件的专业机构和人员，必须严格履行法定职责，保证其所出具文件的真实性、准确性和完整性。

发行人申请首次公开发行股票的，在提交申请文件后，应当按照国务院证券监督管理机构的规定预先披露有关申请文件。

（二）审核

国务院证券监督管理机构设发行审核委员会，依法审核股票发行申请。发行审核委员会由国务院证券监督管理机构的专业人员和所聘请的该机构外的有关专家组成，以投票方式对股票发行申请进行表决，提出审核意见。发行审核委员会的具体组成办法、组成人员任期、工作程序，由国务院证券监督管理机构规定。

国务院证券监督管理机构依照法定条件负责核准股票发行申请。核准程序应当公开，依法接受监督。参与审核和核准股票发行申请的人员，不得与发行申请人有利害关系，不得直接或者间接接受发行申请人的馈赠，不得持有所核准的发行申请的股票，不得私下与发行申请人进行接触。国务院授权的部门对公司债券发行申请的核准，参照上述规定执行。

国务院证券监督管理机构或者国务院授权的部门应当自受理证券发行申请文件之日起3个月内，依照法定条件和法定程序作出予以核准或者不予核准的决定，发行人根据要求补充、修改发行申请文件的时间不计算在内；不予核准的，应当说明理由。

（三）公告

证券发行申请经核准，发行人应当依照法律、行政法规的规定，在证券公开发行前，公告公开发行募集文件，并将该文件置备于指定场所供公众查阅。发行证券的信息依法公开前，任何知情人不得公开或者泄露该信息。

发行人不得在公告公开发行募集文件前发行证券。国务院证券监督管理机构或者国务院授权的部门对已作出的核准证券发行的决定，发现不符合法定条件或者法定程序，尚未发行证券的，应当予以撤销，停止发行。已经发行但尚未上市的，撤销发行核准决定，发行人应当按照发行价并加算银行同期存款利息返还证券持有人；保荐人应当与发行人承担连带责任，但是能够证明自己没有过错的除外；发行人的控股股东、实际控制人有过错的，应当与发行人承担连带责任。

股票依法发行后，发行人经营与收益的变化，由发行人自行负责。由此变化引致的投资风险，由投资者自行负责。

（四）承销

证券承销是指具有证券承销业务资格的证券公司接受证券发行人的委托，在法律规定或者约定的时间内发售拟发行的证券，并收取一定的费用的行为。发行人向不特定对象发行的证券，法律、行政法规规定应当由证券公司承销的，发行人应当同证券公司签订承销协议。公开发行证券的发行人有权依法自主选择承销的证券公司。证券公司不得以不正当竞争手段招揽证券承销业务。

证券承销业务采取代销或者包销方式。证券代销是指证券公司代发行人发售证券，在承销期结束时，将未售出的证券全部退还给发行人的承销方式。证券包销是指证券公司将发行人的证券按照协议全部购入或者在承销期结束时将售后剩余证券全部自行购入的承销方式。

证券公司承销证券，应当同发行人签订代销或者包销协议，载明下列事项：①当事人的名称、住所及法定代表人姓名；②代销、包销证券的种类、数量、金额及发行价格；③代销、包销的期限及起止日期；④代销、包销的付款方式及日期；⑤代销、包销的费用和结算办法；⑥违约责任；⑦国务院证券监督管理机构规定的其他事项。

证券公司承销证券，应当对公开发行募集文件的真实性、准确性、完整性进行核查；发现有虚假记载、误导性陈述或者重大遗漏的，不得进行销售活动；已经销售的，必须立即停止销售活动，并采取纠正措施。

向不特定对象发行的证券票面总值超过人民币 5 000 万元的，应当由承销团承销。承销团应当由主承销和参与承销的证券公司组成。证券的代销、包销期限最长不得超过 90 日。证券公司在代销、包销期内，对所代销、包销的证券应当保证先行出售给认购人，而且不得为本公司预留所代销的证券和预先购入并留存所包销的证券。

股票发行采用代销方式，代销期限届满，向投资者出售的股票数量未达到拟公开发行股票数量 70% 的，为发行失败。发行人应当按照发行价并加算银行同期存款利息返还股票认购人。公开发行股票，代销、包销期限届满，发行人应当在规定的期限内将股票发行情况报国务院证券监督管理机构备案。

第四节 证券交易

一、证券交易的一般规则

证券交易是指证券所有人转移证券的所有权于买受人，买受人支付相应价款的行为。根据《证券法》的规定，在证券交易中，应遵守以下一般规则：

（一）证券交易的标的必须合法

《证券法》规定，证券交易当事人依法买卖的证券，必须是依法发行并交付的证券。非依法发行的证券，不得买卖。

（二）遵守有关交易主体、转让期限限制性规定

《证券法》规定，证券交易所、证券公司和证券登记结算机构的从业人员、证券监督管理机构的工作人员以及法律、行政法规禁止参与股票交易的其他人员，在任期或者法定限期内，不得直接或者以化名、借他人名义持有、买卖股票，也不得收受他人赠送的股票。任何人在成为上述人员时，其原已持有的股票，必须依法转让。

为股票发行出具审计报告、资产评估报告或者法律意见书等文件的证券服务机构和人员，在该股票承销期内和期满后 6 个月内，不得买卖该种股票。为上市公司出具审计报告、资产评估报告或者法律意见书等文件的证券服务机构和人员，自接受上市公司委托之日起至上述文件公开后 5 日内，不得买卖该种股票。

（三）在合法的证券交易场所进行交易

《证券法》规定，依法公开发行的股票、公司债券及其他证券，应当在依法设立的证券交易所上市交易或者在国务院批准的其他证券交易场所转让。

（四）以合法的方式交易

《证券法》规定，证券在证券交易所上市交易，应当采用公开的集中交易方式或者国务院证券监督管理机构批准的其他方式。

（五）证券交易既可以是现货又可以是由国务院规定的其他形式

证券交易可以分为现货交易、期货交易和期权交易三种形式。现货交易是指证券买卖成交后，按当时的价格进行证券实物交割的交易方式。期货交易是指证券买卖成交后，按合同规定的价格在将来某时间进行证券交割的交易方式。期权交易，又称为选择权交易，其交易的对象是一种权利，购买者有权在规定的期限内以规定的价格向出售方购买或者出售某种股票。我国《证券法》第四十二条规定：“证券交易以现货和国务院规定的其他方式进行交易。”

（六）大股东交易的特殊规则

上市公司董事、监事、高级管理人员、持有上市公司股份 5% 以上的股东，将其持有的该公司的股票在买入后 6 个月内卖出，或者在卖出后 6 个月内又买入，由此所得收益归该公司所有，公司董事会应当收回其所得收益。但是，证券公司因包销购入售后剩余股票而持有 5% 以上股份的，卖出该股票不受 6 个月时间限制。

公司董事会不按照上述规定执行的，股东有权要求董事会在 30 日内执行。公司董事会未在上述期限内执行的，股东有权为了公司的利益以自己的名义直接向人民法院提起诉讼。公司董事会不按照上述规定执行的，负有责任的董事依法承担连带责任。

（七）为客户保密

证券交易所、证券公司、证券登记结算机构必须依法为客户开立的账户保密。

（八）收费合理

《证券法》规定，证券交易的收费必须合理，并公开收费项目、收费标准和收费办法。证券交易的收费项目、收费标准和管理办法由国务院有关主管部门统一规定。

二、证券上市

（一）证券上市的含义及意义

证券上市是指已公开发行的证券依照法定条件和程序到证券交易所挂牌交易。经国务院证券监督管理机构核准其发行的证券在证券交易所上市交易的公司即为上市公司。《证券法》规定，申请证券上市交易，应当向证券交易所提出申请，由证券交易所依法审核同意，并由双方签订上市协议。证券交易所根据国务院授权的部门的决定，安排政府债券上市交易。

证券上市对于上市公司、投资者和证券监督管理机构都具有重大意义。

对于上市公司而言，其证券上市的主要意义在于：第一，由于证券上市须满足法定条件，获准上市是对该公司业绩、管理水平等实力的肯定，可以提高公司的声誉；第二，证券交易所为其证券交易提供了连续性的市场，增强了其证券的流通性和兑现能力，有利于该公司今后进一步通过证券市场筹措资金；第三，证券交易所每日交易行情的揭示以及新闻媒体的股评等能给上市公司带来巨大的广告效应；第四，在正常交易的情况下，股票上市可以提高股权分散程度，进而有利于避免股份被少数人持有而控制公司或者操纵市场；第五，证券上市有利于促使公司的经营管理层不断提高经营管理水平，以提高本公司在证券市场上的形象。

（二）证券上市的条件

1. 股票上市的条件

股票上市的条件有法定条件和证券交易所定条件之分。前者为最低条件，证券交易所还可以制定更高的条件。根据《证券法》的规定，股份有限公司申请股票上市，应当符合下列条件：①股票经国务院证券监督管理机构核准已公开发行。②公司股本总额不少于人民币3 000万元。③公开发行的股份达到公司股份总数的25%以上；公司股本总额超过人民币4亿元的，公开发行股份的比例为10%以上。④公司最近3年无重大违法行为，财务会计报告无虚假记载。

证券交易所可以规定高于前款规定的上市条件，并报国务院证券监督管理机构批准。国家鼓励符合产业政策并符合上市条件的公司股票上市交易。

2. 公司债券上市的条件

《证券法》规定，公司申请公司债券上市交易，应当符合下列条件：①公司债券的期限为1年以上；②公司债券实际发行额不少于人民币5 000万元；③公司申请债券上市时仍符合法定的公司债券发行条件。

（三）证券上市的程序

1. 聘请保荐人

对于股票、可转换为股票的公司债券以及法律、行政法规要求实行保荐制度的其他证券，发行人应当聘请具有保荐资格的机构担任保荐人。上市保荐人的职责与发行保荐人一样。由保荐人在进行尽职调查的基础上，向证券交易所提交推荐书和证券交易所要求的其他文件。保荐人应在证券上市后，对发行人进行持续督导。

2. 申请

申请股票上市交易，发行人应向证券交易所报送下列文件：上市报告书；申请股票上市的股东大会决议；公司章程；公司营业执照；依法经会计师事务所审计的公司最近3年的财务会计报告；法律意见书和上市保荐书；最近一次的招股说明书；证券交易所上市规则规定的其他文件。

申请公司债券上市交易，发行人应向证券交易所报送下列文件：上市报告书；申请公司债券上市的董事会决议；公司章程；公司营业执照；公司债券募集办法；公司债券的实际发行数额；证券交易所上市规则规定的其他文件。如申请可转换为股票的公司债券上市交易，还应当报送保荐人出具的上市保荐书。

3. 签订上市协议

证券上市申请一经核准，证券交易所即应与发行人签订上市协议。

4. 上市信息公开

证券上市经核准后，在上市前，发行人应在规定的期限内公告股票上市文件、债券上市文件以及有关文件，并将其申请文件置备于指定场所供公众查阅。对于股票上市交易，还应公告以下事项：股票获准在证券交易所交易的日期；持有公司股份最多的前十名股东的名单和持股数额；公司的实际控制人；董事、监事、高级管理人员的姓名及其持有本公司股票和债券的情况。在前述信息公开之前，证券不得上市。

5. 挂牌交易

上市信息公开之后，发行人即可按照证券交易所安排的时间使其证券在证券交易所公开挂牌交易。公开挂牌交易的首日，证券交易所一般为发行人的证券上市举行一定仪式，如深圳证券交易所为发行人敲开市宝钟。

（四）上市证券暂停与终止上市交易

1. 股票暂停与终止上市交易

上市公司有下列情形之一的，由证券交易所决定暂停其股票上市交易：①公司股本总额、股权分布等发生变化不再具备上市条件；②公司不按照规定公开其财务状况，或者对财务会计报告作虚假记载，可能误导投资者；③公司有重大违法行为；④公司最近3年连续亏损；⑤证券交易所上市规则规定的其他情形。

上市公司有下列情形之一的，由证券交易所决定终止其股票上市交易：①公司股本总额、股权分布等发生变化不再具备上市条件，在证券交易所规定的期限内仍不能达到上市条件；②公司不按照规定公开其财务状况，或者对财务会计报告作虚假记载，且拒绝纠正；③公司最近3年连续亏损，在其后一个年度内未能恢复盈利；④公司解散或者被宣告破产；⑤证券交易所上市规则规定的其他情形。

2. 公司债券暂停与终止上市交易

公司债券上市交易后，公司有下列情形之一的，由证券交易所决定暂停其公司债券上市交易：①公司有重大违法行为；②公司情况发生重大变化不符合公司债券上市条件；③发行公司债券所募集的资金不按照核准的用途使用；④未按照公司债券募集办法履行义务；⑤公司最近两年连续亏损。

公司有上述第①项、第④项所列情形之一经查实后果严重的，或者有上述第②项、第③项、第⑤项所列情形之一，在限期内未能消除的，由证券交易所决定终止其公司债券上市交易。公司解散或者被宣告破产的，由证券交易所终止其公司债券上市交易。

三、持续信息公开

（一）持续信息公开的概念

信息公开，亦称信息披露，是指证券发行人或上市公司依法将其财务、经营等情况向证券监管机构报告，并以公告方式告知投资者的行为。鉴于在证券发行、上市以及交易期间，信息公开的义务人须一直进行信息披露，故称为持续信息公开或继续信息公开。持续信息公开是证券法上"三公"原则的基本要求，也是对证券市场进行监管的有效手段。

《证券法》规定，发行人、上市公司依法披露的信息，必须真实、准确、完整，不得有虚假记载、误导性陈述或者重大遗漏。经国务院证券监督管理机构核准依法公开发行股票，或者经国务院授权的部门核准依法公开发行公司债券，应当公告招股说明书、公司债券募集办法。依法公开发行新股或者公司债券的，还应当公告财务会计报告。

持续公开的信息主要包括上市公司定期报告即中期报告和年度报告，上市公司临时报告即重大事件报告。

（二）定期报告

1. 中期报告

上市公司和公司债券上市交易的公司，应当在每一会计年度的上半年结束之日起两个月内，向国务院证券监督管理机构和证券交易所报送记载以下内容的中期报告，并予公告：①公司财务会计报告和经营情况；②涉及公司的重大诉讼事项；③已发行的股票、公司债券变动情况；④提交股东大会审议的重要事项；⑤国务院证券监督管理机构规定的其他事项。

2. 年度报告

上市公司和公司债券上市交易的公司，应当在每一会计年度结束之日起 4 个月内，向国务院证券监督管理机构和证券交易所报送记载以下内容的年度报告，并予公告：①公司概况；②公司财务会计报告和经营情况；③董事、监事、高级管理人员简介及其持股情况；④已发行的股票、公司债券情况，包括持有公司股份最多的前十名股东的名单和持股数额；⑤公司的实际控制人；⑥国务院证券监督管理机构规定的其他事项。

（三）临时报告

《证券法》规定，发生可能对上市公司股票交易价格产生较大影响的重大事件，在投资者尚未得知时，上市公司应当立即将有关该重大事件的情况向国务院证券监督管理机构和证券交易所报送临时报告，并予公告，说明事件的起因、目前的状态和可能产生的法律后果。

这里所称的重大事件主要包括：①公司的经营方针和经营范围的重大变化；②公司的重大投资行为和重大的购置财产的决定；③公司订立重要合同，可能对公司的资产、负债、权益和经营成果产生重要影响；④公司发生重大债务和未能清偿到期重大债务的违约情况；⑤公司发生重大亏损或者重大损失；⑥公司生产经营的外部条件发生的重大变化；⑦公司的董事、1/3 以上监事或者经理发生变动；⑧持有公司 5% 以上股份的股东或者实际控制人，其持有股份或者控制公司的情况发生较大变化；⑨公司减资、合并、分立、解散及申请破产的决定；⑩涉及公司的重大诉讼，股东大会、董事会决议被依法撤销或者宣告无效；⑪公司涉嫌犯罪被司法机关立案调查，公司董事、监事、高级管理人员涉嫌犯罪被司法机关采取强制措施；⑫国务院证券监督管理机构规定的其他事项。

（四）信息的发布与监督

上市公司董事、高级管理人员应当对公司定期报告签署书面确认意见。上市公司监事会应当对董事会编制的公司定期报告进行审核并提出书面审核意见。上市公司董事、监事、高级管理人员应当保证上市公司所披露的信息真实、准确、完整。

发行人、上市公司公告的招股说明书、公司债券募集办法、财务会计报告、上市报告文件、年度报告、中期报告、临时报告以及其他信息披露资料，有虚假记载、误导性陈述或者重大遗漏，致使投资者在证券交易中遭受损失的，发行人、上市公司应当承担赔偿责任；发行人、上市公司的董事、监事、高级管理人员和其他直接责任人员以及保荐人、承销的证券公司，应当与发行人、上市公司承担连带赔偿责任，但是能够证明自己没有过错的除外；发行人、上市公司的控股股东、实际控制人有过错的，应当与发行人、上市公司承担连带赔偿责任。

依法必须披露的信息，应当在国务院证券监督管理机构指定的媒体发布，同时将其置备于公司住所、证券交易所，以供社会公众查阅。

国务院证券监督管理机构对上市公司年度报告、中期报告、临时报告以及公告的情况进行监督，对上市公司分派或者配售新股的情况进行监督，对上市公司控股股东和信息披露义务人的行为进行监督。证券监督管理机构、证券交易所、保荐人、承销的证券公司及有关人员，对公司依照法律、行政法规规定必须作出的公告，在公告前不得泄露其内容。

证券交易所决定暂停或者终止证券上市交易的，应当及时公告，并报国务院证券监督管理机构备案。

四、禁止的交易行为

禁止的证券交易行为是指根据法律、行政法规的规定，证券市场的参与者在证券交易过程中不得实施的行为。根据我国《证券法》的规定，禁止的证券交易行为大致可分为以下五类：

（一）内幕交易行为

1. 内幕交易行为的含义

所谓内幕交易行为，是指证券交易内幕信息的知情人员利用内幕信息进行证券交易的活动。证券交易内幕信息的知情人包括：①发行人的董事、监事、高级管理人员；②持有公司5%以上股份的股东及其董事、监事、高级管理人员，公司的实际控制人及其董事、监事、高级管理人员；③发行人控股的公司及其董事、监事、高级管理人员；④由于所任公司职务可以获取公司有关内幕信息的人员；⑤证券监督管理机构工作人员以及由于法定职责对证券的发行、交易进行管理的其他人员；⑥保荐人、承销的证券公司、证券交易所、证券登记结算机构、证券服务机构的有关人员；⑦国务院证券监督管理机构规定的其他人。

证券交易活动中，凡涉及公司的经营、财务或者对该公司证券的市场价格有重大影响的，但尚未公开的信息，为内幕信息。下列信息属内幕信息：①《证券法》第六十七条第二款所列的可能对上市公司股票交易价格产生较大影响而投资者尚未得知的重大事件（详见本节临时报告部分）；②公司分配股利或者增资的计划；③公司股权结构的重大变化；④公司债务担保的重大变更；⑤公司营业用主要资产的抵押、出售或者报废一次超过该资产的30%；⑥公司的董事、监事、高级管理人员的行为可能依法承担重大损害赔偿责任；⑦上市公司收购的有关方案；⑧国务院证券监督管理机构认定的对证券交易价格有显著影响的其他重要信息。

2. 禁止进行内幕交易的行为

证券交易内幕信息的知情人和非法获取内幕信息的人，在内幕信息公开前，不得买卖该公司的证券，或者泄露该信息，或者建议他人买卖该证券。持有或者通过协议、其他安排与他人共同持有公司5%以上股份的自然人、法人、其他组织收购上市公司的股份，按照《证券法》有关上市公司收购的规定办理。内幕交易行为给投资者造成损失的，行为人应当依法承担赔偿责任。

（二）操纵市场行为

1. 操纵市场行为的含义

所谓操纵市场行为，是指任何单位或者个人以获取利益或者减少损失为目的，利用其资金、信息等优势或者滥用职权影响证券交易价格，制造证券市场假象，诱导或者致使投资者在不了解事实真相的情况下作出证券投资决定，扰乱证券市场秩序的活动。

2. 操纵市场行为的具体表现

任何人以下列手段获取不正当利益或者转嫁风险的即为操纵市场行为：①单独或者通过合谋，集中资金优势、持股优势或者利用信息优势联合或者连续买卖，操纵证券交易价格或者证券交易量；②与他人串通，以事先约定的时间、价格和方式相互进行证券交易，影响证券交易价格或者证券交易量；③在自己实际控制的账户之间进行证券交易，影响证券交易价格或者证券交易量；④以其他手段操纵证券市场。

操纵证券市场行为给投资者造成损失的，行为人应当依法承担赔偿责任。

（三）虚假陈述行为

1. 虚假陈述行为的含义

所谓虚假陈述行为，是指国家工作人员、新闻传播媒介从业人员和有关人员编造并传播虚假信息，以及证券交易所、证券经营机构、证券业协会、证券监管机构等机构及其从业人员在证券交易活动中作出虚假陈述或者信息误导，严重影响证券交易的活动。

2. 虚假陈述行为的具体表现

虚假陈述行为主要包括：①国家工作人员、传播媒介从业人员和有关人员编造、传播虚假信息，扰乱证券市场；②证券交易所、证券公司、证券登记结算机构、证券服务机构及其从业人员，证券业协会、证券监督管理机构及其工作人员，在证券交易活动中作出虚假陈述或者信息误导。

此外，《证券法》还规定，各种传播媒介传播证券市场信息必须真实、客观，禁止误导。

（四）欺诈客户行为

1. 欺诈客户行为的含义

所谓欺诈客户行为，是指证券公司及其从业人员在证券交易中违背客户真实意愿，侵害客户利益的行为。

2. 欺诈客户行为的具体表现

证券公司及其从业人员从事下列损害客户利益的行为即为欺诈客户行为：①违背客户的委托为其买卖证券；②不在规定时间内向客户提供交易的书面确认文件；③挪用客户所委托买卖的证券或者客户账户上的资金；④未经客户的委托，擅自为客户买卖证券，或者假借客户的名义买卖证券；⑤为牟取佣金收入，诱使客户进行不必要的证券买卖；⑥利用传播媒介或者通过其他方式提供、传播虚假或者误导投资者的信息；⑦其他违背客户真实意思表示，损害客户利益的行为。

欺诈客户行为给客户造成损失的，行为人应当依法承担赔偿责任。

（五）其他禁止交易行为

其他禁止交易行为主要包括：禁止法人非法利用他人账户从事证券交易；禁止法人出借自己或者他人的证券账户；依法拓宽资金入市渠道，禁止资金违规流入股市；禁止任何人挪用公款买卖证券。国有企业和国有资产控股的企业买卖上市交易的股票，必须遵守国家有关规定。

证券交易所、证券公司、证券登记结算机构、证券服务机构及其从业人员对证券交易中发现的禁止的交易行为，应当及时向证券监督管理机构报告。

第五节　上市公司收购

一、上市公司收购概述

（一）上市公司收购的概念与特征

1. 上市公司收购的概念

上市公司收购，是指收购人通过在证券交易所的股份交易持有一个上市公司的股份达到一定比例，或通过其他合法途径控制一个上市公司的股份达到一定程度，从而获得或者可能获得对其实际控制权的行为。作为公司进行外部扩张式发展的重要方式之一，收购格外受到企业家的青睐。上市公司收购对于提高企业资本营运能力，推进企业的规模化发展，调整和优化企业组织结构和产业结构，推动社会资源的优化配置，具有十分重要的意义。

2. 上市公司收购的特征

（1）目标公司的特定性。

顾名思义，目标公司的目标以上市公司为限。当然，收购的客体系上市公司的股份，而非上市公司本身。收购法律关系的主体系收购人与上市公司股东，即收购人从股东手中收购股份，而非从上市公司手中收购。

（2）收购人的广泛性。

收购人可以是任何具有权利能力和行为能力的投资者，可以是自然人，也可以是法人，但通常为法人。收购人可一人单独收购，亦可数人共同进行收购。“一致行动人”亦属共同收购的形式，它是指通过协议、其他安排，与其他投资者共同扩大其所能够支配的一个上市公司股份表决权数量的投资者。有一致行动的投资者，互为一致行动人。一致行动人的范围，除另有证据外，凡是具有以下十二种情形之一的，均为一致行动人。投资者认为其与他人不属于一致行动人，由其承担举证责任，这无疑有利于促使隐藏在背后的收购人浮出水面。这十二种情形为：①投资者之间有股权控制关系；②投资者受同一主体控制；③投资者的董事、监事或高管中的主要成员，同时在另一个投资者担任董事、监事或高管；④投资者参股另一投资者，可以对参股公司的重大决策产生重大影响；⑤银行以外的其他法人和自然人为投资者取得相关股份提供融资安排；⑥投资者之间存在合伙、合作、联营等其他经济利益关系；⑦持有投资者30%以上股份的自然人，与投资者持有同一上市公司股份；⑧在投资者任职的董事、监事及高管，与投资者持有同一上市公司股份；⑨持有投资者30%以上股份的自然人和在投资者任职的董事、监事及高管，其父母、配偶、兄弟姐妹、子女、配偶的父母、子女的配偶、配偶的兄弟姐妹、兄弟姐妹的配偶等亲属，与投资者持有同一上市公司股份；⑩在上市公司任职的董事、监事、高管及其前项所述亲属同时持有本公司股份，或与其自己或其前项所述亲属直接或间接控制的企业同时持有本公司股份；⑪上市公司董事、监事、高管和员工与其所投资或委托的法人或其他组织持有本公司股份；⑫投资者之间具有其他关联关系。

任何人不得利用上市公司的收购损害被收购公司及其股东的合法权益。有下列情形之一的，不得收购上市公司：①收购人负有数额较大债务，到期未清偿，且处于持续状态；②收购人最近3年有重大违法行为或者涉嫌有重大违法行为；③收购人最近3年有严重的证券市场失信行为；④收购人为自然人的，存在《公司法》第一百四十七条规定情形；⑤法律、行政法规规定以及中国证监会认定的不得收购上市公司的其他情形。

（3）收购方式的多样性。

收购人可以通过证券市场进行要约收购，也可以在证券市场之外进行一对一的协议收购。此外，还可以采用其他形式进行收购。比如，在证券交易所通过集中竞价的方式进行收购。

（4）收购以获取实际控制权为目的。

获取实际控制权乃是收购的目的之所在。一般而言，持有上市公司股份达到50%以上，即构成控股。即使持股不足50%，但所持有的股份所享有的表决权已足以对股东大会的决议产生重大影响，亦构成控股。鉴于上市公司股权较为分散，控股一般无须这么多的股份。除控股之外，非股东亦可通过投资关系、协议或其他安排，实际支配公司的行为，构成实际控制人。依据我国《上市公司收购管理办法》的规定，有下列情形之一的，即构成实际控制：投资者为上市公司持股50%以上的控股股东；除有相反证据外，投资者可以实际支配上市公司股份表决权超过30%；投资者通过实际支配上市公司股份表决权能够决定公司董事会半数以上成员选任；投资者可实际支配的上市公司股份表决权足以对公司股东大会的决议产生重大影响；中国证监会认定的其他情形。

（二）上市公司收购的方式

综观世界各国，上市公司收购主要有三种类型，即要约收购、协议收购和集中竞价交易收购。我国《证券法》规定，投资者可以采取要约收购、协议收购及其他合法方式收购上市公司。显然，对集中竞价交易等收购方式法律虽无明确规定，但可涵盖在“其他合法方式”之中，国家可相应认可该收购方式。

（三）上市公司收购的支付形式

收购人可以采用现金、证券、现金与证券相结合等合法方式支付收购上市公司的价款。以现金支付收购价款的，应当在作出要约收购提示性公告的同时，将不少于收购价款总额的20%作为履约保证金存入证券登记结算机构指定的银行。收购人以证券支付收购价款的，应当提供该证券的发行人最近3年经审计的财务会计报告、证券估值报告，并配合被收购公司聘请的独立财务顾问的尽职调查工作。收购人以在证券交易所上市交易的证券支付收购价款的，应当在作出要约收购提示性公告的同时，将用于支付的全部证券交由证券登记结算机构保管，但上市公司发行新股的除外；收购人以在证券交易所上市的债券支付收购价款的，该债券的可上市交易时间应当不少于 1 个月；收购人以未在证券交易所上市交易的证券支付收购价款的，必须同时提供现金方式供被收购公司的股东选择，并详细披露相关证券的保管、送达被收购公司股东的方式和程序安排。

二、上市公司收购的权益披露

根据《证券法》和《上市公司收购管理办法》的规定，投资者收购上市公司，要依法披露其在上市公司中拥有的权益，包括登记在其名下的股份和虽未登记在其名下但该投资者可以实标支配表决权的股份。投资者及其一致行动人在一个上市公司中拥有的权益应当合并计算。

（一）应当进行权益披露的情形

（1）通过证券交易所的证券交易，投资者及其一致行动人拥有权益的股份达到一个上市公司已发行股份的5%时，应当在该事实发生之日起 3 日内编制权益变动报告书，向中国证监会、证券交易所提交书面报告，抄报该上市公司所在地的中国证监会派出机构，通知该上市公司，并予公告；在上述期限内，不得再行买卖该上市公司的股票。

前述投资者及其一致行动人拥有权益的股份达到一个上市公司已发行股份的5%后，通过证券交易所的证券交易，其拥有权益的股份占该上市公司已发行股份的比例每增加或者减少5%，应当依照前述规定进行报告和公告。在报告期限内和作出报告、公告后两日内，不得再行买卖该上市公司的股票。

（2）通过协议转让方式，投资者及其一致行动人在一个上市公司中拥有权益的股份拟达到或者超过一个上市公司已发行股份的5%时，应当在该事实发生之日起 3 日内编制权益变动报告书，向中国证监会、证券交易所提交书面报告，抄报中国证监会派出机构，通知该上市公司，并予公告。

投资者及其一致行动人拥有权益的股份达到一个上市公司已发行股份的5%后，其拥有权益的股份占该上市公司已发行股份的比例每增加或者减少达到或者超过 5%的，应当依照前述规定履行报告、公告义务。

（3）投资者及其一致行动人通过行政划转或者变更、执行法院裁定、继承、赠与等方式拥有权益的股份变动达到一个上市公司已发行股份的5%时，同样应当按照前述规定履行报告、公告义务。

（二）权益变动报告书的编制

（1）投资者及其一致行动人不是上市公司的第一大股东或者实际控制人，其拥有权益的股份达到或者超过该公司已发行股份的5%，但未达到20%的，应当编制包括下列内容的简式权益变动报告书：①投资者及其一致行动人的姓名、住所；投资者及其一致行动人为法人的，其名称、注册地及法定代表人；②持股目的，是否有意在未来 12 个月内继续增加其在上市公司中拥有的权益；③上市公司的名称、股票的种类、数量、比例；④在上市公司中拥有权益的股份达到或者超过上市公司已发行股份的5%或者拥有权益的股份增减变化达到5%的时间及方式；⑤权益变动事实发生之日前 6 个月内通过证券交易所的证券交易买卖该公司股票的简要情况；⑥中国证监会、证券交易所要求披露的其他内容。

前述投资者及其一致行动人为上市公司第一大股东或者实际控制人，其拥有权益的股份达到或者超过一个上市公司已发行股份的5%，但未达到20%的，还应当披露投资者及其一致行动人的控股股东、实际控制人及其股权控制关系结构图。

（2）投资者及其一致行动人拥有权益的股份达到或者超过一个上市公司已发行股份的20%但未超过30%的，应当编制详式权益变动报告书，除须披露简式权益变动报告书规定的信息外，还应当披露以下内容：①投资者及其一致行动人的控股股东、实际控制人及其股权控制关系结构图；②取得相关股份的价格、所需资金额、资金来源，或者其他支付安排；③投资者、一致行动人及其控股股东、实际控制人所从事的业务与上市公司的业务是否存在同业竞争或者潜在的同业竞争，是否存在持续关联交易，存在同业竞争或者持续关联交易的，是否已作出相应的安排，确保投资者、一致行动人及其关联方与上市公司之间避免同业竞争以及保持上市公司的独立性；④未来12个月内对上市公司资产、业务、人员、组织结构、公司章程等进行调整的后续计划；⑤前24个月内投资者及其一致行动人与上市公司之间的重大交易；⑥不存在《上市公司收购管理办法》第六条规定的情形，即不存在收购人不得收购上市公司的各种情形；⑦能够按照《上市公司收购管理办法》第五十条的规定提供相关文件。

前述投资者及其一致行动人为上市公司第一大股东或者实际控制人的，还应当聘请财务顾问对上述权益变动报告书所披露的内容出具核查意见，但国有股行政划转或者变更，股份转让在同一实际控制人控制的不同主体之间进行，因继承取得股份的除外。投资者及其一致行动人承诺至少3年放弃行使相关股份表决权的，可免于聘请财务顾问和提供前款第⑦项规定的文件。

（3）已披露权益变动报告书的投资者及其一致行动人在披露之日起6个月内，因拥有权益的股份变动需要再次报告、公告权益变动报告书的，可以仅就与前次报告书不同的部分作出报告、公告；自前次披露之日起超过6个月的，投资者及其一致行动人应当按照本章的规定编制权益变动报告书，履行报告、公告义务。

因上市公司减少股本导致投资者及其一致行动人拥有权益的股份变动出现法定情形，投资者及其一致行动人免于履行报告和公告义务。上市公司应当自完成减少股本的变更登记之日起两个工作日内，就因此导致的公司股东拥有权益的股份变动情况作出公告；因公司减少股本可能导致投资者及其一致行动人成为公司第一大股东或者实际控制人的，该投资者及其一致行动人应当自公司董事会公告有关减少公司股本决议之日起3个工作日内，按照前述有关要求履行报告、公告义务。

上市公司的收购及相关股份权益变动活动中的信息披露义务人采取一致行动的，可以书面形式约定由其中一人作为指定代表负责统一编制信息披露文件，并同意授权的指定代表在信息披露文件上签字、盖章。各信息披露义务人应当对信息披露文件中涉及其自身的信息承担责任；对信息披露文件中涉及的与多个信息披露义务人相关的信息，各信息披露义务人对相关部分承担连带责任。

三、财务顾问

财务顾问乃上市公司收购的必要辅助人。根据有关规定，收购人进行上市公司收购，应当聘请在中国注册的具有从事财务顾问业务资格的专业机构担任财务顾问。收购人未按规定聘请财务顾问的，不得收购上市公司。财务顾问在执行职务时应当勤勉尽责，遵守行业规范和职业道德，保持独立性，保证其所制作、出具文件的真实性、准确性和完整性。财务顾问认为收购人利用上市公司的收购损害被收购公司及其股东合法权益的，应当拒绝为收购人提供财务顾问服务。

（一）财务顾问的职责

根据《上市公司收购管理办法》的规定，财务顾问应当履行以下职责：①对收购人的相关情况进行尽职调查；②应收购人的要求向收购人提供专业化服务，全面评估被收购公司的财务和经营状况，帮助收购人分析收购所涉及的法律、财务、经营风险，就收购方案所涉及的收购价格、收购方式、支付安排等事项提出对策建议，并指导收购人按照规定的内容与格式制作申报文件；③对收购人进行证券市场规范化运作的辅导，使收购人的董事、监事和高级管理人员熟悉有关法律、行政法规和中国证监会的规定，充分了解其应当承担的义务和责任，督促其依法履行报告、公告和其他法定义务；④对收购人是否符合本办法的规定及申报文件内容的真实性、准确性、完整性进行充分核查和验证，对收购事项客观、公正地发表专业意见；⑤接受收购人委托，向中国证监会报送申报材料，根据中国证监会的审核意见，组织、协调收购人及其他专业机构予以答复；⑥与收购人签订协议，在收购完成后12个月内，持续督导收购人遵守法律、行政法规、中国证监会的规定、证券交易所规则、上市公司章程，依法行使股东权利，切实履行承诺或者相关约定。特定财务顾问的职责范围，视当事人的委托授权而定。

（二）财务顾问的义务与责任

财务顾问的职责归纳起来就是对收购人进行事前把关、事中跟踪和事后持续督导。

在事前把关方面，财务顾问负责对收购人的主体资格、收购目的、实力、诚信记录、资金来源和履约能力进行尽职调查，就规定的事项进行说明和分析，逐项发表明确意见。

事中跟踪则是要求其关注，目标公司是否存在为收购人及其关联方提供担保或借款等损害公司利益的情形，如发现有不当行为，应及时向中国证监会、证监局和证券交易所报告。

事后持续督导，则是在督导期内，即自收购人公告上市公司收购报告书至收购完成后的12个月内持续督导收购人，以防收购人侵害目标公司及其中小股东的合法权益。其责任范围包括：①督促收购人及时办理股权过户手续，并依法履行报告和公告的义务；②督促和检查收购人及目标公司按照我国《上市公司治理准则》的要求规范运作；③督促和检查收购人公开作出的相关承诺的履行情况；④结合被收购公司定期报告，核查收购人落实后续计划的情况，是否达到预期目标，其实施效果是否与此前的披露内容存在较大差异，是否实现相关盈利预测或者管理层预计达到的目标；⑤涉及管理层收购的，核查被收购公司定期报告中披露的相关还款计划的落实情况与事实是否一致；⑥督促和检查收购中约定的其他相关义务的情况。上市公司披露定期报告后，财务顾问应在15日内向中国证监局提供持续督导意见。一旦发现收购人在上市公司收购报告书中披露的信息与事实不符，即应督促收购人如实披露相关信息，并及时向中国证监会、证监局、证券交易所报告。

四、要约收购

（一）要约收购的概念

要约收购，是指收购人为取得或巩固对目标公司的控制权，通过向目标公司的全体股东公开发出购买其持有的该公司股份的要约方式而进行的收购。因其具有公开性和公平性，故为各国所公认。

（二）收购要约的触发条件

自愿要约收购无所谓触发条件，只要其预定收购的股份为上市公司已发行的5%以上即可。强制要约收购，则有触发收购义务的条件。各国均以投资者持有目标公司股份达到一定比例为触发条件，英国为30%，我国香港特别行政区为35%。我国《上市公司收购管理办法》规定，投资者自愿选择以要约方式收购上市公司股份的，可以向被收购公司所有股东发出收购其所持有的全部股份的要约（简称全面要约），也可以向被收购公司所有股东发出收购其所持有的部分股份的要约（简称部分要约）。通过证券交易所的证券交易，收购人持有一个上市公司的股份达到该公司已发行股份的30%时，继续增持股份的，应当采取要约方式进行，发出全面要约或者部分要约。由此，我国规定的比例为30%。收购上市公司部分股份的收购要约应当约定，被收购公司股东承诺出售的股份数额超过预定收购的股份数额的，收购人按比例进行收购。

（三）上市公司收购报告书

收购人在发出收购要约前，须向国务院证券监督管理机构报送上市公司收购报告书，同时提交证券交易所，并通知目标公司。上市公司收购报告书载明下列事项：①收购人的名称、住所；②收购人关于收购的决定；③被收购的上市公司名称；④收购目的；⑤收购股份的详细名称和预定收购的股份数额；⑥收购期限、收购价格；⑦收购所需资金额及资金保证；⑧报送上市公司收购报告书时持有被收购公司股份数占该公司已发行的股份总数的比例。

（四）收购要约的公告

收购人在报送上市公司收购报告书之日起，应当聘请财务顾问向中国证监会、证券交易所提交书面报告，抄报派出机构，通知被收购公司，同时对要约收购报告书摘要作出提示性公告。并于15日后公告其要约收购报告书、财务顾问专业意见和律师出具的法律意见书。在15日内，中国证监会对要约收购报告书披露的内容表示无异议的，收购人可以进行公告；中国证监会发现要约收购报告书不符合法律、行政法规及相关规定的，及时告知收购人，收购人不得公告其收购要约。

（五）收购要约的期限

收购要约约定的收购期限不得少于30日，并不得超过60日。

（六）收购价格

收购人按照《上市公司收购管理办法》规定进行要约收购的，对同一种类股票的要约价格，不得低于要约收购提示性公告日前6个月内收购人取得该种股票所支付的最高价格。要约价格低于提示性公告日前30个交易日该种股票的每日加权平均价格的算术平均值的，收购人聘请的财务顾问应当就该种股票前6个月的交易情况进行分析，说明是否存在股价被操纵、收购人是否有未披露的一致行动人、收购人前6个月取得公司股份是否存在其他支付安排、要约价格的合理性等。

(七) 要约的撤销

要约的撤销，是指要约人在要约生效后，将该要约取消，从而消灭要约的效力。《证券法》规定，在收购要约确定的承诺期限内，收购人不得撤销其收购要约。

(八) 要约的变更

在要约有效期内，如要约收购报告书所披露的基本事实发生重大变化，收购人应在该变化发生之日起两个工作日内，报告中国证监会，抄报证监局，抄送证券交易所，通知目标公司，并予以公告。如欲变更收购要约的条件，则需事先报告中国证监会和证券交易所，获得中国证监会批准后，方可进行变更，并予以公告。但是，在收购要约期满前 15 日内，不得变更收购要约条件。此时，若遇竞争要约，初始要约人虽可变更要约条件，但该变更距收购要约期满不足 15 日的，应延长要约有效期。延长后的有效期不得少于 15 日，也不得超过最后一个竞争要约的期满日，并按比例追加履约保证金。

(九) 预受

预受是指受要约人同意接受要约的初步意思表示，在要约期内不可撤回之前不构成承诺。究其原因，要约收购的结果需在收购要约有效期届满后才能计算出来，预受股东在该期限内的预受尚不构成法律上的承诺。但是，预受股东一经预受，并将其股票交由证券登记结算机构临时保管，则在要约有效期内不得再进行任何形式的转让。当然，预受股东有权在要约不可撤回之前，即要约期限届满 3 个交易日前撤回预受要约。为此，证券登记结算机构即可解除对预受要约股票的临时保管。这就意味着，在要约期届满前 3 个交易日内，预受股东不得撤回其预受要约。在要约期内，收购人应当每日在证券交易所网站上公告已预受收购要约的股份数量。如遇竞争要约，接受初始要约的预受股东撤回全部或部分预受的股份，并将其售予竞争要约人，应由证券公司办理撤回预受初始要约的手续和预受竞争要约的相关手续。

(十) 竞争要约

在要约收购有效期内，可能出现多个收购人的竞争要约。发出竞争要约的收购人最迟不得晚于初始要约期届满前 5 个交易日，发出要约收购的提示性公告。竞争要约的收购人也是收购人，自应履行收购人的收购报告义务。中国证监会收到要约收购报告书后 15 日内未提出异议的，收购人即可公告其收购要约。此时，目标公司董事会亦应公平对待所有要约收购人。

(十一) 收购要约的履行

收购人需依约定的期限、价格支付收购股票的对价，受要约人还需向要约人交付股票。收购人支付对价形式可以是现金，或依法可以转让的证券。对于以退市为目的的全面要约和中国证监会强制收购人发出的全面要约，则必须向被收购公司股东提供现金选择。

为确保收购要约的履行，收购人需在发布提示性公告时，向证券登记结算机构交付一定履约保证金和证券。以现金为对价的，向证券登记结算机构指定的银行账户交付的履约保证金不少于收购总金额的 20%，并依法办理限制提取手续。如以可转让的证券为对价，则应将用于支付的全部证券交由证券登记结算机构保管。但是，根据证券登记结算机构的业务规则，不在保管范围内的除外。如遇收购人取消收购计划，可以申请解除对履约保证金的冻结或对相关证券的保管。

要约收购期满，对于部分要约收购而言，收购人应依收购要约约定的条件购买目标公司股东预受的股份。如预受要约股份的数量超过预定收购数量，收购人应按同等比例收购预受要约的股份。对于以终止目标公司上市地位为目的的收购，收购人应依收购要约约定的条件，购买目标公司股东预受的全部股份，未取得中国证监会豁免而发出全面要约的收购人亦然。要约期届满后 3 个交易日内，受委托的证券公司应向证券登记结算机构申请办理股份转让结算。过户登记手续，解除对超过预定收购比例的股票的临时保管。收购人则应公告本次要约收购的结果。

五、要约收购的豁免

（一）豁免事项

要约收购的豁免仅适用于通过协议收购而触发要约收购义务的情形，对于收购人或一致行动人通过证券交易所的证券交易收购流通股，进而触发要约收购义务的情形，中国证监会并无豁免权。豁免事项包括两种情形：一是免于以要约收购方式增持股份；二是收购人存在主体资格、股份种类限制或者法律、行政法规、中国证监会规定的特殊情形的，可以申请免于向被收购公司的所有股东发出收购要约。只要未取得豁免，收购人即需在得到中国证监会通知之日起 30 日内，将其直接控制的股东所持有的该公司股份减持到 30% 以下。如欲以要约以外的方式继续增持股份，即应采用全面要约收购。根据《上市公司收购管理办法》的有关规定，可申请的豁免事项为：

（1）免于以要约收购方式增持股份的事项。发生免于以要约收购方式增持股份的事项，由收购人向中国证监会申请豁免，适用普通程序。该事项包括：①收购人与出让人能够证明彼此具有关联关系，上市公司的实际控制人没有发生变化，不同省级的国有资产管理部门一般不被视为具有关联关系；②上市公司面临严重财务困难，收购人提出的挽救公司的重组方案取得该公司股东大会批准，且收购人承诺 3 年内不转让其在该公司中所拥有的权益；③经上市公司股东大会非关联股东批准，收购人取得上市公司向其发行的新股，导致其在该公司拥有权益的股份超过该公司已发行股份的 30%，收购人承诺 3 年内不转让其拥有权益的股份，且公司股东大会同意收购人免于发出要约；④中国证监会为适应证券市场发展变化和保护投资者合法权益的需要而认定的其他情形。

（2）收购人存在主体资格、股份种类限制或者法律、行政法规、中国证监会规定的特殊情形的事项。收购人存在主体资格、股份种类限制或者法律、行政法规、中国证监会规定的特殊情形的事项，由有关当事人向中国证监会申请豁免，适用简易程序。该事项包括：①经政府或者国有资产管理部门批准进行国有资产无偿划转、变更和合并，导致其在一个上市公司中拥有权益的股份占该公司已发行股份的比例超过 30%；②收购人在一个上市公司中拥有权益的股份达到或超过该公司已发行股份的 30% 的，自上述事实发生之日起 1 年后，每 12 个月内增加其在该公司中拥有权益的股份不超过该公司已发行股份的 2%；③在一个上市公司中拥有权益的股份达到或超过该公司已发行股份的 50% 的，继续增加其在该公司拥有的权益不影响该公司的上市地位；④因上市公司按照股东大会批准的确定价格向特定股东回购股份而减少股本，导致投资者在该公司中拥有权益的股份超过该公司已发行股份的 30%；⑤证券公司、银行等金融机构在其经营范围内依法从事承销、贷款等业务导致其持有一个上市公司已发行股份超过 30%，没有实际控制该公司的行为或者意图，并且提出在合理期限内向非关联方转让相关股份的解决方案；⑥通过继承、赠与方式在一个上市公司中拥有权益的股份超过该公司已发行股份的 30%；

⑦中国证监会为适应证券市场发展变化和保护投资者合法权益的需要而认定的其他情形。

（二）豁免程序

无论是普通程序，还是简易程序，申请人均需向中国证监会提交书面的豁免申请。同时，需按照有关规定履行信息披露义务。对于收购人提出豁免申请，收购人还应聘请财务顾问等专业机构出具专业意见。对于普通程序，需由中国证监会作出豁免与否的决定，收购人方可行动，中国证监会的决定时限为受理申请后20个工作日。对于简易程序，则是实行备案异议制，只要中国证监会在收到申请文件5个工作日内，未提出异议的，即为同意豁免。如果中国证监会不同意其以简易程序申请的，相关当事人则应依普通程序提出申请。豁免申请一经批准，收购人即可继续增持股份。对于简易程序，只要中国证监会未规定时限内异议，相关当事人即可向证券交易所和证券登记结算机构申请办理股份转让和过户登记手续。

六、协议收购

协议收购是指收购人在证券交易所之外，通过与目标公司股东协商一致达成协议，受让其持有股份所进行的上市公司收购。

采取协议收购方式的，收购人可以依照法律、行政法规的规定同被收购公司的股东以协议方式进行股份转让。以协议方式收购上市公司时，达成协议后，收购人必须在3日内将该收购协议向国务院证券监督管理机构及证券交易所作出书面报告，并予公告。在公告前不得履行收购协议。

采取协议收购方式的，协议双方可以临时委托证券登记结算机构保管协议转让的股票，并将资金存放于指定的银行。

采取协议收购方式的，收购人收购或者通过协议、其他安排与他人共同收购一个上市公司已发行的股份达到30%时，继续进行收购的，应当向该上市公司所有股东发出收购上市公司全部或者部分股份的要约。但是，经国务院证券监督管理机构免除发出要约的除外。

收购人依据上述规定以要约方式收购上市公司股份，应当遵守《证券法》第八十九条至第九十三条有关要约收购的规定。

七、上市公司收购后事项的处理

收购期限届满，被收购公司股权分布不符合上市条件的，该上市公司的股票应当由证券交易所依法终止上市交易；其余仍持有被收购公司股票的股东，有权向收购人以收购要约的同等条件出售其股票，收购人应当收购。

收购行为完成后，被收购公司不再具备股份有限公司条件的，应当依法变更企业形式。

在上市公司收购中，收购人持有的被收购的上市公司的股票，在收购行为完成后的12个月内不得转让。

收购行为完成后，收购人与被收购公司合并，并将该公司解散的，被解散公司的原有股票由收购人依法更换。

收购行为完成后，收购人应当在15日内将收购情况报告国务院证券监督管理机构和证券交易所，并予公告。

收购上市公司中由国家授权投资的机构持有的股份，应当按照国务院的规定，经有关主管部门批准。

第六节　证券交易所

一、证券交易所的性质

证券交易所是为证券集中交易提供场所和设施，组织和监督证券交易，实行自律管理的法人。证券交易所分为会员制和公司制两种形式。会员制证券交易所是以会员协会形式成立的不以营利为目的的法人组织，其会员主要为证券商，只有会员以及有特许权的经纪人，才有资格在交易所中交易。公司制证券交易所是由股东出资成立，以营利为目的的公司法人。

《证券法》规定，进入证券交易所参与集中交易的，必须是证券交易所的会员。同时，上海、深圳证券交易所都在其章程中规定其为“实行自律管理的会员制法人”。由此可见，我国证券交易所是会员制证券交易所，是不以营利为目的的法人。

二、证券交易所的设立

证券交易所的设立和解散由国务院决定。

申请设立证券交易所，首先由中国证监会进行审核，再报国务院进行批准。申请设立证券交易所，应向中国证监会提交下列文件：申请书；章程和主要业务规则草案；拟加入会员名单；理事会候选人名单；场地、设备及资金情况说明；拟任用管理人员的情况说明等文件。

设立证券交易所必须制定章程。章程的制定和修改，必须经国务院证券监督管理机构批准。证券交易所章程应载明的法定事项主要包括：证券交易所的名称和设立目的；主要办公及交易场所和设施所在地；职能范围；会员的资格及加入、退出程序；会员的权利、义务和对会员的纪律处分；组织机构及其职权；高级管理人员的产生、任免及其职责；资本和财务事项；解散条件和程序及其他需要在章程中规定的事项。

证券交易所必须在其名称中标明“证券交易所”字样。其他任何单位或者个人不得使用证券交易所或者近似的名称。

三、证券交易所的组织机构

目前深沪两个证券交易所实行会员制，证券交易所组织机构包括会员大会、理事会和总经理，理事会还可下设监察委员会等专门委员会。

（一）会员大会

（1）会员大会的性质及其职权。会员大会由全体会员组成，为证券交易所的最高权力机构。会员大会有以下职权：①制定和修改证券交易所章程；②选举和罢免会员理事；③审议和通过理事会、总经理的工作报告；④审议和通过证券交易所的财务预算、决算报告；⑤决定证券交易所的其他重大事项。

（2）会员大会的召集和主持。会员大会由理事会召集，每年召开一次。有下列情形之一的，应当召开临时会员大会：①理事人数不足规定的最低人数；②占会员总数1/3

以上的会员请求；③理事会认为必要。

（3）会员大会决议。会员大会有2/3以上会员出席，其决议须经出席会议的半数以上会员表决通过后方为有效。会员大会结束后10日内，证券交易所应当将大会全部文件及有关情况报证监会备案。

（二）理事会

（1）理事会的性质及其职责。理事会是证券交易所的决策机构。理事会的职责是：①执行会员大会的决议；②制定、修改证券交易所的业务规则；③审定总经理提出的工作计划；④审定总经理提出的财务预算、决算方案；⑤审定对会员的接纳；⑥审定对会员的处分；⑦根据需要决定专门委员会的设置；⑧会员大会授予的其他职责。

（2）理事会的组成与任期。证券交易所理事会由7~13人组成，其中非会员理事人数不少于理事会成员总数的1/3，不超过理事会成员总数的1/2。会员理事由会员大会选举产生。非会员理事由证监会委派。理事连续任职不得超过两届。理事会设理事长1人，副理事长1~2人。理事长、副理事长由证监会提名，理事会选举产生。总经理应当是理事会成员。

（3）理事会会议。理事会会议至少每季度召开一次。会议须有2/3以上理事出席，其决议应当经出席会议的2/3以上理事表决同意方为有效。理事会决议应当在会议结束后两个工作日内报证监会备案。理事长负责召集和主持理事会会议。理事长因故临时不能履行职责时，由理事长指定的副理事长代其履行职责。理事长担任会员大会期间的会议主席。

（4）监察委员会等专门委员会。理事会设监察委员会，每届任期3年。监察委员会主席由理事长兼任。监察委员会对理事会负责，行使下列职权：①监察证券交易所高级管理人员和其他工作人员遵守国家有关法律、法规、规章、政策和证券交易所章程、业务规则的情况；②监察高级管理人员执行会员大会、理事会决议的情况；③监察证券交易所的财务情况；④证券交易所章程规定的其他职权。

根据需要，理事会可以下设其他专门委员会。

（三）总经理

1. 总经理的性质及其职责

证券交易所设总经理1人，副总经理1~3人。总经理在理事会领导下负责证券交易所的日常管理工作，为证券交易所的法定代表人。总经理因故临时不能履行职责时，由总经理指定的副总经理代其履行职责。

2. 总经理的任免与任期

总经理、副总经理由证监会任免。总经理、副总经理不得由国家公务员兼任。总经理、副总经理任期3年。总经理连续任职不得超过两届。

根据《证券法》的规定，有下列情形之一的，或《公司法》规定不得担任公司的董事、监事、高级管理人员情形之一的，不得担任证券交易所的负责人：①因违法行为或者违纪行为被解除职务的证券交易所、证券登记结算机构的负责人或者证券公司的董事、监事、高级管理人员，自被解除职务之日起未逾5年；②因违法行为或者违纪行为被撤销资格的律师、注册会计师或者投资咨询机构、财务顾问机构、资信评级机构、资产评估机构、验证机构的专业人员，自被撤销资格之日起未逾5年。

因违法行为或者违纪行为被开除的证券交易所、证券登记结算机构、证券服务机构、证券公司的从业人员和被开除的国家机关工作人员，不得招聘为证券交易所的从业人员。

四、证券交易所的职责和交易规则

（一）证券交易所的职责

根据《证券法》的规定，证券交易所的职责主要包括：

（1）为组织公平的集中交易提供保障。证券交易所应当为组织公平的集中交易提供保障，公布证券交易即时行情，并按交易日制作证券市场行情表，予以公布。

（2）办理股票、公司债券的暂停上市、恢复上市或者终止上市的事务。证券交易所有权依照法律、行政法规，以及国务院证券监督管理机构的规定，办理股票、公司债券的暂停上市、恢复上市或者终止上市的事务。

（3）采取技术性停牌、临时停市措施。停牌是在证券交易所上市的证券暂停交易。临时停市是指因异常情况导致证券交易所集中交易市场无法正常交易而采取的临时停止集中交易的行为。异常情况是指导致证券交易所集中交易市场或挂牌股票无法正常交易的情况，异常情况又包括技术性异常情况和自然性异常情况。技术性异常情况是指电脑交易系统发生技术故障，导致集中交易无法正常运行，或者是通信网络发生技术故障，导致集中交易无法正常进行；自然性异常情况是指不可抗力事件造成15%以上证券公司或营业部或交易席位不能正常交易，或是不可抗力事件使证券交易所正常交易未能进行。《证券法》规定，因突发性事件而影响证券交易的正常进行时，证券交易所可以采取技术性停牌的措施。因不可抗力的突发性事件或者为维护证券交易的正常秩序，证券交易所可以决定临时停市。证券交易所采取技术性停牌和临时停市应及时报告国务院证券监督管理机构。

（4）对在证券交易所进行的证券交易和上市公司披露信息进行监控和监督。证券交易所应对在交易所进行的证券交易实行监控，出现异常交易情况时应及时向国务院证券监督管理机构提出报告。证券交易所应当对上市公司及相关信息披露义务人披露信息进行监督，督促其依法及时、准确地披露信息。证券交易所根据需要，可以对出现重大异常交易情况的证券账户限制交易，并报国务院证券监督管理机构备案。

（5）筹集并管理好证券风险基金。证券风险基金由证券交易所从其收取的交易费用和会员费、席位费中按一定比例提取，风险基金存入开户银行专门账户，由证券交易所理事会管理。风险基金提取的具体比例和使用办法，由国务院证券监督管理机构会同国务院财政部门规定。

（6）依照法律、行政法规制定上市规则、交易规则、会员管理规则和其他相关规则，并报国务院证券监督管理机构批准。

（二）证券交易规则

（1）进入证券交易所参与集中交易的，必须是证券交易所的会员。

（2）投资者应委托证券公司买卖证券。投资者应当与证券公司签订证券交易委托协议，并在证券公司开立证券交易账户，以书面、电话以及其他方式，委托该证券公司代其买卖证券，不能自己到证券交易所进行证券交易。

（3）证券公司根据投资者的委托，按照证券交易规则提出交易申报，参与证券交易所场内的集中交易，并根据成交结果承担相应的清算交收责任。证券登记结算机构根据成交结果，按照清算交收规则，与证券公司进行证券和资金的清算交收，并为证券公司客户办理证券的登记过户手续。

（4）按照依法制定的交易规则进行的交易，不得改变其交易结果。对交易中违规交易者应负的民事责任不得免除；在违规交易中所获利益，依照有关规定处理。

（5）证券交易所的负责人和其他从业人员在执行与证券交易有关的职务时，与其本人或者其亲属有利害关系的，应当回避。

在证券交易所内从事证券交易的人员，违反证券交易所有关交易规则的，由证券交易所给予纪律处分；对情节严重的，撤销其资格，禁止其入场进行证券交易。

第七节　证券中介机构

一、证券公司

（一）证券公司的概念

证券公司是指依照《公司法》和《证券法》的规定设立的经营证券业务的有限责任公司或者股份有限公司。

（二）证券公司的设立

设立证券公司，必须经国务院证券监督管理机构审查批准，未经批准，任何单位和个人不得经营证券业务。

设立证券公司，应当具备下列条件：①符合法律、行政法规规定的公司章程。②主要股东具有持续盈利能力，信誉良好，最近3年无重大违法违规记录，净资产不低于人民币2亿元。③符合《证券法》规定的注册资本，具体是：证券公司经营证券经纪、证券投资咨询、与证券交易和证券活动有关的财务顾问业务的，注册资本最低限额为人民币5 000万元；经营证券承销与保荐、证券自营、证券资产管理、其他证券业务之一的，注册资本最低限额为人民币1亿元；经营证券承销与保荐、证券自营、证券资产管理、其他证券业务中两项以上的，注册资本最低限额为人民币5亿元。证券公司的注册资本应当是实缴资本。④董事、监事、高级管理人员具备任职资格，从业人员具有证券从业资格。⑤有完善的风险管理与内部控制制度。⑥有合格的经营场所和业务设施。⑦法律、行政法规规定的和经国务院批准的国务院证券监督管理机构规定的其他条件。

国务院证券监督管理机构应当自受理证券公司设立申请之日起6个月内，依照法定条件和法定程序并根据审慎监管原则进行审查，作出批准或者不予批准的决定，并通知申请人；不予批准的，应当说明理由。证券公司设立申请获得批准的，申请人应当在规定的期限内向公司登记机关申请设立登记，领取营业执照。证券公司应当自领取营业执照之日起15日内，向国务院证券监督管理机构申请经营证券业务许可证。未取得经营证券业务许可证的，证券公司不得经营证券业务。

（三）证券公司的经营管理

（1）对高管任职的限制。有《公司法》规定的不得担任公司的董事、监事、高级管理人员的情形之一的，或者有下列情形之一的，不得担任证券公司的董事、监事、高级管理人员：①因违法行为或者违纪行为被解除职务的证券交易所、证券登记结算机构的负责人或者证券公司的董事、监事或者高级管理人员，自被解除职务之日起未逾5年；②因违法行为或者违纪行为被撤销资格的律师、注册会计师或者投资咨询机构、财务顾问机构、资信评级机构、资产评估机构、验证机构的专业人员，自被撤销资格之日起未逾5年。因违法行为或者违纪行为被开除的证券交易所、证券登记结算机构、证券服务机构、证券公司的从业人员和被开除的国家机关工作人员，不得招聘为证券公司的从业人员。国家机关工作人员和法律、行政法规规定禁止在公司中兼职的其他人员，不得在证券公司中兼任职务。

（2）分支机构管理。证券公司设立、收购或者撤销分支机构，变更业务范围或者注册资本，变更持有5%以上股权的股东、实际控制人，变更公司章程中的重要条款，合并、分立、变更公司形式、停业、解散、破产，或者在境外设立、收购或参股证券经营机构，必须经国务院证券监督管理机构批准。

（3）禁止办理的业务。证券公司不得为其股东或者股东的关联人提供融资和担保。

（4）内部管理制度。证券公司应当建立健全内部控制制度，采取有效隔离措施，防范公司与客户之间、不同客户之间的利益冲突。证券公司必须将其证券经纪业务、证券承销业务、证券自营业务和证券资产管理业务分开办理，不得混合操作。

（5）自营业务管理。证券公司的自营业务必须以自己的名义进行，不得假借他人名义或者个人名义进行。证券公司的自营业务必须使用自有资金和依法筹集的资金。证券公司不得将其自营业务账户借给他人使用。

（6）经纪业务管理。证券公司办理经纪业务，应当置备统一制定的证券买卖委托书，供委托人使用。采取其他委托方式的，必须作出委托记录。客户的证券买卖委托，不论是否成交，其委托记录应当按照规定的期限，保存于证券公司。证券公司办理经纪业务，不得接受客户的全权委托而决定证券买卖、选择证券种类、决定买卖数量或者买卖价格。

（7）与客户的关系。证券公司不得将客户的交易结算资金和证券归入其自有财产。证券公司破产或者清算时，客户的交易结算资金和证券不属于其破产财产或者清算财产。非因客户本身的债务或者法律规定的其他情形，不得查封、冻结、扣划或者强制执行客户的交易结算资金和证券。证券公司接受证券买卖的委托，应当根据委托书载明的证券名称、买卖数量、出价方式、价格幅度等，按照交易规则代理买卖证券，如实进行交易记录；买卖成交后，应当按照规定制作买卖成交报告单交付客户。证券交易中确认交易行为及其交易结果的对账单必须真实，并由交易经办人员以外的审核人员逐笔审核，保证账面证券余额与实际持有的证券相一致。证券公司为客户买卖证券提供融资融券服务，应当按照国务院的规定并经国务院证券监督管理机构批准。

证券公司不得以任何方式对客户证券买卖的收益或者赔偿证券买卖的损失作出承诺。证券公司及其从业人员不得未经过其依法设立的营业场所私下接受客户委托买卖证券。证券公司的从业人员在证券交易活动中，执行所属的证券公司的指令或者利用职务违反交易规则的，由所属的证券公司承担全部责任。

证券公司应当妥善保存客户开户资料、委托记录、交易记录和与内部管理、业务经营有关的各项资料，任何人不得隐匿、伪造、篡改或者毁损。上述资料的保存期限不得少于20年。

（四）证券公司的监督管理

（1）监督管理内容。国务院证券监督管理机构认为有必要时，可以委托会计师事务所、资产评估机构对证券公司的财务状况、内部控制状况、资产价值进行审计或者评估，证券公司应当配合。

（2）资料报送要求。证券公司应当按照规定向国务院证券监督管理机构报送业务、财务等经营管理信息和资料。国务院证券监督管理机构有权要求证券公司及其股东、实际控制人在指定的期限内提供有关信息和资料。证券公司及其股东、实际控制人向国务院证券监督管理机构报送或者提供的信息和资料，必须真实、准确、完整。

（3）监督管理措施。证券公司违法经营或者出现重大风险，严重危害证券市场秩序、损害投资者利益的，国务院证券监督管理机构可以对该证券公司采取停业整顿、指定其他机构托管、接管或者撤销等监管措施。

证券公司的董事、监事、高级管理人员未能勤勉尽责，致使证券公司存在重大违法违规行为或者重大风险的，国务院证券监督管理机构可以撤销其任职资格，并责令公司予以更换。

证券公司的净资本或者其他风险控制指标不符合规定的，国务院证券监督管理机构应当责令其限期改正，逾期未改正，或者其行为严重危及该证券公司的稳健运行、损害客户合法权益的，国务院证券监督管理机构可以区别情形，对其采取以下措施：①限制业务活动，责令暂停部分业务，停止批准新业务；②停止批准增设、收购营业性分支机构；③限制分配红利，限制向董事、监事、高级管理人员支付报酬、提供福利；④限制转让财产或者在财产上设定其他权利；⑤责令更换董事、监事、高级管理人员或者限制其权利；⑥责令控股股东转让股权或者限制有关股东行使股东权利；⑦撤销有关业务许可。

在证券公司被责令停业整顿、被依法指定托管、接管或者清算期间，或者出现重大风险时，经国务院证券监督管理机构批准，可以对该证券公司直接负责的董事、监事、高级管理人员和其他直接责任人员采取以下措施：①通知出境管理机关依法阻止其出境；②申请司法机关禁止其转移、转让或者以其他方式处分财产，或者在财产上设定其他权利。

二、证券登记结算机构

（一）证券登记结算机构的概念

证券登记结算机构是为证券交易提供集中登记、存管与结算服务，不以营利为目的的法人。它是证券无纸化和交易集中化的产物，不仅有利于证券登记、托管和结算的顺利进行，而且通过减少金钱和证券的实物交割，提高证券交易效率，保障交易安全，预防信用风险。为充分发挥其作用，我国对其采用全国集中统一的运营方式。

（二）证券登记结算机构的设立

设立证券登记结算机构必须报经国务院证券监督管理机构批准。《证券法》第一百五十六条规定，设立证券登记结算机构，应当具备下列条件：①自有资金不少于人民币2亿元；②具有证券登记、存管和结算服务所必需的场所和设施；③主要管理人员和从业人员必须具有证券从业资格；④国务院证券监督管理机构规定的其他条件。

证券登记结算机构的名称中应当标明“证券登记结算”字样。

（三）证券登记结算机构的职能及营业规则

（1）证券登记结算机构的职能。根据《证券法》的规定，证券登记结算机构履行下列职能：①证券账户、结算账户的设立；②证券的存管和过户；③证券持有人名册登记；④证券交易所上市证券交易的清算和交收；⑤受发行人的委托派发证券权益；⑥办理与上述业务有关的查询；⑦国务院证券监督管理机构批准的其他业务。

(2) 证券登记结算机构的营业规则。①开立证券账户。投资者委托证券公司进行证券交易，应当申请开立证券账户。证券登记结算机构应当按照规定以投资者本人的名义为投资者开立证券账户。投资者申请开立账户，除国家另有规定外，必须持有证明中国公民身份或者中国法人资格的合法证件。②证券托管与结算。在上市交易时，证券持有人须将其证券全部存管在证券登记结算机构。证券登记结算机构不得挪用客户的证券。证券登记结算机构按照业务规则收取的各类结算资金和证券，必须存放于专门的清算交收账户，只能按业务规则用于已成交的证券交易的清算交收，不得被强制执行。在为证券交易提供净额结算服务时，则应要求结算参与人按照货银对付的原则，足额交付证券和资金，并提供交收担保。在交收完成之前，任何人不得动用用于交收的证券、资金和担保物。结算参与人未按时履行交收义务的，证券登记结算机构有权按照业务规则处理该财产。③业务保障措施。证券登记结算机构应当采取下列措施保证业务的正常进行：具有必备的服务设备和完善的数据安全保护措施；建立完善的业务、财务和安全防范等管理制度；建立完善的风险管理系统。④妥善保管原始凭证。证券登记结算机构应当妥善保存登记、存管和结算的原始凭证及有关文件和资料，其保存期限不得少于20年。⑤提供证券登记资料。证券登记结算机构应当向证券发行人提供证券持有人名册及其有关资料，应当根据证券登记结算的结果，确认证券持有人持有证券的事实，提供证券持有人登记资料并应当保证证券持有人名册和登记过户记录真实、准确、完整，不得隐匿、伪造、篡改或者毁损。⑥结算风险基金。证券登记结算机构应当设立证券结算风险基金，用于垫付或者弥补因违约交收、技术故障、操作失误、不可抗力造成的证券登记结算机构的损失。证券结算风险基金从证券登记结算机构的业务收入和收益中提取，并可以由结算参与人按照证券交易业务量的一定比例缴纳。证券结算风险基金的筹集、管理办法，由国务院证券监督管理机构会同国务院财政部门规定。证券结算风险基金应当存入指定银行的专门账户，实行专项管理。证券登记结算机构以证券结算风险基金赔偿后，应当向有关责任人追偿。

三、证券交易服务机构

(一) 证券服务机构的概念

证券服务机构是指为证券交易提供证券投资咨询和资信评估的机构，包括专业的证券服务机构和其他证券服务机构。专业的证券服务机构包括证券投资咨询机构、资信评估机构；其他证券服务机构主要是指经批准可以兼营证券投资咨询服务的律师事务所、会计师事务所和资产评估机构等。

《证券法》规定，投资咨询机构、财务顾问机构、资信评级机构、资产评估机构、会计师事务所从事证券服务业务，必须经国务院证券监督管理机构和有关主管部门批准。投资咨询机构、财务顾问机构、资信评级机构、资产评估机构、会计师事务所从事证券服务业务的审批管理办法，由国务院证券监督管理机构和有关主管部门规定。

(二) 证券服务机构从业人员的条件

《证券法》规定，投资咨询机构、财务顾问机构、资信评级机构从事证券服务业务的人员，必须具备证券专业知识和从事证券业务或者证券服务业务两年以上的经验。其认定标准和管理办法由国务院证券监督管理机构制定。

投资咨询机构及其从业人员从事证券服务业务不得有下列行为：①代理委托人从事

证券投资；②与委托人约定分享证券投资收益或者分担证券投资损失；③买卖本咨询机构提供服务的上市公司股票；④利用传播媒介或者通过其他方式提供、传播虚假或者误导投资者的信息；⑤法律、行政法规禁止的其他行为。有上述所列行为之一，给投资者造成损失的，依法承担赔偿责任。

（三）证券服务机构从业要求

从事证券服务业务的投资咨询机构和资信评级机构，应当按照国务院有关主管部门规定的标准或者收费办法收取服务费用。

证券服务机构为证券的发行、上市、交易等证券业务活动制作、出具审计报告、资产评估报告、财务顾问报告、资信评级报告或者法律意见书等文件，应当对所依据的文件资料内容的真实性、准确性、完整性进行核查和验证。其制作、出具的文件有虚假记载、误导性陈述或者重大遗漏，给他人造成损失的，应当与发行人、上市公司承担连带赔偿责任，但是能够证明自己没有过错的除外。

第八节　证券监督管理机构和证券业协会

一、证券监督管理机构

（一）证券监督管理机构的概念

《证券法》中所称国务院证券监督管理机构是指中国证券监督管理委员会。中国证券监督管理委员会是国务院直属事业单位，是全国证券期货市场的主管部门。《证券法》规定："国务院证券监督管理机构依法对证券市场实行监督管理，维护证券市场秩序，保障其合法运行。"

（二）国务院证券监督管理机构的职责

国务院证券监督管理机构在对证券市场实施监督管理中履行下列职责：①依法制定有关证券市场监督管理的规章、规则，并依法行使审批或者核准权；②依法对证券的发行、上市、交易、登记、存管、结算进行监督管理；③依法对证券发行人、上市公司、证券公司、证券投资基金管理公司、证券服务机构、证券交易所、证券登记结算机构的证券业务活动进行监督管理；④依法制定从事证券业务人员的资格标准和行为准则，并监督实施；⑤依法监督检查证券发行、上市和交易的信息公开情况；⑥依法对证券业协会的活动进行指导和监督；⑦依法对违反证券市场监督管理法律、行政法规的行为进行查处；⑧法律、行政法规规定的其他职责。

国务院证券监督管理机构可以和其他国家或者地区的证券监督管理机构建立监督管理合作机制，实施跨境监督管理。

国务院证券监督管理机构依法履行职责，有权采取下列措施：①对证券发行人、上市公司、证券公司、证券投资基金管理公司、证券服务机构、证券交易所、证券登记结算机构进行现场检查。②进入涉嫌违法行为发生场所调查取证。③询问当事人和与被调查事件有关的单位和个人，要求其对与被调查事件有关的事项作出说明。④查阅、复制与被调查事件有关的财产权登记、通信记录等资料。⑤查阅、复制当事人和与被调查事件有关的单位和个人的证券交易记录、登记过户记录、财务会计资料及其他相关文件和资料；对可能被转移、隐匿或者毁损的文件和资料，可以予以封存。⑥查询当事人和与被调查事件有关的单位和个人的资金账户、证券账户和银行账户；对有证据证明已经或者可能转移或者隐匿违法资金、证券等涉案财产或者隐匿、伪造、毁损重要证据的，经国务院证券监督管理机构主要负责人批准，可以冻结或者查封。⑦在调查操纵证券市场、内幕交易等重大证券违法行为时，经国务院证券监督管理机构主要负责人批准，可以限制被调查事件当事人的证券买卖，但限制的期限不得超过15个交易日；案情复杂的，可以延长15个交易日。

国务院证券监督管理机构依法履行职责，进行监督检查或者调查，其监督检查、调查的人员不得少于两人，并应当出示合法证件和监督检查、调查通知书。监督检查、调查的人员少于两人或者未出示合法证件和监督检查、调查通知书的，被检查、调查的单位有权拒绝。国务院证券监督管理机构依法履行职责，被检查、调查的单位和个人应当配合，如实提供有关文件和资料，不得拒绝、阻碍和隐瞒。国务院证券监督管理机构依法履行职责，发现证券违法行为涉嫌犯罪的，应当将案件移送司法机关处理。

（三）国务院证券监督管理机构的内部管理

国务院证券监督管理机构工作人员必须忠于职守，依法办事，公正廉洁，不得利用职务便利牟取不正当利益，不得泄露所知悉的有关单位和个人的商业秘密。国务院证券监督管理机构的人员不得在被监管的机构中任职。

国务院证券监督管理机构依法制定的规章、规则和监督管理工作制度应当公开。国务院证券监督管理机构依据调查结果，对证券违法行为作出的处罚决定应当公开。

国务院证券监督管理机构应当与国务院其他金融监督管理机构建立监督管理信息共享机制。

二、证券业协会

（一）证券业协会概念

证券业协会是证券业的自律性组织，是社会团体法人。其宗旨是根据社会主义市场经济的要求，贯彻执行国家有关方针、政策和法规，发挥政府与证券经营机构之间的桥梁和纽带作用，促进证券业的开拓发展，加强证券业的自律管理，维护会员的合法权益，建立和完善具有中国特色的证券市场体系。

（二）证券业协会的组织机构

证券业协会的组织机构包括会员大会和理事会。其中，由全体会员组成的会员大会是证券业协会的权力机构，由其制定证券业协会章程，并报国务院证券监督管理机构备案。理事会为执行机构，理事会成员依章程的规定由选举产生。

（三）证券业协会的职责

根据《证券法》的规定，证券业协会履行下列职责：①教育和组织会员遵守证券法律、行政法规；②依法维护会员的合法权益，向证券监督管理机构反映会员的建议和要求；③收集整理证券信息，为会员提供服务；④制定会员应遵守的规则，组织会员单位的从业人员的业务培训，开展会员间的业务交流；⑤对会员之间、会员与客户之间发生的证券业务纠纷进行调解；⑥组织会员就证券业的发展、运作及有关内容进行研究；⑦监督、检查会员行为，对违反法律、行政法规或者协会章程的，按照规定给予纪律处分。

【思考题】

1. 简述我国《证券法》的基本原则。

2. 简述我国目前的证券管理体制。

3. 简述证券上市的意义。

4. 简述《证券法》规定的禁止的证券交易行为。

5. 甲公司持有某上市公司已发行的股份的30%，并于4月1日向国务院证券监督管理机构报送了上市公司收购报告书。甲公司于4月20日公告了收购要约，要约规定有效期为20日。

根据现行法规，回答下列问题：

(1) 甲公司发出要约是否符合法律规定？

(2) 如果要约期满，甲公司持股未达到该上市公司发行在外的普通股总数50%以上时，将产生何种后果？若甲公司持股达到该上市公司发行在外的普通股总数75%以上时，将产生何种后果？

第十章 票据法

【学习要点】

- 票据的特征
- 票据基础关系与票据法律关系
- 票据行为
- 票据抗辩
- 票据的伪造和变造

票据是市场经济发展的产物，在经济生活中发挥着重要的作用，并随着经济交往的日益频繁和迅捷而得到越来越广泛的运用。票据既可以克服现金交易的地域和时间限制，又可以简化交易过程、降低交易成本、加快流通速度，还可以作为融通资金，甚至作为调控国家金融的重要工具。在现代国际贸易中，票据更是不可或缺的支付结算工具。为了保障票据的流通性及其使用的安全性，各国票据法都规定了许多有别于一般民事法律制度的特殊制度，如严格的形式要求，票据行为相互独立，票据保证等。1995 年《中华人民共和国票据法》的出台，标志着我国在法律上确立了以汇票、本票、支票为主体的结算制度。但在票据的推广使用和流通过程中，也暴露了一些问题，如不规范出票、背书，无理退票，随意压票等行为时有发生，影响了票据应有功能的充分发挥。

第一节 票据法概述

一、票据的概念和特征

“票据”一词，有广义和狭义之分。广义上的票据包括各种有价证券和凭证，如股票、债券、仓单、提单、发票等。狭义上的票据即票据法上的票据，是指由出票人依法签发的，约定自己或委托付款人在见票时或指定的日期无条件支付一定金额给收款人或持票人的有价证券。由于各国立法不同，票据法上的具体票据种类有所差异。《中华人民共和国票据法》（以下简称《票据法》）第二条规定：“本法所称的票据，是指汇票、本票和支票。”作为有价证券，票据具有以下主要特征：

（一）票据是一种要式证券

票据的记载事项、记载方式均由法律明确规定，当事人必须依法进行，否则，会导致票据的无效或不产生票据法上的效力。

（二）票据是一种设权证券

设权证券是相对于证权证券而言的。票据的签发不是为了证明某种权利的存在。票据上的权利是由票据行为所创设，而不是在票据作成前固有的权利。换言之，票据权利的产生，必须以作成票据为前提；没有出票，也就不存在票据权利。

（三）票据是一种文义证券

票据当事人的票据权利义务关系，完全是依据票据上记载的票据文句加以确定的。即使票据上所作记载与实际情况不一致，仍应按票载文义确定其内容。当事人不得以票据文句以外的任何理由要求增加票据权利或减轻票据义务。

（四）票据是一种无因证券

票据是一种无因证券，即票据具有无因性，是指票据债权人只要持有符合票据法规定形式的票据，就享有票据权利，而无须说明票据取得的原因，也无须说明票据原因关系①的有效性，票据债务人应向票据债权人承担无条件地支付票载金额的义务。

（五）票据是一种完全证券

有价证券有不完全证券和完全证券之分。所谓不完全证券，是指证券上的权利与证券可以分离而存在和行使的证券，如股票、债券、仓单、提单等，这些有价证券所指向的权利的行使不以出示权利凭证为限。所谓完全证券，是指证券上的权利与证券不得分离而行使的证券。票据属于完全证券。除非法律有特别规定者外，行使票据权利必须出示票据；转让票据权利必须交付票据；持有票据的人被推定为票据权利的合法拥有者；票据权利实现后应将票据交付给履行付款义务的票据债务人。

（六）票据是一种流通证券

票据权利可以转让，具有高度的流通性。根据国际上通行的做法，凡记名票据，必须经背书才能交付转让；凡无记名票据，一经交付即发生转让的效力。由于我国《票据法》规定票据均为记名票据，故票据转让必须以背书方式进行。

二、我国票据立法概况

党的十一届三中全会以前，我国的票据立法几乎处于空白状态，直到20世纪80年代末，中国人民银行全面推行以汇票、本票、支票为主体的结算制度，允许票据在经济主体之间使用和流通。为了适应票据的发展和需要，中国人民银行及一些地方人民政府先后颁布了若干调整票据关系的行政规章和地方性法规。1988年6月，上海市人民政府发布了《上海市票据暂行规定》；1988年8月22日，国务院办公厅转发了中国人民银行《关于改革银行结算的报告》的通知；1988年12月，中国人民银行颁布了《银行结算办法》；1993年5月，中国人民银行发布了《商业汇票办法》。从1990年开始，有关部门组织力量起草《票据法》草案，经过多次研究、讨论和修改，在广泛征求社会各界意见的基础上，终于在1993年底完成了《票据法》送审稿。国务院经过讨论修改，于1994年12月5日提交全国人民代表大会常务委员会审议，第八届全国人民代表大会常务委员会第十三次会议于1995年5月10日正式通过。《票据法》共7章111条，主要规定了票据活动的基本原则，票据当事人的基本权利义务，票据行为的要素、要求、方式，汇票、本票、支票的特征及其使用和流通，票据的法律责任以及涉外票据法律适用等内容，该法于1996年1月1日起正式施行。为了正确贯彻实施《票据法》，中国人民银行于1995年12月7日发布了《关于施行〈中华人民共和国票据法〉有关问题的通知》（于1996年

---

① 票据原因关系，也称为票据基础关系，是指当事人之间授受票据的原因或前提关系，如购销合同关系、借贷合同关系等。

1 月1 日起施行)，1997 年8 月21 日发布了《票据管理实施办法》(于同年10 月1 日起施行)，1997 年9 月19 日又发布了《支付结算办法》(于同年12 月1 日起施行，原《银行结算办法》同时废止)。为了正确适用《票据法》，公正、及时审理票据纠纷案件，保护票据当事人的合法权益，维护金融秩序和金融安全，2000 年2 月24 日，最高人民法院审判委员会第1102 次会议通过了《最高人民法院关于审理票据纠纷案件若干问题的规定》(自2000 年11 月21 日起施行)。至此，我国已初步建立起一套适应社会主义市场经济发展要求的票据法律制度。

三、票据法律关系

票据法律关系是指票据当事人之间在票据的签发和转让等过程中发生的权利与义务关系。票据法律关系可分为票据关系和票据法上的非票据关系。

(一) 票据关系

票据关系，是指当事人之间基于票据行为而发生的票据权利义务关系。它不同于票据的基础关系。票据的基础关系，是指引起当事人之间授受票据的前提或原因关系，主要表现为票据原因关系、票据预约关系和票据资金关系。为了规范票据行为，保障票据活动中当事人的合法权益，维护社会经济秩序，《票据法》第十条第一款规定："票据的签发、取得和转让，应当遵循诚实信用的原则，具有真实的交易关系和债权债务关系。"但是，由于票据具有无因性，票据关系一经形成，就与基础关系相分离，基础关系是否存在以及是否有效，不影响票据关系。因此，应当注意区别票据关系与票据的基础关系。

票据关系的当事人主要有：①出票人（又称发票人)，是指依法定方式作成票据并在票据上签名盖章，并将票据交付给收款人的人；②承兑人，是指接受汇票出票人的付款委托，同意承担支付票款义务的人；③付款人，是指根据出票人的命令支付票款的人；④收款人，是指票据到期并经提示后收取票款的人；⑤持票人，是指持有票据的人，占有票据的收款人、被背书人或来人抬头票据的持有人都是票据的持票人；⑥背书人，是指在票据转让或质押时，在票据背面签字或盖章，并将该票据交付给受让人或质权人的票据收款人或持有人；⑦被背书人，是指依据背书受让票据或接受票据质押的人；⑧保证人，是指在票据上进行保证文句记载，为票据债务提供担保的人；⑨保付人，是指在支票上进行保付文句记载，以表明保证支付票款的支票付款人；⑩参加人，是指在票据到期前后，为防止可能发生的特定票据债务人受到追索，而介入票据关系的人；⑪代理付款人，是指根据付款人的委托，代理其支付票据金额的人。

(二) 票据法上的非票据关系

票据法上的非票据关系，是指由票据法调整的非基于票据行为发生的法律关系。比如，票据上的正当权利人对于因恶意而取得票据的人行使票据返还请求权而发生的票据返还关系，票据付款人履行付款义务后请求交还票据的票据交付关系，因手续欠缺而丧失票据上权利的持票人对出票人或承兑人行使利益偿还请求权而发生的利益偿还关系，票据当事人违反票据法规定致使他人损失时形成的损害赔偿关系，等等。票据法上的非票据关系也不同于票据的基础关系，后者是民法上的非票据关系，受民法调整。

四、票据行为

（一）票据行为的概念

票据行为，指票据当事人以设立、变更或终止票据关系为目的而进行的行为。票据行为有狭义和广义之分。狭义的票据行为通常包括发票、背书、承兑、保证、保付和参加六种。广义的票据行为还包括见票提示、付款、划线、变造、涂销等。

（二）票据行为的特征

票据行为主要有以下几方面的特征：

（1）要式性。票据行为是要式行为。票据行为必须依法定的形式和要求进行，否则不发生票据法上的效力。例如，出票人欠缺记载绝对必要记载事项，则该出票行为无效。

（2）文义性。票据行为意思表示的内容以票据上记载的文字意义为准。即使文字记载与当事人内心想法不一致，仍按票载文义确定其行为内容。

（3）独立性。票据行为之间是相互独立的。各票据行为独立产生效力，前一项票据行为效力，不影响后一项票据行为的效力。例如，票据的签发行为无效，不影响票据背书行为的效力。

（4）无因性。票据行为的无因性，是指尽管票据行为一般是基于一定的原因关系而发生，但原因关系的有无及其效力均不影响票据行为的成立及其效力。《票据法》对票据行为的无因性持一定的保留态度。《票据法》第十条规定："票据的签发、取得和转让，应当遵循诚实信用的原则，具有真实的交易关系和债权债务关系。票据的取得，必须给付对价，即应当给付票据双方当事人认可的相对应的代价。"

（三）票据行为的代理

《票据法》第五条规定："票据当事人可以委托其代理人在票据上签章，并应当在票据上表明其代理关系。没有代理权而以代理人名义在票据上签章的，应当由签章人承担票据责任；代理人超越代理权限的，应当就其超越权限的部分承担票据责任。"根据这一规定，票据行为的代理必须具备以下条件：第一，票据当事人必须有委托代理的意思表示。没有代理权而以代理人名义在票据上签章的，应当由签章人承担票据责任。第二，代理人必须按被代理人的委托在票据上签章。代理人超越代理权限的，应当就其超越权限的部分承担票据责任。代理人在行使代理权时，必须在票据上以自己的名字或名称作签章。如果代理人未在票据上以自己的名字或名称签章，则不产生票据代理的效力。第三，代理人应在票据上表明代理关系，即注明"代理"字样或类似的文句。凡是符合上述条件的，该票据行为的代理即对被代理人发生法律效力，其后果由被代理人承担。

五、票据权利

（一）票据权利的概念

票据权利是指持票人向票据债务人请求支付票据金额的权利。它是票据关系中票据债权人享有的权利，不同于票据法上的权利。票据法上的权利，是指根据票据法的规定所产生的权利，其含义更广。例如，票据代理中委托签章的权利，票据的原记载人更改票据金额、日期、收款人名称以外的其他记载事项权利，利益偿还请求权等权利就是票据法上的权利，而非票据权利。

根据《票据法》的规定，票据权利包括付款请求权和追索权。付款请求权，又称第一次请求权或主票据权利，是指持票人向票据主债务人或其他付款义务人请求按票载金额付款的权利。追索权，又称第二次请求权或从票据权利，是指票据不获承兑或不获付款时，持票人向其前手请求偿还被拒绝的票据金额、利息和有关费用的权利。

（二）票据权利的取得

票据权利是以持有票据为依据的。当事人取得票据主要发生在以下情形：

（1）出票。出票是创设票据权利的票据行为，从出票人处取得票据即取得票据权利。

（2）票据权利的转让。票据通过背书或交付等方式可以转让他人，受让人以此取得票据即获得票据权利。

（3）履行票据债务。在票据关系中，承兑人、付款人以外的票据债务人一旦清偿票据债务后便取得了持票人的地位，享有票据权利。

（4）依税收、继承、赠与、企业合并等方式获得票据。

关于票据权利的取得，有几点值得注意：①票据的取得，必须给付对价，即应当给付票据双方当事人认可的相对应的代价。②因税收、继承、赠与可以依法无偿取得票据的，不受给付对价的限制。但是，所享有的票据权利不得优于其前手的权利。前手是指在票据签章人或者持票人之前签章的其他票据债务人。③以欺诈、偷盗或者胁迫等手段取得票据的，或者明知有前列情形，出于恶意取得票据的，不得享有票据权利。④持票人因重大过失取得不符合《票据法》规定的票据的，不得享有票据权利。

（三）票据权利的消灭

票据权利的消灭是指因发生一定的法律事实而使票据权利不复存在。票据权利的消灭分为相对消灭和绝对消灭两种。

票据权利的相对消灭，是指当票据债务人为数人时，一债务人因被追索而清偿债务或保证人、参加人履行票据义务的，持票人的票据权利因此消灭，但整个票据关系并不因此而消灭。引起票据权利相对消灭的事由主要有清偿、抵消、免除和追索权的丧失等。

票据权利的绝对消灭，是指全部票据关系均不复存在。引起票据权利绝对消灭的事由主要有：

（1）付款人或承兑人为票据付款。

（2）超过票据权利时效。我国《票据法》第十七条规定，票据权利在下列期限内不行使而消灭：①持票人对票据的出票人和承兑人的权利，自票据到期日起 2 年，见票即付的汇票、本票，自出票日起 2 年；②持票人对支票出票人的权利，自出票日起 6 个月；③持票人对前手的追索权，自被拒绝承兑或者被拒绝付款之日起 6 个月；④持票人对前手的再追索权，自清偿日或者被提起诉讼之日起 3 个月。票据的出票日、到期日由票据当事人依法确定。

（3）票据被除权。票据丧失后，失票人可以通过诉讼程序，请示法院在公示催告后作出除权判决。法院作出除权判决后，该票据上的票据权利绝对消灭。

（4）特殊记载事项的更改。《票据法》规定，票据金额、日期、收款人名称不得更改，更改的票据无效。

（四）票据权利的行使与保全

票据权利的行使是指票据权利人向票据债务人提示票据，请求实现票据权利的行为，如请求承兑、提示票据请求定期付款、行使追索权等。票据权利的保全是指票据权利人为防止票据权利丧失而依法采取的措施，如为防止付款请求权与追索权因时效而丧失，采取中断时效的行为，为防止追索权丧失而请求作成拒绝证明的行为等。

持票人对票据债务人行使票据权利，或者保全票据权利，应当在票据当事人的营业场所和营业时间内进行，票据当事人无营业场所的，应当在其住所进行。

持票人可以不按照票据债务人的先后顺序，对其中任何一人、数人或者全体行使追索权。持票人对票据债务人中的一人或者数人已经进行追索的，对其他票据债务人仍可以行使追索权。被追索人清偿债务后，与持票人享有同一权利。

票据到期被拒绝付款或者在到期前被拒绝承兑，承兑人或付款人死亡、逃匿的，承兑人或付款人被依法宣告破产的或者因违法被责令终止业务活动的，持票人可以对背书人、出票人以及票据的其他债务人行使追索权。

持票人行使追索权，应当提供被拒绝承兑或者被拒绝付款的拒绝证明或者退票理由书以及其他有关证明。

（五）票据权利的补救

票据权利的补救，是指票据权利人在失票后为保护票据权利不受损失而依法采取的措施。我国《票据法》规定，票据权利人丧失票据的可以采取挂失止付、公示催告、普通诉讼等补救措施。

（1）挂失止付。它是指失票人将丧失票据的情况通知付款人并由接受通知的付款人暂停支付的一种方法。《票据法》第十五条规定："票据丧失，失票人可以及时通知票据的付款人挂失止付，但是，未记载付款人或者无法确定付款人及其代理付款人的票据除外。收到挂失止付通知的付款人，应当暂停支付。"《支付结算办法》进一步明确规定，已承兑的商业汇票、支票、填明"现金"字样和代理付款人的银行汇票以及填明"现金"字样的银行本票丧失，可以由失票人通知付款人或者代理付款人挂失止付。未填明"现金"字样和代理付款人的银行汇票以及未填明"现金"字样的银行本票丧失，不得挂失止付。付款人或者代理付款人收到挂失止付通知书后，查明挂失票据确未付款时，应立即暂停支付。付款人或者代理付款人自收到挂失止付通知书之日起 12 日内没有收到人民法院的止付通知书的，自第 13 日起，持票人提示付款并依法向持票人付款的，不再承担责任。付款人或者代理付款人在收到挂失止付通知书之前，已经向持票人付款的，不再承担责任。但是，付款人或者代理付款人以恶意或者重大过失付款的除外。

（2）公示催告。它是指在票据丧失后，失票人向人民法院提出申请，请求人民法院以公告方法通知不确定的利害关系人限期申报权利，逾期未申报者，则权利失效，而由人民法院通过除权判决宣告所丧失的票据无效的一种制度或程序。根据《民事诉讼法》的规定，按照规定可以背书转让的票据持有人，因票据被盗、遗失或者灭失，可以向票据支付地的基层人民法院申请公示催告。申请人应当向人民法院递交申请书，写明票面金额、发票人、持票人、背书人等票据主要内容和申请的理由、事实。人民法院决定受理申请，应当同时通知支付人停止支付，并在 3 日内发出公告，催促利害关系人申报权利。公示催告的期间，由人民法院根据情况决定，但不得少于 60 日。支付人收到人民法院停止支付的通知，应当停止支付，至公示催告程序终结。公示催告期间，转让票据权利的行为无效。利害关系人应当在公示催告期间向人民法院申报。人民法院收到利害关系人的申报后，应当裁定终结公示催告程序，并通知申请人和支付人。申请人或者申报人可以向人民法院起诉。没有人申报的，人民法院应当根据申请人的申请，作出判决，宣告票据无效。判决应当公告，并通知支付人。自判决公告之日起，申请人有权向支付人请求支付。此外，根据《票据法》第十五条的规定，失票人应当在通知挂失止付后3日内，也可以在票据丧失后，直接依法向人民法院申请公示催告。

（3）普通诉讼。它是指丧失票据的失票人向人民法院提起诉讼，要求法院判定付款人向其支付票据金额的活动。根据《票据法》第十五条的规定，失票人应当在通知挂失止付后3日内，也可以在票据丧失后，直接依法向人民法院提起诉讼。

六、票据抗辩

（一）票据抗辩的概念

票据抗辩，是指票据债务人根据票据法的规定，对票据债权人拒绝履行票据义务的行为。票据抗辩是票据债务人的一种权利和保护债务人自身正当权益的一种手段。

（二）票据抗辩的种类

根据抗辩原因不同以及抗辩效力的不同，票据抗辩可分为对物的抗辩和对人的抗辩。

（1）对物的抗辩。这是指票据债务人基于票据本身的缺陷或票据权利时效届满等事由所进行的抗辩。它主要包括以下情形：①票据行为不成立，如票据应记载的内容有欠缺，票据上有禁止记载的事项（如付款附有条件，记载到期日不合法）等；②依票据记载不能提出请求，如票据未到期、付款地不符等；③票据载明的权利已消灭或已失效，如票据债权因付款、抵消、提存、免除、除权判决、时效届满而消灭等；④票据权利的保全手续欠缺，如应作成拒绝证书而未作成等；⑤票据上有伪造、变造情形。由于票据债务人可以对物的抗辩事由对抗一切持票人，所以对物的抗辩又称为绝对抗辩或客观抗辩。

（2）对人的抗辩。这是指票据债务人基于法定事由对抗特定债权人的抗辩。《支付结算办法》第三十八条规定："票据债务人对下列情况的持票人可以拒绝付款：①对不履行约定义务的与自己有直接债权债务关系的持票人；②以欺诈、偷盗或者胁迫等手段取得票据的持票人；③对明知有欺诈、偷盗或者胁迫等情形，出于恶意取得票据的持票人；④明知债务人与出票人或者持票人的前手之间存在抗辩事由而取得票据的持票人；⑤因重大过失取得不符合《票据法》规定的票据的持票人；⑥对取得背书不连续票据的持票人；⑦符合《票据法》规定的其他抗辩事由。"由于对人的抗辩只能针对特定人，所以又称为相对抗辩或主观抗辩。

（三）票据抗辩的限制

为了防止票据债务人滥用抗辩权利，保障票据的流通性，票据法在赋予票据债务人的抗辩权的同时，也对票据抗辩作出了一定的限制。《票据法》第十三条规定："票据债务人不得以自己与出票人或者与持票人的前手之间的抗辩事由，对抗持票人。但是，持票人明知存在抗辩事由而取得票据的除外。"

（四）票据的伪造和变造

票据的伪造是指假冒他人名义或虚构人的名义而进行的票据行为。它包括出票的伪造和出票行为以外的假冒他人签章的行为两种。

票据的变造是指无权更改票据内容的人，对票据上签章以外的记载事项加以变更的行为。

票据的伪造、变造行为均是种扰乱社会经济秩序、损害他人利益的行为。《票据法》第十四条规定："票据上的记载事项应当真实，不得伪造、变造。伪造、变造票据上的签章和其他记载事项的，应当承担法律责任。票据上有伪造、变造的签章的，不影响票据上其他真实签章的效力。票据上其他记载事项被变造的，在变造之前签章的人，对原记载事项负责；在变造之后签章的人，对变造之后的记载事项负责；不能辨别是在票据被变造之前或者之后签章的，视同在变造之前签章。”同时，第一百零三条规定，伪造、变造票据进行票据欺诈的，依法追究刑事责任。

七、涉外票据的法律适用

（一）涉外票据的概念

涉外票据，是指出票、背书、承兑、保证、付款等行为中，既有发生在中华人民共和国境内又有发生在中华人民共和国境外的票据。

（二）《票据法》、国际条约和国际惯例的适用规则

中华人民共和国缔结或者参加的国际条约同《票据法》有不同规定的，适用国际条约的规定。但是，中华人民共和国声明保留的条款除外。

《票据法》和中华人民共和国缔结或者参加的国际条约没有规定的，可以适用国际惯例。

（三）涉外票据的法律适用

（1）票据债务人的民事行为能力，适用其本国法律。票据债务人的民事行为能力，依照其本国法律为无民事行为能力或者为限制民事行为能力，而依照行为地法律为完全民事行为能力的，适用行为地法律。

（2）汇票、本票出票时的记载事项，适用出票地法律。支票出票时的记载事项，适用出票地法律；经当事人协议，也可以适用付款地法律。

（3）票据的背书、承兑、付款和保证行为，适用行为地法律。

（4）票据追索权的行使期限，适用出票地法律。

（5）票据的提示期限、有关拒绝证明的方式、出具拒绝证明的期限，适用付款地法律。

（6）票据丧失时，失票人请求保全票据权利的程序，适用付款地法律。

第二节　汇　票

一、汇票的概念和种类

（一）汇票的概念

汇票是出票人签发的，委托付款人在见票时或在指定日期无条件支付确定的金额给收款人或者持票人的票据。

（二）汇票的分类

汇票可以按不同的标准进行分类。

（1）按出票人身份的不同，可以将汇票分为银行汇票和商业汇票。银行汇票是出票银行签发的，由其在见票时按照实际结算金额无条件支付给收款人或者持票人的票据。商业汇票是由出票人签发的，委托付款人在指定日期无条件支付确定的金额给收款人或者持票人的票据。商业汇票分为商业承兑汇票和银行承兑汇票。商业承兑汇票由银行以

外的付款人承兑。银行承兑汇票由银行承兑。商业汇票的付款人为承兑人。

（2）按汇票记载付款日期的不同，可以将汇票分为即期汇票和远期汇票。即期汇票即见票即付的汇票；远期汇票即载明在一定期间或特定日期付款的汇票。远期汇票又可分为定期汇票（定日付款）、计期汇票（出票后定期付款）、注期汇票（见票后定期付款）等。

（3）按收款人记载方式的不同，可以将汇票分为记名汇票、指示汇票和无记名汇票。记名汇票是指在汇票上明确记载了收款人姓名或名称的汇票。指示汇票是指除在汇票上明确记载收款人姓名或名称外，还附有“或其指定人”文句的汇票。无记名汇票是指在汇票上没有记载收款人姓名或名称，或者仅记载“付来人”文句的汇票。我国《票据法》规定的汇票均为记名汇票。

（4）按票据行为发生的地域不同，可以将汇票分为国内汇票和涉外汇票。国内汇票即出票、背书、承兑、保证、付款等行为均发生在本国境内的汇票。涉外汇票是指出票、背书、承兑、保证、付款等行为中，既有发生在本国境内又有发生在本国境外的汇票。

（5）按汇票是否附有单据，可以将汇票分为光票汇票和跟单汇票。这种分类主要是国际贸易中采取汇票托收过程中对汇票所进行的一种分类。光票汇票，是指无须附任何与交易有关的单据，就可要求承兑、付款的汇票。跟单汇票，又称为信用汇票、押汇汇票，是指必须附具与交易有关的单据才能承兑、付款的汇票。

二、出票

（一）出票的概念

出票，也称发票，是指出票人签发票据并将其交付给收款人的行为。出票实际包括两个行为：一是作成票据，即出票人依照票据法的规定在原始票据上记载法定事项并签章；二是交付票据，即出票人将作成的票据交付给他人占有。两者缺一不可。

出票是汇票、本票、支票所共有的票据行为。出票行为是创设票据权利的基础行为，故也称为基本票据行为或原始票据行为。其他票据行为（背书、承兑、保证）均以出票为基础，故也称为附属票据行为。

（二）汇票的记载事项

汇票是一种要式证券，出票行为是一种要式行为，汇票的作成必须符合法定的格式，记载有关事项。汇票上的记载事项可以分为绝对必要记载事项、相对必要记载事项和任意记载事项三类。

（1）绝对必要记载事项。绝对必要记载事项是指票据法规定必须在汇票上记载的内容，若欠缺记载其中之一，则该汇票无效。根据《票据法》的规定，汇票的绝对必要记载事项有以下七项：①表明“汇票”的字样；②无条件支付的委托；③确定的金额；④付款人名称；⑤收款人名称；⑥出票日期；⑦出票人签章。

（2）相对必要记载事项。相对必要记载事项是指依票据法的规定应当在汇票上记载的内容，若未记载该内容，并不影响汇票本身的效力，该未记载内容依法律的直接规定来补充确定。根据《票据法》的规定，汇票的相对必要记载事项有三项：①付款日期；②付款地；③出票地。汇票上未记载付款日期的，为见票即付的汇票；汇票上未记载付款地的，付款人的营业场所、住所或者经常居住地为付款地；汇票上未记载出票地的，出票人的营业场所、住所或者经常居住地为出票地。

（3）任意记载事项。任意记载事项是指汇票上记载的除绝对必要记载事项和相对必要记载事项以外的其他内容，如出票原因、该票据项下交易的合同号码等。任意记载事不具有汇票上的效力。但是，票据出票人在票据正面记载“不得转让”字样的，票据不得转让；其直接后手再背书转让的，出票人对其直接后手的被背书人不承担保证责任，对被背书人提示付款或委托收款的票据，银行不予受理。

（三）出票的要求

出票除应在汇票上记载法定事项外，还应符合以下要求：

（1）出票人符合法定资格。银行汇票的出票人，必须是经中国人民银行批准办理银行汇票业务的银行。商业承兑汇票的出票人须是在银行开立存款账户的法人以及其他组织；银行承兑汇票的出票人须是在承兑银行开立存款账户的法人以及其他组织。

（2）汇票的出票人必须与付款人具有真实的委托付款关系，并且具有支付汇票金额的可靠资金来源，不得签发无对价的汇票用以骗取银行或者其他票据当事人的资金。因税收、继承、赠与可以依法无偿取得票据的，不受给付对价的限制。但是，所享有的票据权利不得优于其前手的权利。此外，值得注意的是，基于票据的无因性和票据行为的独立性，尽管出票人签发了不具有真实的委托付款关系或者无对价的汇票，但只要依据票据法的规定记载了有关事项并完成交付，则出票行为即发生票据法上的效力，票据债权债务关系也即成立。

（3）出票人签章必须符合规定。票据上的签章，为签名、盖章或者签名加盖章。在票据上的签名，应当为该当事人的本名。商业汇票上的出票人的签章，为该法人或者该单位的财务专用章或者公章加其法定代表人、单位负责人或者其授权的代理人的签名或者盖章；银行汇票上的出票人的签章，为该银行汇票专用章加其法定代表人或者其授权的代理人的签名或者盖章。不符合这些规定的签章不具有票据法上的效力。

（三）出票的效力

出票人签发汇票后，即承担保证该汇票承兑和付款的责任。出票人在汇票得不到承兑或者付款时，应当向持票人清偿票款和行使追索权或再追索权的有关费用。

三、背书

（一）背书的概念

所谓背书，是指持票人在票据背面或者黏单上记载有关事项并签章，以转让票据权利或将票据权利授予他人行使的票据行为。我国票据法规定的汇票均为记名汇票，故持票人将汇票权利转让给他人或者将一定的汇票权利授予他人行使，应当背书并交付汇票。

（二）背书的种类

背书按其目的不同可以分为以下三类：

（1）转让背书，是以转让票据权利为目的所为的背书，也是最为普遍的一种。

（2）委托收款背书，也称委任背书，是指持票人以委托收款为目的所为的一种背书。委持收款背书必须明确记载“委托收款”字样，否则将视为转让背书。委托背书实质上是票据持票人与被背书人的一种取款委托代理关系，被背书人有权代背书人行使被委托的汇票权利。但是，被背书人不得再以背书转让汇票权利。

（3）设质背书，即背书人（持票人）以票据权利设定质权为目的所为的背书。汇票可以设定质押，质押时应当以背书记载“质押”字样，被背书人依法实现其质权时，可以行使汇票权利。但是，以汇票设定质押时，出质人在汇票上只记载了“质押”字样而未在票据上签章的，或者出质人未在汇票、黏单上记载“质押”字样而另行签订质押合同、质押条款的，不构成票据质押。票据质权人以质押票据再行背书质押或者背书转让的，该背书行为无效。

（三）背书的要求

根据《票据法》的规定，背书必须符合以下要求：

（1）背书应当记载法定内容。票据背书转让时，由背书人在票据背面签章、记载被背书人名称和背书日期。持票人委托银行收款或以票据质押的，还应在背书人栏记载“委托收款”或“质押”等字样。背书中未记载背书日期的，视为在票据到期日前所为的背书。背书人未记载被背书人名称即将票据交付他人的，持票人在票据被背书人栏内记载自己的名称与背书人记载具有同等法律效力。

（2）记载于法定位置。背书人应当在票据背面的背书栏依次背书。背书栏不附背书的，可以使用统一格式的黏单，黏附于票据凭证上规定的黏接处。黏单上的第一记载人应当在票据和黏单的黏接处签章。

（3）背书不得附有条件。背书时附有条件的，所附条件不具有汇票上的效力。背书人在票据上记载“不得转让”、“委托收款”、“质押”字样，其后手再背书转让、委托收款或者质押的，原背书人对后手的被背书人不承担票据责任，但不影响出票人、承兑人以及原背书人之前手的票据责任。

（4）票据的出票人在票据上记载“不得转让”字样，票据持有人背书转让的，背书行为无效。背书转让后的受让人不得享有票据权利，票据的出票人、承兑人对受让人不承担票据责任。

（5）背书人不得将汇票金额的一部分背书转让或将汇票金额分别转让给两个以上的人。票据是完全证券，票据权利的行使必须以持有票据为基础，故票据权利不得分割转让，否则，其转让无效。

（6）以背书转让的汇票，背书应当连续。所谓背书连续，是指在票据转让中，转让汇票的背书人与受让汇票的被背书人在汇票上的签章依次前后衔接。具体而言，票据第一次背书转让的背书人是票据上记载的收款人，前次背书转让的被背书人是后一次背书转让的背书人，依次前后衔接，最后一次背书转让的被背书人是票据的最后持票人。按照《票据法》的规定，持票人以背书的连续，证明其汇票权利；非经背书转让，而以其他合法方式（如继承、税收）取得汇票的，依法举证，证明其汇票权利。

（7）汇票被拒绝承兑、被拒绝付款或者超过付款提示期限的，不得背书转让；背书转让的，背书人应当承担汇票责任。

（四）背书的效力

汇票背书是一种附属的票据行为。背书以出票为前提，只能在已出票的票据上作成，并且背书的效力在一定程度上依附于出票。一般而言，出票人所签发的票据无效，背书也无效。但是为了保障票据交易的安全性以及善意第三人的利益，《最高人民法院关于审理票据纠纷案件若干问题的规定》第六十六条规定：“具有下列情形之一的票据，未经背书转让的，票据债务人不承担票据责任；已经背书转让的，票据无效不影响其他真实签章的效力：①出票人签章不真实的；②出票人为无民事行为能力人的；③出票人为限制民事行为能力人的。”

背书有效成立，产生以下法律后果：

（1）权利转移或权利设定、授予的效力。转让背书成立后，票据上的一切权利，包括对付款人、承兑人、出票人、背书人、保证人等票据债务人的权利，全部转移至被背书人。质押背书成立后，被背书人取得票据质权。委托收款背书成立后，被背书人有权代背书人行使被委托的汇票权利。

（2）责任担保的效力。背书人以背书转让汇票后，即承担保证其后手所持汇票承兑和付款的责任。背书人在汇票得不到承兑或者付款时，应当向持票人清偿汇票金额和有关追索费用。

四、承兑

（一）承兑的概念

承兑是指汇票付款人承诺在汇票到期日支付汇票金额的行为。汇票是一种出票人委托他人付款的委付证券。但是，出票人的出票行为是一种单方法律行为，对付款人并不当然产生拘束力，也就是说，汇票上记载的付款人在汇票出票之后承兑之前，并非汇票的债务人。汇票承兑的目的是付款人确认自己的付款责任。

承兑是汇票中特有的制度，但并非所有的汇票都必须经过承兑。见票后定期付款的汇票，持票人应当向付款人提示承兑，否则其付款日期无法确定。见票即付的汇票无须承兑。而定日付款和出票后定期付款的两种汇票从理论上来说属于可以提示承兑，也可以不提示承兑的汇票，持票人可以于到期日直接向付款人请求付款。但《票据法》明确规定，这两种汇票也应当在到期日前提示承兑。

（二）承兑的程序

汇票承兑须经历提示承兑和承兑两个阶段。

（1）提示承兑。提示承兑是指持票人向付款人出示汇票，并要求付款人承诺付款的行为。提示承兑应当在法定期限内进行。《票据法》规定，定日付款或出票后定期付款的汇票，持票人应当在汇票到期日前向付款人提示承兑；见票后定期付款的汇票，持票人应当自出票之日起1个月内向付款人提示承兑。汇票未按照规定期限提示承兑的，持票人丧失对其前手的追索权。所谓前手是指在票据签章人或持票人之前签章的其他票据债务人。持票人未按规定期限提示承兑，只是导致丧失对其前手追索权，但若汇票未超过时效范围的，持票人仍可向付款人提示承兑，一旦付款人拒绝承兑，持票人还可向出票人进行追索。

持票人提示承兑，应到汇票付款地向汇票付款人出示并交付汇票原件，付款人在收到提示承兑的汇票后，应向持票人签发回单。

（2）承兑。付款人收到持票人提示承兑的汇票时，应当向持票人签发收到汇票的回单。回单上应当记明汇票提示承兑日期并签章。付款人对向其提示承兑的汇票，应当自收到提示承兑的汇票之日起3日内承兑或者拒绝承兑。付款人承兑汇票的，应当在汇票正面记载“承兑”字样和承兑日期并签章；见票后定期付款的汇票，应当在承兑时记载付款日期。付款人承兑汇票不得附有条件，附加条件的承兑视为拒绝承兑。付款人作出承兑，在汇票记载法定事项后，应立即将汇票交还给持票人，承兑即告完成。

（三）承兑的效力

汇票一经付款人承兑，汇票的付款人即成为承兑人和第一债务人。《票据法》第四十四条规定："付款人承兑汇票后，应当承担到期付款的责任。"

付款人拒绝承兑，应持票人的请求必须作成拒绝证书并与汇票原件一并交与持票人，持票人凭此可向其前手和出票人进行追索。如果付款人不予承兑，但又拒绝出具拒绝证书，给持票人追索形成困难、造成损失的，应承担相应的民事赔偿责任。

五、保证

（一）票据保证的概念

票据保证，是指票据债务人以外的第三人为担保票据债务的履行所作的一种附属票据行为。在票据保证关系中，保证人是进行保证行为的当事人；被保证人是票据关系中的债务人，它可以是出票人、背书人、承兑人；保证关系中的债权人是被保证人后手，被保证人如果是承兑人的，持票人是保证关系中的债权人。票据保证制度的创设，其目的是为补充特定票据债务人信用不足，促进票据的流通和广泛使用。根据我国现行的规定，银行汇票、商业汇票和银行本票的债务可以依法由保证人承担保证责任。

（二）票据保证的要求

（1）国家机关、以公益为目的的事业单位、社会团体、企业法人的分支机构和职能部门作为票据保证人的，票据保证无效，但经国务院批准为使用外国政府或者国际经济组织贷款进行转贷，国家机关提供票据保证的，以及企业法人的分支机构在法人书面授权范围内提供票据保证的除外。

（2）保证人必须在汇票或者黏单上记载下列事项：①表明"保证"的字样；②保证人名称和住所；③被保证人的名称；④保证日期；⑤保证人签章。保证人在汇票或者黏单上未记载被保证人的名称的，已承兑的汇票，承兑人为被保证人；未承兑的汇票，出票人为被保证人。保证人在汇票或者黏单上未记载保证日期的，出票日期为保证日期。保证人为出票人、承兑人保证的，应将保证事项记载在票据的正面；保证人为背书人保证的，应将保证事项记载在票据的背面或黏单上。保证人未在票据或者黏单上记载"保证"字样而另行签订保证合同或者保证条款的，不属于票据保证，人民法院应当适用《中华人民共和国担保法》的有关规定。

（3）保证不得附有条件；附有条件的，不影响对汇票的保证责任。

（三）票据保证的效力

票据保证一旦作出，即产生以下法律后果：

（1）保证人与被保证人负连带责任。《票据法》第五十条规定："被保证的汇票，保证人应当与被保证人对持票人承担连带责任。汇票到期后得不到付款的，持票人有权向保证人请求付款，保证人应当足额付款。"票据保证的保证人不享有《担保法》中一般保证的保证人的先诉抗辩权。

（2）保证人与被保证人负同一责任。具体而言有三点：第一，保证人与被保证人的责任在数量上是同一的，不允许作部分保证；第二，保证人与被保证人的责任在种类上是同一的；第三，保证人与被保证人的责任在顺序上是同一的，不分先后。

（3）保证人的责任具有独立性，不因被保证的票据债务无效而免除。《票据法》第四十九条规定："保证人对合法取得汇票的持票人所享有的汇票权利，承担保证责任。但是，被保证人的债务因汇票记载事项欠缺而无效的除外。"票据保证无效的，票据的保证人应当承担与其过错相应的民事责任。

（4）共同保证人负连带责任。保证人为 2 人以上的，保证人之间承担连带责任。

（5）保证人清偿汇票债务后，可以行使持票人对被保证人及其前手的追索权。

六、付款

（一）付款的概念

付款是指付款人依据票据文义向持票人支付票据金额，以消灭票据关系的行为。票据法中的付款是付款人的行为，这与出票人、背书人、保证人等在被追索时支付有关金额的行为不同：前者是支付票据金额的行为，并以消灭票据关系为目的；后者并不以票据金额为依据支付，还涉及其他相关费用，而且不能引起票据关系的消灭。

（二）付款的程序

付款的程序包括付款提示和支付票款两个阶段。

（1）付款提示。付款提示，是指持票人向付款人或承兑人出示票据，并请求按票载金额付款的行为。付款提示是票据付款的必经程序，未提示付款的，票据义务人无主动付款的义务。持票人必须在法定期限内作出付款提示。根据《票据法》的规定，见票即付的汇票，应当自出票日起 1 个月内进行付款提示；定日付款、出票后定期付款或者见票后定期付款的汇票，自到期日起 10 日内向承兑人提示付款。通过委托收款银行或者通过票据交换系统向付款人提示付款的，视同持票人提示付款。持票人未按照规定期限提示付款的，在作出说明后，承兑人或者付款人仍应当继续对持票人承担付款责任。这里值得注意的是，持票人未在法定期限内提示付款的，丧失的只是对其前手的追索权。

（2）支付票款。持票人依照前条规定提示付款的，付款人必须在当日足额付款。持票人获得付款的，应当在汇票上签收，并将汇票交给付款人。持票人委托银行收款的，受委托的银行将代收的汇票金额转账收入持票人账户，视同签收。汇票金额为外币的，按照付款日的市场汇价，以人民币支付。汇票当事人对汇票支付的货币种类另有约定的，从其约定。付款人及其代理付款人付款时，应当审查汇票背书的连续，并审查提示付款人的合法身份证明或者有效证件。付款人及其代理付款人以恶意或者有重大过失付款的，应当自行承担责任。对定日付款、出票后定期付款或者见票后定期付款的汇票，付款人在到期日前付款的，由付款人自行承担所产生的责任。

（三）拒绝付款

票据属于无因证券，票据债务人不得以与出票人之间或者与持票人的前手之间有抗辩事由为由拒绝付款。法律有特别规定的除外。

付款人拒绝付款，应出具拒绝证明或退票理由书，以便持票人及时进行票据追索。

（四）付款的效力

付款人依法足额付款后，全体汇票债务人的责任解除。

七、追索权

（一）追索权的概念

追索权是指在票据到期不获付款，或到期日前不获承兑，或发生其他法定事由时，持票人向其前手请求偿还票据金额、利息及有关费用的一种票据权利。追索权是在票据权利人的付款请求权得不到满足之后，法律赋予持票人对票据债务人进行追偿的权利。它不同于付款请求权，付款请求权行使的对象是票据上的付款人或汇票承兑后的承兑人，而追索权的行使对象（即被追索人）是持票人的所有前手，包括出票人、背书人、承兑人、保证人等。

（二）行使追索权的原因

（1）汇票到期被拒绝付款的，持票人可以对背书人、出票人以及汇票的其他债务人行使追索权。

（2）汇票到期日前，有下列情形之一的，持票人也可以行使追索权：①汇票被拒绝承兑的；②承兑人或者付款人死亡、逃匿的；③承兑人或者付款人被依法宣告破产的或者因违法被责令终止业务活动的。

（3）被追索人依照规定向持票人清偿后，可以向其他汇票债务人行使再追索权。

（三）行使追索权的程序

（1）取得拒绝证明、退票理由书或者其他合法证明。其他合法证明是指：人民法院出具的宣告承兑人、付款人失踪或者死亡的证明、法律文书；公安机关出具的承兑人、付款人逃匿或者下落不明的证明；医院或者有关单位出具的承兑人、付款人死亡的证明；公证机构出具的具有拒绝证明效力的文书；承兑人或者付款人因违法被责令终止业务活动的，有关行政主管部门作出的处罚决定，等等。根据《票据法》的规定，持票人行使追索权时，应当提供被拒绝承兑或者被拒绝付款的有关证明。持票人不能出示拒绝证明、退票理由书或者未按照规定期限提供其他合法证明的，丧失对其前手的追索权。但是，承兑人或者付款人仍应当对持票人承担责任。持票人提示承兑或者提示付款被拒绝的，承兑人或者付款人必须出具拒绝证明，或者出具退票理由书。未出具拒绝证明或者退票理由书的，应当承担由此产生的民事责任。

（2）发出追索通知。持票人应当自收到被拒绝承兑或者被拒绝付款的有关证明之日起3日内，将被拒绝事由书面通知其前手；其前手应当自收到通知之日起3日内书面通知其再前手。持票人也可以同时向各汇票债务人发出书面通知。在规定期限内将通知按照法定地址或者约定的地址邮寄的，视为已经发出通知。未按照规定期限通知的，持票人仍可以行使追索权。因延期通知给其前手或者出票人造成损失的，由没有按照规定期限通知的汇票当事人，承担对该损失的赔偿责任，但是所赔偿的金额以汇票金额为限。

（四）追索的金额

（1）持票人行使追索权，可以请求被追索人支付下列金额和费用：①被拒绝付款的汇票金额；②汇票金额自到期日或者提示付款日起至清偿日止，按照中国人民银行规定的利率计算的利息；③取得有关拒绝证明和发出通知书的费用。被追索人清偿债务时，持票人应当交出汇票和有关拒绝证明，并出具所收到利息和费用的收据。

（2）被追索人依照规定向持票人清偿后，可以向其他汇票债务人行使再追索权，请求其他汇票债务人支付下列金额和费用：①已清偿的全部金额；②前项金额自清偿日起至再追索清偿日止，按照中国人民银行规定的利率计算的利息；③发出通知书的费用。行使再追索权的被追索人获得清偿时，应当交出汇票和有关拒绝证明，并出具所收到利息和费用的收据。

（五）追索权的效力

由于汇票的出票人、背书人、承兑人和保证人对持票人承担连带责任，因此持票人可以不按照汇票债务人的先后顺序，对其中任何一人、数人或者全体行使追索权。持票人对汇票债务人中的一人或者数人已经进行追索的，对其他汇票债务人仍可以行使追索权。被追索人清偿债务后，与持票人享有同一权利，可以向其他汇票债务人行使再追索权。但是，持票人为出票人的，对其前手无追索权；持票人为背书人的，对其后手无追索权。

被追索人依照规定清偿债务后，其责任解除。

第三节　本　票

一、本票的概念和种类

（一）本票的概念

本票是指出票人签发的，承诺自己在见票时无条件支付确定的金额给收款人或者持票人的票据。与汇票不同，本票的基本当事人只有出票人和收款人，出票人也就是付款人，承担到期无条件付款的责任，不需要在到期日前进行承兑，属于自付证券和信用证券。

（二）本票的种类

（1）按出票人身份的不同，可以将本票分为银行本票和商业本票。

（2）按记载付款日期的不同，可以将本票分为即期本票和远期本票。即期本票，即见票即付的本票；远期本票包括定日付款、出票后定期付款、见票后定期付款等几种。

（3）按收款人记载方式的不同，可以将本票分为记名本票、指示本票和无记名本票。

（4）按使用方式的不同，可以将本票分为现金本票和转账本票。用于支取现金的为现金本票；用于转账的为转账本票。

（5）按票面金额的不同，可以将本票分为定额本票和不定额本票。目前我国银行定额本票面额为1 000 元、5 000 元、1 万元和5 万元四种。不定额本票的起点为100 元，具体数额依实际需要确定。

（6）按票据行为发生的地域不同，可以将本票分为国内本票和涉外本票。

我国《票据法》规定本票仅限于见票即付的银行本票。

二、本票的特别规定

这里所说的本票的特别规定是相对汇票而言的，主要有以下几方面：

（一）出票

（1）出票人。《票据法》规定，本票的出票人必须具有支付本票金额的可靠资金来源，并保证支付。《支付结算办法》规定，银行本票出票人，为经中国人民银行当地分支行批准办理银行本票业务的银行机构。单位和个人在同一票据交换区域需要支付各种款项，均可以使用银行本票。

（2）记载事项。本票的记载事项也分为绝对必要记载事项、相对必要记载事项和任意记载事项。绝对必要记载事项包括：①表明“本票”的字样；②无条件支付的承诺；③确定的金额；④收款人名称；⑤出票日期；⑥出票人签章。本票上未记载上述规定事项之一的，本票无效。相对必要记载事项包括：①付款地，本票上未记载付款地的，出票人的营业场所为付款地；②出票地，本票上未记载出票地的，出票人的营业场所为出票地。银行本票可以用于转账，注明“现金”字样的银行本票可以用于支取现金。但是，以申请人或收款人为单位的，银行不得为其签发现金银行本票。

（3）出票人签章。银行本票上的出票人的签章，为该银行的本票专用章加其法定代表人或者其授权的代理人的签名或者盖章。银行本票的出票人在票据上未加盖规定的专用章而加盖该银行的公章，签章人应当承担票据责任。

（二）付款

本票为见票即付的票据，本票的出票人在持票人提示见票时，必须承担付款的责任。本票自出票日起，付款期限最长不得超过 2 个月。本票的持票人未按照规定期限提示见票的，丧失对出票人以外的前手的追索权。

第四节　支　票

一、支票的概念和种类

（一）支票的概念

支票是出票人签发的，委托办理支票存款业务的银行在见票时无条件支付确定的金额给收款人或者持票人的票据。支票的基本当事人与汇票一致，包括出票人、收款人和付款人三个，但与汇票不同的是：支票的付款人是特定的，即必须是具有经中国人民银行审定的、能办理支票存款业务的银行，而汇票的付款人没有特别规定；支票的出票人在签发支票时，必须与付款人具有真实的存款关系，即存入大于出具的支票金额的资金，而汇票的出票人与付款人之间不一定是存款关系，还可以是债权债务、买卖等关系，且关系的成立不一定在出票之前，也可以在出票以后建立；支票为见票即付的票据，而汇票可以在出票时记载付款期限。所以，支票与汇票、本票的性质有很大差别，汇票、本票表现为较强的商业信用，支票则表现为一种银行信用。

（二）支票的种类

（1）按支付可否支取现金的不同，可以将支票分为普通支票、现金支票和转账支票。现金支票应当在支票正面注明“现金支票”字样，持票人持有现金支票只能支取现金。转账支票应在支票正面注明“转账支票”字样，持票人持有转账支票只能用于转账，不得支取现金。普通支票可以用于支取现金，也可以用于转账结算。

（2）按记载付款日期的不同，可以将支票分为即期支票和远期支票。即期支票即见票即付的支票；远期支票包括定日付款、出票后定期付款、见票后定期付款等几种。

（3）按收款人记载方式的不同，可以将支票分为记名支票、指示支票和无记名支票。我国支票上未记载收款人名称的，经出票人授权，可以补记。

（4）按付款有无特殊保障或特殊限制，可以将支票分为普通支票、保付支票和划线支票。普通支票，是指一般的、对付款无特殊保障或特殊限制的支票。保付支票，是指经付款银行在普通支票上记载保付，以保证承担绝对付款责任的支票。划线支票又称平行线支票，是指出票人或持票人在普通支票上划两条平行线，从而对付款银行在支付上给予特殊限制的支票。《支付结算办法》规定，在普通支票左上划两条平行线的，为划线支票，划线支票只能用于转账，不得支取现金。

（5）我国《票据法》按照支付票款方式，将支票分为普通支票、现金支票和转账支票。①普通支票。该种支票未印有“现金”或“转账”字样，既可以用来支取现金，亦可用来转账。②现金支票。现金支票只能用于支取现金。③转账支票。转账支票只能用于转账，不得支取现金。在实践中，我国一直采用的是现金支票和转账支票，没有普通支票。

二、支票的特别规定

这里所说的支票的特别规定也是相对汇票而言的，主要有以下几方面：

（一）出票

（1）支票的出票人。支票的出票人，为在经中国人民银行当地分支行批准办理支票业务的银行机构开立可以使用支票的存款账户的单位和个人。作为公民、单位要使用支票，首先必须向具有办理支票存款业务的银行提出申请，并提交证明其身份的合法证件，以本人真实姓名开立支票存款账户，然后银行根据申请人的申请，对申请人的资信状况进行审核，经审查合格的，银行或其他金融机构同意开户，开户人在开户时应存入一定的资金，并在开户行预留其本名的签名样式和印鉴，再在开户行领用支票。申请人领用支票后，即可作为支票的出票人签发支票。

（2）支票的记载事项。支票的记载事项也分为绝对必要记载事项、相对必要记载事项和任意记载事项。支票的绝对必要记载事项有：①表明“支票”的字样；②无条件支付的委托；③确定的金额；④付款人名称；⑤收款人名称；⑥出票日期；⑦出票人签章。支票上未记载上述内容之一的无效。但是，《票据法》和《支付结算办法》同时规定，支票的金额、收款人名称，可以由出票人授权补记。未补记前不得背书转让和提示付款。支票的相对必要记载事项有：①付款地；②出票地。支票上未记载付款地的，付款人的营业场所为付款地；支票上未记载出票地的，出票人的营业场所、住所或者经常居住地为出票地。

（3）支票出票的要求。支票出票除与汇票出票有相同要求之外，还应符合一些特别规定：①支票的出票人不得签发与其预留本名的签名式样或者印鉴不符的支票；使用密码的，出票人不得签发支付密码错误的支票；②支票的出票人签发支票的金额不得超过其付款时在付款人处实有的存款金额。禁止签发空头支票。签发空头支票或者故意签发与其预留的本名签名式样或者印鉴不符的支票，骗取财物的，依法追究刑事责任。此外，根据《支付结算办法》的规定，出票人签发空头支票、签章与预留银行签章不符的支票、使用支付密码的，对支付密码错误的支票，银行应予以退票，并按票面金额处以5%但不低于1 000元的罚款；持票人有权要求出票人赔偿支票金额2%的赔偿金。对屡次签发的，银行应停止其签发支票。

（二）付款

支票的出票人对持票人负有绝对付款责任。支票的付款人实际上并非支票债务人，而是受出票人委托向持票人进行付款。鉴于支票出票人与付款人的资金委付关系，支票付款人对持票人进行付款的前提条件是出票人在付款人处的存款足以支付支票金额。否则，付款人不予付款，由出票人自行承担支票不能兑付的责任。

支票的持票人应当自出票日起10日内提示付款；异地使用的支票，其提示付款的期限由中国人民银行另行规定。超过提示付款期限的，付款人可以不予付款；付款人不予付款的，出票人仍应当对持票人承担票据责任（自出票日起6个月内）。此外，持票人超过付款提示期限提示付款，丧失对其前手的追索权。

付款人依法支付支票金额的，对出票人不再承担受委托付款的责任，对持票人不再承担付款的责任。但是，付款人以恶意或者有重大过失付款的除外。

【思考题】

1. 简述票据的主要特征。

2. 简述票据权利的内容。

3. 简述票据的绝对必要记载事项和相对必要记载事项。

4. 简述票据抗辩权的行使及其限制。

5. 简述票据的伪造和变造的含义及其法律后果。

6. A 公司为了支付 B 公司的货款，于 2008 年 5 月 6 日给 B 公司开出一张 80 万元的银行承兑汇票。B 公司取得该汇票后，因准备向 C 公司购买一批农具而将该汇票背书转让给了 C 公司。但事后不久，B 公司发现 C 公司根本无货可供，完全是一场骗局，因而马上通知付款人停止向 C 公司支付票款。C 公司获得汇票后没有直接向付款人请求支付票款，而是将该汇票背书转让给了 D 公司，以支付其所欠 D 公司的建筑工程款。D 公司取得该汇票时对上述情况一无所知，并于同年 10 月 8 日向付款人请求付款，遭到拒绝。付款人拒绝的理由有：①C 公司以欺诈行为从 B 公司获得汇票的行为是无效票据行为，B 公司已通知付款人停止付款；②该汇票未记载付款日期和付款地，为无效汇票。而后付款人制作退票理由书，交付与 D 公司。

请问：

（1）付款人拒付的理由能否成立？为什么？

（2）A 公司开出的汇票未记载付款日期和付款地，是否为无效票据？

（3）D 公司拿到退票理由书后可以向本案中的哪些当事人行使追索权？

第十一章　市场秩序管理法

【学习要点】

- 我国市场秩序管理立法概况
- 不正当竞争行为的类型
- 垄断行为的类型
- 产品质量责任
- 消费者的权利和经营者的义务

市场经济是市场机制在社会资源配置中起基础作用的一种经济运行模式。市场机制作用的发挥必须以健全、有序的市场秩序作为基础条件，为此，就需要完备的法律制度予以规范和保障。本章主要介绍我国市场秩序的立法概况，并重点讲述《反不当竞争法》、《反垄断法》、《产品质量法》和《消费者权益保护法》这几部法律的主要内容。

第一节　市场秩序管理法概述

一、市场秩序的概念

市场秩序是指市场主体按照一定的规则开展活动而形成的一种有序的状态。一般而言，正常的市场秩序意味着市场是开放的、自由竞争的；市场供应者向社会提供的应当是合格的产品和良好的服务；市场经营者之间应当公平、正当地开展竞争活动；消费者有权利获得符合自己意愿的产品和服务。

但是，市场秩序是动态的、不断发展变化的。随着我国市场经济的迅猛发展和国际经济一体化进程的加速，现代市场范围不断扩大，市场体系的本质要求也有所变化。现代市场不仅包括消费品和生产资料等商品市场，而且还包括资本市场、劳动力市场、技术市场、信息市场以及房地产市场等生产要素市场。统一、开放、竞争和有序是现代市场最基本的要求。市场统一，是指各类市场在国内地域间是一个整体，不应存在部门或地区对市场的分割或封锁；市场开放，是指国内市场对国外开放，参与国际分工和国际竞争，不应闭关锁国；市场竞争，是指除了法律禁止的行业以外，市场主体能够自由地进入市场，公平、正当地开展或参与竞争；市场有序，是指市场主体能够遵守市场规则，形成良好的市场秩序。

二、我国市场秩序管理立法概况

市场是各种交易关系的总和，它是一种客观存在。市场秩序的建立和维护需要一套完备的、符合市场运行规律的规则。在现代社会，这套规则的核心就是相应的市场秩序法律制度。

新中国成立以来相当长的一段时期，由于党的指导思想的错误，试图用计划经济取代市场经济，忽视了市场对资源的配置作用，因此各类市场被人为地限制甚至取缔，政策和习惯维系着被严重扭曲的市场秩序，市场秩序立法几乎是空白。党的十一届三中全会以来，我国不断克服“左”的思想影响，坚持解放思想、实事求是的思想路线，破除了把社会主义与市场调节对立起来的观念。中共十四大报告明确指出，中国经济体制改革的目标是建立社会主义市场经济体制。发展市场经济就有必要建立、健全相应的法律制度来维护市场秩序。我国现代意义上市场秩序法律制度就是在改革开放以后市场经济得到一定发展的基础上开始建立并逐步完善的。

在反垄断和制止不正当竞争方面，1980 年 10 月 17 日，国务院发布的《关于开展和保护社会主义竞争的暂行规定》首次提出：“在经济活动中，除国家指定由有关部门和单位专门经营的产品以外，其余的不得进行垄断、搞独家经营”，“开展竞争必须打破地区封锁和部门分割”。国务院于 1982 年颁布的《广告管理条例》（1987 年修订）中规定：“在广告经营活动中，禁止垄断和不正当竞争行为。”1985 年，我国加入《保护工业产权巴黎公约》，对不正当竞争行为的限制开始按国际惯例办事。1985 年 11 月，武汉市政府批准了市工商局制定的《武汉市制止不正当竞争行为试行办法》，这是我国第一件反不正当竞争行为的地方立法。1993 年 9 月 2 日，第八届全国人民代表大会常务委员会第三次会议审议通过了《中华人民共和国反不正当竞争法》（以下简称《反不正当竞争法》），该法自 1993 年 12 月 1 日起施行。《中华人民共和国反垄断法》（以下简称《反垄断法》）已于 2007 年 8 月 30 日由第十届全国人民代表大会常务委员会第二十九次会议通过，该法自 2008 年 8 月 1 日起施行。

在产品质量监管方面，1980 年 3 月 10 日，国家经委颁布了《工业企业全面质量管理暂行办法》；1986 年 1 月 31 日，国家经委、农牧渔业部、国家工商行政管理局联合发布了《关于加强乡镇企业工业产品质量管理工作的意见》；1986 年 4 月 5 日，国务院发布了《工业产品质量责任条例》；1989 年 6 月 27 日，国务院办公厅转发了国家技术监督局《关于严厉打击在商品中掺杂使假的通知》；1992 年 7 月 2 日，国务院发布《关于严厉打击生产和销售假冒伪劣商品违法行为的通知》；1993 年 2 月 22 日，第七届全国人民代表大会常务委员会第三十次会议讨论通过了《中华人民共和国产品质量法》（以下简称《产品质量法》）。2000 年 7 月第九届全国人民代表大会常务委员会第十六次会议通过了《关于修改〈产品质量法〉的决定》，对 1993 年的《产品质量法》予以修正，并于 2000 年 9 月 1 日起施行。

在消费者权益保护方面，除了在《反不正当竞争法》、《产品质量法》等法律中有相关规定外，第一部专门的地方性法规是 1987 年福建省人民代表大会常务委员会通过的《福建省保护消费者权益条例》。1993 年 10 月 31 日，第八届全国人民代表大会常务委员会第四次会议通过了《中华人民共和国消费者权益保护法》（以下简称《消费者权益保护法》），该法自 1994 年 1 月 1 日起施行。

此外，我国还颁行有《中华人民共和国药品管理法》（1984 年 9 月 20 日第六届全国人民代表大会常务委员会第七次会议通过）、《中华人民共和国计量法》（1985 年 9 月 6 日第六届全国人民代表大会常务委员会第十二次会议通过）、《中华人民共和国标准化法》（1988 年 12 月 29 日第七届全国人民代表大会常务委员会第五次会议通过）、《中华人民共和国广告法》(1994年10月27日第八届全国人民代表大会常务委员会第十次会议通过)、《中华人民共和国食品卫生法》(1995年10月30日第八届全国人民代表大会常务委员会第十六次会议通过)、《中华人民共和国价格法》(1997年12月29日第八届全国人民代表大会常务委员会第二十九次会议通过)等法律。总之，经过了近20年的努力，我国以规范市场竞争行为和市场交易行为为核心内容的市场秩序法律制度体系基本确立。这些法律制度对维护我国社会主义市场正常的经济秩序，充分、合理配置国内资源和利用国际资源，发挥着越来越重要的作用。

第二节　反不正当竞争法

一、不正当竞争的概念

不正当竞争是相对于正当竞争而言的一个概念。正当竞争，是指市场主体之间遵循自愿、平等、公开、诚实信用的原则，采取符合法律法规、商业道德和社会公共利益的手段，获取商业机会和经济利益的行为。根据我国《反不正当竞争法》第二条的规定，不正当竞争，是指经营者违反《反不正当竞争法》的规定，损害其他经营者的合法权益，扰乱社会经济秩序的行为。其具体含义有以下几个方面：

(1)不正当竞争行为的主体是经营者。竞争是经营者之间为获取商业机会和经济利益而进行的，因此无论是正当竞争还是不正当竞争，其主体都是经营者。根据《反不正当竞争法》的规定，经营者是指从事商品经营或者营利性服务(以下所称商品包括服务)的法人、其他经济组织和个人。换言之，非经营者一般不能成为竞争的主体，也就不能成为不正当竞争行为的主体。但是，由于我们经济体制正处于转轨时期，政企不分问题尚未得到彻底解决，政府及其所属职能部门滥用行政权力限制竞争以及公用企业滥用优势地位强制交易的现象还很普遍，因此，《反不正当竞争法》将行政垄断和强制交易行为也纳入了调整的范围，从而使政府及其所属部门以及公用企业成为不正当竞争行为的特殊主体。

(2)不正当竞争行为所侵害的客体是其他经营者的合法权益和正常的市场经济秩序。经营者实施不正当竞争行为直接损害的是其他经营者的合法权益以及消费者的合法权益，但从整体和长远来看，它侵害的是整个社会正常的市场经济秩序。

(3)不正当竞争行为主体的主观动机是为了在竞争中取胜。实施不正当竞争行为者往往是以损害或者牺牲竞争对手为代价，使自身获取更多的商业机会和更大的经济利益。

(4)不正当竞争行为在客观方面表现为实施了《反不正当竞争法》所禁止的行为。不正当竞争行为是违反了自愿、平等、公平、诚实信用的原则或者违背了公认的商业道德，损害了其他经营者的合法权益，扰乱了社会经济秩序的行为。

二、不正当竞争行为的种类

我国《反不正当竞争法》列举式地规定了以下11种不正当竞争行为。

(一)假冒、仿冒行为

假冒、仿冒行为是指经营者采用假冒或仿冒的标志，引起公众的误认，诱使消费者误购，以牟取非法利益的行为。具体表现为：

（1）假冒他人注册商标的行为。注册商标是指商标的使用者依照法定程序向商标管理机关提出申请，经审查核准注册后，载入注册商标簿，并刊登在商标公告上的商标。商标注册人对注册商标享有专用权，任何单位或个人未经许可都不得在同一种商品或类似商品，同一服务或类似服务上使用与注册商标相同或类似的商标。否则，构成侵权行为。假冒他人的注册商标，其目的就在于混淆真伪，引起消费者的误认、误购，是一种典型的违背诚实信用商业道德，损害竞争对手，扰乱市场秩序的不正当竞争行为。

（2）擅自使用知名商品特有标志或类似标志的行为。所谓知名商品是指在市场上相关商品中有一定知名度的商品。知名商品的特有标志、名称、包装、装潢等是该商品区别于其他同类商品的重要特征。经营者擅自使用知名商品特有的名称、包装、装潢，或者使用与知名商品近似的名称、包装、装潢，造成和他人的知名商品相混淆，使购买者误认为是该知名商品的行为，属于不正当竞争行为。

（3）擅自使用他人的企业名称或者姓名的行为。企业名称或姓名是显示经营者或其服务活动的重要的外在特征，体现了商业信誉和商品声誉。擅自使用他人的企业名称或者姓名，引人误认为是他人的商品，属于不正当竞争行为。

（4）伪造或者冒用质量标志和伪造商品产地的行为。即在商品上伪造或者冒用认证标志、名优标志等质量标志，伪造产地，对商品质量作引人误解的虚假表示的行为。认证标志，是指经营者的产品质量经认证机构审查检验，认为质量合格，准许在产品或包装上使用的质量标志。产品质量认证是国家对产品质量进行监督管理的一种重要手段。名优标志，是指经国际、国内有关机关或者具有权威性社会组织等评定为名优产品，而向经营者所颁发的一种产品质量的荣誉标志，是经营者享有的荣誉权。凡是未经评定或者虽曾被评定，但已被取消名优产品称号后，仍然继续使用名优产品标志，以及冒用其他经营者名优产品标志的行为，都属于不正当竞争行为。商品产地则指商品的制造、加工或商品生产者所在地。由于历史原因、地理气候条件等因素的影响，使某些地区的某种产品逐渐形成了传统的优势，反映了产品的质量，所以，消费者或用户往往以商品产地决定取舍。经营者在其商品上必须标明真实产地，不得标注虚假产地或者隐瞒产地。

（二）限购排挤行为

限购排挤行为是指公用企业或依法具有独占地位的经营者限定他人购买其指定的经营者的商品，以排挤其他经营者的公平竞争的行为。公用企业是指其产品或服务具有公共需要性质的企业，如邮电、电力、自来水、煤气和公共交通等企业。由于公用企业关系着国计民生，国家对其实施控制并授予其垄断经营权是必要的。还有一些行业的企业根据现行的法律取得独占地位，如盐业、烟草业等。但是，公用企业或依法具有独占地位的经营者限定他人购买其指定的经营者的商品，比如自来水公司要求所有用户购买使用某厂生产的水表，否则不供水，就是对垄断地位、独占地位特权的滥用，属于不正当竞争行为。《反垄断法》也将具有市场支配地位的经营者“没有正当理由，限定交易相对人只能与其进行交易或者只能与其指定的经营者进行交易”的行为作为禁止之列的“滥用市场支配地位”的行为。

（三）滥用行政权力限制竞争的行为

滥用行政权力限制竞争的行为，是指政府及其所属部门滥用行政权力，限定他人购买其指定的经营者的商品，限制其他经营者正当的经营活动，以及限制外地商品进入本地市场或者本地商品流向外地市场，从而干扰、阻碍正常的交易活动的行为。在市场经济体制下，政府机关及其下属部门在其职责范围内对市场交易进行监督管理是必要的。但是对市场加强管理的目的应当是维护正常的市场秩序，制裁违法活动，保护正当竞争。如果出于地方保护主义或者部门保护主义的考虑，滥用权力妨碍、限制经营者的正当经营活动，则属于不正当竞争行为。《反垄断法》第五章对“滥用行政权力排除、限制竞争”作了专门规定。

（四）商业贿赂行为

商业贿赂行为，是指经营者采用财物或者其他手段进行贿赂，以销售或者购买商品的行为。经营者进行商业贿赂行为的目的是利用与对方不正当的利益关系排挤竞争对手，获取交易机会，扰乱了公平竞争的秩序，因此属于不正当竞争行为。

目前我国商业贿赂行为的主要表现形式是回扣。回扣是指商品交易一方为争取交易机会或者便利的交易条件，而在交易成交后暗中在账外向对方单位或个人支付一定钱物或其他利益的行为。《反不正当竞争法》第八条第一款规定：“在账外暗中给予对方单位或者个人回扣的，以行贿论处；对方单位或者个人在账外暗中收受回扣的，以受贿论处。”

值得注意的是，应当将回扣与折扣、佣金区别开来。折扣是商品价格的折减，俗称为让利，是在商品购销活动中，售货方在商品价格上给予对方一定比例的减让办法。佣金是指在市场交易过程中，具有独立地位的中间人为买卖双方提供介绍、服务，经撮合成交后，由卖方或买方向其支付一定数额的酬金。《反不正当竞争法》第八条第二款规定：“经营者销售或者购买商品，可以以明示方式给对方折扣，可以给中间人佣金。经营者给对方折扣，给中间人佣金的，必须如实入账。接受折扣、佣金的经营者必须入账。”可见，回扣与折扣、佣金的本质差别在于是否明示支付并如实入账。

（五）虚假宣传行为

虚假宣传行为，是指经营者利用广告或者其他方法，对商品的质量、制作成分、性能、用途、生产者、有效期、产地等作引人误解的虚假宣传的行为。引人误解，是指宣传的目的是影响消费者的认知，使其对商品的真实情况产生错误的联想，可能导致消费者的误购。虚假宣传，是指宣传的内容与客观事实不完全相符或纯属捏造。虚假宣传行为不仅会损害消费者的利益，更重要的是它会损害其他同类产品的声誉，扰乱正常的竞争秩序，因此属于不正当竞争行为。《反不正当竞争法》第九条规定：“经营者不得利用广告或者其他方法，对商品的质量、制作成分、性能、用途、生产者、有效期限、产地等作引人误解的虚假宣传。广告的经营者不得在明知或者应知的情况下，代理、设计、制作、发布虚假广告。”

（六）侵犯商业秘密的行为

根据《反不正当竞争法》的规定，商业秘密是指不为公众所知悉，但能为权利人带来经济利益，具有实用性并经权利人采取保密措施的技术信息和经营信息。由此可见，作为商业秘密必须同时具有保密性和实用性的特性，缺少其中任一特性的技术信息和经营信息都不能称为商业秘密。商业秘密能为权利人带来竞争的优势，所以常成为不正当竞争者侵犯的客体。《反不正当竞争法》将侵犯商业秘密列为不正当竞争行为，是对我国知识产权法律制度的重要补充，具有深远意义。该法第十条规定，经营者采用下列手段侵犯商业秘密的行为属不正当竞争行为：

（1）以盗窃、利诱、胁迫或者其他不正当手段获取权利人的商业秘密。

（2）披露、使用或者允许他人使用以上述手段所获取的权利人的商业秘密。

（3）违反约定或者违反权利人有关保守商业秘密的要求，披露、使用或者允许他人使用其掌握的商业秘密。

第三人明知或者应知上述所列违法行为，获取、使用或者披露他人的商业秘密，视为侵犯商业秘密。

（七）压价排挤竞争对手的行为

压价排挤竞争对手的行为，是指经营者以排挤竞争对手为目的，以低于成本的价格销售商品的行为。这一不正当竞争行为的认定应同时具备两个构成要件：一是主观上以排挤竞争对手为目的。如果只是出于偿还到期债务、转产、资金周转困难等考虑而降价销售商品，则不属于该行为之列。二是低于成本的价格销售商品。因此，一般降价促销商品，只要仍高于成本的价格销售商品，则不应认定为不正当竞争行为。

《反不正当竞争法》第十一条第二款规定有下列情况之一的，不属于不正当竞争行为：①销售鲜活商品；②处理有效期限即将到期的商品或者其他积压的商品；③季节性降价；④因清偿债务、转产、歇业降价销售商品。

（八）搭售商品或附加不合理交易条件的行为

搭售商品是指经营者销售商品时违背购买者的意愿搭售商品；附加不合理的交易条件，主要是指增加购买者的义务，加重购买者的责任，或者剥夺、限制购买者的应有的权利。经营者销售商品时，利用其经济优势，违背购买者的意愿搭售商品或者附加其他不合理的条件，违反了自愿、平等、公平等基本原则，侵害了消费者的正当权益，属于不正当竞争行为。因此，《反不正当竞争法》第十二条规定：“经营者销售商品，不得违背购买者的意愿搭售商品或者附加其他不合理的条件。”

（九）不正当有奖销售行为

有奖销售，是指经营者以提供物品、金钱或其他条件作为奖励，刺激消费者购买其商品或接受其服务的行为。通常的有奖销售作为一种促销手段，是市场竞争的商业性行为，可以活跃市场，繁荣市场，促进经济的发展，因而被各国法律所认可。但有奖销售必须遵守法律规范和公认的商业道德。不正当有奖销售，是指以欺诈手段进行有奖销售或者以不正当的巨额抽奖刺激消费者的投机心理来推销商品的行为。不正当有奖销售行为，不仅侵害了消费者的正当权益，而且扰乱了正常的市场经营秩序，属于不正当竞争行为。我国《反不正当竞争法》第十三条规定，经营者不得从事下列有奖销售：

（1）采用谎称有奖或者故意让内定人员中奖的欺骗方式进行有奖销售。

（2）利用有奖销售的办法，推销质次价高的商品。

（3）抽奖式的有奖销售，最高奖的金额超过 5 000 元的。

（十）诋毁商誉行为

商誉包括经营者的商业信誉、商品声誉。诋毁商誉行为，是指经营者捏造、散布虚伪事实，损害竞争对手的商业信誉、商品声誉的行为。该行为的构成要件主要有三方面：其一，行为人主观上有诋毁其他经营者商誉的故意。其二，侵害的对象是同业竞争者的商誉。如果诋毁的是非同业竞争者的商誉，则仅构成一般的民事诽谤侵权或刑事诽谤罪，而不属于不正当竞争行为。其三，行为人采取了捏造、散布虚伪事实的手段。如果宣传、散布的是客观事实，那么即使加大了对其他经营者商誉的负面影响，也不应认定为不正当竞争行为。《反不正当竞争法》第十四条规定：“经营者不得捏造、散布虚伪事实，损害竞争对手的商业信誉、商品声誉。”至于经营者捏造、散布虚伪事实后在客观上是否造成了损害竞争对手商业信誉、商品声誉的后果，也不影响对不正当竞争行为性质的认定。

（十一）串通、勾结投标行为

招标投标，是买受人为购买货物或者发包方（建设单位）为完成特定工程项目，发布招标公告，由多家卖主或承包方公平竞争进行投标，最后由买受人或发包方选择其中最优者中标，并与之订立合同的订约方式。采取招标投标方式订立合同，一方面有利于招标项目降低成本，保证履行质量，提高经济效益；另一方面，有利于保障投标各方公平地获得交易机会。招标投标方式的精髓就在于投标人之间的公平竞争。但是，如果投标人相互串通投标或者投标人与招标人勾结投标，则扰乱了正常的经济秩序，属于不正当竞争行为。

所谓串通投标，是指投标人之间相互恶意串通，采取联合行动限制竞争。其主要形式有：第一，投标人之间相互约定，一致抬高投标报价或者一致压低投标报价。第二，围标行为，即众多投标人参与投标，但事先相互协商确定出最低报价或最高报价的投标人，并在类似项目中轮流中标。

所谓勾结投标，是指个别投标人与招标人恶意通谋，目的在于排挤其他投标人的行为。其主要形式有：第一，招标人违反招标投标的有关规定，在投标过程中将标底泄露给个别投标人，促成其中标。第二，招标人违反有关招标投标的法定程序，在投标过程中，私自开启其他投标人的标书，并将其他投标人的底价条件泄露给个别投标人，促成其中标。第三，招标人与个别投标人相互勾结，在同等条件下以其他手段促成该投标人中标。第四，个别投标人与招标人相互勾结，在公开投标时故意压低或者抬高标价中标，但中标后再给予额外补偿。《反不正当竞争法》第十五条规定：“投标者不得串通投标，抬高标价或者压低标价。投标者和招标者不得相互勾结，以排挤竞争对手的公平竞争。”

三、不正当竞争行为的法律责任

不正当竞争行为是一种侵害消费者、其他经营者以及社会公共利益，扰乱社会市场经济秩序的违法行为。我国《反不正当竞争法》以及相关法律、行政法规对于实施不正当竞争行为者明确规定了其所应承担责任。

（一）经营者的法律责任

经营者违反《反不正当竞争法》的规定，给被侵害的经营者造成损害的，应当承担损害赔偿责任，被侵害的经营者的损失难以计算的，赔偿额为侵权人在侵权期间因侵权所获得的利润；并应当承担被侵害的经营者因调查该经营者侵害其合法权益的不正当竞争行为所支付的合理费用。这是经营者实施不正当竞争行为致人损害所应承担的民事责任。被侵害人的合法权益受到不正当竞争行为损害的，该经营者可以依法向人民法院提起诉讼。

此外，经营者因其所实施的不正当竞争行为的类型的不同，还应承担其他的责任。具体为：

（1）经营者假冒他人的注册商标，擅自使用他人的企业名称或者姓名，伪造或者冒用认证标志、名优标志等质量标志，伪造产地，对商品质量作引人误解的虚假表示的，依照《中华人民共和国商标法》、《中华人民共和国产品质量法》的规定处罚。经营者擅自使用知名商品特有的名称、包装、装潢，或者使用与知名商品近似的名称、包装、装潢，造成和他人的知名商品相混淆，使购买者误认为是该知名商品的，监督检查部门应当责令停止违法行为，并没收违法所得，可以根据情节对其处以违法所得1倍以上3倍以下的罚款；情节严重的可以吊销营业执照；销售伪劣商品，构成犯罪的，依法追究刑事责任。

（2）经营者采用财物或者其他手段进行贿赂以销售或者购买商品，构成犯罪的，依法追究刑事责任；不构成犯罪的，监督检查部门可以根据情节处以1万元以上20万元以下的罚款，有违法所得的，予以没收。

（3）公用企业或者其他依法具有独占地位的经营者，限定他人购买其指定的经营者的商品，以排挤其他经营者的公平竞争的，省级或者设区的市的监督检查部门应当责令停止违法行为，可以根据情节处以5万元以上20万元以下的罚款。被指定的经营者借此销售质次价高商品或者滥收费用的，监督检查部门应当没收违法所得，可以根据情节处以违法所得1倍以上3倍以下的罚款。

（4）经营者利用广告或者其他方法，对商品作引人误解的虚假宣传的，监督检查部门应当责令停止违法行为，消除影响，可以根据情节处以1万元以上20万元以下的罚款。广告的经营者，在明知或者应知的情况下，代理、设计、制作、发布虚假广告的，监督检查部门应当责令停止违法行为，没收违法所得，并依法处以罚款。

（5）经营者侵犯商业秘密的，监督检查部门应当责令停止违法行为，可以根据情节处以1万元以上20万元以下的罚款。

（6）经营者违反规定进行有奖销售的，监督检查部门应当责令停止违法行为，可以根据情节处以1万元以上10万元以下的罚款。

（7）投标者串通投标，抬高标价或者压低标价；投标者和招标者相互勾结，以排挤竞争对手的公平竞争的，其中标无效。监督检查部门可以根据情节处以1万元以上20万元以下的罚款。

（8）经营者有违反被责令暂停销售，不得转移、隐匿、销毁与不正当竞争行为有关的财物的行为的，监督检查部门可以根据情节处以被销售、转移、隐匿、销毁财物的价款的1倍以上3倍以下的罚款。

当事人对监督检查部门作出的处罚决定不服的，可以自收到处罚决定之日起15日内向上一级主管机关申请复议；对复议决定不服的，可以自收到复议决定书之日起15日内向人民法院提起诉讼；也可以直接向人民法院提起诉讼。

（二）政府及其所属部门的法律责任

政府及其所属部门违反规定，限定他人购买其指定的经营者的商品、限制其他经营者正当的经营活动，或者限制商品在地区之间正常流通的，由上级机关责令其改正；情节严重的，由同级或者上级机关对直接责任人员给予行政处分。被指定的经营者借此销售质次价高商品或者滥收费用的，监督检查部门应当没收违法所得，可以根据情节处以违法所得1倍以上3倍以下的罚款。

第三节　反垄断法

一、垄断的概念

垄断，是指一个经营者或少数几个经营者对相应部门产品的生产、销售和服务的独占或联合控制。其具体含义有以下几方面：

（1）垄断的主体是经营者。就一般经济性垄断而言，表现为个别经营者或者少数经营者（包括公用企业）对相应部门产品的生产、销售和服务的独占或联合控制。非经营者一般不能成为垄断的主体。但是，我国《反垄断法》将行政限制竞争也纳入了调整的范围，从而使得行政机关和法律、法规授权的具有管理公共事务职能的组织可能成为垄断的特殊主体。

（2）垄断行为所侵害的客体是其他经营者和消费者的合法权益和正常的市场经济秩序。经营者实施垄断行为，不仅排除、限制其他经营者与其竞争，而且垄断经营、垄断价格往往直接损害消费者的合法权益。从社会整体和长远发展来看，垄断破坏了正常的市场经济秩序，降低了经济运行效率。

（3）垄断的主观动机是为了获取垄断利润。个别经营者或者少数经营者如果不是为了这一目的，即使是实施了貌似垄断行为的行为，也不应受到反垄断法的制裁，追究其法律责任。

（4）垄断行为在客观方面表现为个别经营者或者少数经营者违反《反垄断法》的规定，排除、限制竞争。

二、垄断行为的种类

我国《反垄断法》不仅调整经济性垄断行为，还规范行政性垄断行为。具体而言，垄断行为包括经营者达成垄断协议，经营者滥用市场支配地位，具有或者可能具有排除、限制竞争效果的经营者集中，以及行政机关和法律、法规授权的具有管理公共事务职能的组织滥用行政权力排除、限制竞争等行为。

（一）经营者达成垄断协议

垄断协议，又称卡特尔，是指两个以上经营者相互间达成的排除、限制竞争的协议、决定或者其他协同行为。它不仅包括书面形式和口头形式的协议、决定，也包括采取步调一致的行为，比如几个具有市场支配地位的经营者不约而同地涨价。垄断协议包括横向垄断协议和纵向垄断协议。

横向垄断协议是指具有竞争关系的经营者之间达成的排除、限制竞争的协议，包括以下类型：①固定或者变更商品价格；②限制商品的生产数量或者销售数量；③分割销售市场或者原材料采购市场；④限制购买新技术、新设备或者限制开发新技术、新产品；⑤联合抵制交易；⑥国务院反垄断执法机构认定的其他垄断协议。

纵向垄断协议是指经营者与交易相对人之间达成的排除、限制竞争的协议，包括：①固定向第三人转售商品的价格；②限定向第三人转售商品的最低价格；③国务院反垄断执法机构认定的其他垄断协议。

考虑到有的垄断协议不会严重限制相关市场的竞争，并且其在其他方面所带来的好处要大于其对竞争秩序的损害，《反垄断法》对下列垄断协议进行豁免：①为改进技术、研究开发新产品的；②为提高产品质量、降低成本、增进效率，统一产品规格、标准或者实行专业化分工的；③为提高中小经营者经营效率，增强中小经营者竞争力的；④为实现节约能源、保护环境、救灾救助等社会公共利益的；⑤因经济不景气，为缓解销售量严重下降或者生产明显过剩的；⑥为保障对外贸易和对外经济合作中的正当利益的；⑦法律和国务院规定的其他情形。但是属于第①项至第⑤项情形予以豁免的，经营者应当证明所达成的协议不会严重限制相关市场的竞争，并且能够使消费者分享由此产生的利益。

（二）经营者滥用市场支配地位

经营者滥用市场支配地位，是指具有市场支配地位的经营者，滥用其支配地位，从事排除、限制竞争的行为。

所谓市场支配地位，是指经营者在相关市场内具有能够控制商品价格、数量或者其他交易条件，或者能够阻碍、影响其他经营者进入相关市场能力的市场地位。相关市场，是指经营者在一定时期内就特定商品或者服务进行竞争的商品范围和地域范围。

认定经营者具有市场支配地位，应当依据下列因素：①该经营者在相关市场的市场份额，以及相关市场的竞争状况；②该经营者控制销售市场或者原材料采购市场的能力；③该经营者的财力和技术条件；④其他经营者对该经营者在交易上的依赖程度；⑤其他经营者进入相关市场的难易程度；⑥与认定该经营者市场支配地位有关的其他因素。

有下列情形之一的，可以推定经营者具有市场支配地位：①一个经营者在相关市场的市场份额达到1/2的；②两个经营者在相关市场的市场份额合计达到2/3的；③三个经营者在相关市场的市场份额合计达到3/4的。有前列第②项、第③项规定的情形，其中有的经营者市场份额不足1/10的，不应当推定该经营者具有市场支配地位。被推定具有市场支配地位的经营者，有证据证明不具有市场支配地位的，不应当认定其具有市场支配地位。

《反垄断法》规定，禁止具有市场支配地位的经营者从事下列滥用市场支配地位的行为：①以不公平的高价销售商品或者以不公平的低价购买商品；②没有正当理由，以低于成本的价格销售商品；③没有正当理由，拒绝与交易相对人进行交易；④没有正当理由，限定交易相对人只能与其进行交易或者只能与其指定的经营者进行交易；⑤没有正当理由搭售商品，或者在交易时附加其他不合理的交易条件；⑥没有正当理由，对条件相同的交易相对人在交易价格等交易条件上实行差别待遇；⑦国务院反垄断执法机构认定的其他滥用市场支配地位的行为。

（三）具有或者可能具有排除、限制竞争效果的经营者集中

反垄断法意义上的经营者集中主要是指一个经营者通过特定的行为取得对另一个经营者的全部或者部分控制权。根据《反垄断法》的规定，经营者集中是指下列情形：①经营者合并；②经营者通过取得股权或者资产的方式取得对其他经营者的控制权；③经营者通过合同等方式取得对其他经营者的控制权或者能够对其他经营者施加决定性影响。

经营者集中是形成规模经济，提高经营者的经济效益和竞争力的重要手段，但是，经营者过度的集中又会导致或加强其市场支配地位，从而排除、限制竞争。因此，反垄断法对经营者集中进行规制，其目的就是在遵循优胜劣汰的市场规律，保障经营者合理集中的同时，防止出现经营者集中形成过度的市场力量排除、限制竞争。

根据《反垄断法》的规定，经营者集中达到国务院规定的申报标准的，经营者应当事先向国务院反垄断执法机构申报，未申报的不得实施集中。但是经营者集中有下列情形之一的，可以不向国务院反垄断执法机构申报：①参与集中的一个经营者拥有其他每个经营者50%以上有表决权的股份或者资产的；②参与集中的每个经营者50%以上有表决权的股份或者资产被同一个未参与集中的经营者拥有的。

国务院反垄断执法机构应当自收到经营者提交的符合规定的文件、资料之日起 30 日内，对申报的经营者集中进行初步审查，作出是否实施进一步审查的决定，并书面通知经营者。国务院反垄断执法机构作出决定前，经营者不得实施集中。国务院反垄断执法机构决定实施进一步审查的，应当自决定之日起 90 日内审查完毕，作出是否禁止经营者集中的决定，并书面通知经营者。作出禁止经营者集中的决定，应当说明理由。审查期间，经营者不得实施集中。审查经营者集中，应当考虑下列因素：①参与集中的经营者在相关市场的市场份额及其对市场的控制力；②相关市场的市场集中度；③经营者集中对市场进入、技术进步的影响；④经营者集中对消费者和其他有关经营者的影响；⑤经营者集中对国民经济发展的影响；⑥国务院反垄断执法机构认为应当考虑的影响市场竞争的其他因素。

经营者集中具有或者可能具有排除、限制竞争效果的，国务院反垄断执法机构应当作出禁止经营者集中的决定。但是，经营者能够证明该集中对竞争产生的有利影响明显大于不利影响，或者符合社会公共利益的，国务院反垄断执法机构可以作出对经营者集中不予禁止的决定。对不予禁止的经营者集中，国务院反垄断执法机构可以决定附加减少集中对竞争产生不利影响的限制性条件。

对外资并购境内企业或者以其他方式参与经营者集中，涉及国家安全的，国务院反垄断执法机构除依照《反垄断法》规定进行经营者集中审查外，还应当按照国家有关规定进行国家安全审查。

（四）行政机关和法律、法规授权的具有管理公共事务职能的组织滥用行政权力排除、限制竞争

行政机关和法律、法规授权的具有管理公共事务职能的组织滥用行政权力排除、限制竞争，阻碍了商品的自由流通，对市场竞争造成不良影响，不利于在全国形成统一、有序的市场，因此应当坚决予以制止。

根据《反垄断法》的规定，行政机关和法律、法规授权的具有管理公共事务职能的组织不得滥用行政权力，实施下列行为，妨碍商品在地区之间的自由流通：①对外地商品设定歧视性收费项目、实行歧视性收费标准，或者规定歧视性价格；②对外地商品规定与本地同类商品不同的技术要求、检验标准，或者对外地商品采取重复检验、重复认证等歧视性技术措施，限制外地商品进入本地市场；③采取专门针对外地商品的行政许可，限制外地商品进入本地市场；④设置关卡或者采取其他手段，阻碍外地商品进入或者本地商品运出；⑤妨碍商品在地区之间自由流通的其他行为。

行政机关不得滥用行政权力，制定含有排除、限制竞争内容的规定。行政机关和法律、法规授权的具有管理公共事务职能的组织不得滥用行政权力，限定或者变相限定单位或者个人经营、购买、使用其指定的经营者提供的商品；不得滥用行政权力，以设定歧视性资质要求、评审标准或者不依法发布信息等方式，排斥或者限制外地经营者参加本地的招标投标活动；不得滥用行政权力，采取与本地经营者不平等待遇等方式，排斥或者限制外地经营者在本地投资或者设立分支机构；不得滥用行政权力，强制经营者从事本法规定的垄断行为。

三、对涉嫌垄断行为的调查

（一）立案

垄断是非常复杂的社会现象，《反垄断法》的规定多属于比较抽象和富有弹性的规则，其解释和适用往往需要结合具体的经济情况和竞争状况进行恰当的利益衡量。因此，反垄断执法具有很强的专业化特点，需要赋予反垄断执法机构相应的执法权。《反垄断法》规定："反垄断执法机构依法对涉嫌垄断行为进行调查。"

在现代社会，垄断行为的影响往往涉及经济和社会生活的诸多领域，社会公众往往是垄断行为的最广泛、最直接的感受者、发现者。因此，对垄断行为的监督，除依靠反垄断执法机构外，还需要发挥社会力量的作用。《反垄断法》规定："对涉嫌垄断行为，任何单位和个人有权向反垄断执法机构举报。反垄断执法机构应当为举报人保密。举报采用书面形式并提供相关事实和证据的，反垄断执法机构应当进行必要的调查。"

（二）调查措施

根据《反垄断法》的规定，反垄断执法机构调查涉嫌垄断行为，可以采取下列措施：①进入被调查的经营者的营业场所或者其他有关场所进行检查；②询问被调查的经营者、利害关系人或者其他有关单位或者个人，要求其说明有关情况；③查阅、复制被调查的经营者、利害关系人或者其他有关单位或者个人的有关单证、协议、会计账簿、业务函电、电子数据等文件、资料；④查封、扣押相关证据；⑤查询经营者的银行账户。

为了防止反垄断执法机构滥用调查权，《反垄断法》同时规定了调查的程序和相关保密义务。具体而言，反垄断执法机构采取调查措施，应当向反垄断执法机构主要负责人作书面报告，并经批准。反垄断执法机构调查涉嫌垄断行为，执法人员不得少于2人，并应当出示执法证件。执法人员进行询问和调查，应当制作笔录，并由被询问人或者被调查人签字。反垄断执法机构及其工作人员对执法过程中知悉的商业秘密负有保密义务。

（三）被调查者的义务和权利

被调查的经营者、利害关系人或者其他有关单位或者个人应当配合反垄断执法机构依法履行职责，不得拒绝、阻碍反垄断执法机构的调查。

被调查的经营者、利害关系人有权陈述意见。反垄断执法机构应当对被调查的经营者、利害关系人提出的事实、理由和证据进行核实。

（四）中止和恢复调查

反垄断调查的目的不是单纯为了惩处违法经营者，而是为了预防和制止垄断行为，保护市场竞争，维护市场秩序，促进经济健康发展。然而，就反垄断执法机构而言，垄断行为的调查取证是比较困难的；就被调查的经营者而言，反垄断调查将影响其正常的经营活动并可能损害其声誉，而且一旦最终被认定违反反垄断法，还将面临严厉的处罚。因此，被调查者承诺在反垄断执法机构认可的期限内采取具体措施消除涉嫌垄断行为后果的，以换取反垄断执法机构的中止调查，将产生一个多赢的结果。这是国外反垄断立法普遍采用的做法。

我国《反垄断法》规定，对反垄断执法机构调查的涉嫌垄断的行为，被调查的经营者承诺在反垄断执法机构认可的期限内采取具体措施消除该行为后果的，反垄断执法机构可以决定中止调查。中止调查的决定应当载明被调查的经营者承诺的具体内容。反垄断执法机构决定中止调查的，应当对经营者履行承诺的情况进行监督。经营者履行承诺的，反垄断执法机构可以决定终止调查。

但是，有下列情形之一的，反垄断执法机构应当恢复调查：①经营者未履行承诺的；②作出中止调查决定所依据的事实发生重大变化的；③中止调查的决定是基于经营者提供的不完整或者不真实的信息作出的。

（五）处理

反垄断执法机构对涉嫌垄断行为调查核实后，认为构成垄断行为的，应当依法作出处理决定，并可以向社会公布。

四、违反《反垄断法》的法律责任

违反《反垄断法》的责任主体主要是经营者，但也可能是行业协会，行政机关和法律、法规授权的具有管理公共事务职能的组织，甚至可能是反垄断执法机构工作人员。违反《反垄断法》的责任形式主要是行政责任；实施垄断行为，给他人造成损失的，依法承担民事责任；构成犯罪的，依法追究刑事责任。

（一）违法达成、实施垄断协议的法律责任

（1）经营者违反规定，达成并实施垄断协议的，由反垄断执法机构责令停止违法行为，没收违法所得，并处上一年度销售额1%以上10%以下的罚款；尚未实施所达成的垄断协议的，可以处50万元以下的罚款。经营者主动向反垄断执法机构报告达成垄断协议的有关情况并提供重要证据的，反垄断执法机构可以酌情减轻或者免除对该经营者的处罚。

（2）行业协会违反规定，组织本行业的经营者达成垄断协议的，反垄断执法机构可以处50万元以下的罚款；情节严重的，社会团体登记管理机关可以依法撤销登记。

（二）滥用市场支配地位的法律责任

经营者违反规定，滥用市场支配地位的，由反垄断执法机构责令停止违法行为，没收违法所得，并处上一年度销售额1%以上10%以下的罚款。

（三）违法实施集中的法律责任

经营者违反规定，实施集中的，由国务院反垄断执法机构责令停止实施集中、限期处分股份或者资产、限期转让营业以及采取其他必要措施恢复到集中前的状态，可以处50万元以下的罚款。

（四）滥用行政权力实施排除、限制竞争的法律责任

行政机关和法律、法规授权的具有管理公共事务职能的组织滥用行政权力，实施排除、限制竞争行为的，由上级机关责令改正；对直接负责的主管人员和其他直接责任人员依法给予处分。反垄断执法机构可以向有关上级机关提出依法处理的建议。

（五）拒绝、阻碍反垄断调查的法律责任

对反垄断执法机构依法实施的审查和调查，拒绝提供有关材料、信息，或者提供虚假材料、信息，或者隐匿、销毁、转移证据，或者有其他拒绝、阻碍调查行为的，由反垄断执法机构责令改正，对个人可以处2万元以下的罚款，对单位可以处20万元以下的罚款；情节严重的，对个人处2万元以上10万元以下的罚款，对单位处20万元以上100万元以下的罚款；构成犯罪的，依法追究刑事责任。

（六）反垄断执法中渎职的法律责任

反垄断执法机构工作人员滥用职权、玩忽职守、徇私舞弊或者泄露执法过程中知悉

的商业秘密，构成犯罪的，依法追究其刑事责任；尚不构成犯罪的，依法给予处分。

第四节　产品质量法

一、产品与产品质量的概念

（一）产品的概念

“产品”本来是经济学中的一个术语，是指人们运用劳动手段对劳动对象进行加工而成，用于满足人们生产和生活需要的所有物品。但是法律中所规定的“产品”有特定的含义，而且各国立法略有差异。如1985年的《欧共体关于对有缺陷的产品的责任指令》中规定：“产品是指初级农产品和狩猎物以外的所有动产，即使已被组合在另一动产或不动产之内。初级农产品是指种植业、畜牧业、渔业产品，不包括经过加工的这类产品。产品也包括电。”我国《产品质量法》规定：“本法所称产品是指经过加工、制作，用于销售的产品。建设工程不适用本法规定。”“军工产品质量监督管理办法，由国务院、中央军事委员会另行制定。”可见，我国产品质量法律中所指的“产品”不包括初级农产品、未经加工的天然形成的物品、建筑工程（房屋、桥梁、道路、公用设施等）以及军工产品。

（二）产品质量的概念

产品质量，是指有关法律、行政法规、质量标准以及合同条款的对产品的适用、安全和其他特性的要求，是产品符合人们需要的内在品质和外观形态的诸方面特性的综合状态。国际标准化组织颁布的ISO8402－86标准将产品质量定义为“产品或服务满足规定或潜在需要的特征和特性的总和”。大体而言，评判产品质量的因素主要有适用性、安全性、耐用性、可靠性、经济性、卫生性等。产品质量责任就是指因其生产、经销的产品的质量不符合上述特征要求而给用户或消费者造成损失而应承担的责任。当然，产品质量的内容也会随经济的发展、科技的进步以及人们的价值观念和需要的变化而变化。

二、产品质量的监督与管理

（一）产品质量监督管理体制

产品质量监督管理体制，是产品质量监督管理机构的设置及其职权划分制度的统称。目前我国实行的是“统一领导、分工负责、分级管理”的体制。根据《产品质量法》的规定：“国务院产品质量监督管理部门负责全国产品质量监督管理工作。国务院有关部门在各自的职责范围内负责产品质量监督管理工作。县级以上地方人民政府管理产品质量监督工作的部门负责本行政区域内的产品质量监督管理工作。县级以上地方人民政府有关部门在各自的职责范围内负责产品质量监督管理工作。”经多次机构改革，现在的国务院产品质量监督管理部门为国家质量技术监督局，直属国务院，并对省以下质量技术监督管理机构实行垂直管理体制。

（二）产品质量监督管理的主要制度

（1）企业质量体系认证制度。国家根据国际通用的质量管理标准，推行企业质量体系认证制度。企业根据自愿原则可以向国务院产品质量监督管理部门或者国务院产品质量监督管理部门授权的部门认可的认证机构申请企业质量体系认证。经认证合格的，由认证机构颁发企业质量体系认证证书。

（2）产品质量认证制度。国家参照国际先进的产品标准和技术要求，推行产品质量认证制度。产品质量认证分为安全认证和合格认证两类。企业根据自愿原则可以向国务院产品质量监督管理部门或者国务院产品质量监督管理部门授权的部门认可的认证机构申请产品质量认证。经认证合格的，由认证机构颁发产品质量认证证书，准许企业在产品或者其包装上使用产品质量认证标志。获准认证的产品，除接受国家法律和行政法规规定的检查外，免于其他检查，并享有实行优质优价、优先推荐评为国优产品等国家规定的优惠。但是，取得产品质量认证的企业仍必须接受认证委员会对其认证产品及质量体系的监督、检查。如果认证产品的质量严重下降或者生产该产品的企业的质量体系达不到认证时所具备的条件，给用户或者消费者造成损害的，或者经监督检查，发现获准认证的产品不合格，属生产企业责任的，由颁发认证证书的认证委员会撤销认证证书。此外，经过认证的产品出厂销售，不符合认证要求时，生产企业应当负责包修、包换、包退；给用户或者消费者造成损害的，生产企业应当依法承担赔偿责任。认证产品采用的标准或者企业的质量体系已经改变，达不到认证时所具备的条件的，应当停止使用认证标志。

（3）产品质量监督检查制度。国家对产品质量实行以抽查为主要方式的监督检查制度，对可能危及人体健康和人身、财产安全的产品，影响国计民生的重要工业产品以及用户、消费者、有关组织反映有质量问题的产品进行抽查。监督抽查工作由国务院产品质量监督管理部门规划和组织。县级以上地方人民政府管理产品质量监督工作的部门在本行政区域内也可以组织监督抽查，但是要防止重复抽查。产品质量抽查的结果应当公布。

（4）产品质量标准化制度。《中华人民共和国标准化法》第七条规定：“国家标准、行业标准分为强制标准和推荐性标准。保障人体健康，人身、财产安全的标准和法律、行政法规规定强制执行的标准是强制标准，其他标准是推荐性标准。”《产品质量法》第十三条规定：“可能危及人体健康和人身、财产安全的工业产品，必须符合保障人体健康，人身、财产安全的国家标准、行业标准；未制定国家标准、行业标准的，必须符合保障人体健康，人身、财产安全的要求。”

（5）产品质量社会监督制度。产品质量的社会监督，是指用户、消费者、保护消费者权益的社会组织以及新闻媒介等对产品质量实施的监督。《产品质量法》既规定了产品质量监督管理部门的职责，同时也明确了产品质量社会监督的问题。根据规定，用户、消费者有权就产品质量问题，向产品的生产者、销售者查询；向产品质量监督管理部门、工商行政管理部门及有关部门申诉，有关部门应当负责处理。保护消费者权益的社会组织可以就消费者反映的产品质量问题建议有关部门负责处理，支持消费者对因产品质量造成的损害向人民法院起诉。

三、生产者、销售者的产品质量责任和义务

（一）生产者的产品质量责任和义务

（1）对其生产的产品质量负责。根据《产品质量法》第二十六条的规定，产品质量应当符合下列要求：①不存在危及人身、财产安全的不合理的危险，有保障人体健康和人身、财产安全的国家标准、行业标准的，应当符合该标准；②具备产品应当具备的使用性能，但是对产品存在使用性能的瑕疵作出说明的除外；③符合在产品或者其包装上注明采

用的产品标准，符合以产品说明、实物样品等方式表明的质量状况。

（2）标识符合法定要求。《产品质量法》第二十七条规定，产品或者其包装上的标识应当符合下列要求：①有产品质量检验合格证明；②有中文标明的产品名称、生产厂厂名和厂址；③根据产品的特点和使用要求，需要标明产品规格、等级、所含主要成分的名称和含量的，用中文相应予以标明；需要事先让消费者知晓的，应当在外包装上标明，或者预先向消费者提供有关资料；④限期使用的产品，应当在显著位置清晰地标明生产日期和安全使用期或者失效日期；⑤使用不当，容易造成产品本身损坏或者可能危及人身、财产安全的产品，应当有警示标志或者中文警示说明。裸装的食品和其他根据产品的特点难以附加标识的裸装产品，可以不附加产品标识。

（3）特殊产品包装符合法定要求。《产品质量法》第二十八条规定，易碎、易燃、易爆、有毒、有腐蚀性、有放射性等危险物品以及储运中不能倒置和其他有特殊要求的产品，其包装质量必须符合相应要求，依照国家有关规定作出警示标志或者中文警示说明，标明储运注意事项。

（4）不得违反有关禁止性规定。具体为：①生产者不得生产国家明令淘汰的产品；②生产者不得伪造产地，不得伪造或冒用他人厂名、厂址；③生产者不得伪造或冒用认证标志等质量标志；④生产者生产产品，不得掺杂、掺假，不得以假充真、以次充好，不得以不合格产品冒充合格产品。

（二）销售者的产品质量责任和义务

（1）应当建立并执行进货检查验收制度，验明产品合格证明和其他标识。

（2）应当采取措施，保持销售产品的质量。

（3）销售的产品的标识应当符合法律规定。

（4）不得违反有关禁止性规定。具体为：①不得销售失效、变质的产品；②不得伪造产地，不得伪造或者冒用他人的厂名、厂址；③不得伪造或者冒用认证标志等质量标志；④不得掺杂、掺假，不得以假充真、以次充好，不得以不合格产品冒充合格产品。

四、违反产品质量法的法律责任

（一）民事责任

违反《产品质量法》的民事责任即通常所说的产品质量责任，它可分为产品瑕疵责任和产品缺陷责任。

1. 产品瑕疵责任

所谓产品瑕疵，是指产品存在细小的缺点或存在一般的质量问题。产品瑕疵责任，是指因销售的产品存在瑕疵所应承担的民事责任。

根据《产品质量法》的规定，售出的产品有下列情形之一的，销售者应当负责修理、更换、退货；给购买产品的用户、消费者造成损失的，销售者应当赔偿损失：①不具备产品应当具备的使用性能而事先未作说明的；②不符合在产品或者其包装上注明采用的产品标准的；③不符合以产品说明、实物样品等方式表明的质量状况的。

销售者依照规定负责修理、更换、退货、赔偿损失后，属于生产者的责任或者属于向销售者提供产品的其他销售者（以下简称供货者）的责任的，销售者有权向生产者、供货者追偿。销售者未按照规定给予修理、更换、退货或者赔偿损失的，由产品质量监督部门或者工商行政管理部门责令改正。生产者之间、销售者之间、生产者与销售者之间订立的买卖合同、承揽合同有不同约定的，合同当事人按照合同约定执行。

2. 产品缺陷责任

所谓产品缺陷，是指产品存在危及人身、他人财产安全的不合理的危险。产品缺陷责任，是指因产品存在缺陷造成人身损害或者缺陷产品以外的其他财产损害所应承担的赔偿责任。承担产品缺陷责任应具备三个要件：①产品存在缺陷；②造成了他人人身损害或者缺陷产品以外的其他财产的损害；③缺陷与损害之间存在因果关系。

因产品存在缺陷造成人身、缺陷产品以外的其他财产（以下简称他人财产）损害的，生产者应当承担赔偿责任。生产者能够证明有下列情形之一的，不承担赔偿责任：①未将产品投入流通的；②产品投入流通时，引起损害的缺陷尚不存在的；③将产品投入流通时的科学技术水平尚不能发现缺陷的存在的。

由于销售者的过错使产品存在缺陷，造成人身、他人财产损害的，销售者应当承担赔偿责任。销售者不能指明缺陷产品的生产者也不能指明缺陷产品的供货者的，销售者应当承担赔偿责任。

因产品存在缺陷造成人身、他人财产损害的，受害人可以向产品的生产者要求赔偿，也可以向产品的销售者要求赔偿。属于产品的生产者的责任，产品的销售者赔偿的，产品的销售者有权向产品的生产者追偿。属于产品的销售者的责任，产品的生产者赔偿的，产品的生产者有权向产品的销售者追偿。

因产品存在缺陷造成受害人人身伤害的，侵害人应当赔偿医疗费、治疗期间的护理费、因误工减少的收入等费用；造成残疾的，还应当支付残疾者生活自助具费、生活补助费、残疾赔偿金以及由其扶养的人所必需的生活费等费用；造成受害人死亡的，并应当支付丧葬费、死亡赔偿金以及由死者生前扶养的人所必需的生活费等费用。

因产品存在缺陷造成受害人财产损失的，侵害人应当恢复原状或者折价赔偿。受害人因此遭受其他重大损失的，侵害人应当赔偿损失。

因产品存在缺陷造成损害要求赔偿的诉讼时效期间为2年，自当事人知道或者应当知道其权益受到损害时起计算。因产品存在缺陷造成损害要求赔偿的请求权，在造成损害的缺陷产品交付最初用户、消费者满10年丧失；但是，尚未超过明示的安全使用期的除外。

因产品质量发生民事纠纷时，当事人可以通过协商或者调解解决。当事人不愿通过协商、调解解决或者协商、调解不成的，可以根据当事人各方的协议向仲裁机构申请仲裁；当事人各方没有达成仲裁协议的，可以向人民法院起诉。仲裁机构或者人民法院可以委托产品质量检验机构，对有关产品质量进行检验。

（二）行政责任

（1）生产、销售不符合保障人体健康和人身、财产安全的国家标准、行业标准的产品的，责令停止生产、销售，没收违法生产、销售的产品，并处违法生产、销售产品（包括已售出和未售出的产品，下同）货值金额等值以上3倍以下的罚款；有违法所得的，并处没收违法所得；情节严重的，吊销营业执照。

（2）生产者、销售者在产品中掺杂、掺假，以假充真，以次充好，或者以不合格产品冒充合格产品的，责令停止生产、销售，没收违法生产、销售的产品，并处违法生产、销售产品货值金额50%以上3倍以下的罚款；有违法所得的，并处没收违法所得；情节严重的，吊销营业执照。

（3）生产国家明令淘汰的产品的，销售国家明令淘汰并停止销售的产品的，责令停止生产、销售，没收违法生产、销售的产品，并处违法生产、销售产品货值金额等值以下的罚款；有违法所得的，并处没收违法所得；情节严重的，吊销营业执照。

(4) 销售失效、变质的产品的，责令停止销售，没收违法销售的产品，并处违法销售产品货值金额两倍以下的罚款；有违法所得的，并处没收违法所得；情节严重的，吊销营业执照。

(5) 生产者、销售者伪造产品产地的，伪造或者冒用他人厂名、厂址的，伪造或者冒用认证标志等质量标志的，责令改正，没收违法生产、销售的产品，并处违法生产、销售产品货值金额等值以下的罚款；有违法所得的，并处没收违法所得；情节严重的，吊销营业执照。

(6) 产品质量检验机构、认证机构伪造检验结果或者出具虚假证明的，责令改正，对单位处5万元以上10万元以下的罚款，对直接负责的主管人员和其他直接责任人员处1万元以上5万元以下的罚款；有违法所得的，并处没收违法所得；情节严重的，取消其检验资格、认证资格；出具的检验结果或者证明不实，造成损失的，应当承担相应的赔偿责任；造成重大损失的，撤销其检验资格、认证资格。

(7) 产品质量认证机构违反法律的规定，对不符合认证标准而使用认证标志的产品，未依法要求其改正或者取消其使用认证标志资格的，对因产品不符合认证标准给消费者造成的损失，与产品的生产者、销售者承担连带责任；情节严重的，撤销其认证资格。

(8) 社会团体、社会中介机构对产品质量作出承诺、保证，而该产品又不符合其承诺、保证的质量要求，给消费者造成损失的，与产品的生产者、销售者承担连带责任。

(9) 知道或者应当知道属于法律规定禁止生产、销售的产品而为其提供运输、保管、仓储等便利条件的，或者为以假充真的产品提供制假生产技术的，没收全部运输、保管、仓储或者提供制假生产技术的收入，并处违法收入50%以上3倍以下的罚款。

(10) 产品质量监督部门或者工商行政管理部门的工作人员滥用职权、玩忽职守、徇私舞弊，不构成犯罪的，给予行政处分。

(11) 拒绝、阻碍从事产品质量监督管理的国家工作人员依法执行职务未使用暴力、威胁方法的，由公安机关依照治安管理处罚条例的规定处罚。

吊销营业执照的行政处罚由工商行政管理部门决定，其他行政处罚由产品质量监督部门或者工商行政管理部门按照国务院规定的职权范围决定。法律、行政法规对行使行政处罚权的机关另有规定的，依照有关法律、行政法规的规定执行。当事人对行政处罚决定不服的，可以在接到处罚通知之日起15日内向作出处罚决定的机关的上一级机关申请复议；当事人也可以在接到处罚通知之日起15日内直接向人民法院起诉。复议机关应当在接到复议申请之日起60日内作出复议决定。当事人对复议决定不服的，可以在接到复议决定之日起15日内向人民法院起诉。复议机关逾期不作出复议决定的，当事人可以在复议期满之日起15日内向人民法院起诉。当事人逾期不申请复议也不向人民法院起诉，又不履行处罚决定的，作出处罚决定的机关可以申请人民法院强制执行。

(三) 刑事责任

根据《产品质量法》的规定，有下列情形之一的，依法追究刑事责任：

(1) 生产或销售不符合保障人体健康，人身财产安全的国家标准、行业标准的产品，构成犯罪行为的。

(2) 生产者或销售者在产品中掺杂、掺假，以假充真，以次充好或以不合格产品冒充合格产品，构成犯罪的。

（3）销售失效、变质的产品，构成犯罪的。

（4）伪造检验数据或者出具虚假证明，构成犯罪的。

（5）知道或者应当知道属于法律规定禁止生产、销售的产品而为其提供运输、保管、仓储等便利条件的，或者为以假充真的产品提供制假生产技术，构成犯罪的。

（6）产品质量监督部门或者工商行政管理部门的工作人员滥用职权、玩忽职守、徇私舞弊，构成犯罪的。

（7）伪造检验数据或者伪造检验结论，构成犯罪的。

（8）从事产品质量监督管理的国家工作人员，滥用职权，玩忽职守、徇私舞弊，构成犯罪的。

（9）国家工作人员利用职务，对明知有违反《产品质量法》规定构成犯罪的行为的企业事业单位或个人故意包庇使其不受追诉，构成犯罪的。

（10）以暴力、威胁方法阻碍从事产品质量监督管理的国家工作人员依法执行职务的。

第五节　消费者权益保护法

一、消费者的概念

由于社会生活、社会现象纷繁复杂，学者以及司法实践中对“消费”、“消费者”的理解存在较大的差异。广义的消费既包括人们在生产过程中对各种生产资料的消耗（即生产消费），也包括人们为满足个人需要对各种生活资料的消耗以及接受他人所提供的服务（即生活消费）。狭义上的消费仅指生活消费。国际标准化组织（ISO）认为，消费者是以个人消费为目的而购买或使用商品和服务的个体社会成员①。我国《消费者权益保护法》第二条规定：“消费者为生活消费需要购买、使用商品或者接受服务，其权益受本法保护；本法未作规定的，受其他有关法律、法规保护。”据此我们认为，消费者是指以生活消费为目的而购买、使用商品或接受服务的个人。其具体含义有以下几方面：

（1）消费者必须是购买、使用商品或者接受服务的人。当然，购买商品与实际使用商品的人、支付费用与实际接受服务的人不要求同为一人。

（2）消费者仅限于个人，即自然人。《消费者权益保护法》的中心宗旨就是保护处于弱势地位的个体消费者的正当权益。尽管单位、团体也经常购买生活资料或接受服务，但多数情形下的终极消费者仍是单位职工或团体成员，可以适用消费者权益保护法。但如果单纯以单位、团体的名义作为购买、使用商品或接受服务的当事人，则不受《消费者权益保护法》调整。

（3）消费者必须是为了生活消费需要，而非其他目的（如生产、转售、取证等）而购买、使用商品或者接受服务的人。但《消费者权益保护法》第五十四条规定：“农民购买、使用直接用于农业生产的生产资料，参照本法执行。”

（4）消费者所购买、使用的商品或者接受的服务必须是经营者提供的。所谓经营者，

① 国际标准化组织的消费者政策委员会于 1978 年 5 月在日内瓦召开的首届年会上对“消费者”所作的定义。

是指专门从事生产、销售商品活动或者提供服务的生产者、销售者和服务者。如果是非经营者与个人之间提供、使用产品或者提供、接受服务，则不受《消费者权益保护法》调整。

二、消费者的权利

根据《消费者权益保护法》的规定，消费者享有以下权利：

（一）保障安全权

消费者在购买、使用商品和接受服务时享有人身、财产安全不受损害的权利。消费者有权要求经营者提供的商品和服务，符合保障人身、财产安全的要求。这是消费者最基本的权利。

（二）知悉真情权

消费者享有知悉其购买、使用的商品或者接受的服务的真实情况的权利。消费者有权根据商品或者服务的不同情况，要求经营者提供商品的价格、产地、生产者、用途、性能、规格、等级、主要成分、生产日期、有效期限、检验合格证明、使用方法说明书、售后服务，或者服务的内容、规格、费用等有关情况。

（三）自主选择权

消费者享有自主选择商品或者服务的权利。消费者有权自主选择提供商品或者服务的经营者，自主选择商品品种或者服务方式，自主决定购买或者不购买任何一种商品、接受或者不接受任何一项服务。消费者在自主选择商品或者服务时，有权进行比较、鉴别和挑选。

（四）公平交易权

消费者享有公平交易的权利。消费者在购买商品或者接受服务时，有权获得质量保障、价格合理、计量正确等公平交易条件，有权拒绝经营者的强制交易行为。

（五）获得赔偿权

消费者因购买、使用商品或者接受服务受到人身、财产损害的，享有依法获得赔偿的权利。

（六）依法结社权

消费者享有依法成立维护自身合法权益的社会团体的权利。

（七）获取知识权

消费者享有获得有关消费和消费者权益保护方面的知识的权利。

（八）维护尊严权

消费者在购买、使用商品和接受服务时，享有其人格尊严、民族风俗习惯得到尊重的权利。

（九）监督权

消费者享有对商品和服务以及保护消费者权益工作进行监督的权利。消费者有权检举、控告侵害消费者权益的行为和国家机关及其工作人员在保护消费者权益工作中的违法失职行为，有权对保护消费者权益工作提出批评、建议。

三、经营者的义务

（一）履行法定、约定的义务

经营者向消费者提供商品或者服务，应当依照《产品质量法》和其他有关法律、法规的规定履行义务。经营者和消费者有约定的，应当按照约定履行义务，但双方的约定不得违背法律、法规的规定。

（二）听取消费者的意见和接受消费者的监督

经营者应当听取消费者对其提供的商品或者服务的意见，接受消费者的监督。

（三）保障人身和财产安全

经营者应当保证其提供的商品或者服务符合保障人身、财产安全的要求。对可能危及人身、财产安全的商品和服务，经营者应当向消费者作出真实的说明和明确的警示，并说明和标明正确使用商品或者接受服务的方法以及防止危害发生的方法。

经营者发现其提供的商品或者服务存在严重缺陷，即使正确使用商品或者接受服务仍然可能对人身、财产安全造成危害的，应当立即向有关行政部门报告和告知消费者，并采取防止危害发生的措施。

（四）不作虚假宣传

经营者应当向消费者提供有关商品或者服务的真实信息，不得作引人误解的虚假宣传。

经营者对消费者就其提供的商品或者服务的质量和使用方法等问题提出的询问，应当作出真实、明确的答复。

商店提供商品应当明码标价。

（五）标明经营者真实名称和标记

经营者应当标明其真实名称和标记。租赁他人柜台或者场地的经营者，应当标明其真实名称和标记。

（六）出具购货凭证或者服务单据

经营者提供商品或者服务，应当按照国家有关规定或者商业惯例向消费者出具购货凭证或者服务单据。消费者索要购货凭证或者服务单据的，经营者必须出具。

（七）提供符合要求的商品和服务

经营者应当保证在正常使用商品或者接受服务的情况下，其提供的商品或者服务应当具有的质量、性能、用途和有效期限；但消费者在购买该商品或者接受该服务前已经知道其存在瑕疵的除外。

经营者以广告、产品说明、实物样品或者其他方式表明商品或者服务的质量状况的，应当保证其提供的商品或者服务的实际质量与表明的质量状况相符。

（八）履行“三包”和其他责任

经营者提供商品或者服务，按照国家规定或者与消费者的约定，承担包修、包换、包退或者其他责任的，应当按照国家规定或者约定履行，不得故意拖延或者无理拒绝。

（九）不得从事不公平、不合理交易

经营者不得以格式合同、通知、声明、店堂告示等方式作出对消费者不公平、不合理的规定，或者减轻、免除其损害消费者合法权益应当承担的民事责任。

格式合同、通知、声明、店堂告示等含有前款所列内容的，其内容无效。

（十）不得侵犯消费者人身权

经营者不得对消费者进行侮辱、诽谤，不得搜查消费者的身体及其携带的物品，不得侵犯消费者的人身自由。

四、消费争议的解决

（一）消费争议解决的途径

消费争议，是指消费者与经营者之间因商品、服务质量造成消费者人身损害或财产损失而发生的争议。对于消费争议，可通过以下途径解决：

（1）与经营者协商和解。协商和解是指消费者与经营者在平等自愿基础上，本着互谅互让的原则，就有关争议进行协商达成解决的方案。这种方式具有方便、简捷、节约、增进友好关系等优点。

（2）请求消费者协会调解。消费者协会和其他消费者组织是依法成立的对商品和服务进行社会监督的保护消费者合法权益的社会团体。根据《消费者权益保护法》第三十二条的规定，消费者协会履行下列职能：①向消费者提供消费信息和咨询服务；②参与有关行政部门对商品和服务的监督、检查；③就有关消费者合法权益的问题，向有关行政部门反映、查询，提出建议；④受理消费者的投诉，并对投诉事项进行调查、调解；⑤投诉事项涉及商品和服务质量问题的，可以提请鉴定部门鉴定，鉴定部门应当告知鉴定结论；⑥就损害消费者合法权益的行为，支持受损害的消费者提起诉讼；⑦对损害消费者合法权益的行为，通过大众传播媒介予以揭露、批评。消费者协会调解消费争议应当遵循自愿原则和合法原则。

（3）向有关行政部门申诉。各级人民政府工商行政管理部门和其他有关行政部门应当依照法律、法规的规定，在各自的职责范围内，采取措施，保护消费者的合法权益。有关行政部门应当听取消费者及其社会团体对经营者交易行为、商品和服务质量问题的意见，及时调查处理。

（4）根据仲裁协议提请仲裁。消费者可以根据与经营者达成的仲裁协议提请仲裁机构仲裁。

（5）向人民法院提起诉讼。人民法院应当采取措施，方便消费者提起诉讼。对符合《中华人民共和国民事诉讼法》起诉条件的消费者权益争议，必须受理，及时审理。

（二）赔偿责任主体的确定和最终责任的归属

（1）消费者在购买、使用商品时，其合法权益受到损害的，可以向销售者要求赔偿。销售者赔偿后，属于生产者的责任或者属于向销售者提供商品的其他销售者的责任的，销售者有权向生产者或者其他销售者追偿。

（2）消费者或者其他受害人因商品缺陷造成人身、财产损害的，可以向销售者要求赔偿，也可以向生产者要求赔偿。属于生产者责任的，销售者赔偿后，有权向生产者追偿。属于销售者责任的，生产者赔偿后，有权向销售者追偿。

（3）消费者在接受服务时，其合法权益受到损害的，可以向服务者要求赔偿。

（4）消费者在购买、使用商品或者接受服务时，其合法权益受到损害，因原企业分立、合并的，可以向变更后承受其权利义务的企业要求赔偿。

（5）使用他人营业执照的违法经营者提供商品或者服务，损害消费者合法权益的，消费者可以向其要求赔偿，也可以向营业执照的持有人要求赔偿。

（6）消费者在展销会、租赁柜台购买商品或者接受服务，其合法权益受到损害的，可以向销售者或者服务者要求赔偿。展销会结束或者柜台租赁期满后，也可以向展销会的举办者、柜台的出租者要求赔偿。展销会的举办者、柜台的出租者赔偿后，有权向销售者或者服务者追偿。

(7) 消费者因经营者利用虚假广告提供商品或者服务，其合法权益受到损害的，可以向经营者要求赔偿。广告的经营者发布虚假广告的，消费者可以请求行政主管部门予以惩处。广告的经营者不能提供经营者的真实名称、地址的，应当承担赔偿责任。

五、违反消费者权益保护法的法律责任

(一) 民事责任

(1) 经营者承担民事责任的情形。经营者提供商品或者服务有下列情形之一的，除本法另有规定外，应当依照《产品质量法》和其他有关法律、法规的规定，承担民事责任：①商品存在缺陷的；②不具备商品应当具备的使用性能而出售时未作说明的；③不符合在商品或者其包装上注明采用的商品标准的；④不符合商品、实物样品等方式表明的质量状况的；⑤生产国家明令淘汰的商品或者销售失效、变质的商品的；⑥销售的商品数量不足的；⑦服务的内容和收取的费用违反约定或法律规定的；⑧对消费者提出的修理、重作、更换、退货、补足商品数量、退还货款和服务费用或者赔偿损失的要求，故意拖延或者无理拒绝的；⑨法律、法规规定的其他损害消费者权益的情形。

(2) 经营者承担民事责任的具体方式和内容。①经营者提供商品或者服务，造成消费者或者其他受害人人身伤害的，应当支付医疗费、治疗期间的护理费、因误工减少的收入等费用，造成残疾的，还应当支付残疾者生活自助具费、生活补助费、残疾赔偿金以及由其抚养的人所必需的生活费等费用。②经营者提供商品或者服务，造成消费者或者其他受害人死亡的，应当支付丧葬费、死亡赔偿金以及由死者生前抚养的人所必需的生活费等费用。③经营者违反规定，侵害消费者的人格尊严或者侵犯消费者人身自由的，应当停止侵害、恢复名誉、消除影响、赔礼道歉，并赔偿损失。④经营者提供商品或者服务，造成消费者财产损害的，应当按照消费者的要求，以修理、重作、更换、退货、补足商品数量、退还货款和服务费用或者赔偿损失等方式承担民事责任。消费者与经营者另有约定的，按照约定履行。⑤对国家规定或者经营者与消费者约定包修、包换、包退的商品，经营者应当负责修理、更换或者退货。在保修期内两次修理仍不能正常使用的，经营者应当负责更换或者退货。对包修、包换、包退的大件商品，消费者要求经营者修理、更换、退货的，经营者应当承担运输等合理费用。⑥经营者以邮购方式提供商品的，应当按照约定提供。未按照约定提供的，应当按照消费者的要求履行约定或者退回货款，并应当承担消费者必须支付的合理费用。⑦经营者以预收款方式提供商品或者服务的，应当按照约定提供。未按照约定提供的，应当按照消费者的要求履行约定或者退回预付款；并应当承担预付款的利息、消费者必须支付的合理费用。⑧依法经有关行政部门认定为不合格的商品，消费者要求退货的，经营者应当负责退货。⑨经营者提供商品或者服务有欺诈行为的，应当按照消费者的要求增加赔偿其受到的损失，增加赔偿的金额为消费者购买商品的价款或者接受服务的费用的 1 倍。

(二) 行政责任

(1) 经营者有下列情形之一，《中华人民共和国产品质量法》和其他有关法律、法规对处罚机关和处罚方式有规定的，依照法律、法规的规定执行；法律、法规未作规定的，由工商行政管理部门责令改正，可以根据情节单处或者并处警告、没收违法所得、处以违法所得 1 倍以上 5 倍以下的罚款，没有违法所得的，处以 1 万元以下的罚款；情节严重

的，责令停业整顿、吊销营业执照：①生产、销售的商品不符合保障人身、财产安全要求的；②在商品中掺杂、掺假，以假充真，以次充好，或者以不合格商品冒充合格商品的；③生产国家明令淘汰的商品或者销售失效、变质的商品的；④伪造商品的产地，伪造或者冒用他人的厂名、厂址，伪造或者冒用认证标志、名优标志等质量标志的；⑤销售的商品应当检验、检疫而未检验、检疫或者伪造检验、检疫结果的；⑥对商品或者服务作引人误解的虚假宣传的；⑦对消费者提出的修理、重作、更换、退货、补足商品数量、退还货款和服务费用或者赔偿损失的要求故意拖延或者无理拒绝的；⑧侵犯消费者人格尊严或者侵犯消费者人身自由的；⑨法律、法规规定的对损害消费者权益应当予以处罚的其他情形。经营者对行政处罚决定不服的，可以自收到处罚决定之日起15日内向上一级机关申请复议，对复议决定不服的，可以自收到复议决定书之日起15日内向人民法院提起诉讼；也可以直接向人民法院提起诉讼。

（2）拒绝、阻碍有关行政部门工作人员依法执行职务，未使用暴力、威胁方法的，由公安机关依照《中华人民共和国治安管理处罚条例》的规定处罚。

（3）国家机关工作人员玩忽职守或者包庇经营者侵害消费者合法权益的行为的，由其所在单位或者上级机关给予行政处分。

（三）刑事责任

（1）经营者提供商品或者服务，造成消费者或者其他受害人人身伤害或者死亡，构成犯罪的，依法追究刑事责任。

（2）以暴力、威胁等方法阻碍有关行政部门工作人员依法执行职务的，依法追究刑事责任。

（3）国家机关工作人员玩忽职守或者包庇经营者侵害消费者合法权益的行为，情节严重，构成犯罪的，依法追究刑事责任。

【思考题】

1．简述侵犯商业秘密的构成条件。

2．简述垄断协议的含义及其类型。

3．简述市场支配地位的含义。

4．简述消费者的基本权利。

5．简述产品质量监督管理的主要制度。

6．某保龄球馆系一营利性保龄球馆。2011年春节，该保龄球馆举办有奖活动，规定只要在该馆打满3局，且总分为688分的顾客，即可获得该馆的特等奖商品房一套。此有奖活动一经公布，该保龄球馆的顾客人数剧增，最后，特等奖被丁某获得。丁某系该保龄球馆的工作人员，他得到特奖后，即将商品房交还单位，单位给他奖励5 000元，当地工商局收到知情人的检举后，即前往该保龄球馆调查，经查检举情况属实。

请问：

（1）不正当有奖销售行为有哪些？

（2）保龄球馆的行为属什么行为？

（3）对该案应如何处理？

第四编　宏观调控法

第十二章　财政税收法律制度

【学习要点】

- 财政预算和决算
- 税法的概念和特征
- 税种及其主要内容
- 税收征收管理制度

财政和预算处于国民收入分配的核心地位，对国民收入分配和其他方面的分配有着直接和间接的制约作用。税收是国家财政收入最主要的来源，也是国家用以加强宏观调控的重要经济杠杆。税法在保障国家财政收入，促进税收调控经济运行方面的积极作用，使其成为各国现代市场经济法制建设的重点部门。因此，健全宏观调控机制的功能，发挥宏观调控的作用，必须强化财政、税收法律机制，切实依法理财，建立和健全税法体系，使税收规范化和法制化。通过本章的学习，有助于正确认识我国财政税收法律制度的本质和作用，正确履行公民的纳税义务，树立纳税人观念，维护纳税人的合法权利与利益。

第一节　财政法律制度

一、财政法的概念及特征

（一）财政法的概念

财政是国家为了实现其职能，凭借政治权力参与部分社会产品和国民收入的分配和再分配所形成的一种特殊分配关系。

财政法是指调整财政分配和财政管理活动中形成的财政关系的法律规范的总称。财政法的调整对象，即财政法律关系，是国家在取得、使用、受理资财过程中发生的社会关系。财政关系的内容主要包括两个方面：

（1）财政收支管理关系。财政收支管理关系，是在财政活动中形成的最主要、最广泛的社会关系，它包括财政收入关系、财政支出关系和财政管理关系。

（2）财政管理权限关系。财政管理权限关系，是国家依据一定的政治原则和经济原则在中央和地方政府之间划分财政管理权限，从而在中央和地方政权之间形成一种特殊分配关系，它的存在是其他类关系存在的前提。

（二）财政法的特征

（1）财政法律关系只发生于国家财政活动中。财政法律关系并非发生于国家活动的各个方面，它只发生在国家财政活动这一特定范围内。财政法律关系以财政法为前提，是财政关系在法律上的表现。国家的财政活动贯穿于国家预算、财政资金管理、税收、财政监督等过程中，只有在这些过程中才会发生以国家为主体的分配关系，即财政关系。这种财政关系因受法律调整，才形成财政法律关系。

（2）财政法律关系主体的一方始终是代表国家的财政机关。国家凭借政治权力和法律手段，直接参与社会产品和国民收入的分配和再分配活动，并始终处于分配双方或多方中的主导地位。一切向国家财政缴纳收入或接受拨款者，都对国家负有经济上和法律上的责任。也就是说，国家是一切财政收支活动的组织者和主宰者，而财政机关是代表国家组织和管理财政收支活动，执行国家财政法律、政策、制度和计划的职能机关。因此，在财政法律关系的多方或双方当事人中必有一方是代表国家的财政机关。

（3）财政法律关系主体之间是命令与服从的关系。由于财政分配是国家凭借正当权力和法律手段而进行的强制性分配，对参与财政分配的当事人的权利义务是由国家财政法律、法规和其他规范性文件所规定，而不是当事人之间自愿协商的。代表国家的财政机关依照法律的规定组织财政收支，其他主体必须服从和执行，否则，就要承担法律责任。

二、我国财政法的基本原则

财政法的基本原则是指贯穿于财政法制建设和财政管理活动的全部过程中的根本准则，它是财政法本质的具体体现。我国财政法的基本原则主要有如下几方面：

（一）统一领导、分级管理的原则

统一领导、分级管理是我国宪法规定的民主集中制原则在财政法和财政管理体制中的具体体现。这一原则要求财政法明确规定中央和地方以及地方各级政权机关的财权划分，明确规定财政收支的范围和必要程序，以及各项规章制度，从而处理好中央集权与地方分权的关系。实行统一领导、分级管理，有利于调动中央和地方在财政收支过程中的积极性，有利于加速经济的发展。

（二）财政收支平衡的原则

财政收支平衡是指国家在财政年度内的财政收入和财政支出数额大体相当。在实际中，财政收支在数量上很难完全相等，当收大于支时，表明财政有节余，若是略有余，说明财政状况良好，若是大量节余，则表明国家积压了大批资金和物资，缩小了建设规模，延缓了建设速度；当支大于收时，就会出现财政赤字，表明国家财政的部分支出没有收入来源和缺乏物资保证，就会出现物价上涨，通货膨胀。无论收大于支，还是支大于收，都是有害于国计民生的。因此，财政法应当贯彻财政收支平衡原则，反对赤字预算政策。

（三）发展经济、广开财源的原则

国家财政收入的大小，取决于国民经济的发展规模和增长速度。国家能否正确地处理好各种分配关系，合理取得财政收入，直接影响到国民经济的发展。因此，财政收入的增加不能靠滥发货币，大举国债，而必须靠发展生产来实现。

（四）合理支出、提高财政效益的原则

财政的合理支出，是指财政资金要用到最需要的地方去，用有限的财政资金办理更多的事情，充分发挥资金的使用效果。财政立法应当有利于贯彻厉行节约，提高经济效

益的原则，对各项财政支出要确定合理的开支标准，并对铺张浪费以及在财政资金使用过程中造成严重损失的违法行为作出承担法律责任的规定，以保证资金的有效使用。

三、财政管理体制

财政管理体制，是指划分中央同地方各级政权之间以及国家同国有企业事业单位、国家机关之间的财政管理职权、财政收支范围等内容的法律制度。财政管理体制一般包括预算管理体制、税收管理体制、国有资产管理体制等，它们相互独立，又相互依存。预算管理体制是处理中央与地方的基本财政关系，划分财政资金在各级政权之间分配的基本制度，在财政管理体制中占主导地位，是财政管理体制的核心。

我国财政管理体制进行过多次调整和改革，由建国初期的高度集中，逐步过渡到中央统一领导和分级管理的体制。具体来说有如下几步：①从1985年起，国家对各省、自治区、直辖市实行“划分税种、核定收支、分级包干”的财政管理体制。施行这一体制，调动了地方增产节约、增收节支的积极性，促进了国民经济的发展。②为了稳定中央与地方的财政关系，进一步调动地方的积极性，国务院决定从1988年起，在原定的财政体制的基础上，实行“财政包干”体制。在实行财政包干体制过程中，暴露出一些严重弊端，不适应经济改革和发展社会主义市场经济的需要。③从1994年起，对各省、自治区、直辖市和计划单列市全面实行分税制财政管理体制。

四、预算与决算

（一）预算

1. 预算的含义

预算，在此指国家预算，它是国家对会计年度内的收入和支出的预先估算。

依据财政法的原理中的“一级政权，一级财政”的原则，我国《预算法》规定，国家实行一级政府，一级预算。据此，根据我国的政权结构，可以将我国的预算分为五级：①中央预算；②省、自治区、直辖市预算；③设区的市、自治州预算；④县、自治县、不设区的市、市辖区预算；⑤乡、民族乡、镇预算。这五级预算可以进一步分为两大类，即中央预算和地方预算。它们共同构成了国家的总预算。

中央预算由中央各部门（含直属单位，下同）的预算组成。中央预算包括地方向中央上解的收入数额和中央对地方返还或者给予补助的数额。地方预算由各省级总预算组成。包括省级总预算在内的地方各级总预算，是由本级政府预算（简称本级预算）和汇总的下一级总预算组成。若下一级只有本级预算，则下一级的总预算就是下一级的本级预算。此外，由于乡级预算没有下一级预算，则其总预算就是指它的本级预算。

国家预算是国家基本的财政收支计划，是国民经济计划的重要组成部分。1951年8月19日，中央人民政府政务院颁布了《预算决算暂行条例》，这是我国建国后的第一个预算法律制度。1991年9月6日，国务院发布了《国家预算管理条例》，这个条例反映了我国财政体制改革的成果。为了适应社会主义市场经济体制的发展和财政改革的需要，1994年3月22日，由第八届全国人民代表大会第二次会议通过了《中华人民共和国预算法》。

2. 《中华人民共和国预算法》的主要内容

我国《预算法》的内容主要包括法定预算收支范围、预算编制、预算的审查和批准、预算的执行和调整等内容。

（1）法定预算收支范围。预算收支范围，是国家财力在中央和地方之间进行分配的具体形式。划分预算收支范围是预算管理体制的重要内容。预算由预算收入和预算支出组成，《预算法》规定的预算收支范围为法定预算收支范围，法定预算收支范围不得随意改变。

根据我国《预算法》的规定，我国的法定预算收入具体包括：①税收收入；②依照规定应当上缴的国有资产收益；③专项收入；④其他收入。

法定预算支出具体包括：①经济建设支出；②教育、科学、文化、卫生、体育等事业发展支出；③国家管理费用支出；④国防支出；⑤各项补贴支出；⑥其他支出。

《预算法》规定，预算收入划分为中央预算收入、地方预算收入、中央和地方预算共享收入。预算支出划分为中央预算支出和地方预算支出。中央预算与地方预算有关收入和支出项目的划分、地方向中央上解收入、中央对地方返还或者给予补助的具体办法，由国务院规定，报全国人民代表大会常务委员会备案。预算收入应当统筹安排使用，确需设立专用基金项目的，须经国务院批准。上级政府不得在预算之外调用下级政府预算的资金。下级政府不得挤占或者截留属于上级政府预算的资金。

（2）预算编制。预算编制，是指各级政府、各部门、各预算单位制定筹集和分配预算资金年度计划的预算活动，是预算法必须规范的主要内容。预算编制应当遵守国家编制的原则。对此，我国《预算法》作出了明确的规定，根据规定，编制预算应遵循的原则有：①按照复式预算方法编制的原则；②量入为出、收支平衡的原则；③与国民生产总值的增长率相适应的原则；④贯彻厉行节约、勤俭建国方针的原则；⑤统筹兼顾、确保重点、妥善安排原则；⑥按规定设置预算周转金原则。

（3）预算的审查和批准。预算草案编制完成后，应当提交国家权力机关审批通过方可生效。预算草案经审批生效，就成为正式的国家预算，并具有法律效力，非经法定程序，不得改变。

《预算法》第三十九条规定，中央预算由全国人民代表大会审查和批准，地方各级政府预算由本级人民代表大会审查和批准。

乡、民族乡、镇政府应当及时将经本级人民代表大会批准的本级预算报上一级政府备案。县级以上地方各级政府应当及时将经本级人民代表大会批准的本级预算及下一级政府报送备案的预算汇总，报上一级政府备案。

县级以上地方各级政府将下一级政府依照前款规定报送备案的预算汇总后，报本级人民代表大会常务委员会备案。国务院将省、自治区、直辖市政府依照前款规定报送备案的预算汇总后，报全国人民代表大会常务委员会备案。

国务院和县级以上地方各级政府对下一级政府依照《预算法》有关规定报送备案的预算，认为有同法律、行政法规相抵触或者有其他不适当之处，需要撤销批准预算的决议的，应当提请本级人民代表大会常务委员会审议决定。

各级政府预算经本级人民代表大会批准后，本级政府财政部门应当及时向本级各部门批复预算。各部门应当及时向所属各单位批复预算。

（4）预算的执行和调整。预算经人民代表大会批准后，即进入执行阶段。国务院和各级人民政府负责各级总预算的执行工作，具体的执行机关是各级财政部门。此外，还指定专门的管理机关参与组织预算的执行工作。

预算调整是指经全国人民代表大会批准的中央预算和经地方各级人民代表大会批准的本级预算，在执行中因特殊情况需要增加支出或者减少收入，使原批准的收支平衡的预算的总支出超过总收入，或者使原批准的预算中举借债务的数额增加的部分变更。各级政府对于必须进行的预算调整，应当编制预算调整方案。中央预算的调整方案必须提请全国人民代表大会常务委员会审查和批准。县级以上地方各级政府预算的调整方案必须提请本级人民代表大会常务委员会审查和批准；乡、民族乡、镇政府预算的调整方案必须提请本级人民代表大会审查和批准。未经批准，不得调整预算。

（二）决算

决算是指对年度预算收支执行结果的会计报告，是预算执行的总结，是国家管理预算活动的最后一道程序。决算必须按照规定编制决算草案，提请国家权力机关审查和批准后方可生效。《预算法》对决算的原则和程序作出了明确的规定。

《预算法》规定，决算草案由各级政府、各部门、各单位，在每一预算年度终了后按照国务院规定的时间编制。编制决算草案的具体事项，由国务院财政部门部署。编制决算草案，必须符合法律、行政法规，做到收支数额准确、内容完整、报送及时。各部门对所属各单位的决算草案，应当审核并汇总编制本部门的决算草案，在规定的期限内报本级政府财政部门审核。各级政府财政部门对本级各部门决算草案审核后发现有不符合法律、行政法规规定的，有权予以纠正。

国务院财政部门编制中央决算草案，报国务院审定后，由国务院提请全国人民代表大会常务委员会审查和批准。县级以上地方各级政府财政部门编制本级决算草案，报本级政府审定后，由本级政府提请本级人民代表大会常务委员会审查和批准。乡、民族乡、镇政府编制本级决算草案，提请本级人民代表大会审查和批准。各级政府决算经批准后，财政部门应当向本级各部门批复决算。地方各级政府应当将经批准的决算，报上一级政府备案。

国务院和县级以上地方各级政府对下一级政府依照《预算法》第六十四条规定报送备案的决算，认为有同法律、行政法规相抵触或者有其他不适当之处，需要撤销批准该项决算的决议的，应当提请本级人民代表大会常务委员会审议决定；经审议决定撤销的，该下级人民代表大会常务委员会应当责成本级政府依照《预算法》规定重新编制决算草案，提请本级人民代表大会常务委员会审查和批准。

第二节　税收法律制度

一、税收与税法

税收是国家为了实现其职能，凭借政治权力，按照法律规定的标准，强制地、无偿地向纳税人征收货币或实物所形成的一种特殊分配活动。征税的过程是国家参与国民收入分配和再分配的过程，体现着国家与纳税人之间、国家各级政权之间以及纳税人相互之间的一系列分配关系。

税法是国家制定或认可的，用以调整国家与纳税人之间在征税方面的权利与义务关系的法律规范的总称。它是国家及纳税人依法征税、依法纳税的行为准则，其目的是保障国家利益和纳税人的合法权益，维护正常的税收秩序，保证国家的财政收入。

税收与税法既有联系，又有区别。其联系表现在税收是国家运用行政权力向社会取得收入的行为，它必须严格依照税法规定的范围、标准、程序办事；税法则制约和调整因税收而发生的各种社会关系，税收本身是来源于税法的活动。因此，税收和税法在本质、任务、目的和作用等方面的内容是一致的。

税收和税法的区别表现在税收是属于经济领域内的分配环节，而税法则是反映这一经济活动的上层建筑；税收决定税法，税法反过来规范税收，为税收服务；税收的对象是一定范围内国家集中的部分国民收入，税法的调整对象是税收法律关系。

二、税法的结构

税法的构成要素一般包括征税对象、纳税人、税目、税率、纳税环节、纳税期限、纳税地点、减税免税和罚则等项目。

1. 征税对象

征税对象，法学上称为纳税客体，是指税收法律关系中征纳双方权利义务所指向的物或行为。这是区分不同税种的主要标志，我国现行税收法律、法规都有自己特定的征税对象。比如，企业所得税的征税对象就是应税所得；增值税的征税对象就是商品或劳务在生产和流通过程中的增值额。

2. 纳税人

纳税人，法学上称为纳税主体，是指税法规定的直接负有纳税义务的法人、自然人及其他组织。

3. 税目

税目是各个税种所规定的具体征税项目，它是征税对象的具体化。

4. 税率

税率是对征税对象的征收比例或征收额度。税率是计算税额的尺度，也是衡量税负轻重与否的重要标志。我国现行的税率主要有：

（1）比例税率。即对同一征税对象，不分数额大小，规定相同的征收比例。我国的增值税、营业税、资源税、企业所得税等采用的是比例税率。

（2）超额累进税率。即把征税对象按数额的大小分成若干等级，每一等级规定一个税率，税率依次提高，但每一纳税人的征税对象则依所属等级同时适用几个税率分别计算，将计算结果相加后得出应纳税款的税率。目前采用这种税率的有个人所得税。

（3）超率累进税率。即以征税对象数额的相对率划分若干级距，分别规定相应的差别税率，相对率每超过一个级距的，对超过的部分就按高一级的税率计算征税。

（4）定额税率。即按征税对象确定的计算单位，直接规定一个固定的税额。目前采用定额税率的有资源税、车船使用税等。

5. 纳税环节

纳税环节主要指税法规定的征税对象在从生产到消费的流转过程中应当缴纳税款的环节，如流转税在生产和流通环节纳税，所得税在分配环节纳税等。

6. 纳税期限

纳税期限是指纳税人按照税法规定缴纳税款的期限。比如，企业所得税在月份或者季度终了后15日内预缴，年度终了后4个月内汇算清缴，多退少补；营业税的纳税期限分别为5日、10日、15日或者1个月，纳税人的具体纳税期限，由主管税务机关根据纳税人应纳税额的大小分别核定，不能按照固定期限纳税的，可以按次纳税。

7. 纳税地点

纳税地点是指根据各个税种纳税对象的纳税环节和有利于对税款的源泉控制而规定的纳税人（包括代征、代扣、代缴义务人）的具体纳税地点。

8. 减税免税

减税免税主要是对某些纳税人和征税对象采取减少征税或者免予征税的特殊规定。

9. 罚则

罚则主要是指对纳税人违反税法的行为采取的处罚措施。

三、现行主要税种

我国现行税收法律体系是在原有税制的基础上，经过1994年工商税制改革逐渐完善形成的。按征税对象分为五类，即流转税、所得税、资源税、财产税和行为目的税。主要税种有：

（一）流转税类

流转税类主要包括增值税、消费税、营业税和关税。

1. 增值税

（1）增值税的概念。增值税是以商品新增加的价值即增值额为课税对象。所谓增值额，是指纳税人通过自身劳动所创造的那一部分价值额。

（2）增值税的主要内容：①纳税人。增值税的纳税人是指在中华人民共和国境内销售货物或提供加工、修理修配劳务以及进口货物的单位和个人。②征税对象。货物和加工、修理修配劳务的法定增值额为增值税的征税对象。“货物”是指有形动产，包括电力、热力和气体在内。“提供加工、修理修配劳务”是指有偿提供加工、修理修配劳务。③税率。增值税的税率分两种。一是一般纳税人适用的税率，其增值税税率分为基本税率17%、低税率13%和零税率。二是小规模纳税人适用的税率，其税率为3%。

2. 消费税

（1）消费税的概念。消费税是指对在我国境内生产、委托加工和进口应税消费品的单位和个人就其销售收入或者销售数量征收的一种税。

（2）消费税的主要内容：①纳税人。在我国境内生产、委托加工和进口应税消费品的单位和个人，为消费税的纳税义务人。②征税对象。消费税的征税对象是销售额和销售数量。销售额为纳税人的销售应税消费品向购买方收取的全部价款和价外费用。销售数量是指应税消费品的数量，包括自产自用应税消费品的移送使用数量；委托加工应税消费品的纳税人收回的应税消费品数量；进口的应税消费品，海关核定的应税消费品进口征税数量。③税率。消费税的税目有11个，不同的税目，适用于不同的比例税率和定额税率，其中最低的税率为3%，最高的税率为45%。

3. 营业税

（1）营业税的概念。营业税是指对在我国境内提供应税劳务、转让无形资产或者销售不动产的单位和个人就其营业额征收的一种税。

（2）营业税的主要内容：①纳税人。凡在中华人民共和国境内提供应税劳务、转让无形资产或者销售不动产的单位和个人，为营业税的纳税人。境外单位或个人在境内发生应税行为而在境内未设有经营机构的，其应纳税款以代理人为扣缴义务人；没有代理者的，以受让者或购买者为扣缴义务人，单位或个人进行演出由他人售票的，其应纳税款以售票者为扣缴义务人；演出经纪人为个人的，其办理演出业务的应纳税款以售票者为扣缴义务人；分保险业务，以初保人为扣缴义务人；个人转让其他无形资产的，其应纳税款以受让者为扣缴义务人。②征税对象。营业税的征税对象为纳税人的营业额，即纳税人提供应税劳务、转让无形资产或者销售不动产向对方收取的全部价款和价外费用。但是下列情形除外：运输企业自国内运输旅客或者货物出境，在境外改由其他运输企业承运乘客或货物的，以全程运费减去付给该承运企业的运费后的余额为营业额；旅游企业组织旅游团到境外旅游，在境外改由其他旅游企业接团的，以全程旅游费减去付给该接团企业的旅游费后的余额的营业额；建筑业的总承包人将工程分包或者转包给他人的，以工程的全部承包额减去付给分包人或转包人的价款后的余额为营业额；转贷企业，以贷款利息减去借款利息后的余额为营业额；外汇、有价证券、期货买卖业务，以卖出价减去买入价后的余额为营业额；财政部规定的其他情形。③税率。营业税的税目有 9 个。其税率为：交通运输业，税率为 3%；建筑业，税率为 3%；金融保险业，税率为 5%；邮电通信业，税率为 3%；文化体育业，税率为 3%；娱乐业，税率为 5% ~20%；服务业，税率为 5%；转让无形资产，税率为 5%；销售不动产，税率为 5%。

（二）所得税类

所得税类包括企业所得税和个人所得税。

1. 企业所得税

（1）企业所得税的概念。企业所得税是指国家对境内的企业就其生产、经营所得和其他所得所征收的一种税。

（2）企业所得税的主要内容：①纳税人。凡在中华人民共和国境内的企业和其他取得收入的组织为企业所得税的纳税人，这里所称企业不包括个人独资企业、合伙企业。企业分为居民企业和非居民企业。居民企业，是指依法在中国境内成立，或者依照外国（地区）法律成立但实际管理机构在中国境内的企业。非居民企业，是指依照外国（地区）法律成立且实际管理机构不在中国境内，但在中国境内设立机构、场所的，或者在中国境内未设立机构、场所，但有来源于中国境内所得的企业。②征税对象。收益税的征税对象是纳税人的收入总额。具体是指：纳税人从事各项主要经营活动而取得的生产经营收入；有偿转让各类财产所取得的财产转让收入；由资本资源或收入欠款而形成的利息收入；出租固定资产、包装物等财产而取得的租金收入。还有特许权使用费收入、股息收入和其他收入。③税率。企业所得税实行比例税率，税率为 25%。非居民企业在中国境内未设立机构、场所的，或者虽设立机构、场所，但取得的所得与其所设机构、场所没有实际联系的，就其来源于中国境内的所得，适用税率为 20%。

2. 个人所得税

（1）个人所得税的概念。个人所得税是国家对在我国境内有住所或者无住所而在境内居住的个人，就其从我国境内和境外取得的所得征收的一种税。

（2）个人所得税的主要内容：①纳税人。在中国境内有住所，或者无住所而在境内居住满 1 年，从中国境内和境外取得所得的所得者；在中国境内无住所又不居住或者无住所而在境内居住不满 1 年，从中国境内取得所得的所得者；个人所得税，以所得人为纳税义务人，以支付所得的单位或个人为扣缴义务人。在两处以上取得工资、薪金所得和没有扣缴义务人的，纳税人应当自行申报纳税。②征税对象。个人所得税的征税对象是个人的应税所得，包括现金、实物和有价证券。所得为实物的，应当按照取得的凭证上所注明的价格计算应纳税所得额；无凭证的实物或者凭证上所注明的价格明显偏低的，由主管税务机关参照当地的市场价格核定应纳税所得额。所得为有价证券的，由主管税务机关根据票面价格或市场价格核定应纳税所得额。③税率。个人所得税实行超额累进税率和比例税率。工资、薪金所得，适用七级超额累进税率，税率为3%～45%；个体工商户的生产、经营所得和对企业事业单位的承包经营、租赁经营所得，适用五级超额累进税率，税率为5%～35%；稿酬所得，适用20%的比例税率，并按应纳税额减征30%；劳务报酬所得，适用20%的比例税率。对劳务报酬所得一次收入较高的，可以实行加成征收。对应纳税所得额超过2万元至5万元的部分，依照税法规定计算应纳税额后再按照应纳税额加征五成；超过5万元的部分，加征十成；特许权使用费所得、利息、股息、红利所得、财产租赁所得、财产转让所得、偶然所得和其他所得，适用20%的比例税率。

（三）资源税类

资源税类，主要包括资源税、城镇土地使用税和耕地占用税。

1. 资源税

（1）资源税的概念。资源税是为了促进合理开发利用资源、调节资源级差收入而对开采或者生产应税资源产品征收的一种税。

（2）资源税的主要内容：①纳税人。凡在中华人民共和国境内开采或生产应税矿产品或盐的单位和个人，为资源税的纳税义务人。②计税依据。资源税的计税依据是课税数量，即纳税人开采或者生产应税产品销售的，以销售数量为课税数量；纳税人开采或者生产应税产品自用的，以自用数量为课税数量。③税率。资源税实行按产品类别从量定额计算征税的办法，设置有上下限的幅度税额，同类产品资源条件不同，税额也不同。

2. 城镇土地使用税

（1）城镇土地使用税的概念。城镇土地使用税是以城镇土地为征税对象，对拥有土地使用权的单位和个人征收的一种税。

（2）城镇土地使用税的内容：①纳税人。城镇土地使用税的纳税人包括拥有土地使用权的单位和个人；拥有土地使用权的单位和个人不在土地所在地的，其土地的实际使用人和代管人为纳税人；土地使用权未确定或权属纠纷未解决的，其实际使用人为纳税人；土地使用权共有的，共有各方都是纳税人，由共有各方分别纳税。②征税对象。城镇土地使用税的征收对象包括在城市、县城、建制镇和工矿区内的国家所有和集体所有的土地。③税率。城镇土地使用税采用定额税率，即采用有幅度的差别税额，按大、中、小城市和县城、建制镇、工矿区分别规定每平方米土地使用税年应纳税额。具体标准：大城市0.5～10元；中等城市0.4～8元；小城市0.3～6元；县城、建制镇、工矿区0.2～4元。

3. 耕地占用税

（1）耕地占用税的概念。耕地占用税是对占用耕地建房或者从事非农业建设的单位或者个人征收的一种税。

（2）耕地占用税的内容：①纳税人。耕地占用税的纳税人为占用耕地建房或者从事非农业建设的单位或个人。上述单位包括国有企业、集体企业、私营企业、股份制企业、外商投资企业、外国企业以及其他企业和事业单位、社会团体、国家机关、部队以及其他单位。上述个人，包括个体工商户以及其他个人。②征税对象。耕地占用税是在特定的范围内征收的。《耕地占用税暂行条例》中的耕地是指用于种植农作物的土地。③税额。耕地占用税以纳税人实际占用的耕地面积为计税依据，按照规定的适用税额一次性征收。税额具体规定如下：人均耕地不超过1亩的地区（以县级行政区域为单位，下同），每平方米为10～50元；人均耕地超过1亩但不超过2亩的地区，每平方米为8～40元；人均耕地超过2亩但不超过3亩的地区，每平方米为6～30元；人均耕地超过3亩的地区，每平方米为5～25元。农村居民占用耕地新建住宅，按照当地适用税额减半征收耕地占用税。国务院财政、税务主管部门根据人均耕地面积和经济发展情况确定各省、自治区、直辖市的平均税额。各地适用税额，由省、自治区、直辖市人民政府在上述税额幅度内，根据本地区情况核定。各省、自治区、直辖市人民政府核定的适用税额的平均水平，不得低于上述规定的平均税额。经济特区、经济技术开发区和经济发达且人均耕地特别少的地区，适用税额可以适当提高，但是提高的部分最高不得超过上述规定的当地适用税额的50%。

（四）财产税类

财产税类，主要包括房产税、车船使用税和契税。

1. 房产税

（1）房产税的概念。房产税是以房屋为征税对象，按房产的评估价值向房产所有人或使用人征收的一种税。

（2）房产税的主要内容：①纳税人。凡在中华人民共和国境内拥有房屋产权的单位和个人皆为房产税的纳税人。②纳税对象。房产税的征税对象是城市、县城、建制镇和工矿区的房屋。③税率。房产税以房产的评估价值为计税依据，采用1%～5%的幅度比例税率，地方政府可以根据本地区的实际情况确定适用的税率。

2. 车船使用税

（1）车船使用税的概念。车船使用税是指对我国境内拥有车船的单位和个人，就其应税车船的种类、数量或吨位征收的一种税。

（2）车船税的主要内容：①纳税人。车船税的纳税人是我国境内拥有车船的单位和个人。②纳税对象。车船税的纳税对象是车辆和船舶。车辆包括乘人车、载货车、二轮摩托车和三轮摩托车等机动车辆，以及人力车、畜力车和自行车等非机动车辆。船舶包括轮船、渡船、拖船和机帆船等机动船，以及木船、驳船、舢板等非机动船。③税率。车船税实行幅度定额税率，由各省、自治区、直辖市人民政府在法定的税额幅度内确定具体适用税额。

3. 契税

（1）契税的概念。契税是指在国有土地使用权出让、转让以及房屋买卖、赠与或交换而发生产权转移登记时，向承受人征收的一种税。

（2）契税的主要内容：①纳税人。契税的纳税人是房屋买卖、典当、赠与或交换的承受人。②征税对象。契税的征税对象是房屋所有权转移的价款额。③税率。契税税率为幅度税率3%～5%。契税的适用税率，由省、自治区、直辖市人民政府在规定的税率幅度内按照本地区的实际情况确定，并报财政部和国家税务总局备案。

（五）行为目的税类

行为目的税类，主要包括土地增值税、城市维护建设税、印花税、固定资产投资方向调节税（已停征）、屠宰税和筵席税等。

1. 土地增值税

（1）土地增值税的概念。土地增值税是以转让国有土地使用权、地上的建筑物及其他附着物（房地产）所取得的土地增值额为征税对象而征收的一种税。

（2）土地增值税的内容：①纳税人。在我国境内，凡是有偿转让国有土地使用权及土地上的建筑物和其他附着物产权，并且取得收入的单位和个人，都是土地增值税的纳税义务人。②征税对象。土地增值税以纳税人转让房地产所取得的土地增值额为征税对象。纳税人转让房地产所取得的收入，应包括货币收入、实物收入和其他收入。土地增值额是纳税人转让房地产所取得的收入减去扣除项目金额后的余额。③税率。土地增值税实行四级超率累进税率。增值额未超过扣除项目金融50%的部分，税率为30%；增值额超过扣除项目金额50%，未超过扣除项目金额100%的部分，税率为40%；增值额超过扣除项目金额100%，未超过扣除项目金额200%的部分，税率为50%；增值额超过扣除项目金额200%的部分，税率为60%。

2. 城市维护建设税

（1）城市维护建设税的概念。城市维护建设税简称城建税，是国家对缴纳增值税、消费税、营业税（简称“三税”）的单位和个人就其实际缴纳的“三税”税额为计税依据而征收的一种税。

（2）城建税的主要内容：①纳税人。城建税的纳税人是指负有缴纳“三税”义务的单位和个人，包括国有企业、集体企业、私营企业、股份制企业、其他企业和行政单位、事业单位、军事单位、社会团体、其他单位，以及个体工商户及其他个人。②税率。城建税按纳税人所在地的不同，设置了三档地区差别比例税率，即纳税人所在地为市区的，税率为7%；纳税人所在地为县城、镇的，税率为5%；纳税人所在地不在市区、县城或镇的，税率为1%。

3. 印花税

（1）印花税的概念。印花税是指对经济活动和经济交往中书立、领受凭证的行为征收的一种税。

（2）印花税的主要内容：①纳税人。印花税的纳税人是在我国境内书立、领受应税凭证的单位和个人。②征税对象。印花税的征税对象包括：合同或具有合同性质的凭证；产权转移书据；营业账簿；权利许可证书以及财政部确定征税的其他凭证。③税率。印花税的税率采用比例税率和定额税率两种。

四、税收征收管理制度

（一）税收征收管理的概念

税收征收管理，是指税务机关为了贯彻执行税收法规，实现税收计划，协调征纳关系，组织税款入库所开展的一系列活动。税收征收管理是一个较为复杂的过程，它涉及面广，政策性强。随着经济体制改革和税制改革的不断深入，税收征收管理也在不断调整和改革。1992年9月4日第七届全国人民代表大会常务委员会第二十七次会议通过的，经过1995年2月28日第八届全国人民代表大会常务委员会第十二次会议修正和2001年4月28日第九届全国人民代表大会常务委员会第二十一次会议修订的《中华人民共和国税收征收管理法》，是我国第一部统一的税收征收管理法律，也是我国现行税收征收管理的基本法。它的内容主要包括：税务登记，账簿、凭证管理，纳税申报，税款征收，税务检查和违章处理等。

（二）税务管理

税务管理是税收征收管理的主要内容，也是税款征收的前提条件。根据《中华人民共和国税收征收管理法》的规定，各项税法中税务管理的主要内容是：税务登记，账簿、凭证管理和纳税申报。

1. 税务登记

税务登记，又称纳税登记，是指纳税人在开业、歇业前以及生产经营期间发生有关变动时，向当地税务机关办理登记的一项法定手续。

根据《税收征收法》的规定，从事生产、经营的纳税人自领取营业执照之日起30日内，持有关证件，向税务机关申报办理税务登记。税务机关应当自收到申报之日起30日内审核并发给税务登记证件。从事生产、经营的纳税人，税务登记内容发生变化的，自工商行政管理机关办理变更登记之日起30日内或者在向工商行政管理机关申请办理注销登记之前，持有关证件向税务机关申报办理变更或者注销税务登记。

税务机关对纳税人填报的税务登记表和附送的有关证件、资料进行调查审核后，对符合规定的予以登记，发给税务登记证件。税务登记证不得转借、涂改、损毁、买卖或者伪造。

2. 账簿、凭证管理

账簿、凭证是纳税人、扣缴义务人从事生产、经营活动必不可少的工具，也是税务机关进行财务监督和税务检查的重要依据。

根据《税收征收法》的规定，纳税人、扣缴义务人按照有关法律、行政法规和国务院财政、税务主管部门的规定设置账簿，根据合法、有效凭证记账，进行核算。从事生产、经营的纳税人的财务、会计制度或者财务、会计处理办法和会计核算软件，应当报送税务机关备案。纳税人、扣缴义务人的财务、会计制度或者财务、会计处理办法与国务院或者国务院财政、税务主管部门有关税收的规定抵触的，依照国务院或者国务院财政、税务主管部门有关税收的规定计算应纳税款、代扣代缴和代收代缴税款。从事生产、经营的纳税人、扣缴义务人必须按照国务院财政、税务主管部门规定的保管期限保管账簿、记账凭证、完税凭证及其他有关资料。账簿、记账凭证、完税凭证及其他有关资料不得伪造、变造或者擅自损毁。

3. 纳税申报

纳税申报是指纳税人、扣缴义务人就纳税事项向税务机关提出书面报告的一项法定手续。

根据《税收征收管理法》的规定，纳税人必须依照法律、行政法规规定或者税务机关依照法律、行政法规的规定确定的申报期限、申报内容如实办理纳税申报，报送纳税申报表、财务会计报表以及税务机关根据实际需要要求纳税人报送的其他纳税资料。扣缴义务人必须依照法律、行政法规规定或者税务机关依照法律、行政法规规定的申报期限、申报内容如实报送代扣代缴、代收代缴税款报告表以及税务机关根据实际需要要求扣缴义务人报送的其他有关资料。纳税人、扣缴义务人可以直接到税务机关办理纳税申报或者报送代扣代缴、代收代缴税款报告表，也可以按照规定采取邮寄、数据电文或者其他方式办理上述申报、报送事项。纳税人、扣缴义务人不能按期办理纳税申报或者报送代扣代缴、代收代缴税款报告表的，经税务机关核准，可以延期申报。经核准延期办理前款规定的申报、报送事项的，应当在纳税期内按照上期实际缴纳的税额或者税务机关核定的税额预缴税款，并在核准的延期内办理税款结算。

（三）税款征收

税款征收是税务机关按照税法规定将纳税人的应纳税款收缴入库的行为。

目前，我国税款征收的方式主要有查账征收、查定征收、查验征收、定期定额征收、代扣代缴、委托代征等。税款征收的方式是以税法为依据，结合纳税人的具体情况，本着简化手续、方便纳税、便于管理的原则来确定的。

根据《税收征收管理法》的规定，在税收征收过程中，税务机关应依照法律、行政法规的规定征收税款，不得违反规定开征、停征、多征或少征税款。凡依照法律、行政法规的规定，由税务机关征收的各种税收，其应收的税款、滞纳金、罚款由税务机关上缴国库。税务机关征收税款和扣缴义务人代扣、代收税款时，必须开具完税凭证。对法律、行政法规没有规定负有代扣、代收税款义务的单位和个人，税务机关不得要求其履行代扣、代收税款义务。

（四）税务检查

税务检查，是指税务机关依据税法和财务会计制度的规定，对纳税人履行纳税义务和扣缴义务人履行代扣缴义务的情况进行的审查和监督活动。

根据《税收征收法》的规定，纳税人、扣缴义务人必须接受税务机关依法进行的税务检查，如实反映情况，提供有关资料，不得拒绝、隐瞒。税务机关依法进行税务检查时，有权向有关单位和个人调查纳税人、扣缴义务人和其他当事人与纳税或者代扣代缴、代收代缴税款有关的情况，有关单位和个人有义务向税务机关如实提供有关资料及证明材料。税务机关对从事生产、经营的纳税人以前纳税期的纳税情况依法进行税务检查时，发现纳税人有逃避纳税义务行为，并有明显的转移、隐匿其应纳税商品、货物以及其他财产或者应纳税收入迹象的，可以按照本法规定的批准权限采取税收保全措施或者强制执行措施。

（五）法律责任

税收法律责任，是指税收法律关系的主体违反税法所应承担的法律后果。其形式有两种，即行政责任和刑事责任。

（1）行政责任。行政责任，是指对违反税法的当事人，由税务机关或由税务机关提请有关部门依照行政程序所给予的行政制裁。行政责任分为行政处罚和行政处分两种。

（2）刑事责任。刑事责任，是指对违反税法情节严重，构成犯罪的当事人，由司法机关依法对其实施的刑事制裁。在税法方面，追究刑事责任的主要有以下几种情况：①欠税、偷税、抗税情节严重的；②伪造税票情节严重，以及伪造税票骗取退税款，数额较大的；③税务人员利用职务之便，收受或索取纳税人、扣缴义务人财物的；④税务人员玩忽职守，不征、少征应征税款，致使国家税收遭受重大损失的。

【思考题】

1. 简述我国预算法的主要内容。
2. 试述我国税法的结构。
3. 简述我国的主要税种。

4. 简述我国税收征收法的主要内容。

5. 某税务所2010年3月在日常检查中发现某纳税人2010年1月办理税务登记后，未按规定期限向税务机关办理纳税申报，请问该税务所应如何处理？

第十三章 金融法律制度

【学习要点】

- 我国金融法的基本原则
- 商业银行的设立条件
- 现金管理制度
- 外汇管理制度
- 人民币汇率管理制度

金融是现代经济的核心，金融调控是国家宏观经济调控的重要手段。以银行法为核心的金融法是经济法的重要组成部分。通过本章的学习，可以更好地了解和把握我国的金融法律制度，自觉遵守金融法律法规，健全金融监管体系。

第一节 金融法概述

一、金融与金融法

金融即货币资金的融通，是指与货币流通和信用有关的一切经济活动，主要通过银行和非银行金融机构的各种业务来实现。具体来讲，货币的发行、流通和回笼，存款的吸收和提取，贷款的发放和收回，国内外汇兑的往来，国内国际货币结算，金银、外汇的买卖，信托投资，保险，有价证券的发行和交易，期货交易等，都属于金融活动的范围。

金融法是调整金融关系的法律规范的总称。金融关系，是金融法调整的对象，它是指在金融业务活动和金融监管活动中形成的各种经济关系。金融关系主要包括：①国家对金融活动进行干预、管理而形成的经济关系；②中央银行履行对整个金融业领导、管理、协调、监督的职能时与政策性银行、商业银行及各类非银行金融机构形成管理与被管理的关系；③银行与财政的关系；④银行和各类金融机构与企业公民之间的关系；⑤银行间、银行与非银行金融机构、非银行金融机构间的关系。

二、金融在国民经济发展中的地位和作用

金融在国民经济中居于举足轻重的地位，是社会资金运动的中枢神经系统。

从宏观上看，金融调节和控制着整个国民经济的运作，以实现总量平衡和结构优化的总目标。现代市场经济的宏观调控以间接调控为主，其体系由财政、金融、价格和收入四大政策构成。运用信贷、利率、汇率等金融杠杆进行宏观调控，促进经济总量平衡和结构优化，比运用价格、税收、收入杠杆更间接、更平缓、更有效，也更有利于国家

政治经济生活的持续稳定。

从微观上看，金融为生产经营者提供和融通资金，促进了国民经济的发展。企业是国民经济活动的主体，其资金来源除自我积累和自我募集外，主要由财政提供和金融机构贷款。而金融机构提供的资金是企业资金来源的主要方面。

三、金融法的基本原则

金融法的基本原则，是指集中体现金融法的本质和基本精神，主导整个金融法体系，为金融法调整金融关系所应遵循的根本准则，也就是金融立法、执法和司法所应遵守的根本准则。

（1）稳定币值、促进经济发展的原则。币值的稳定是经济持续、稳定、健康、协调发展的必要条件。我国《中华人民共和国中国人民银行法》中确立的货币政策目标、中国人民银行的独立地位，以及最近几年中国人民银行机构设置的改革等，都是以稳定人民币币值为中心进行的。

（2）维护金融业安全、稳健运行的原则。防范和化解金融风险，杜绝金融危机的发生，是各国金融立法、金融监管的核心目标，也是金融立法的目的之所在。我国金融立法中关于强化中国人民银行金融监管职能的规定，实行金融业分业经营、分业管理制度，防止金融机构不正当竞争的措施，对金融危机处置办法等，都是该项原则的具体体现。

（3）保护投资者合法权益的原则。在金融业领域，投资者是一切金融经营的资金来源，如果其利益不能得到公平、有效的保护，那么，资金融通势必成为无源之水、无本之木。因此，保护投资者的利益在金融法中具有重要的意义。对投资者利益的保护，除加强民事、刑事法律的一般保护以外，金融法中还设置有关的信息披露制度、保密制度、保险制度，以切实保护投资者的利益不受侵犯。

（4）与国际惯例接轨的原则。当今世界，各国经济加深了相互依赖关系，世界经济一体化格局已初步形成，建立全球统一的金融大市场已势在必行。因此，国内金融立法必须逐步与国际惯例接轨，这是各国金融立法的方向和趋势。在我国的一些金融法律制度中，吸收和采纳国际惯例中的一般规则和标准，这是我国金融立法与国际惯例接轨的具体体现。

第二节　我国银行体系的法律规定

一、概述

银行是经营货币和信贷业务的信用中介机构，是最主要的金融机构。构建合理的银行体系，对国家金融业以及经济的发展是至关重要的。在市场经济国家中，其银行体系应包括三大类银行，即中央银行、商业银行和政策性银行。目前，我国已初步建成了符合市场经济要求的银行体系，即以中国人民银行为核心、以商业银行为主体、以政策性银行为补充的相互并存、分工协作的银行体系。

目前我国关于银行体系方面的法律、法规主要有：1995 年 3 月 18 日第八届全国人民代表大会第三次会议通过的《中华人民共和国中国人民银行法》（以下简称《中国人民银行法》）；1995 年 5 月 10 日第八届全国人民代表大会常务委员会第十三次会议通过，2003

年12月27日第十届全国人民代表大会常务委员会第六次会议修正的《中华人民共和国商业银行法》(以下简称《商业银行法》);1994年3月4日国务院发布的《关于组建国家开发银行的通知》、《关于组建中国农业开发银行的通知》等。

二、中国人民银行

(一) 中国人民银行的性质和地位

《中国人民银行法》第二条规定:“中国人民银行是中华人民共和国的中央银行。中国人民银行在国务院领导下,制定和实施货币政策,对金融业实施监督管理。”中国人民银行是我国的中央银行,是发行的银行,是银行的银行,是特殊的金融机构。根据《中国人民银行法》第七条的规定:“中国人民银行在国务院领导下依法独立执行货币政策,履行职责,开展业务,不受地方政府、各级政府部门、社会团体和个人的干涉。”中国人民银行是国务院下属的执行货币政策的独立机构。中国人民银行实行垂直的领导体制,因此,其业务活动不受地方政府的干涉。

(二) 中国人民银行的组织机构

中国人民银行设行长1人,副行长若干人。中国人民银行行长的人选,根据国务院总理的提名,由全国人民代表大会决定;全国人民代表大会闭会期,由全国人民代表大会常务委员会决定,国家主席任免。中国人民银行副行长由国务院总理任免。中国人民银行实行行长负责制。

中国人民银行根据履行职责的需要设置分支机构,作为中国人民银行的派出机构,分支机构根据中国人民银行的授权,负责本辖区的金融监督管理,承办有关业务。中国人民银行对分支机构实行集中统一领导和管理。

为了保证国家货币政策的准确性、可行性和操作性,《中国人民银行法》规定,在中国人民银行设立货币政策委员会,作为其制定和执行货币政策的咨询机构。

(三) 中国人民银行的职能

中国人民银行的职能从其业务性质分析,具有服务职能、调节职能和管理职能三个方面的职能。所谓服务职能,主要是指中国人民银行向政府和银行及其他金融机构提供资金融通、划拨清算、代理业务等金融业务;调节职能是指中国人民银行运用其特有的宏观经济调节手段,干预经济生活,实现货币政策的目标;管理职能则是指中国人民银行为保证金融业的稳健运行,通过对金融机构设置、业务活动等进行监督、检查、管理和控制。

根据《中国人民银行法》第四条的规定,中国人民银行应履行下列职责:①依法制定和执行货币政策;②发行人民币,管理人民币流通;③按照规定审批、监督管理金融机构;④按照规定监督管理金融市场;⑤发布有关金融监督管理和业务的命令和规章;⑥持有、管理、经营国家外汇储备、黄金储备;⑦经理国库;⑧维护支付、清算系统的正常运行;⑨负责金融业的统计、调查、分析和预测;⑩作为国家的中央银行,从事有关的国际金融活动;⑪国务院规定的其他职责。

三、商业银行

(一) 商业银行的概念和组织形式

我国《商业银行法》第二条规定:“本法所称的商业银行是指依照本法和《中华人民

共和国公司法》（以下简称《公司法》）设立的吸收公众存款、发放贷款、办理结算等业务的企业法人。”由此可见，我国的商业银行就是以经营存、放款为主要业务，并以营利性、安全性和流动性为主要经营原则的信用机构。

根据《商业银行法》第十七条第一款的规定：“商业银行的组织形式、组织机构适用《中华人民共和国公司法》的规定。”因此，我国商业银行的组织形式为公司。依《公司法》和《商业银行法》的规定，我国的商业银行组织形式有三种，即有限责任商业银行、国有独资商业银行和股份有限商业银行。

（二）商业银行的设立

（1）设立的条件。根据《商业银行法》第十二条的规定，在我国设立商业银行必须符合下列条件：①有符合《商业银行法》和《中华人民共和国公司法》规定的章程；②有符合《商业银行法》规定的注册资本最低限额。根据《商业银行法》第十三条的规定，设立全国性商业银行的注册资本最低限额为10亿元人民币。城市商业银行的注册资本最低限额为1亿元人民币，农村商业银行的注册资本最低限额为5千万元人民币。注册资本应当是实缴资本。国务院银行业监督管理机构根据审慎监管的要求可以调整注册资本最低限额，但不得少于上述规定的限额；③有具备任职专业知识和业务工作经验的董事、高级管理人员；④有健全的组织机构和管理制度；⑤有符合要求的营业场所、安全防范措施和与业务有关的其他设施。设立商业银行，还应当符合其他审慎性条件。

（2）设立的程序。商业银行的设立，包括以下几个步骤：①申请。由申请人向中国人民银行提出设立商业银行的申请，并提交申请书、可行性研究报告和中国人民银行规定提交的其他文件资料。②审查与批准。设立商业银行的申请经审查符合商业银行设立条件的，由中国人民银行颁发经营许可证并凭该许可证向工商行政管理部门办理登记，领取营业执照。③开业公告。经批准设立的商业银行及其分支机构，由中国人民银行予以公告，自取得营业执照之日起，无正当理由超过6个月未开业或开业后自行停业连续6个月以上的，均由中国人民银行吊销其营业许可证，并予以公告。

（三）商业银行的业务范围

根据《商业银行法》第三条规定，商业银行可以经营下列部分或者全部业务：①吸收公众存款；②发放短期、中期和长期贷款；③办理国内外结算；④办理票据承兑与贴现；⑤发行金融债券；⑥代理发行、代理兑付、承销政府债券；⑦买卖政府债券、金融债券；⑧从事同业拆借；⑨买卖、代理买卖外汇；⑩从事银行卡业务；⑪提供信用证服务及担保；⑫代理收付款项及代理保险业务；⑬提供保管箱服务；⑭经国务院银行业监督管理机构批准的其他业务。经营范围由商业银行章程规定，报国务院银行业监督管理机构批准。

商业银行经中国人民银行批准，可以经营结汇、售汇业务。

四、政策性银行

（一）政策性银行的概念

政策性银行是指由政府设立的，在特定领域专门从事体现国家社会经济政策的非营利性货币信用业务的金融机构。政策性银行主要有以下特点：

（1）政策性银行大多由政府出资设立，并与政府有依附关系，与政府保持密切的联系。

（2）政策性银行不以营利为目的，实现保本经营的原则。

（3）政策性银行业务范围比较特殊，它具有确定的业务领域和服务对象。

（二）政策性银行的种类及组织机构

我国目前设有三家政策性银行，即国家开发银行、中国农业发展银行和中国进出口银行。

根据国务院有关设立政策性银行的通知中的规定，政策性银行一般设董事会为政策银行的权力机构，实行董事会领导下的行长负责制，行长是政策性银行的法定代表人。董事会是政策性银行的最高决策机构，对国务院负责。董事会由董事长1人、副董事长2人以上、董事若干人组成。正副董事长由国务院任命，董事由有关部门提名，报国务院批准。

（三）政策性银行的功能

政策性银行的功能，主要运用融资手段实现国家的社会经济政策，尤其是实现产业政策和区域发展政策。具体而言，政策银行有以下两方面的功能：

（1）引导性功能。政策性金融是直接体现政府意图，并由财政负责贴息的金融业务活动。政府控制政策性银行的资金投向，即对某些领域、某些部门提供贷款，表明政策对这些产业的支持，表明政府对这些领域的信心，同时更重要地反映了国家经济发展的目标与侧重点。由于有政府的财政作后盾，使得其他金融机构向这些领域投资的风险降低，吸引其他金融机构的投资，引导了资金流向。

（2）投资与信用的补充性功能。国家要实现产业结构的高度化，就应参与资源配置，进行宏观的控制与干预，承担一般金融机构不能胜任的功能，政策性金融就能够做到这一点。它依靠国家财政这一强大后盾，对一般金融机构的投资与信用起到补充完善的作用，弥补商业银行融资活动的不足与欠缺。

第三节　货币发行、现金和金银管理的法律规定

一、货币发行管理的法律规定

（一）货币发行的含义

货币发行的概念有广义和狭义之分。广义的货币发行是指中国人民银行作为国家发行货币的机关，代表国家发行、投放、回笼、调拨、销毁、保管以及调节各地货币流通等业务活动的总称。

狭义的货币发行，是指中国人民银行向流通领域投入人民币现金的行为。具体说，就是中国人民银行通过其发行库把发行基金投入业务库，使一部分货币进入流通领域。

（二）货币发行机关

中国人民银行是我国唯一的货币发行机关。国家授权中国人民银行掌管货币发行。建立全国集中统一的货币制度，调节市场货币流通，国家严禁任何其他部门发行任何货币或者变相发行货币。

（三）人民币发行的规定

1. 人民币的法律地位

人民币是指中国人民银行依法发行的货币，包括纸币和硬币。人民币可以分为主币和辅币，主币单位为元，辅单位为角、分。此外，中国人民银行可以根据需要发行纪念

币。纪念币是具有特定主题的限量发行的人民币，包括普通纪念币和贵金属纪念币两种。

人民币是我国的法定货币。人民币在中华人民共和国境内具有无限清偿力，以人民币支付中国境内的一切公共和私人的债务，任何单位和个人不得拒收。在我国，市场上只允许人民币流通，除法律、法规另有规定外，在我国境内的一切货币收付、计价、结算、计账、核算都必须以人民币为本位。

2. 人民币的发行

按照《中国人民银行法》和《人民币管理条例》的规定，人民币由中国人民银行统一发行。一般应遵循集中统一发行、计划发行和经济发行三项基本原则。为履行人民币发行的职责，中国人民银行设立人民币发行库，在其分支机构设立分支库，负责保管人民币发行基金，各级人民币发行库主任由同级人民银行行长担任。人民币发行基金是中国人民银行人民币发行库保存的未进入流通的人民币。人民币发行基金的调拨和投放，应当按照中国人民银行的规定办理，任何单位和个人不得违反规定动用人民币发行基金，不得干扰、阻碍人民币发行基金的调拨。

二、现金管理

（一）现金管理概述

现金管理是指金融机构依照国家有关规定对开户单位的现金收支以及库存进行监督和管理。

现金管理是中国人民银行控制和调节货币流通、独立执行货币政策的一种重要手段。加强现金管理，有利于中国人民银行独立执行货币发行计划，调节货币流通，保持金融、物价稳定；有利于集聚社会闲散资金，支持国家经济建设；有利于维护财经纪律，促进各单位加强财务管理；有利于节约现金使用，节省流通费用。

（二）现金管理的机构与对象

根据《现金管理暂行条例》的规定，中国人民银行是我国现金管理的主管部门，负责对开户银行的现金管理进行监督和稽核。各开户银行负责现金管理的具体执行，对开户单位的现金收支、使用进行监督管理。

现金管理的对象是指在银行和其他金融机构开立账户的单位和其他经济组织，包括国家机关、团体、部队、学校和城乡国营、集体企业、事业单位以及联营企业、私营企业、个体工商户、农村承包经营户。

开户单位之间的经济往来，除依法律规定可使用现金以外，其他一律必须通过银行转账结算。一个单位在几家银行开户的，只能在一家银行开设现金结算户，支取现金，并由该银行负责核定现金库存限额和进行现金管理检查。各级人民银行作为现金主管部门，应当协同各开户银行，认真清理现金结算账户，负责将开户单位的现金结算户落实到一家开户银行。

（三）现金库存限额的管理

为了保证各单位日常的业务经营费用及其他小额零星开支的需要，国家允许其保留一定数额的库存现金。这就是所谓单位库存现金限额。库存现金限额由开户单位提出计划，开户银行根据需要审批。原则上以开户单位 3 ~ 5 天的日常零星开支所需要的现金为库存限额。边远地区和交通不发达地区的开户单位的库存限额，可以适当放宽，但最多不得超过 15 天的日常零星开支额。

(四) 现金使用范围的管理

开户单位之间的经济往来，必须通过银行进行转账结算。但根据规定，开户单位在下列范围内可以使用现金：①职工工资，包括工资性津贴；②个人劳务报酬，包括稿费、讲课费及其他专门工作报酬；③支付给个人的各种奖金，包括根据国家规定颁发给个人的各处科学技术、文化艺术、体育等各项奖金；④各种劳保、福利费用及国家规定的对个人的其他现金支出；⑤收购单位向个人收购农副产品和其他物资支付的价款；⑥出差人员必须随身携带的差旅费；⑦结算起点以下的零星支出；⑧确实需要现金支付的其他支出。

结算起点为1 000元。除上述第⑤和第⑥两项外，开户单位支付给个人的款项中，支付现金每人一次不得超过1 000元，超过限额部分，根据提款人的要求在指定的银行转为储蓄存款或以支票、银行本票支付。确需全额支付现金的，应以开户银行审查后予以全额支付。

(五) 开户单位现金收支管理

开户单位收入和支取现金必须严格按照国家现金管理的有关规定办理。

(1) 开户单位收入现金应于当日送存开户银行，当日送存确有困难的，由开户银行确定送存时间。

(2) 开户单位支付现金，从本单位现金库存中支付或者从开户银行提取，但不得从本单位的现金收入中直接支付，即不准坐支。需要坐支的单位，要事先报经开户银行审查批准，由开户银行核定坐支范围和限额。

(3) 开户单位从开户银行提取现金，应如实填写用途，由本单位财会负责人签字盖章，经开户银行审核后，予以支付现金。

(4) 开户单位必须建立健全现金账目，逐笔记载现金支付，账目日清月结，做到账款相符。不准用白条顶替库存现金；不准单位之间相互借用现金；不准谎报用途套取现金；不准利用银行账户代其他单位和个人存入或支取现金；不准将单位收入的现金以个人名义存入储蓄；不准保留账外公款；禁止发行变相货币；不准以任何票券代替人民币在市场上流通。

三、金银管理

(一) 金银管理概述

金银管理是国家授权某一政府机关对金银的收购、配售、经营以及进出国境进行的管理。我国对金银实行统一管理、统购统配的政策。金银管理的主管机关是中国人民银行。中国人民银行负责管理国家金银储备、金银的收购与配售；会同国家物价主管机关制定和管理金银收购与配售价格；会同国家有关主管机关审批经营（包括加工、销售）金银制品、含金银化工产品，以及从含金银的废渣、废液、废料中回收金银的单位，管理和检查金银市场。在未设中国人民银行的地方可由中国人民银行省级分行委托有关专业银行根据授权范围具体办理金银管理的各项工作。

金银管理的范围包括：矿藏生产金银和冶炼副产金银；金银条、块、锭、粉；金银铸币；金银制品和金基、银基合金制品；化工产品中含的金银；金银边角余料及废渣、废液、废料中含的金银。

（二）金银管理的主要内容

（1）金银收购管理。金银收购由中国人民银行统一办理，除经中国人民银行许可或委托以外，任何单位和个人不得收购金银。我国法律对金银收购作了以下规定：①从事金银生产的单位和个人所采炼的金银，必须全部交售给中国人民银行，不得自行销售、交换和留用。②经营和使用金银的单位从伴生金银的矿种和金银废渣、废液、废料中回收的金银，除经中国人民银行许可可以重新利用的以外，其余必须全部交售给中国人民银行。国家鼓励金银经营和使用单位回收金银，回收有困难的，可委托交售专业回收单位回收，对既不积极回收，又不委托或交售专业回收单位回收者，可酌情减少金银供应。侨资、外资、中外合资和外商不得经营回收金银业务。③境内机构从国外进口的金银或从矿产品中采炼的副产金银，除经中国人民银行允许留用的或者按照规定用于来料加工复出口的金银以外，一律交售给人民银行。④个人出售金银，必须卖给中国人民银行。⑤一切出土无主金银，均为国家所有，任何单位和个人不得熔化、销毁或占有。⑥珠宝商店可以收购供出口销售的带有金银镶嵌的珠宝饰品，但拆下的金银必须全部交售给当地中国人民银行或其委托机构。⑦公安、司法、海关、工商行政管理、税务等国家机关依法没收的金银，一律交售给中国人民银行，不得自行处理或者以其他实物顶替。没收的金银价款，按照有关规定上缴国库。⑧委托机构收购的金银，必须按原收购价格全部转售给中国人民银行。

（2）金银配售管理。金银配售是指中国人民银行根据金银配售计划向金银使用单位或由使用单位指定的加工单位出售金银。中国人民银行通过以下途径加强对金银配售管理：①凡需使用金银的单位，必须按法定程序向中国人民银行提出申请使用金银的计划，由中国人民银行审批、供应。各级人民银行应当按批准的计划供应，不得超计划供应，也不得随意减售或拖延。金银配售计划当年有效，跨年作废。②境内外资企业、中外合资企业以及外商订购金银制品或者加工其他含金银产品，要求国内供应金银者，必须按规定程序提出申请，由中国人民银行审批予以供应。③使用金银的单位，必须建立使用制度，严格做到专项使用，结余交回。未经中国人民银行许可，不得把金银原料转让或者移作他用。④文物部门不得将收购、收藏的金银用于出口或内销，如需组织出口或内销时，必须向中国人民银行申请，由中国人民银行审批、供应。⑤中国人民银行有权对使用金银的单位进行监督和检查。使用金银的单位应当为中国人民银行据实提供有关使用金银的情况和资料。

（3）金银出入境管理。①金银入境管理：凡携带金银进入中华人民共和国国境的，数量不受限制，但必须向入境地海关申报登记。凡入境时未向海关申报登记的，不许复带出境。②金银出境管理：携带或者复带金银出境，海关凭中国人民银行出具的证明或原入境时的申报单登记的数量检验放行；不能提供证明的或者超出原入境申报登记数量的，不许出境。入境旅客用带进的外汇在中国境内购买的金银饰品携带、托运、邮寄出境，海关凭国内经营单位开具的“特种发货票”查核发行。不交验“特种发货票”的，不许携带、邮寄出境。凡隐瞒不报或用其他方法逃避海关监管偷运金银及其制品出境的，以走私论处。

第四节　外汇管理的法律规定

一、外汇和外汇管理

外汇，是指以外国货币表示的用于国际结算的各种信用工具和支付手段。我国《外汇管理条例》第三条规定，外汇是指下列以外币表示的可以用作国际清偿的支付手段和资产：①外国货币，包括纸币、铸币；②外币支付凭证，包括票据、银行存款凭证、邮政储蓄凭证等；③外币有价证券，包括政府债券、公司债券、股票等；④特别提款权、欧洲货币单位；⑤其他外汇资产。

外汇管理，又称外汇管制，是指国家通过法律形式对所辖境内的外汇收支、兑换、转移和汇价等实行的管理。外汇管理的目的是为了保护本国经济不受外国商品和资本的冲击，维护本国货币和汇率的基本稳定，保持国际收支平衡等。

二、外汇管理体制

（一）外汇管理基本类型

外汇管理是资本主义经济发展到一定阶段的产物。目前世界上多数国家都实行外汇管理。由于社会制度和经济发展情况不同，因而对外汇管理所采取的方针、政策和措施也有所不同。根据世界各国和地区对外汇管理的宽严程度，可将外汇管理分为以下三种类型：

（1）实行严格的外汇管理，即对贸易、非贸易收支和资本项下的收支都实行严格限制。多数发展中国家都实行严格的外汇管理，以维持稳定的汇价、保障国际收支平衡、维护民族经济的发展。

（2）实行部分的外汇管理，即对经营项目的收支，原则上不加限制，但对资本项目的收支加以一定的限制。一些发达的工业国家采取部分的外汇管理，如日本、法国、意大利等。

（3）实行自由的外汇管理，即对经常项目的收支和资本项目的收支都不加限制，允许外汇自由兑换，自由出入国境，实行金融自由化。这类国家如美国、英国、瑞士、荷兰等。

（二）我国的外汇管理体制

1978年我国实行改革开放以来，与经济体制改革相配套，我国外汇体制也进行了一系列改革，即从严格的外汇管理向部分的外汇管理发展，并以实现人民币的自由兑换为最终目标。1993年12月，中国人民银行发布了《关于进一步改革外汇管理体制的公告》，国务院于1996年1月发布了《中华人民共和国外汇管理条例》，中国人民银行于1996年6月发布了《结汇、售汇及付汇管理规定》。1996年11月28日，我国宣布接受《国际货币基金组织协定》第八条款，自同年12月1日起，人民币实现经常项目下的完全兑换。经常项目下境内机构在规定范围内的外汇收入实行结汇制，按银行挂牌汇率，全部卖给外汇指定银行；在规定范围的对外支付用汇，取代过去的计划审批，实行售汇制，只需持有效凭证，即可用人民币到外汇指定银行购买外汇。资本项目下的结汇、售汇与付汇仍须经有关管理部门审批。

三、外汇和外汇业务管理

（一）经常项目外汇管理

经常项目，是指国际收支中经常发生的交易项目，包括贸易收支、劳务收支、单方面转换等。《中华人民共和国外汇管理条例》对经常项目的外汇管理作了三方面的规定。

1. 对境内机构的经常项目外汇的管理

境内机构，是指我国境内的企事业单位、国家机关、社会团体、部队等，包括外商投资企业。境内机构的外汇收支或者经营活动，必须适用《中华人民共和国外汇管理条例》的规定：

（1）境内机构的经常项目外汇收入必须调回境内，并应当按照国务院关于结汇、售汇及付汇管理的规定卖给指定银行，或者经批准在外汇指定银行开立外汇账户，不得违反国家有关规定将外汇擅自存放在境外。

（2）境内机构的经常项目用汇，应当按照国务院关于结汇、售汇及付汇管理的规定，持有效凭证和商业单据向外汇指定银行购汇支付。

（3）境内机构的出口收汇和进口付汇，应当按照国务院关于出口收汇核销管理和进口付汇核销管理的规定办理核销手续。

这些规定从立法上保证了经常项目外汇的可兑换，国家对经常性国家支付和转移不予限制，但必须实行银行结汇制和进出口收汇付汇核销制度。

2. 对个人外汇的管理

个人是指中国公民和在中华人民共和国境内居住满 1 年的外国人。属于个人所有的外汇，可以自行持有，也可以存入银行或者卖给外汇指定银行。个人的外汇储蓄存款，实行存款自愿、取款自由、存款有息、为储户保密的原则。个人因私出境用汇，在规定限额内购汇；超过规定限额的，可以向外汇管理机关申请。个人携带外汇进出境，应当向海关办理申报手续；携带外汇出境，超出规定限额的，还应当向海关出具有效凭证。居住在境内的中国公民持有的外币支付凭证、外汇有价证券等形式的外汇资产，未经外汇管理机关批准，不得携带或者邮寄出境。

3. 对驻华机构和来华人员外汇的管理

驻华机构是指外国驻华外交机构、领事机构、国际组织驻华代表机构、外国驻华商务机构和国外民间组织驻华业务机构等。《中华人民共和国外汇管理条例》规定，外国驻华外交机构、领事机构收取的以人民币支付的签证费、认证费等，需要汇出境外的，可以持有关证明材料向外汇指定银行兑付。其他驻华机构的合法人民币收入，需要汇出境外的，应当持有关证明材料向外汇管理机关申请，凭外汇管理机关的售汇通知单到外汇指定银行兑付。

来华人员是指驻华机构的常驻人员、短期入境的外国人、应居境内机构工作的外国人以及外国留学生等。《中华人民共和国外汇管理条例》规定，应聘在外商投资企业工作的外籍人员的工作以及其他合法收入，是外汇的，依法纳税后，可以持外汇管理机关规定的有效凭证向外汇指定银行购汇汇出或者携带出境。应聘在境内机构工作的外籍专家的人民币工资以及其他合法收入，依法纳税后，可以向外汇指定银行购汇汇出或者携带出境。

驻华机构和来华人员由境外汇入或者携带入境的外汇，可以自行保存，可以存入银行或者卖给外汇指定银行，也可以持有效凭证汇出或者携带出境。

（二）资本项目外汇管理

资本项目，是指国际收支中因资本输出和输入而产生资产与负债的增减项目，包括直接投资、各类贷款、证券投资等。按照《中华人民共和国外汇管理条例》的规定，境内机构的资本项目外汇收入，除国务院另有规定外，应当调回境内；资本项目外汇收入应在外汇指定银行开立外汇账户；卖给外汇指定银行的，须经外汇管理机关批准。

境内机构向境外投资，在向审批主管部门申请前，由外汇管理机关审查其外汇资金来源；经批准后，按照国务院关于境外投资外汇管理的规定办理有关资金汇出手续。此外，境内机构借用国外贷款、金融机构在境外发行外币债券、提供对外担保，均应按《中华人民共和国外汇管理条例》规定经批准后办理。与此同时，国家对外债实行登记制度。对依法终止的外商投资企业，按照国家有关规定进行清算、纳税后，属于外方投资者所有的人民币，可以向外汇指定银行购汇汇出或者携带出境；属于中方投资者所有的外汇，应当全部卖给外汇指定银行。

（三）金融机构外汇业务管理

（1）经营外汇资格。《中华人民共和国外汇管理条例》对金融机构外汇业务作出了具体的规定。金融机构经营外汇业务须经外汇管理机关批准，领取经营外汇业务许可证。未经外汇管理机关批准，任何单位和个人不得经营外汇业务。经批准经营外汇业务的金融机构，经营外汇业务不得超出批准的范围。凡经营外汇业务的金融机构，应当按照国家有关规定为客户开立外汇账户，办理有关外汇业务。

（2）经营外汇业务的规则。金融机构经营外汇业务，应当接受外汇管理机关的检查、监督；应当按照国家有关规定交存外汇存款准备金，遵守外汇资产负债比例的规定，并建立呆账准备金；外汇指定银行办理结汇业务所需的人民币资金，应当使用自有资金；其结算周转外汇，实行比例幅度管理，具体幅度由中国人民银行根据实行情况核定；经营外汇业务的应当向外汇管理机关报送外汇资产负债表、损益表以及其他财务会计报表和资料；如业务终止应向外汇管理机关提出申请，并依法清算外汇债权债务，缴销经营外汇业务许可证。

四、人民币汇率与外汇市场管理

（一）人民币汇率

汇率是指两国货币之间的交换比率或比价。汇率亦称之为汇价。人民币汇率是指人民币与外国货币的比价。

根据货币比价变动情况划分，汇率可分为固定汇率、浮动汇率和联合浮动汇率。所谓固定汇率，就是两国货币的比价基本固定，汇率波动被规定在一定幅度内。所谓浮动汇率，是指两国货币的比价，依据外汇市场的供求状况，任其自由涨落。根据国家对浮动汇率是否进行干预划分，浮动汇率又可分为自由浮动汇率和管理浮动汇率。

联合浮动汇率是介于固定汇率和浮动汇率之间的汇率，是指联合浮动成员国之间实行固定汇率，联合浮动成员国对非联合浮动成员国实行浮动汇率。

我国实行以市场供求为基础的、单一的、有管理的浮动制。由中国人民银行根据前一日银行间外汇交易市场形成的价格，每日公布人民币对美元交易的中间价，并参照国际外汇市场变化，同时公布人民币对其他主要货币的汇率。各外汇指定银行以此为依据，在中国人民银行规定的浮动幅度范围内自行挂牌，对客户买卖外汇，保持各银行挂牌率的基本一致和相对稳定。

（二）外汇市场管理

外汇市场交易应当遵循公开、公平、公正和诚实信用的原则。在我国，外汇市场交易的币种和形式由国务院外汇管理部门规定和调整。目前允许交易的币种有人民币对美元、港元、日元、欧元等。交易的形式包括即期交易和远期交易。对银行间的外汇市场只允许进行即期交易，即只能进行现汇买卖，实际上是银行间调节资金余缺的外汇交易。对银行与客户之间则允许进行远期外汇交易，即允许买卖双方签约约定一个汇率，在未来一定日期买入或卖出一定数额的外汇。

五、对违反外汇管理行为的处罚

（一）套汇行为及处罚

套汇是指我国境内机构和个人采取一定方式私自向他人用人民币或者物资换取外汇或外汇收益的行为。下列行为属于套汇行为：①违反国家规定，以人民币支付或者以实物偿付应当以外汇支付的进口货款或者其他类似支出的；②以人民币为他人支付在境内的费用，由对方付给外汇的；③未经外汇管理机关批准，境外投资者以人民币或者境内所购物资在境内进行投资的；④以虚假或者无效的凭证、合同、单据等向外汇指定银行骗购外汇的；⑤非法套汇的其他行为。

对套汇行为的处罚视其行为方式和程度的不同而采取不同的处罚措施，具体有如下几种：①警告；②强制收兑；③罚款，罚款数额为逃汇金额的 30% 以上 3 倍以下，罚款可与上诉处罚措施并处；④刑事责任。

（二）逃汇行为及处罚

逃汇是指境内机构或者个人，将外汇擅自存放境外、擅自汇出或带出境外，逃避我国的外汇管制的行为。下列行为都属于逃汇行为：①违反国家规定，擅自将外汇存放在境外的；②不按照国家规定将外汇卖给外汇指定银行的；③违反国家规定，将外汇汇出或者携带出境的；④未经外汇管理机关批准，擅自将外币存款凭证、外币有价证券携带或者邮寄出境的；⑤其他逃汇行为。

对逃汇行为的处罚视其行为方式和程度的不同而采取不同的处罚措施，具体有如下几种：①责令限期调回；②强制收兑；③罚款，罚款数额为逃汇金额的 30% 以上 5 倍以下，罚款可与上述处罚措施并处；④刑事责任。

（三）其他违法行为

其他违法行为范围非常广泛，主要包括：①未经批准擅自经营外汇业务；②违反汇率管理规定；③非法使用外汇；④私自买卖外汇、变相买卖外汇或者倒卖外汇等。

对其他违法行为，根据不同情况，由外汇管理机关责令纠正，并分别处以警告、强制收兑、没收违法所得、罚款、责令整顿或者吊销经营外汇业务许可证等处理、处罚；构成犯罪的，依法追究刑事责任。

【思考题】

1. 试述我国商业银行的设立条件。

2. 简述我国的现金管理制度。

3. 简述我国外汇管理制度。

4. 试述套汇行为及处罚。

5. 一项拟设立某国有独资商业银行的方案报请中国人民银行批准，该方案部分内容如下：

(1) 该国有独资商业银行筹资10亿元人民币作为注册资本，成立时筹满8亿元人民币，待批准成立后6个月内筹足10亿元人民币。

(2) 将任命一名总经理，该总经理为经营不善破产清算的原省棉纺织公司的总经理，其事业心较强，有银行专业知识和银行管理能力。原公司破产是因为市场结构变化导致，不属于个人责任造成。

(3) 为尽快增强经济实力，计划银行成立后即进行两笔业务，一笔是购买政府债券500万元人民币，另一笔是向该市新客隆超市投资500万元人民币。

根据上述情况，试分析以上方案内容是否符合《商业银行法》的规定？计划中的两笔业务，属于商业银行的何种业务？是否符合《商业银行法》的规定？

第十四章　保险法律制度

【学习要点】

- 保险法的概念和特征
- 保险法的基本原则
- 保险合同的基本条款
- 代位求偿权
- 保险公司的设立及经营规则
- 保险代理人与保险经纪人
- 保险监督管理的基本内容

保险制度是国家的一项重要经济制度，履行分散风险、消化损失的职能。保险法律制度是我国的基本法律之一，是维护保险市场的公平与秩序、保障保险活动中各方当事人的合法权益的基本法律规范。它的基本作用在于规范保险活动，加强对保险事业的监督管理。通过对保险法律制度的学习和了解，有助于人们正确认识我国保险法律制度的本质和作用，并学会在保险活动中依法履行保险合同的义务、维护自己的合法权利。

第一节　保险与保险法概述

一、保险的概念和特征

（一）保险的概念

保险法是以保险关系作为调整对象的部门法。研究保险法，首先必须明确什么是保险。对于保险的概念，应从两个方面分析：第一，从社会角度来看，保险是一种分散危险、消化损失的经济补偿制度。第二，从法律关系的角度来看，保险是一种契约，是根据法律规定或当事人双方约定，一方以承担支付保险费的义务为代价，换取另一方对可能发生的危险提供经济保障的权利的一种法律行为。根据我国《保险法》第二条的规定，所谓保险，是指投保人根据合同约定，向保险人支付保险费，保险人对于合同约定的可能发生的事故因其发生所造成的财产损失承担赔偿保险金责任，或者当被保险人死亡、伤残、疾病或者达到合同约定的年龄、期限时承担给付保险金责任的商业保险行为。

（二）保险的特征

保险的特征是通过保险与其相邻或者类似的事物相比较而体现的。从下面几方面比较，可以了解保险所具有的特征：

（1）保险与储蓄。保险与储蓄都是处理经济不稳定的善后措施，但两者在实施方法及行为目的上有较大的不同。保险是以概率论即大数法则作为保险费率的计算基础的多数人的互助行为，其目的仅针对由于自然灾害或意外事故所导致的损失，以较小的支出取得较大的经济保障。储蓄是单独、个别进行的自助行为，其目的是以自己积聚的金额及利息，负担其将来的需要。

（2）保险与救济。保险和救济都是人类抗御意外灾害事故所致损失时所采取的补救办法，但两者本质上是不同的。救济是来自于外援的单方面的无偿的法律行为，救济对象是不特定的任何受灾单位和个人，救济形式既可以为金钱，也可以为实物。保险是参加保险的成员交纳保险费，通过保险基金来补偿损失的双方的法律行为，保险保障的对象是特定的，即参加保险的成员，保险补偿通常是以金钱的形式给付。

（3）保险与赌博。保险与赌博均属于射幸行为，具有偶然性，且当事人所付代价与所得报酬不保持均等关系，但保险与赌博在性质和功能上具有本质区别。保险制度无论在任何国家或地区都是合法的经济补偿，其功能是分散危险、消化损失、互助共济，从而实现社会安定的目的。而赌博，除了极个别的国家和地区外，是大多数国家的法律所禁止的行为，因此，赌博不是也不可能成为安定社会经济的手段，相反只会给社会带来消极的后果。

（4）保险与保证。保险和保证都是合同关系，都是对未来偶然事件所致损失的补偿方法。但这两种合同的内容有所不同。保险合同是一种独立的合同，投保人有缴纳保险费的义务，保险人在保险事故发生后履行支付保险金的义务。而保证合同一般是从属合同，保证人只有在债务人不履行义务时，才代替债务人履行债务，因而保证人享有先诉抗辩权、求偿权和代位权。

（三）保险的构成

保险的构成，又称保险的要素，是指保险得以成立的基本条件。构成保险必须具备以下要素：

（1）必须以特定的危险为对象。建立保险制度的目的是为了应付自然灾害和意外事故等特定事故的发生。“无危险则无保险”，因此，危险的存在，是构成保险的第一要件。但是，并非任何危险都可构成保险危险。保险制度上所说的危险必须是：①危险的发生与否不能确定，即存在某种危险因素，可能发生危险。我们认为，构成保险的危险，只要当事人认为属发生与否不能确定即可。但如果危险确已发生，而且当事人一方或双方已知晓，就不构成保险危险。②危险发生的时间不能确定。某些特定事故虽属肯定发生，但究竟何时发生，很难预料，如人的生、老、病、死，虽是自然规律，但人何时生病，何时死亡，谁都无法预知。因此，人的死亡、伤残和疾病均可构成保险危险。③危险所导致的后果不能确定，如房屋等财产都有遭受火灾等灾害破坏的可能，但这种潜在性的灾害发生时将造成多大损失，灾前是无法准确知道的。此外，危险的发生虽然是确定的，但导致的后果不能确定，也可构成保险危险。

（2）必须以多数人的互助共济为基础。保险是建立在“我为人人，人人为我”这一互助共济基础上的，其基本原理是集合危险，分散损失。因此，保险的经营方式是通过集合多数人共同筹集资金，建立集中的保险基金，用以补偿少数人的损失。只有多数人参加保险，才能把遭及于个人的危险和损失，通过保险分摊到所有投保人身上，使危险和损失限制在最小范围内。

（3）必须以对危险事故所致损失进行补偿为目的。“无损失，无保险。”保险的机能在于进行损失补偿，进而确保社会经济生活的安定。危险事故所导致的损失，必须是在经济上能够计算价值的，否则，保险的赔偿将无法实现。但是，在损失赔付功能上，人身保险与财产保险并不完全一致：①在财产保险中，对于危险事故造成的损失，可以通过估价等办法确定，按照损害填补原则，赔偿的限度不能超过损失的限度，防止投保人不当得利；②在人身保险中，由于保险标的是人的身体或生命，是无法计算其价值的，但人的死亡、伤残不仅是一个生命的结束或健康受到损害，而且由此还必然给其亲人或本人带来直接经济损失。换言之，危险事故在人身上可能造成的损失是两层意思上的损失，即人身损失和经济损失。人身保险的给付虽然不能填补前者，但是可以填补后者，所以人身保险中也对标的进行价值形式的计算。但实际上是用经济补偿或给付的办法来弥补这种经济损失，因而其所具有的补偿机能，在技术构成上与财产保险是不同的。

二、保险的种类

随着保险事业的发展，保险的业务范围不断扩大，保险的种类也日益增多。根据不同的标准划分，保险可以分为不同的种类。

（一）自愿保险与强制保险

根据保险的实施形式，可以分为自愿保险和强制保险。自愿保险是通过自愿的方式，即投保人和保险人双方在平等互利、协商一致的基础上订立保险合同而形成的保险。强制保险是以国家颁布法律、法规的形式来实施的。在强制保险中，保险金额是统一的，凡在法律规定的范围内，都必须全部投保，保险责任自动产生，保险人、投保人双方都没有选择承保和投保的余地。

（二）财产保险与人身保险

根据保险的标的划分，可以分为财产保险和人身保险。财产保险是以财产及其有关利益为保险标的的保险，包括损失保险、责任保险、信用保险等。人身保险是以人的寿命和身体为保险标的的保险，包括人寿保险、健康保险和意外伤害保险等。

（三）商业保险与社会保险

根据保险的目的和职能不同，可以分为商业保险和社会保险。商业保险，是指由保险公司以自愿为基础、以营利为目的，按照商业经营的原则开办的各种保险。社会保险，是指根据国家有关的政策而开办的保险业务，它以全体公民为保险对象，目的在于保障社会成员的基本生活。

（四）原保险与再保险

根据保险人承担的责任次序分类，可以分为原保险和再保险。原保险，是指保险人对被保险人因保险事故所造成的损失，承担直接的原始的赔偿责任的保险。再保险，是指对原保险的保险再予以承保的保险，即保险人以其自己所承保的危险，出于转移风险和经营安全的考虑，向其他保险人再进行投保的一种保险。

三、保险立法概况

现代意义的保险法产生于14世纪之后。1435年的西班牙巴塞罗那法令规定了有关海上保险承保规则和损害赔偿的手续。这一法令被称为“世界上最古老的海上保险法典”。人类进入20世纪70年代后，资本主义商品经济的发展促进了保险业的繁荣，进而也推动了保险立法。随着资本主义国际贸易的发达以及世界交通的进步，各国保险法正渐臻完善。

旧中国也曾进行过一些保险立法工作。清朝的《大清商律草案》第二编商行为中，就已设有损害保险和生命保险两章。北洋政府于1917年拟定了《保险业法案》，1927年又拟定了《保险契约法草案》。国民党政府1929年公布了《保险法》，1935年公布了《保险业法》，1935年公布了《简易人寿保险法》和《简易人寿保险章程》。1957年，台湾将《保险法》与《保险业法》合并为一，通称《保险法》。该法于1974年做了修改，至今仍在我国台湾地区适用。

新中国的保险立法经历了一个曲折发展的过程。1951年，中央人民政府政务院公布了《关于实行国家机关、国营企业、合作社财产强制保险及旅客强制保险的决定》，同年，国务院财政经济委员会颁布了《财产强制保险条例》、《船舶强制保险条例》、《铁路车辆强制保险条例》、《轮船、铁路、飞机三方面旅客意外伤害强制保险条例》。1957年，财政部发布了《公民财产自愿保险办法》。1958年，国内保险业务停办，保险立法工作中断。1980年，国内保险业务恢复，国务院规定了一系列的规范保险活动的保险法规及规范性文件，例如1983年发布的《财产保险合同暂行条例》和1985年发布的《保险企业管理暂行条例》。1995年6月30日，第八届全国人民代表大会常务委员会第十四次会议通过了《中华人民共和国保险法》（以下简称《保险法》），2002年10月28日，第九届全国人民代表大会常务委员会第三十次会议通过了《关于修改〈中华人民共和国保险法〉的决定》。

四、保险法的基本原则

保险法的基本原则，是指在保险立法、经营、监督管理和保险合同的订立与履行等过程中应当遵循的基本准则。

（一）最大诚实信用原则

诚信原则是世界各国民事立法对民事、商事活动的基本要求。保险合同是最大诚信合同，这是由保险的特点所决定的。①保险事故的发生存在偶然性，保险人的赔付无疑为偶然事件所左右；②保险人在承保各种保险业务时，对其危险状况是一无所知的。保险人是根据投保人或被保险人对标的的危险状态的陈述、说明，决定是否承保以及以什么条件承保；③保险标的在投保后的大多数情况下仍在被保险人的控制下。这就要求被保险人应如同未保险时一样尽到谨慎管理的责任，否则将增加危险发生的可能性。

最大诚信原则首先是对投保人的要求。它要求投保人在订立保险合同时应如实告知，以使保险人对保险标的的价值及所处的危险有客观真实的认识，从而决定是否承保、以何种费率承保。在合同有效期内，保险标的的危险程度增加的，被保险人也应依约定及时通知保险人。如投保人或被保险人故意隐瞒事实，不履行如实告知义务，或因过失未履行如实告知义务，足以影响保险人决定是否承保或者提高保险费率的，保险人有权解除保险合同；如造成严重后果的，投保人或被保险人应承担相应的法律责任。同时，最大诚信原则也适用于保险人，它要求保险人在订立保险合同时履行说明义务。保险人应如实向投保人解释保险条款，特别是对合同中有关保险人免责的条款，保险人应予以明确说明，未明确说明的，该条款不产生效力。在保险合同订立后，保险人和投保人、被保险人、受益人在履行合同时，必须善意地行使权利，忠实地履行义务。

（二）保险利益原则

我国《保险法》第十二条规定："投保人对保险标的应当具有保险利益。投保人对保险标的不具有保险利益的，保险合同无效。保险利益是指投保人对保险标的具有的法律上承认的利益。”保险利益亦称可保利益，是指投保人或被保险人对保险标的具有法律上承认的利害关系。各国法律都把保险利益作为保险合同生效和有效的重要条件。这种利益关系可以是投保人或被保险人对保险标的所具有的各种经济上的利益，也可以是投保人或被保险人因其承担的责任、义务而产生的利益关系。

保险利益原则作为保险法基本原则具有重要意义：①消除赌博的可能性。保险区别于赌博的关键在于保险中有保险利益存在，如果投保人对保险标的可不具有保险利益，就意味着投保人可以随便对他人的财产和人身进行保险。一旦发生保险事故，他就可以不受任何损失而得到赔款，这既违反了损失补偿原则，也使保险失去给付意义，而只能使保险成为单纯的赌博。②防止道德危险的发生。道德危险是指投保人、被保险人或受益人，为诈取保险赔款而违反法律或合同，故意造成和扩大的危险。有了保险利益原则，就可以防止道德危险，维护社会的安定和善良风气。否则一些不法的投保人为了谋取不正当利益，极可能会人为地造成财产的损失，甚至谋害他人生命。③限制保险赔偿额度。投保人的保险标的遭受损失，要求经济补偿的数额不得超过投保人在损失标的上的全部保险利益，如果不坚持赔偿的最高额以保险利益为准，则被保险人可以较少的损失而获得较大的赔偿额，同样会诱发道德危险。

（三）损失补偿原则

损失补偿原则是由保险的经济补偿性质和职能所决定的，它最直接地体现了保险的经济补偿功能。所谓损失补偿，是指当保险事故发生使投保人或被保险人遭受损失时，保险人必须在责任范围内对投保人或被保险人所受实际损失进行补偿。损失补偿的目的在于保护投保人的合法利益，弥补受害人的实际损失。保险损失补偿的范围主要包括：①保险事故发生时，保险标的的实际损失。在财产保险中，最高赔偿额以保险标的的保险金额为限；在人身保险中，则以约定的保险金额为最高限额。②合理费用。主要包括施救费用和诉讼支出。③其他费用。主要指为确定保险责任范围内的损失所支付的受损标的的检验、估价、出售等费用。应注意的是，保险标的本身的损失与费用支出应分别计算，费用支出最高赔偿额也以不超过保险金额为限。

（四）近因原则

危险事故的发生与损失结果的形成，须有直接的因果关系（近因），保险人才对损失负补偿责任。近因原则是保险法的重要原则，也是保险人承担保险责任的前提条件。所谓近因，并非指时间上最接近损失的原因即后发生的原因，而是指有支配力或一直有效的原因。近因原则的具体应用规则是：①单一原因造成的损失，如果该原因属于保险事故，即为近因，保险人就应该承担赔偿责任。②多种原因造成的损失，其中持续地起决定或支配作用的原因即为近因。具体来说，第一，当多种原因同时发生时，如果同时发生的原因都是保险事故，保险人应赔偿所有原因造成的损失。如果多种原因既有保险危险，又有不保危险，保险人只赔偿保险事故所造成的损失，对非保险事故造成的损失不承担赔偿责任。第二，当多种原因连续发生时，两个以上的灾害事故连续发生所造成的损失，一般以最近的、有效的（后因）为近因。第三，当多种原因间断发生时，若新的独立原因（近因）为保险危险，即使发生在不保危险之后，由保险危险所造成的损失仍须由保险人赔偿。若新的独立原因（近因）为不保危险，即使发生在保险危险（前因）之后，由不保危险造成的损失，保险人亦不负赔偿责任。

第二节 保险合同

一、保险合同的概念和种类

（一）保险合同的概念和特征

我国《保险法》第十条规定：“保险合同是投保人与保险人约定保险权利义务关系的协议。”依照保险合同，投保人承担向保险人交付约定的保险费的义务；保险人则对于合同约定的可能发生的事故发生后造成的损失承担补偿责任。

保险合同是一种以分散、转移危险为目的的特殊合同类型，它除了具有合同的一般特征外，还具有以下法律特征：

（1）保险合同是双务有偿合同。保险合同的保险人在保险事故发生造成损害时，或者在约定的给付保险金的其他条件具备时，负有按约定向他方给付保险金的义务，而投保方则负有支付保险费的义务，投保人以支付保险费作为换取保险人承担风险的代价。

（2）保险合同是射幸合同。所谓射幸合同，是指合同当事人一方的履行有赖于偶然事件发生的机会性的合同。保险合同的目的，是使保险人在特定的不可预料或不可抗力事故发生时，对被保险人履行赔偿或给付的义务。因此，保险合同属射幸合同。但保险合同和同样属于射幸合同的赌博行为不同，保险合同以保险利益为标的，在保险利益受侵害时，由保险人补偿（或赔偿）被保险人的损失，而不是增加被保险人的利益。

（3）保险合同是附合合同。保险合同的基本条款多由保险人提出，或经由法律之认可，投保人一般没有讨价还价或协商的余地，只能表示附随，或认为无法接受而拒不订立合同，而没有拟定或充分磋商保险条款的自由。

（4）保险合同是最大诚信合同。在保险合同关系中，要求当事人具有的诚信程度，要比一般合同更高，即所谓的“最大诚信的原则”。最大诚信原则是维持保险业务正常进行的必不可少的前提条件。

（二）保险合同的种类

保险合同可以根据不同标准进行分类。

（1）定值保险合同和不定值保险合同。这是依据保险标的的价值确定与否而作的划分。这种分类只适用于财产保险合同。定值保险合同是指由双方当事人事先确定保险标的的实际价值，并载明于合同中的保险合同。定值保险合同多适用于以某些不易确定价值的财产为保险标的的财产保险合同。不定值保险合同，是指双方当事人在订立合同时不预先确定保险标的的保险价值，仅载明须至危险事故发生后，再行估计其价值而确定其损失的保险合同。不定值保险合同主要适用于火灾保险。

（2）补偿性保险合同和给付性保险合同。这是依据设立保险合同的目的不同而作的分类。补偿性保险合同是指在危险事故发生后，由保险人评定被保险人的实际损失从而支付保险赔偿金的一种合同。大多数财产保险合同都属于补偿性保险合同。给付性保险合同属于非补偿性保险合同，大多数人身保险合同都属于非补偿性保险合同。

（3）特定保险合同和一切危险保险合同。这是依照保险人所承保危险的不同范围为标准所进行的划分。特定保险合同是指保险人仅承保特定的一种或数种危险的保险合同。在这种合同中，保险人承保的危险一般都在保险条款中予以列举规定。一切危险保险合同，是指保险人承保的危险为合同列举的除外责任之外的一切危险的保险合同。

（4）特定保险合同和总括保险合同。这是依照保险标的是否特定为标准而作的划分。特定保险合同，是指以特定的保险标的订立的保险合同。总括保险合同，是指没有特定保险标的，仅在一定标准所限定的范围内，泛指某类保险标的而投保一定金额的保险合同。

（5）财产保险合同和人身保险合同。这是根据标的的不同对保险合同所作的分类。财产保险合同是以财产及其有关利益为保险标的的保险合同。人身保险合同是以人的寿命和身体为保险标的的保险合同。我国《保险法》将保险合同分为财产保险合同和人身保险合同两大类。

二、财产保险合同

（一）财产保险合同的概念与特征

（1）财产保险合同的概念。财产保险合同，是指投保人以支付保险费为条件而同保险人约定的，保险人在被保险人的财产发生保险责任范围内的损失或者依法应当承担民事赔偿责任时承担保险赔偿责任的合同。财产保险合同有广、狭两义。广义的财产保险合同既包括以有形财产为保险标的的保险合同（如火灾保险合同、汽车保险合同等），也包括以无形财产为保险标的保险合同（如责任保险合同、信用保险合同等）。狭义的财产保险合同仅指以存放于固定地点，处于相对静止状态的物质财产为标的保险合同。我国《保险法》第二十三条规定："财产保险合同是以财产及其有关利益为保险标的的保险合同。"其中所说的"财产及其利益"，既包括有形的物质财富，也包括无形的经济利益。可见，我国保险法上采用的是广义的财产保险合同概念。

（2）财产保险合同的特征。①财产保险合同的标的为财产或者财产利益。财产保险合同只能以投保人具有保险利益的财产或财产利益为保险标的，否则，合同不能成立。这是财产保险合同区别于人身保险合同的标志。②财产保险的目的在于填补损害。投保人以支付保险费为代价，换取保险人承保被保险人的财产或利益的风险损失，使被保险人在发生损失或者责任时，能够由保险人给予补偿。③保险代位权的适用。保险填补损害原则决定了财产保险适用保险代位权，对于被保险人发生的保险责任范围内的损失或者责任应当负有损害赔偿责任的第三人，保险人依约履行保险给付后，对其有代位求偿权。

（二）财产保险合同的分类

（1）财产损失保险合同。财产损失保险合同，是指以补偿财产的直接损失为目的的财产保险合同。其标的是除农作物、牲畜以外的一切动产和不动产。具体分为：①企业财产保险合同，是以国家、企事业单位、人民团体等所有或经营的财产为保险标的的保险合同；②家庭财产保险合同，是以家庭或公民个人所有的财产为保险标的的保险合同；③运输工具保险合同，是以船舶、飞机、机动车辆等运输工具为保险标的的保险合同；④运输货物保险合同，是以运输过程中的货物为保险标的的保险合同，包括海上运输货物保险合同、陆上运输货物保险合同、航空运输货物保险合同、邮包保险合同等。

（2）责任保险合同。责任保险合同，是指以被保险人依法对第三者应负的民事损害赔偿责任为保险标的的财产保险合同。我国《保险法》第五十条规定："保险人对责任保险的被保险人给第三者造成的损害，可以依照法律的规定或者合同的约定，直接向该第三者赔偿保险金。责任保险是指以被保险人对第三者依法应负的赔偿责任为保险标的的保险。”责任保险合同通常分为：①产品责任保险合同，是以制造商或销售商因其产品责任的质量缺陷致使产品使用者遭受人身伤亡或财产损失而依法应承担的赔偿责任为保险标的的保险合同；②公众责任保险合同，是以投保人因意外事故造成第三者人身伤亡或财产损失而依法应承担的赔偿责任为保险标的的保险合同；③雇主责任保险合同，是以雇主对雇员在雇佣期间因人身伤害依法应承担的赔偿责任为保险标的的保险合同；④职业责任保险合同，是以投保人因职业工作中的过失致使他人遭受人身伤亡或财产损失而依法应承担的赔偿责任为保险标的的保险合同。

（3）信用保险合同。信用保险合同是以被保险人（债权人）因其债务人未能如约履行而遭受的损失作为保险标的的保险合同。它以债权人或权利人作为被保险人，而由保险人担保被保险人（债务人）的信用，使权利人的权利得到保障。在信用保险中，权利人与被保险人为同一人。信用保险合同的可保危险包括商业风险和政治风险。

（4）保证保险合同。保证保险合同，是指由保险人为被保险人向权利人提供担保，当被保险人的行为或不行为给权利人造成经济损失，保证人承担赔偿责任的保险合同。保证保险合同分为：①忠诚保险合同，是指保险人收取保险费，当因雇员的不诚实行为而使雇主受到损失时，由保险人承担赔偿责任的保险合同；②确实保证保险合同，是指保险人收取保险费，在被保证人因不履行或不能履行义务而使权利人受到损失时，由作为保证人的保险人承担赔偿责任的保险合同。

（三）财产保险合同的主要内容

（1）保险标的。财产保险合同的保险标的主要包括：①可保财产。可保财产分为一般的可保财产和特约的可保财产。一般的可保财产是指企业、事业单位的固定资产、流动资产和建设工程，家庭和个人的房屋、家具、电器用品等生活资料，以及汽车、轮船、飞机等交通工具和其他航空航天器等。特约的可保财产是根据双方当事人的需要而约定的保险财产。市场价格变化大或无固定价格的稀有、珍贵财产，如金银、首饰、珠宝、古玩等，可以由投保人与保险人约定作为特保财产投保。②预期利益。即投保人因现有利益而产生的期待利益或因合同履行而可得到的利益，如货物的托运人对货物到达目的地后应得的利润、收入，可以作为运输保险合同的保险标的。③消极利益。即投保人为避免由于事故发生而增加的额外支出，如由于自己的行为或意外事故导致他人财产或人身损害时，为承担经济、民事责任而需支付的赔偿金等。

（2）保险金额。一般来说，财产保险合同的保险金额应与保险价值相等，凡超过保险价值的保险金额为超额保险，超过部分无效。我国《保险法》第四十条明确规定：“保险标的的保险价值，可以由投保人和保险人约定并在合同中载明，也可以按照保险事故发生时保险标的的实际价值确定。保险金额不得超过保险价值；超过保险价值的，超过的部分无效。保险金额低于保险价值的，除合同另有约定外，保险人按照保险金额与保险价值的比例承担赔偿责任。”此外，《保险法》第四十一条规定：“重复保险的投保人应当将重复保险的有关情况通知各保险人。重复保险的保险金额总和超过保险价值的，各保险人的赔偿金额的总和不得超过保险价值。除合同另有约定外，各保险人按照其保险金额与保险金额总和的比例承担赔偿责任。”

（3）保险责任。财产保险合同中的保险责任，是指保险单上载明的危险发生造成保险标的损失保险人所应承担的赔偿责任。通常包括保险人承担的基本责任和特约责任两部分。保险人承担的基本责任可以分为：①单一险责任，即保险人只赔偿某种特定危险事故造成的损害；②综合险责任，即多种危险责任，指保险人赔偿几种特定危险事故造成的损害；③一切险责任，指保险人赔偿除外责任以外的一切危险事故造成的损害，是承担风险范围最为广泛的一种保险责任。此外，特约责任是针对附加险或特保危险而言的，指保险人承担的由双方当事人特别约定的保险责任，原则上都是单一险责任。

（4）除外责任。在财产保险合同中，除了列明保险责任外，还必须对保险人不承保的危险事故作为除外责任列明于合同之中。财产保险的除外责任主要有：①投保人或被保险人的故意行为；②战争、军事行动或暴力行为；③核辐射和污染；④堆放在露天或在罩棚下的保险责任，以及有芦席、布、草、纸板、塑料布做棚顶的罩棚，由于暴风、暴雨等造成的损失；⑤因财产本身缺陷、保管不善而致损失，变质、霉烂、受潮、虫咬以及自然磨损与按制度规定的正常消耗；⑥因遭受保险责任内的灾害或事故造成停工、停业等的一切间接损失。

三、人身保险合同

（一）人身保险合同的概念和特征

（1）人身保险合同的概念。人身保险合同，是指投保人以自己或者他人的寿命或者身体为保险标的，向保险人交纳保险费，在被保险人死亡、伤残、疾病或者达到约定的年龄时，保险人按照约定向被保险人或者受益人给付保险金的保险合同。我国《保险法》第五十二条规定："人身保险合同是以人的寿命和身体为保险标的的保险合同。"

（2）人身保险合同的特征。①人身保险合同是定额保险合同。人身保险合同的保险标的是人的生命或身体，而人的生命或身体的价值是无法用金钱来衡量的。因此，人身保险合同一般都是定额保险合同，根据双方当事人的协商确定保险金额。当保险事故发生（或合同届满），保险人根据约定给付保险金额的全部或部分。保险金给付多少，是事先约定的。②人身保险合同具有一定的储蓄性。依财产保险合同所交付的保险费不具有返还性，只有在保险事故发生并造成损失时，保险人才支付保险赔款。而人身保险合同中，投保人所缴纳的保险费，最终将以各种形式返还给被保险人或受益人。正因如此，人身保险合同的期限一般较长，而财产保险合同的期限则较短。③人身保险合同无代位求偿权。在人身保险合同中，不适用代位求偿权原则。我国《保险法》第六十八条规定，人身保险的被保险人因第三者的行为而发生死亡、伤残或者疾病等保险事故的，保险人向被保险人或者受益人给付保险金后，不得享有向第三者追偿的权利，但被保险人或者受益人仍有权向第三者请求赔偿。④人身保险合同的保险费不得用诉讼方式请求支付。人身保险合同成立后，投保人应依约定付保险费，这是投保人最主要的一项义务。但人身保险合同与财产保险合同毕竟有所不同，我国《保险法》第六十条规定，保险人对人身保险的保险费，不得用诉讼方式要求投保人支付。

（二）人身保险合同的分类

（1）人寿保险合同。人寿保险合同是指以被保险人的死亡或生存为保险标的的人身保险合同，当被保险人在保险期限内死亡或生存到一定的年龄时，保险人向被保险人或其受益人给付保险金。人寿保险合同是人身保险合同中最主要的种类，它通常可以分为以下三类：①死亡保险；②生存保险；③生死两全保险。

（2）健康保险合同。健康保险合同，又称疾病保险合同，是指被保险人在保险期限内因疾病、分娩及因疾病、分娩所致残废或死亡时，保险人给付约定保险金的一种保险合同。

（3）意外伤害保险合同。意外伤害保险合同是指被保险人在保险期限内，因遭受意外伤害或因此而导致残废或死亡时，保险人依约给付保险金的合同。伤害保险合同又分为：①普通意外伤害保险合同，是指专门为被保险人因意外伤害事故以致身体蒙受损伤而提供保险保障的合同；②特种意外伤害保险合同，其保险范围仅限于特种原因或特定地点所造成的伤害，主要包括旅游伤害保险合同和交通事故伤害保险合同等。

（三）人身保险合同的主要内容

（1）人身保险合同中的受益人。受益人，是指由被保险人或投保人指定，在保险事故发生或者约定的保险期限届满时，依照保险合同享有保险金请求权的人。投保人、被保险人或者第三人，均可以成为受益人。受益人享受人身保险合同所约定的利益。通常投保人或被保险人可以指定任何人为受益人，但有时法律基于某种特定考虑，明确规定只有对被保险人有保险利益的人，才能成为受益人。根据保险法的规定，投保人或被保险人指定受益人后，仍有权利加以变更，受益人不得反对。但是，被保险人或者投保人变更受益人必须书面通知保险人，投保人变更受益人时须经被保险人同意。

（2）人身保险合同中的常见条款。①不可抗辩条款。投保人必须如实告知被保险人的危险情况，否则，保险人可以行使合同解除权。但合同成立两年后，保险人不得以投保人违反如实告知义务为由而提出解除合同。这两年为不可抗辩期间。该项条款，主要是为保护被保险人和受益人的利益。②不丧失价值条款。人身保险中的终身保险，以及生死两全保险，都带有储蓄性质，投保人缴纳保险费一定年限以后，保险单便有相当的现金价值。这一现金价值虽然由保险人保管运用，但是其所有权却属于投保方。因此，如果投保人不愿意继续投保而要求退保时，保险单所具有的现金价值并不因此而丧失。我国《保险法》第六十九条对此作了明文规定："投保人解除合同，已交足两年以上保险费的，保险人应当自接到解除合同通知之日起30日内，退还保险单的现金价值；未交足两年保险费的，保险人按照合同约定在扣除手续费后，退还保险费。"③年龄不实条款。在人寿保险合同中，被保险人的年龄关系到保险费率的计算及危险程度的衡量，因此，投保人应如实填报。我国《保险法》第五十四条规定，投保人申报的被保险人年龄不真实，并且其真实年龄不符合合同约定的年龄限制的，保险人可以解除合同，并在扣除手续费后，向投保人退还保险费，但是自合同成立之日起逾两年的除外。投保人申报的被保险人年龄不真实，致使投保人支付的保险费少于应付保险费的，保险人有权更正并要求投保人补交保险费，或者在给付保险金时按照实付保险费与应付保险费的比例支付。投保人申报的被保险人年龄不真实，致使投保人实付保险费多于应付保险费的，保险人应当将多收的保险费退还投保人。④宽限期条款。该条款是指保险人和投保人在保险合同中约定的，允许投保人向保险人缓交保险费的期限的条款。依照交纳保险费宽限期条款，投保人已逾期保险合同约定的交纳保险费的时间，只要投保人在交费宽限期交纳保险费，不构成违反保险合同。我国保险法确定的宽限期是60日。该法第五十八条规定："合同约定分期支付保险费，投保人支付首期保险费后，除合同另有约定外，投保人超过规定的期限60日未支付当期保险费的，合同效力中止，或者由保险人按照合同约定的条件减少保险金额。"⑤复效条款。该条款是指人寿保险合同约定的，在投保人不能如期交纳保险费而使保险合同效力中止的，经投保人申请交纳保险费以恢复合同效力的条款。我国《保险法》第五十九条第一款规定，依照该法第五十八条规定合同效力中止的，经保险人与投保人协商并达成协议，在投保人补交保险费后，合同效力恢复。但是，自合同效力中止之日起两年内双方未达成协议的，保险人有权解除合同。⑥自杀条款。为了避免蓄意自杀者通过保险方式谋取保险金，防止道德危险的发生，人身保险合同一般都把自杀作为除外责任条款。但是，如果对并非为图谋保险金的原因发生的自杀一概不给予保险金，也将会影响受益人的正常生活。因此，我国《保险法》第六十六条规定，以死亡为给付保险金条件的合同，被保险人在合同成立之日起两年内自杀，保险人不承担给付保险金的责任，但对投保人已支付的保险费，保险人应按照保险单退还其现金价值。以死亡为给付保险金条件的合同，自成立之日起满两年后，如果被保险人自杀的，保险人可以按照合同给付保险金。

第三节　保险公司与保险业的监督管理

一、保险公司

（一）保险机构的组织形式

保险机构，是指依法设立，并以经营保险为业的单位。在实践中，保险组织的形式主要表现为国有保险公司、股份保险公司、合作保险组织、个人保险组织等。我国《保险法》第七十条规定，我国保险公司应当采取股份有限公司和国有独资公司的组织形式。

（1）股份保险有限公司。股份保险公司是指其全部资本分为等额股份，股东以其所认购的股份对公司债务负责，公司以其全部资产对公司的债务承担责任的企业法人。股东以领取股息的办法分配保险公司所取得的利润。股份有限公司因其众多的股东持股而具有充足的资本，规模较大，各国保险业法均将其规定为保险业组织的主要形式。在我国，股份保险公司也是保险业的形式之一。

（2）国有独资保险公司。国有独资保险公司是指国家授权投资的机构或者国家授权的部门单独投资设立的保险有限责任公司。国有保险公司是我国保险组织的主要形式之一。在西方国家，国有保险公司也广泛存在，如政府投资设立的专门经营出口信贷保险或海外投资风险的保险组织，通常采取国有独资公司的形式。

（二）保险公司的设立、变更和终止

（1）保险公司的设立。设立保险公司，必须具备比设立一般企业更为严格的条件。依照我国公司法、保险法的规定，设立保险公司必须具备以下条件：①在全国范围内经营保险业务的保险公司，实收货币资本金不低于人民币5亿元；在特定区域内经营保险业务的保险公司，实收货币资本金不低于人民币2亿元。②保险公司的高级管理人员必须符合中国保监会规定的任职资格。③经营寿险业务的全国性保险公司，至少要有3名经中国保监会认可的精算人员；经营寿险业务的区域性保险公司，至少要有1名经中国保监会认可的精算人员。④具有与其业务规模和人员数量相适应的营业场所、办公设备。⑤保险股份有限公司的股东应为企业法人或国家允许投资的其他组织，股东资格应符合中国保监会的有关规定。⑥中国保监会要求具备的其他条件。

（2）保险公司的变更。保险公司的变更，是指保险公司在组织上的变更，以及在活动宗旨、业务范围上的变化。根据保险法的规定，保险公司变更下列事项应报中国保监会批准：①修改章程；②变更地址；③增加或减少注册资本；④股权转让；⑤改变组织形式；⑥调整业务范围；⑦变更公司名称；⑧分立、合并；⑨中国保监会认为须报经批准的其他变更事项。

（3）保险公司的终止。保险公司的终止，是指依法设立的保险公司因为法定原因或者经金融监督管理部门批准，关闭其营业机构而永久停止其从事保险业务。保险公司因下列原因而终止：①经保险监督管理部门批准解散；②被依法吊销保险业务许可证；③被依法宣告破产。保险公司依法解散或被依法撤销的，应当组成清算组。清算组应当委托中国保监会认可的会计事务所、律师事务所、精算师事务所，对公司的债权债务和资产进行评估。

对于经批准解散的保险公司，应当在解散后15日内成立清算组织。国有独资保险公司解散的，由国家授权投资的机构或部门指定人选成立清算组织；股份有限保险公司解散的，由股东大会确定人选成立清算组织。逾期不能成立清算组织的，债权人可以申请人民法院指定有关人员组成清算组织进行清算。依法成立的清算组织，应当负责了结已解散的保险公司的债权债务。

（三）保险公司的经营规则

1. 保险公司业务范围限制规则

各国保险业法对保险组织的业务范围都有限制性规定，保险业组织不得从事保险业法规定范围之外的经营活动。大多数国家的保险法都以财产保险业务和人身保险业务性质不同，经营技术有别，为切实保护广大被保险人的利益，而作出禁止兼营的规定。所谓禁止兼营，就是指申请开业的保险组织只能专营某类保险业务，不能同时兼营财产保险业务和人身保险业务。

我国《保险法》第九十二条明确规定："保险公司的业务范围：①财产保险业务，包括财产损失保险、责任保险、信用保险等保险业务。②人身保险业务，包括人寿保险、健康保险、意外伤害保险等保险业务。同一保险人不得同时兼营财产保险业务和人身保险业务；但是，经营财产保险业务的保险公司经保险监督管理机构核定，可以经营短期健康保险业务和意外伤害保险业务。保险公司的业务范围由保险监督管理机构依法核定。保险公司只能在被核定的业务范围内从事保险经营活动。保险公司不得兼营本法及其他法律、行政法规规定以外的业务。"

2. 偿付能力管理规则

偿付能力管理规则，是指保险组织履行赔偿或给付责任的能力。保险组织必须具有最低偿付能力，不仅是保护被保险人利益的需要，也是保险组织自身稳定经营的需要。我国《保险法》明确规定，保险公司应当具有与其业务规模相适应的最低偿付能力。保险公司的实际资产减去实际负债的差额不得低于保险监督管理机构规定的数额；低于规定数额的，应当增加资本金，补足差额。为了确保保险组织的最低偿付能力，我国《保险法》第九十九条和第一百条还分别规定，经营财产保险业务的保险公司当年自留保险费，不得超过其实有资本金加公积金总和的4倍。保险公司对每一危险单位，即对一次保险事故可能造成的最大损失范围所承担的责任，不得超过其实有资本金加公积金总和的10%；超过的部分，应当办理再保险。

3. 保险公司的风险管理规则

经济补偿是保险制度特有的功能，为了保障被保险人的利益，使保险公司安全经营，各国保险业法均规定了保险公司风险管理的若干规则。

我国保险公司的风险管理主要体现在对保险保证金、各种准备金、保险保障基金和保险公积金的提存及保险资金的运用等方面。

（1）保险保证金。我国《保险法》规定，保险公司成立后，应当按照其注册资本总额的20%提取保证金，存入保险监督管理部门指定的银行，除保险公司清算时用于清偿债务外，不得动用。经保监会批准，保险公司可以以保监会认可的有价证券缴存保证金。

（2）保险准备金。包括：①未到期责任准备金。是指在会计年度决算时对未满期保单提存的一种资金准备。未到期责任准备金应等于当年开出的保险单在下一年度仍然有效的保险单的保险费之和。②未决赔款准备金。是指保险人在会计年度决算以前发生保险责任应付而未付赔款在当年收入的保险费中提存的资金。我国《保险公司管理规定》第七十七条规定，保险公司应当按照已经提出的保险赔偿或者给付金额提取未决赔款准备金，对已发生保险事故但尚未提出的保险赔偿或给付应当提取已发生未报告赔款准备金，其提取的金额按不超过当年实际赔款支出额的4%计提。

（3）保险保障基金。是指保险组织为了有足够的能力应付可能发生的巨额赔款，从年终结余中专门提存的后备基金。我国《保险法》第九十七条规定，为了保障被保险人的利益，支持保险公司稳健经营，保险公司应当按照保险监督管理机构的规定提存保险保障基金。保险保障基金应当集中管理，统筹使用。

（4）保险公积金。是指保险公司基于增强自身财力，为扩大经营范围以及预防意外亏损的目的，依照法律和公司章程的规定，从公司税后利润中提取的部分资金积累。

（5）保险资金的运用。是指保险组织在经营过程中，将积聚的部分保险资金用于投资或融资，使资金增值的活动。由于保险资金的运用往往会带来相应的风险，因此，各国保险法对保险资金的运用范围和形式都作了具体规定，以确保被保险人的利益。我国《保险法》第一百零五条规定，保险公司的资金运用必须稳健，遵循安全性原则，并保证资产的保值增值。保险公司的资金运用，限于在银行存款、买卖政府债券、金融债券和国务院规定的其他资金运用形式。保险公司的资金不得用于设立证券经营机构，不得用于设立保险业以外的企业。

二、保险代理人与保险经纪人

（一）保险代理人

1. 保险代理人的概念

保险代理人是根据保险人的委托，向保险人收取代理手续费，并在保险人授权的范围内代为办理保险业务的单位或者个人。

保险代理人具有以下特征：①保险代理必须以保险人的名义进行保险活动。②保险代理人必须在代理权限内进行保险活动。③保险代理行为的后果由保险人承担。《保险法》第一百二十八条第二款规定，保险代理人为保险人代为办理保险业务，有超越代理权限行为，投保人有理由相信其有代理权，并已订立保险合同的，保险人应当承担保险责任，但是保险人可以依法追究越权的保险代理人的责任。④个人保险代理人在代为办理人寿保险业务时，不得同时接受两个以上保险人的委托。

2. 保险代理人的种类

依据我国《保险代理机构管理规定》和《保险兼业代理管理暂行办法》的规定，保险代理人分为专业代理人、兼业代理人和个人代理人。

（二）保险经纪人

1. 保险经纪人的概念

保险经纪人是基于投保人的利益，为投保人与保险人订立保险合同提供中介服务，并依法收取佣金的单位。保险经纪人的组织形式为有限责任公司和股份有限公司。依照《保险法》第一百三十条规定，因保险经纪人在办理保险业务中的过错，给投保人、被保险人造成损失的，由保险经纪人承担赔偿责任。

经保监会批准，保险经纪公司可以经营下列业务：①为投保人拟订投保方案，办理投保手续；②为委托人提供防灾、防损或风险评估、风险管理咨询服务；③协助被保险人或受益人进行索赔；④再保险经纪业务；⑤中国保监会批准的其他业务。

2. 保险经纪人的种类

根据《保险经纪人管理规定》和《保险经纪公司管理规定》，保险经纪人分为直接保险经纪人和再保险经纪人两类。

三、保险业的监督管理

（一）保险业监督管理概述

保险业的监督管理，是指国家保险业监督管理机关通过法律、行政、经济手段，对保险市场进行监督和管理。各国对保险业实施监督管理，大体有以下三种方式：

（1）公示监督形式。公示监督形式，是指国家对保险业经营不做直接监督，仅规定保险公司必须按照政府规定的格式及内容，定期将营业结果呈报主管机关并给予公告。根据呈报的情况，政府便可以对保险公司的偿付能力作出评价。英国曾采取这一管理方式。

（2）规范监督形式。规范监督形式是由政府规定保险业经营管理的一些基本准则（如最低资本额的规定、资产负债表的审查、违反法律的处罚等），并在形式上监督。若有违犯者，有关管理机关将给予法律制裁。荷兰曾采取这一管理方式。

（3）实体监督形式。实体监督形式是以法规的形式规定保险业的经营准则、保险企业的创设制度、财产监督和人事监督制度等，由国家保险监督管理机构贯彻实施。这是各国保险业管理方式中较为严格的一种。目前，世界各国保险法大体都采用这种方式。

（二）保险业的监督管理机构

我国《保险法》第九条明确规定，国务院保险监督管理机构依照保险法负责对保险业实施监督管理。1998 年 11 月，经国务院批准，按照银行与保险分业经营、分业监管的原则，并加大对保险业的统一监管力度，成立了中国保险监督管理委员会，负责对全国保险业的监管。中国保监会是全国商业保险的主管部门，为国务院直属事业单位，根据国务院授权履行行政管理的职能，依法统一监管保险市场。

（三）保险业监督管理的主要内容

1. 保险监督管理部门对保险业监督管理的主要内容

根据保险法律、法规的规定，中国保监会对保险业的监督管理遵循市场行为监管和偿付能力监管并重的原则。其主要内容如下：

（1）保险机构监管。重点是对保险机构的合法性进行审查、监督。具体内容包括：保险公司等保险机构的设立、变更和终止的条件及程序；保险公司的组织形式；保险公司的经营范围；保险代理人、保险经纪人的资格；专业人才的配备，等等。

（2）财务状况与偿付能力监管。重点是监督管理保险公司资本的充足性。主要内容是对保险公司各项准备金、公积金的提存，保险保障基金的管理以及资金运用监督，目的是要增强保险公司的偿付能力，保障被保险人的利益。对保险公司偿付能力的监督管理是保险业监督管理的核心。

(3) 保险业务和市场行为监管。重点是对保险行为规范和进行监督管理。主要内容包括：核定保险公司的业务范围；制定和修订商业保险主要险种的基本保险条款和保险费率；检查保险公司的业务状况、财务状况和资金运用状况；保险公司按规定安排再保险；禁止保险公司及其工作人员在保险业务经营活动中的不公正做法和不正当竞争的行为；监督检查保险代理人、保险经纪人的业务经营及收支情况。

2. 保险监督管理部门对保险公司的整顿和接管

(1) 整顿。整顿是指在保险公司有违反保险法规定的某些行为，并且在保险监督管理部门规定的期限内未改正的情况下，保险监督管理部门采取必要的措施对该保险公司进行整治、监督的行为。

(2) 接管。接管是指在保险公司实施了违反保险法规定的某些行为，并且造成了比较严重后果的情况下，保险监督管理部门采取必要的措施，代为行使该保险公司的经营管理权力，以保护被保险人的利益，恢复保险公司的正常经营的行为。

我国《保险法》第一百一十五条明确规定，保险公司违反保险法规定，损害社会公共利益，可能严重危及或者已经危及保险公司的偿付能力的，保险监督管理机构可以对该保险公司实行接管。接管的目的是对被接管的保险公司采取必要措施，以保护被保险人的利益，恢复保险公司的正常经营。被接管的保险公司的债权债务关系不因接管而变化。接管期限届满，保险监督管理部门可以决定延期，但接管期限最长不得超过 2 年。接管组织的组成和接管的实施办法，由保险监督管理部门决定，并予以公告。接管期限届满，被接管的保险公司一经恢复正常经营能力的，保险监督管理部门可以决定接管终止。接管组织认为被接管的保险公司的财产已不足以清偿债务的，经保险监督管理部门批准，依法向人民法院申请宣告该保险公司破产。

【思考题】

1. 简述最大诚信原则对保险合同当事人的要求。

2. 试述保险合同的代位求偿权。

3. 试述人身保险合同与财产保险合同的区别。

4. 试述保险公司的业务范围。

5. 简述保险公司资金运用应遵循的原则。

6. 甲公司有一座仓库，董事会责成经理对仓库投保火灾险。公司经理在保险公司陈述时称仓库堆放金属零件和少量的润滑油，没有其他易燃易爆物品。保险公司以该仓库处在居民区，周围的火源比较多，为安全起见，反复声明易燃易爆物品与仓库安全的意义，但甲公司经理称没有问题。保险公司遂与甲公司订立了仓库火灾保险合同。在合同生效的第二个月，保险公司发现该仓库里还堆放了 2 吨香蕉水，香蕉水属于高度危险物品，保险公司当即要求甲公司将香蕉水立即转移出去，但甲公司表示没有其他仓库存放，拒绝转移香蕉水，保险公司遂解除了该保险合同。在合同解除的第三天，仓库发生火灾，损失 100 万元。甲公司认为保险合同是双方签订的，保险公司无权单方解除，所以合同继续有效，保险公司应当赔偿损失。

试分析：

(1) 甲公司投保时的陈述是否符合保险法的规定?

(2) 保险公司在订立保险合同时的说明有何意义?

(3) 甲公司在仓库里堆放香蕉水属于保险法规定的何种行为?

(4) 保险公司能否单方面解除保险合同?

(5) 甲公司能否要求保险公司赔偿损失?

第十五章　会计与审计法律制度

【学习要点】

- 会计法的基本原则
- 会计管理体制
- 审计机关的职责、权限和程序
- 注册会计师的法律责任

会计法和审计法都属于经济监督法的范畴，是对企事业单位、国家机关的经济活动进行有效管理监督的重要法律手段。会计监督是指会计机构和会计人员通过会计手续对经济活动的合法性、合理性和有效性进行的一种监督。审计监督是指审计机构和审计人员通过检查会计账目等手段，对财政财务收支的真实、合法、效益进行的经济监督。会计和审计监督有利于保障会计资料的真实、完整，提高企业的经济效益，维护国家财政经济秩序，促进廉政建设，维护社会主义市场经济秩序，是我国经济法的重要组成部分。

第一节　会计法

一、会计法概述

（一）会计与会计法

会计是以货币为计量单位，采用专门方法，对经济业务活动进行记录、分析和检查，作出预测，参与决策，实行监督的一种管理活动，其基本任务为会计核算和会计监督。

会计法是调整会计关系的法律规范的总称。会计关系是指会计机构、会计人员在办理会计事务过程中发生的经济关系，以及国家在监督管理会计工作中发生的经济关系。会计法有广义和狭义之分。广义的会计法，即实质意义上的会计法，是指国家颁布的有关会计方面的法律、法规和规章的总称。狭义的会计法是专指全国人民代表大会常务委员会通过的《中华人民共和国会计法》（以下简称《会计法》）。

《会计法》于1985年1月21日由第六届全国人民代表大会常务委员会第九次会议通过，分别在1993年12月和1999年10月对其进行了修订。现行《会计法》共7章52条，主要对会计工作总的原则、会计核算、会计监督、会计机构、会计人员和法律责任等作了详细规定。《会计法》是会计工作的基本法律依据。它以法律的形式确定了会计工作的地位、任务和作用，规定了会计工作的基本准则。

与《会计法》配套的行政法规、部门规章有《总会计师条例》（1990年12月31日国务院发布），《企业财务报告条例》（2000年6月21日国务院发布），《企业会计总则》，《企业财务通则》（1992年11月30日财政部发布），《代理记账管理暂行办法》（1994年

6 月23 日财政部发布)，《会计电算化管理办法》(1994 年6 月30 日财政部发布)。

（二）会计法的立法宗旨

《会计法》第一条开宗明义，表明了会计法的立法宗旨是“为了规范会计行为，保证会计资料的真实、完整，加强会计管理和财务管理，提高经济效益，维护社会主义市场经济秩序”。显然，立法者针对我国会计资料失真这一最突出问题，将保证会计资料的真实、完整作为《会计法》的一项立法宗旨，以利于发挥会计工作在国家宏观调控和企业微观管理中的基础作用。

（三）会计法的适用范围

《会计法》适用于在中华人民共和国领域内办理会计业务的自然人和法人。包括两类：一是办理会计事务的单位和个人，如国家机关、社会团体、企业事业单位、个体工商户和其他组织；二是主管机关及其他有关机关，如各级财政部门、税务部门和业务主管部门。

二、会计工作管理体制

会计工作管理体制是指会计工作的管理制度和管理方法。我国会计工作管理体制的总原则是“统一领导、分级管理”。具体包括会计工作的主管部门、会计制度的制定权限和会计人员的管理三个方面。

（一）会计工作的主管部门

会计工作由财政部门管理。我国《会计法》第五条规定，国务院财政部门管理全国的会计工作。地方各级人民政府的财政部门管理本地区的会计工作。

（二）会计制度的制定权限

会计制度是指政府管理部门对处理会计事务工作所作的规章、准则、办法等规范性文件的总称。

会计法规定，国家统一的会计制度，由国务院财政部门制定；国务院有关部门在同会计法和国家统一的会计制度不相抵触的前提下，可以制定对会计核算和会计监督有特殊要求的行业实施国家统一的会计制度的具体办法或者补充规定，但须报国务院财政部门审核批准；人民解放军总后勤部可以依照会计法和国家统一的会计制度，制定军队实施国家统一的会计制度的具体办法，报国务院财政部门备案。

（三）会计机构和会计人员

1. 会计机构和会计人员的设置

各单位应根据会计业务的需要，设置会计机构，或者在有关机构中设置会计人员并指定会计主管人员。设置会计机构，应当配备会计机构负责人，在有关机构中配备专职会计人员，应当在专职会计人员中指定会计主管人员。不具备设置会计机构和配备会计人员条件的单位，应当根据有关规定委托经批准设立从事会计代理记账业务的中介机构代理记账。

国有的和国有资产占控股地位或者主导地位的大、中型企业必须设置总会计师，总会计师由具有会计师以上专业技术资格的人员担任。总会计师组织领导本单位的财务管理、成本管理、预算管理、会计核算和会计监督等方面的工作，具体组织本单位执行国家有关财经法律、法规、方针、政策和制度，保护国家财产。总会计师的职权受国家法律保护。

会计机构内部应建立稽核制度，以防止会计核算工作中的差错和有关人员的舞弊行为，提高会计核算工作的质量。会计稽核制度主要内容是：稽核工作的组织形式和具体分工；稽核工作的职责、权限；审核会计凭证和复核会计账簿、会计报表的方法。各单位应当根据分权牵制的原理将出纳与不相容的职务严格分离，加强内部控制，避免出现错误与舞弊。与出纳不相容的职务包括稽核、会计档案保管、收入、支出、费用、债权债务账目的登记等。

2. 会计人员

按照《会计法》的规定，从事会计工作的人员必须取得会计从业资格证书。担任单位会计机构负责人的，除取得会计从业资格证书外，还应当具备会计师以上专业技术职务或者从事会计工作3年以上经历。从事会计电算化工作的会计人员，还必须具有计算机知识和经过会计电算化的培训。会计人员应当遵守职业道德，提高业务素质。会计证是具备一定会计专业知识和技能的人员从事会计工作的资格证书，未取得会计证的人员，各单位不得任用其担任会计岗位工作。

国家财政部门对会计证实行注册登记和年检考核制度，并通过教育、培训等方式加强对会计人员的后续职业教育，以适应社会经济对会计工作的发展要求。会计人员应当依法履行职责，因有提供虚假财务会计报告，做假账，隐匿或者故意销毁会计凭证、会计账簿、财务会计报告，贪污、挪用公款，职务侵占等与会计职务有关的违法行为，依法被追究刑事责任的，不得取得或者重新取得会计从业资格证书。另外，因违法违纪行为被吊销会计从业资格证书的人员，自被吊销会计从业资格证书之日起5年内，不得重新取得会计从业资格证书。

会计人员调动工作或者离职的，必须与接管人员办清交接手续。一般会计人员办理交接手续，由会计机构负责人（会计主管）监交；会计机构负责人（会计主管人员）办理交接手续的，由单位负责人监交，必要时主管单位可以派人会同监交。

三、会计核算

（一）会计核算的概念

会计核算，是指以货币为主要计量单位，运用一系列会计专门方法，对单位的经济事项所进行的连续、全面、系统、综合的记录和计算，并据以编制财务会计报表的一项管理活动。它是会计工作的一项基本职能。

（二）会计核算的内容

我国《会计法》第十条对会计核算的内容规定为下列事项：①款项和有价证券的收付；②财物的收发、增减和使用；③债权债务的发生和结算；④资本、基金的增减和经费的收支；⑤收入、费用、成本的计算；⑥财务成果的计算和处理；⑦其他需要办理会计手续、进行会计核算的事项。

（三）会计核算的原则

为解决会计核算虚假的突出问题，《会计法》第九条规定：“各单位必须根据实际发生的经济业务事项进行会计核算，填制会计凭证，登记会计账簿，编制财务会计报告。任何单位不得以虚假的经济业务事项或者资料进行会计核算。”由此，会计核算必须遵循真实性原则。所谓真实性原则，就是指会计主体提供的会计信息，必须以实际发生的经济业务及证明经济业务发生的合法凭证为依据，如实反映会计主体的财务状况或者经营成果。

（四）会计核算的具体要求

1. 对会计凭证的基本要求

会计凭证是记录经济业务发生和完成情况的书面证明，是登记账簿的重要依据。会计凭证依据其内容和作用划分，可分为原始凭证和记账凭证两大类。《会计法》规定，单位办理相关经济业务事项，必须填制或者取得原始凭证并及时送交会计机构。会计机构、会计人员必须按照国家统一的会计制度的规定对原始凭证进行审核，对不真实、不合法的原始凭证有权不予接受，并向单位负责人报告；对记载不准确、不完整的原始凭证予以退回，并要求按照国家统一的会计制度的规定更正、补充。原始凭证记载的各项内容均不得涂改；原始凭证有错误的，应当由出具单位重开或者更正，更正处应当加盖出具单位印章。原始凭证金额有错误的，应当由出具单位重开，不得在原始凭证上更正。记账凭证应当根据经过审核的原始凭证及有关资料编制。

2. 会计账簿登记的要求

会计账簿是由具有专门格式而又相互联结的若干账页所组成的，分类地记载各项经济业务的簿籍，包括总账、明细账、日记账和其他辅助性账。《会计法》要求，会计账簿登记，必须以经过审核的会计凭证为依据，并符合有关法律、行政法规和国家统一的会计制度的规定。会计账簿应当按照连续编号的页码顺序登记，使用电子计算机进行会计核算的，其会计账簿的登记、更正，应当符合国家统一的会计制度的规定。

3. 账簿核对的规定

账簿核对，简称对账，包括账证核对、账账核对和账实核对。《会计法》要求各单位应当定期将会计账簿记录与实物、款项及有关资料相互核对，保证会计账簿记录与实物、款项的实有数额相符、会计账簿记录与会计凭证的有关内容相符、会计账簿之间相对应的记录相符、会计账簿记录与会计报表的有关内容相符。

4. 财务会计报告的规定

财务会计报告应当根据经过审核的会计账簿记录和有关资料编制，并符合会计法和国家统一的会计制度关于财务会计报告的编制要求、提供对象和提供期限的规定；其他法律、行政法规另有规定的，从其规定。

财务会计报告由会计报表、会计报表附注和财务情况说明书组成，并应由单位负责人和主管会计工作的负责人、会计机构负责人（会计主管人员）签名并盖章；设置总会计师的单位，还须由总会计师签名并盖章。单位负责人应当保证财务会计报告真实、完整。

向不同的会计资料使用者提供的财务会计报告，其编制依据应当一致。有关法律、行政法规规定须经注册会计师审计的，注册会计师及其所在的会计师事务所出具的审计报告应当随同财务会计报告一并提供。

各单位采用的会计处理方法，前后各期应当一致，不得随意变更；确有必要变更的，应按制度规定变更，并将变更的原因、情况及影响在财务会计报告中说明。

5. 会计年度和记账本位币

会计年度是以年为单位进行会计核算的时间区间。《会计法》规定，我国以公历年度为会计年度，即公历 1 月 1 日至公历 12 月 31 日为一个会计年度。记账本位币是指用于日常登记账簿和编制会计报表用以计量的货币。《会计法》规定，会计核算以人民币为记账本位币，业务收支以人民币以外的货币为主的单位，可以选定其中一种货币作为记账本位币，但是编制的财务会计报告应当折算为人民币。

6. 会计记录的文字及档案

会计记录的文字应当使用中文。民族自治地方可以同时使用当地通用的一种民族文字。我国境内的外商投资企业、外国企业和其他外国组织的会计记录可以同时使用一种外国文字。

各单位对会计凭证、会计账簿、财务会计报告和其他会计资料应当建立档案，妥善保管。会计档案的保管期限和销毁办法，由国务院财政部门会同有关部门制定。

（五）公司、企业核算的特别要求

《会计法》针对公司、企业会计核算的特殊性，在第三章作了若干特殊规定。公司、企业必须根据实际发生的经济业务事项，按照国家统一的会计制度的规定确认、计量和记录资产、负债、所有者权益、收入、费用、成本和利润。

公司、企业进行会计核算不得有下列行为：①随意改变资产、负债、所有者权益或者计量方法，虚列、多列、不列或者少列资产、负债、所有者权益；②虚列或者隐瞒收入，推迟或者提前确认收入；③随意改变费用、成本的确认标准或者计量方法，虚列、多列、不列或者少列费用、成本；④随意调整利润的计算、分配方法，编造虚假利润或者隐瞒利润；⑤违反国家统一的会计制度规定的其他行为。

四、会计监督

会计监督是会计工作的另一项基本职能。会计监督按监督主体不同，分为内部监督和外部监督。

（一）内部会计监督制度

单位内部会计监督，是指各单位内部的会计机构、会计人员在日常会计工作中对本单位经济活动所进行的监督。

（1）内部会计监督的主体和对象。单位内部会计监督的主体是各单位内部的会计机构和会计人员，监督的对象是本单位的经济活动，包括对原始凭证、会计账簿的监督，对实物、款项的监督，对财务报告、财务收支的监督等。

（2）内部会计监督的要求。《会计法》第二十七条对各单位建立、健全内部会计监督制度提出了四项要求：一是记账人员与经济业务事项和会计事项的审批人员、经办人员、财物保管人员的职责权限应当明确，并相互分离、相互制约；二是重大对外投资、资产处置、资金调度和其他重要经济业务事项的决策和执行的相互监督、相互制约程序应当明确；三是财产清查的范围、期限和组织程序应当明确；四是对会计资料定期进行内部审计的办法和程序应当明确。

（3）单位负责人的义务和会计机构、会计人员的职权。为保障会计人员依法进行会计监督，《会计法》新增加了单位负责人义务的规定。单位负责人在会计监督方面的义务主要有两条：一是应当保证会计机构、会计人员依法履行职责；二是不得授意、指使、强令会计机构、会计人员违法办理会计事项。会计机构、会计人员在会计监督方面的职权主要是，发现会计账簿记录与实物、款项及有关资料不相符的，按照国家统一的会计制度的规定有权自行处理的，应当及时处理；无权处理的，应当立即向单位负责人报告，请求查明原因，作出处理。

（二）外部会计监督

（1）国家监督。国家监督除财政部门的监督外，还包括审计、税务、人民银行、证券监管、保险监管、金融监管等部门的会计监督。其中财政部门对各单位的会计监督主要包括以下内容：①监督各单位是否依法设置会计账簿；②监督各单位的会计凭证、会计账簿、财务会计报告和其他会计资料是否真实、完整；③监督各单位的会计核算是否符合《会计法》和国家统一的会计制度的规定；④监督从事会计工作的人员是否具备从业资格。

审计、税务、人民银行、证券监管、保险监管、金融监管等部门应当根据有关法律、行政法规规定的职责，对有关单位的会计资料实施监督检查。

（2）社会监督。社会监督即会计中介机构的会计监督。《会计法》第三十一条规定，有关法律、行政法规规定，必须经注册会计师进行审计的，应当向受委托的会计师事务所提供会计凭证、会计账簿、财务会计报告和其他会计资料以及有关情况。任何单位或者个人不得以任何方式要求或者示意注册会计师及其所在的会计师事务所出具不实或者不当的审计报告。同时，财政部门有权对会计师事务所出具报告的程序和内容进行监督。

五、违反会计法的法律责任

《会计法》第六章具体规定了各类会计违法、犯罪行为的法律责任。有以下违反《会计法》行为的，依法必须承担行政责任，构成犯罪的，依法追究刑事责任：

（1）不依法进行会计管理、核算和监督的行为。包括不依法设置会计账簿，私设会计账簿，未按照规定填制、取得原始凭证或者填制、取得的原始凭证不符合规定的等10种行为。

（2）隐匿或者故意销毁依法应当保存的会计资料的行为。

（3）授意、指使、强令会计机构、会计人员及其他人员伪造、变造、编制、隐匿、故意销毁会计资料的行为。

（4）单位负责人对会计人员进行打击报复的行为。

（5）其他违反会计法的行为。一是财政部门及有关行政部门的工作人员在实施监督管理中滥用职权、玩忽职守、徇私舞弊或者泄露国家秘密、商业秘密的行为；二是违反会计法的规定，将检举人姓名和检举材料转给被检举单位和被检举人个人的行为。

对于上述各类违法行为，根据不同主体分别采取通报、责令限期改正、罚款、行政处分、吊销会计从业资格证书以及刑事责任等处罚。违反《会计法》规定，同时违反其他法律规定的，由有关部门在各自职权范围内依法进行处罚。

第二节　审计法

一、审计法概述

（一）审计和审计法

审计是一项具有独立性的经济监督活动。它是由独立于被审计单位的专职机构和人员，对被审计单位的财政、财务收支活动及其有关的经济活动的真实、合法和效益情况进行检查、评价、公证的一种监督活动。审计包括国家审计、社会审计和单位内部审计三种类型。

审计法有广义和狭义之分。广义的审计法是调整审计关系的法律规范的总称。审计关系是一种经济监督关系，发生于审计主体与被审计单位之间，是从事审计工作的专职机构和专业人员在审计过程中以及国家在管理审计工作的过程中发生的经济关系。它表现于我国宪法、法律、行政法规、地方性法规、行政规章等规范性文件中的审计法律规范中。狭义的审计法是指1994年8月31日第八届全国人民代表大会常务委员会通过，2006年2月28日第十届全国人民代表大会常务委员会第二十次会议修正的《中华人民共和国审计法》（以下简称《审计法》）。

（二）审计法的特征

审计法是我国法律体系中相对独立的一个分支。与其他法律部门相比，它具有以下特征：

（1）审计法的经济性。审计法不同于传统意义上的行政法，审计法的本质就在于运用法律手段解决经济问题。审计法所调整的审计关系是经济领域中发生的经济监督关系，是为了实现一定的经济目的，即严肃财经法纪，提高经济效益。

（2）审计法的隶属性。审计法调整的审计关系不同于民商事法律关系。民商法调整的民商事法律关系具有平等性和自愿性的特点，而审计法所调整的审计关系，本质上是一种行政上的监督与被监督的关系，表现为国家对社会经济生活的管理、控制，属于经济法的范畴。

（3）审计法的综合性。审计法规定的审计机关的任务是综合的，它包括财政监督、税务监督、金融监督、物价监督、工商行政监督等多方面的经济监督，监督对象包括与政府财政部门直接发生预算缴款、拨款关系的国家机关、军队、政党组织和社会团体以及企业事业单位。

（三）审计法的立法宗旨和实施范围

我国审计法的立法宗旨是为了加强国家的审计监督，维护国家财政经济秩序，提高财政资金使用效益，促进廉政建设，保障国民经济和社会健康发展。

我国审计法的实施范围是，国务院各部门和地方各级人民政府及其各部门的财政收支，国有的金融机构和企业事业组织的财务收支，以及其他依照该法规定应当接受审计的财政收支、财务收支，都应当接受审计监督。

二、国家审计

国家审计是指国家审计机关和审计人员依法对被审计单位的财政收支、财务收支的真实合法和效益进行评价和审查的经济监督活动。

（一）审计机关和审计人员

审计机关是代表国家执行审计监督权的国家行政机关，它具有宪法赋予的独立性和权威性，实行统一领导、分级负责的原则。

国务院设审计署，在国务院总理领导下，主管全国的审计工作；省，自治区，直辖市，设区的市、自治州、县、自治县，不设区的市，市辖区的人民政府的审计机关，分别在省长、自治区主席、市长、州长、县长、区长和上一级审计机关的领导下，负责行政区域内的审计工作。审计机关也可以根据工作需要，经本级人民政府批准，可以在其审计管辖的范围内设立派出机构。派出机构根据审计机关的授权，依法进行审计工作。

地方各级审计机关对本级人民政府和上一级审计机关负责并报告工作，审计业务以上一级审计机关领导为主。

审计人员应当具备与其从事的审计工作相适应的专业知识和业务能力。审计人员依法执行职责，并受法律保护，任何组织和个人不得拒绝、阻碍审计人员依法执行职务，不得打击报复审计人员。审计人员的法定义务是依法审计、忠于职守、坚持原则，客观公正、实事求是、廉洁奉公，对在执行职务中知悉的国家秘密和被审计单位的商业秘密，负有保密的义务。审计人员办理审计事项时，与被审计单位或者审计事项有利害关系的人员，应当回避。

（二）审计机关的职责

根据《审计法》的规定，审计机关有以下职责：

（1）审计署在国务院总理领导下，对中央预算执行情况和其他财政收支情况进行审计监督，向国务院总理提出审计结果报告，对中央银行的财务收支，进行审计监督。

（2）地方各级审计机关分别在省长、自治区主席、市长、州长、县长、区长和上一级审计机关的领导下，对本级预算执行情况和其他财政收支情况进行审计监督，向本级人民政府和上一级审计机关提出审计结果报告。并对下列事项进行审计监督：①国有金融机构的资产、负债、损益；②国家的事业组织和使用财政资金的其他事业组织的财务收支；③国有企业的资产、负债、损益（特别是与国计民生有重大关系的国有企业、接受财政补贴较多或者亏损数额较大的国有企业，以及国务院和本级地方政府指定的其他国有企业）；④国有资产占控股地位或者主导地位的企业的资产、负债、损益；⑤国家建设项目预算的执行情况和决算；⑥政府部门管理的和社会团体受政府委托管理的社会保障基金、环境保护资金、社会捐赠资金以及其他有关基金、资金的财务收支；⑦国际组织和外国政府援助、贷款项目的财务收支；⑧国家机关和依法属于审计机关审计监督对象的其他单位的主要负责人，在任职期间对本地区、本部门或者本单位的财政收支、财务收支以及有关经济活动应负经济责任的履行情况；⑨法律、行政法规规定应由审计机关进行审计的其他事项。

（三）审计机关的权限

根据《审计法》的规定，政府审计机关有以下权限：

（1）审计机关有权要求被审计单位按照审计机关的规定提供预算或者财务收支计划、预算执行情况、决算、财务会计报告，运用电子计算机储存、处理的财政收支、财务收支电子数据和必要的电子计算机技术文档，在金融机构开立账户的情况，社会审计机构出具的审计报告，以及其他与财政收支或者财务收支有关的资料，被审计单位不得拒绝、拖延、谎报。

（2）审计机关进行审计时，有权检查被审计单位的会计凭证、会计账簿、财务会计报告和运用电子计算机管理财政收支、财务收支电子数据的系统，以及其他与财政收支、财务收支有关的资料和资产，被审计单位不得拒绝。

（3）审计机关进行审计时，有权就审计事项的有关问题向有关单位和个人进行调查，并取得有关证明材料。有关单位和个人应当支持、协助审计机关工作，如实向审计机关反映情况，提供有关证明材料。

（4）审计机关对被审计单位正在进行的违反国家规定的财政收支、财务收支行为，有权予以制止；制止无效的，经县级以上人民政府审计机关负责人批准，通知财政部门和有关主管部门暂停拨付与违反国家规定的财政收支、财务收支行为直接有关的款项，已经拨付的，暂停使用。

(5) 审计机关认为被审计单位所执行的上级主管部门有关财政收支、财务收支的规定与法律、行政法规相抵触的，应当建议有关主管部门纠正；有关主管部门不予纠正的，审计机关应当提请有权处理的机关依法处理。

对于审计结果，审计机关可以向政府有关部门通报或者向社会公布。但应依法保守国家秘密和被审计单位的商业秘密，并遵守国务院有关规定。

(四) 审计程序

可以分为以下步骤：第一，组成审计组，向被审计单位送达审计通知书；第二，派出审计组对审计事项实施审计；第三，审计组向审计机关提出审计报告，审计机关据此出具审计意见书及审计决定；第四，审计机关将审计意见书和审计决定书送达被审计单位和有关单位。审计决定自送达之日起生效。

三、单位内部审计

单位内部审计，是指部门、单位为了加强内部的管理和监督，维护财经纪律，改善经营管理，提高经济效益而在内部设立的专职机构或者人员所进行的监督评价工作。《审计法》第二十九条规定："依法属于审计机关审计监督对象的单位，应当按照国家有关规定建立健全内部审计制度；其内部审计工作应当接受审计机关的业务指导和监督。"

根据国家审计署《关于内部审计工作的决定》规定，下列部门或者单位应设立独立的内部审计机构：①审计机关未设立派出机构的政府部门；②国有金融机构；③国有大中型企业；④有国有资产的其他大中型企业；⑤国家大型基建项目的建设单位；⑥财务收支金额较大的国家事业单位；⑦其他需要设立内部审计机构的单位。内部审计业务较少的单位，可以设置专职的内部审计人员。

单位内部审计机构在本单位主要负责人的直接领导下进行内部审计监督，独立行使内部审计职权，对本单位领导机构负责并报告工作。各部门、国有的金融机构和企业事业组织的内部审计，应当接受审计机关的业务指导和监督。

四、社会审计

社会审计是指社会审计组织依法独立承办审计查证和咨询服务的审计监督活动。社会审计是受国家审计机关或部门、单位的委托所进行的审计工作。

社会审计组织是指根据国家法律或条例规定，经政府有关部门审核，注册登记的会计师事务所和审计事务所。社会审计人员主要由注册会计师组成。在我国，注册会计师考试合格者只取得注册会计师的资格，只有加入会计师事务所，从事审计业务工作两年以上的，并具备相应的业务能力，才能准予注册成为执业注册会计师。

社会审计的业务范围是根据审计法规和其他经济法规而确定的。具体包括：审计业务；会计咨询业务；股份制试点企业有关业务。

社会审计组织的职权包括：社会审计组织接受国家机关委托办理业务，根据业务需要，有权查阅有关财务会计资料和文件，查看业务现场和设施，向有关单位和个人进行调查与核实。其他委托人委托社会审计机构办理业务，需要查阅资料、文件和进行调查的，按照依法签订的业务约定书的约定办理。

审计机关对社会审计组织承担的资产评估、验资、验证、会计、审计等业务所出具的证明文件是否真实、合法进行监督检查。

五、违反审计法的法律责任

《审计法》第四十一条至第五十一条分别对被审计单位各类违法行为所承担的法律责任作了具体规定。包括：责令改正、给予警告、通报批评，对直接责任的主管人员和其他直接责任人员给予行政处分的建议，责令限期退还被侵占的国有资产、退还违法所得，处以违法所得1倍以上5倍以下的罚款，或处以5万元以下的罚款等。对违反审计法律、法规的行为，构成犯罪的，依法追究刑事责任。

审计机关的审计报告、审计决定确有错误的，应当依法改正。审计人员滥用职权、徇私舞弊、玩忽职守，构成犯罪的，依法追究刑事责任；不构成犯罪的，给予行政处分。

第三节　注册会计师法

一、注册会计师法概述

（一）注册会计师的概念

注册会计师是依法取得注册会计师资格证书并接受委托从事审计和会计咨询、会计服务业务的执业人员。

注册会计师从事的审计业务是独立审计业务，即注册会计师是独立于委托人和会计用户，包括政府、企事业单位、社会团体、其他经济组织等会计单位之外的第三人。尽管注册会计师的审计必须有委托人的授权委托，但其业务开展是以独立审计准则为依据，对委托人以往经济活动所产生的经济效果以出具审计报告的形式作出客观、公正的反映或评价。

（二）注册会计师法的概念

注册会计师法是调整注册会计师在执行业务过程中所发生的经济关系的法律规范的总称。为适应对外开放的需要，我国于1980年恢复、重建注册会计师制度。国务院于1986年7月3日发布了《注册会计师条例》。为了进一步发挥注册会计师在社会经济活动中的鉴证和服务作用，加强对注册会计师的管理，维护社会公共利益和投资者的合法，促进市场经济的健康发展，1993年10月31日，全国人民代表大会常务委员会通过了《中华人民共和国注册会计师法》（以下简称《注册会计师法》）。

二、注册会计师管理体制

（一）管理体制模式

注册会计师属于一种自由职业。然而，这种职业具有很强的社会服务与监督功能，社会公共性特征突出，通过注册会计师的执业活动，能满足社会经济活动对会计信息真实、完整性的要求，扼制经济犯罪的发生。我国对注册会计师的管理，参照了西方发达国家的经验，选择了政府监督指导、行业自律管理相结合的管理体制。具体做法为：国家财政部和各省、自治区、直辖市人民政府财政部门，依法对注册会计师、会计师事务所和注册会计师协会进行监督、指导；注册会计师要加入会计师事务所，方能执业；注册会计师事务所，要经批准才能成立；由注册会计师组成注册会计师协会，分为全国组织和省一级组织，依法实行自律性管理。

（二）注册会计师资格的取得和注册

我国实行注册会计师全国统一考试制度。具有高等专科以上学校毕业的学历，或者具有会计或者相关专业中级以上技术职称的中国公民，可以申请参加注册会计师全国统一考试；具有会计或者相关专业高级职称的人员，可以免予部分科目的考试。

统考成绩合格，并从事审计业务工作2年以上的，可向省一级注册会计师协会申请注册。准予注册的，还要报国家财政部备案。最后，由注册会计师协会发给经财政部统一制定的注册会计师证书。

受理申请的注册会计师协会对不具有完全民事行为能力的申请；对因受刑事处罚，自刑罚执行完毕之日起至申请注册之日止不满5年的申请；对因在财务、会计、审计、企业管理或者其他经济管理工作中犯有严重错误受行政处罚、撤职以上处分，自处罚、处分决定之日起至申请注册之日止不满2年的；受吊销注册会计师证书的处罚，自处罚决定之日起至申请注册之日止不满5年的；以及由国务院财政部门规定的其他不予注册的情形的，不予注册。

已取得注册会计师资格的，如有下列情况，由准予注册的注册会计师协会撤销注册，收回注册会计师证书：完全丧失民事行为能力的；受刑事处罚的；因在财务、会计、审计、企业管理或者其他经济管理工作中犯有严重错误受行政处罚、撤职以上处分的；自行停止执行注册会计师业务满1年的。

（三）注册会计师的业务范围

注册会计师的业务范围分为两类：一类是审计业务，另一类是会计服务业务。

（1）审计业务。注册会计师可以承办下列审计业务：①审查企业会计报表，出具审计报告；②验证资本，出具验资报告；③办理企业合并、分立、清算事宜中的审计业务，出具有关的报告；④法律、行政法规规定的其他审计业务。注册会计师依法执行审计业务出具的报告，具有法定的证明效力。如果是违反法律规定出具的有关报告，则不具有法定证明效力。

（2）会计服务业务。注册会计师可以为委托人提供会计、财务管理、税务、投资和经济管理等方面的咨询与服务，如设计财务会计制度，担任会计顾问，代理纳税申报，代办申请注册登记等。

（四）注册会计师的执业规则

注册会计师执业必须遵守以下准则、规则：①依法独立、客观、公正执行业务；②由会计师事务所统一接受客户委托；③需要回避的，实行回避；④严格保守商业秘密；⑤拒绝不合法的委托；⑥在执业期间不得参与委托人、客户的经济事务；⑦按照执业准则、规则确定的工作程序出具报告。

（五）注册会计师的权利和义务

（1）注册会计师的权利。注册会计师执行业务，可以根据需要查阅委托人的有关会计资料和文件，查看委托人的业务现场和设施，要求委托人提供其他必要的协助。

（2）注册会计师的义务。包括：①执行业务时，必须遵守法律和行政法规；②对在执行业务中知悉的商业秘密，负有保密的义务；③执行审计业务，必须按照执业准则、规则确定的工作程序出具报告。

注册会计师不得有下列行为：在执行审计业务期间，在法律、行政法规规定不得买卖被审计单位的股票、债券或者不得购买被审计单位或者个人的其他财产的期限内，买卖被审计单位的股票、债券或者购买被审计单位或者个人所拥有的其他财产；索取、收受委托合同约定以外的酬金或者其他财物，或利用执行业务之便，牟取其他不正当利益；接受委托催收债款；允许他人以本人名义执行业务；以自己能力进行广告宣传以招揽业务；违反法律、法规的其他行为。

（六）会计师事务所

会计师事务所是依法设立并承办注册会计师业务的机构。

会计师事务所的职能主要有：①统一接受客户委托的查账、验证和会计咨询、服务业务，指派注册会计师具体办理；②按照章程组织管理注册会计师的执业活动；③研究注册会计师办理业务的报告，加盖会计师事务所公章；④按照主管部门的标准，统一向客户收费。

会计师事务所受理业务，不受行政区域、行业的限制，但是，法律、行政法规另有规定的除外。会计师事务所有合伙制事务所和负有限责任的会计事务所两种。

合伙制会计师事务所由注册会计师合伙设立，合伙人按照出资比例或者合伙协议的约定，以各自的财产承担民事责任。合伙人对会计师事务所的债务承担连带责任。负有限责任的会计事务所，发起人对会计师事务所的责任以其出资额为限，会计师事务所应以其全部财产对其债务承担民事责任。其设立应当符合下列条件：①不少于 30 万元的注册资本；②有一定数量的专职从业人员，其中至少有 5 名注册会计师；③国家财政部规定的业务范围和其他条件。

会计师事务所执行业务，必须遵守法律、行政法规。会计师事务所对本所注册会计师依照该所与委托人签订的委托合同承办的业务，承担民事责任。会计师事务所必须依法纳税。会计师事务所要按照国务院财政部门的规定建立职业风险基金，为注册会计师办理职业保险。

（七）注册会计师协会

注册会计师协会是由注册会计师组成的自律性社会组织。注册会计师协会依法对社会审计进行行业管理，并依法接受国家财政部、审计署的监督和指导。中国注册会计师协会是注册会计师全国性组织，省、自治区、直辖市注册会计师协会是注册会计师的地方性组织。注册会计师应当加入注册会计师协会。注册会计师协会依法取得社会团体法人资格。中国注册会计师协会的章程由全国会员代表大会制定，并报国务院财政部门备案；省、自治区、直辖市注册会计师协会的章程由省、自治区、直辖市会员代表大会制定，并报省、自治区、直辖市人民政府财政部门备案。

中国注册会计师协会依法拟定注册会计师执业准则、规则，报国家财政部批准后施行。注册会计师协会一方面应当支持注册会计师依法执行业务，维护其合法权益，向有关方面反映其意见和建议；另一方面应当对注册会计师的任职资格和执业情况进行年度检查。

三、违反注册会计师法的法律责任

会计师事务所、注册会计师违法接受委托、违法从事委托业务，故意出具虚假的审计报告、验资报告的，根据不同情况，分别给予警告、罚款、没收违法所得、暂停其业务以至撤销（吊销）其执业证件等处理、处罚。会计师事务所违反《注册会计师法》规定，给委托人、其他利害关系人造成损失的，应当依法承担赔偿责任。

【思考题】

1. 简述会计机构和会计人员的责任。
2. 简述单位内部会计监督的内容。
3. 国家审计监督应如何进一步适应市场经济的发展要求？
4. 如何理解违反注册会计师法的法律责任？
5. 2006 年 1 月，江海食品有限责任公司领导班子换届，新领导班子上任后，作出了精减内设机构的决定，将会计科撤并到企业管理办公室（以下简称“企管办”），同时任命企管办主任王某兼任会计主管人员。会计科撤并到企管办后，原会计科会计继续担任会计并兼任出纳工作。企管办主任王某自参加工作后一直从事文秘工作，为了使王某尽快胜任会计主管人员岗位，企业同意王某半脱产参加会计培训班，尽快取得会计从业资格考试。

该公司撤并会计机构，任命会计主管人员，其会计工作岗位分工是否有违反法律规定之处？请分别说明理由。

第十六章　环境保护法律制度

【学习要点】

- 环境保护法的基本原则
- 环境保护法的主要制度
- 保护和改善环境的主要法律制度
- 防治环境污染和其他公害的法律规定

环境是人类和其他生物赖以生存和发展的客观物质世界，作为一种外部经济效应，环境保护问题无法通过私人之间的谈判来加以解决。因此，为了克服外部经济的负效应，保证社会经济能够得以可持续地向前发展，环境保护立法就成为一国经济立法的重要内容。

第一节　环境保护法概述

一、环境和环境保护

（一）环境

环境是人类和其他生物赖以生存和发展的客观物质世界。环境可分为自然环境和人工环境。

在环境科学中，环境是指“围绕着人群的空间及其中可以直接、间接影响人类生活和发展的各种自然因素的总体”。但环境科学中环境的概念并不完全等同于环境法上的环境概念，《中华人民共和国环境保护法》（以下简称《环境保护法》）第二条规定：“本法所称环境，是指影响人类生存和发展的各种天然的和经过人工改造的自然因素的总体，包括大气、水、海洋、土地、矿藏、森林、草原、野生生物、自然遗迹、人文遗迹、自然保护区、风景名胜区、城市和乡村等。”

（二）环境保护

环境保护是指人们（政府、组织和公民）根据生态平衡等客观规律的要求，自觉采取各种方法、手段和措施解决环境问题，以保护人类赖以生存、发展的客观物质世界的一切活动的总称。其范围很广，包括保护自然资源环境和防治污染环境两大方面；其手段很多，包括行政手段、经济手段、法律手段、科学技术手段、宣传教育手段等；其具体措施办法亦多，包括预防、治理、组织、协调、监测、监督、宣传、教育、理论研究等。在众多的手段措施中，法律手段是最基本、最重要的一种，因此，必须加强环境立法。

二、环境保护法的概念和特征

环境保护法是由国家制定或认可，并由国家强制保证执行的关于保护与改善环境、合理利用自然资源、防治污染和其他公害的法律规范的总称。可见，环境保护法包括了污染防治法和自然资源保护法两方面，其目的是通过防止环境污染和自然环境破坏来保护人类的生存环境，维护生态平衡，协调人类同自然的关系。环境法作为一个新的法学领域，具有以下基本特征：

（1）环境法的调整对象是环境社会关系，这类社会关系的最基本特征在于其与人类生存发展的密切相关性，它既不同于单纯的行政关系，也不同于单纯的经济关系和劳动关系，具有广泛性、复杂性和综合性。

（2）环境法律规范内容特殊，其中包含大量的调整人与自然关系的环境技术规范，法制化的环境技术规范实施的结果有利于全社会。

（3）环境法的表现形式特殊，它是组织法、实体法与程序法的统一体。通常在一个环境法规中既规定环境法主体的组织形式、内部结构、活动原则，又规定环境法主体的权利义务等实体内容，还规定环境行政程序、纠纷处理程序乃至诉讼程序等。

（4）环境法的调整方式特殊，环境法的最终目的在于全面协调人类与环境的关系，但它对环境社会关系的调整具有间接性：一方面，它通过调整与保护改善环境有关的条件，间接地对环境产生影响；另一方面，它通过调整人与人之间的社会关系实现调整人与自然关系的目的。

三、环境保护法的基本原则

《环境保护法》的基本原则是指为我国环境保护法所确认的，并体现环境保护法本质和特征的原则。它贯穿于整个环境法体系，对贯彻和实施环境保护法具有普遍的指导作用。

（一）经济建设与环境保护统一结合、协调发展的原则

《环境保护法》第四条规定："国家制定的环境保护规划必须纳入国民经济和社会发展计划。国家采取有利于环境保护的经济技术政策和措施，使环境保护工作同经济建设和社会发展相协调。"发展经济与保护环境是对立统一的。国家应通过经济政策、计划、科技措施，将经济建设和环境保护统一结合起来；经济组织的领导人也要树立经济效益同环境效益统一的观念，将生产建设同防治污染同步结合进行，把环境保护纳入经济和社会发展计划，纳入有关部门的经济管理与生产活动中去。

（二）全面规划、合理布局的原则

全面规划要求：一方面要把环境保护工作纳入国民经济和社会发展计划之中，要在区域规划、城市整体规划、农村改造规划中考虑环境保护要求，确定环境保护措施；另一方面，环境保护工作本身也必须全面规划，对预防、治理、建立机构、确立制度等，都要作出全面安排。

合理布局是全面规划的重要内容，布局主要是工业布局，它是影响环境质量的主要因素。要统筹安排，严格把关，合理分散，均衡布点，最大限度地预防和减少工业"三废"。

（三）预防为主、防治结合、系统综合治理的原则

环境污染损害的特点是损害容易治理难，因而，在环境保护工作中应注意采取防范性措施，防止环境损害的发生；而对于已经发生的环境污染与破坏，要采取积极的治理措施。西方工业国家在经济发展过程中，大都走过了一条“先污染后治理”的道路，其中的教训是经济的发展如果是以牺牲环境为代价，其后果是会使社会和经济为之付出巨大代价。作为一个发展中国家，我国在资金、技术方面受到很多限制，采取预防为主的原则，就可以尽量避免环境损害或将其消除于生产过程之中，做到防患于未然；对已经发生的或不可避免的污染要采取各种措施，积极治理，综合管理，以管促防，以管促治。

（四）“谁污染谁治理”的原则

此原则是指凡是造成环境污染危害的组织或个人，都负有治理环境污染和补偿环境损失的责任。这一原则既是明确污染者须负治理的责任，也是部分解决补偿环境损失的资金来源问题。

这一原则与国外的“污染者负担”原则、“污染者支付费用”原则有所不同，它不仅要解决污染治理费用问题，更着重于要求污染者承担积极治理的责任。

（五）环境责任制原则

环境是有关整个社会、全体居民的整体利益的，有关社会发展和子孙后代的长远利益的根本大事。因此，所有组织和个人都要个个负责、层层负责，建立起环境责任制来。其中，政府要在整体上对环境质量负责。环境保护涉及各个部门、各个地方，也只有政府才有可能承担起防治环境问题的总责。

（六）环境公众参与原则

这项原则是指，环境保护法鼓励广大群众积极参与环境保护事业，保护公众对污染和破坏环境的行为依法进行监督的权利。公众参与原则在我国现行环境保护法中表现在两个方面：①任何公民和社会组织都享有保护环境的权利，同时也负有保护环境的义务。《环境保护法》第六条规定：“一切单位和个人都有保护环境的义务，并有权对污染和破坏环境的单位和个人进行检举和控告。”吸收广大人民群众参加环境管理，既是保证人民群众当家做主和保护公民环境权益的需要，也是充分发扬民主，搞好环境保护工作的重要途径。②充分保障公民的环境保护参与权，规范公众参与的各种途径和程序。如《环境保护法》规定了定期发布环境状况公报制度，旨在使广大群众认识到环境问题的严重性及保护环境的迫切性，以真正发挥人民群众的监督作用。

四、环境监督管理体制

环境监督管理体制是指国家为了保护环境、防治污染而建立的监督管理系统、机构及其工作活动方式的统称。

我国《环境保护法》第七条确立了我国环境监督管理体制：国务院环境保护行政主管部门，对全国环境保护工作实施统一监督管理；县级以上地方人民政府环境保护行政主管部门，对本辖区的环境保护工作实施统一监督管理；国家海洋行政主管部门、港务监督、渔政渔港监督、军队环境保护部门和各级公安、交通、铁道、民航管理部门，依照有关法律的规定对环境污染防治实施监督管理；县级以上人民政府的土地、矿产、林业、农业、水利行政主管部门，依照有关法律的规定对资源的保护实施监督管理。

跨地区的环境防治工作，由有关地方政府协商解决，或由上级政府协调解决，作出

决定。

五、环境保护法的主要制度

（一）环境影响评价制度

环境影响评价制度是指对可能影响环境的工程建设、开发活动和各种规划，预先进行调查、预测和评价，提出环境影响及防治方案的报告，经主管当局批准才能进行建设。《环境保护法》第十三条规定："建设项目的环境影响报告书，必须对建设项目产生的污染和对环境的影响作出评价，规定防治措施，经项目主管部门预审并依照规定的程序报环境保护行政主管部门批准。经批准后，计划部门方可批准建设项目设计任务书。"

实行环境影响评价制度，可以使决策者不仅考虑建设项目对经济发展是否有利，还要考虑建设项目对周围环境的影响，并且采取必要的防范措施，这样就可以把经济发展和环境保护协调起来。实行环境影响评价制度同时也可以把人类经济活动对环境的影响减少到最低限度，因此，它也是贯彻"预防为主"原则的重要法律制度。

（二）"三同时"制度

"三同时"制度是指一切可能对环境有影响的建设项目，其环境保护设施必须与主体工程同时设计、同时施工、同时投产使用的制度。《环境保护法》第二十六条规定，凡新建、扩建、改建的基本建设项目和技术改造项目、自然开发项目，以及一切可能对环境造成污染和破坏的工程建设，其防治污染和其他公害的设施，必须与主体工程同时设计、同时施工、同时投产的制度。"三同时"制度是我国首创的，是控制新污染源的产生、实现预防为主原则的重要途径。

（三）排污申报登记制度

指排污单位应如实地向当地环境保护部门申报、登记排放污染物的种类、数量和浓度。经环境保护部门或其他指定的监测单位核定后，作为征收排污费的依据。

（四）排污收费制度

排污收费制度又称征收排污费制度，是指国家环境管理机关根据法律规定对排放污染物者征收一定费用的法律制度。我国《环境保护法》第二十八条规定，排放污染物超过国家或者地方规定的污染排放标准的企业事业单位，依照国家规定缴纳超标排污费，并负责治理。1982 年国务院发布的《征收排污费暂行办法》，对征收排污费的目的、原则、对象、依据、标准、增减办法、征收方式以及排污费的使用和管理，都作了明确具体的规定。规定凡超标排放污染物的单位，都要征收排污费。征收后仍未达标的单位，从开征第三年起，每年提高征收标准 5%；如经过治理达标或显著降低排污数量或浓度的，经测实，可停收或减收。对在上述暂行办法公布后新建、扩建、改建的工程项目和挖潜、革新、改造的工程项目排污超标的，以及有污染处理设施而不运行或擅自拆除，排污又超标的，则加倍收费。该暂行办法还规定，排污单位缴纳排污费，并不免除其应承担的治理污染、赔偿损失的责任和法律规定的其他责任。

（五）限期治理制度

限期治理制度是指由国家法定机关对污染严重的项目、行业和区域作出决定，限定其在一定期限内完成环境治理任务，使污染物排放达到治理目标的法律制度。我国《环境保护法》第二十九条规定，对造成环境严重污染的企业事业单位，限期治理。

（六）污染事故报告制度

《环境保护法》第三十一条规定，因发生事故或其他突然性事件，造成或者可能造成污染事故的单位，必须立即采取措施处理，及时通报可能受到污染危害的单位和居民，并向当地环境保护行政主管部门和有关部门报告，接受调查处理。第三十二条还要求县级以上地方政府的环境保护行政主管部门，在环境受到严重污染威胁居民生命财产安全时，必须立即向当地政府报告，由后者采取有效措施，解除或减轻危害。

（七）现场检查制度

《环境保护法》第十四条规定，环境保护行政主管部门或依法行使环境监督管理权的部门，有权对管辖范围内的排污单位进行现场检查。被检查单位应如实反映情况，提供资料。

（八）环境监测制度

环境监测是指根据保护环境和保障人体健康的需要，运用物理、化学、生物等科学技术手段和方法，对环境中的各种要素、环境质量的各种代表值，进行测定、分析、综合、评价判断等一系列活动的总称。我国《环境保护法》第十一条规定，国务院环境保护行政主管部门，应建立监测制度，制定监测规范，会同有关部门组织监测网络，加强对环境监测的管理。

（九）环境调查、评价和发布公报制度

《环境保护法》第十二条和第十一条第二款规定，环境保护行政主管部门应会同有关部门对管辖范围内的环境状况进行调查和评价，拟定环境保护规划；国务院和省级人民政府的环境保护行政主管部门，应定期发布环境状况公报。

（十）许可证制度

环境法中的许可证制度是指，从事可能造成环境不良影响活动的开发、建设或经营者，必须向主管部门提出申请，经审查批准，发给许可证后才能从事该项活动的管理制度。许可证制度便于把各种影响环境的活动严格限制在国家规定的范围内，使国家能有效地进行环境管理活动。

第二节　环境保护基本法律制度

一、保护和改善环境的法律制度

（一）自然生态系统环境的保护和改善

自然生态系统环境是指围绕人类周围的各种自然因素的总和，但成为自然生态系统环境的环境要素主要有大气、水、土地、矿产、森林、草原、野生动植物等。自然生态系统环境保护就是通过人类积极行为，保护、增殖和合理利用自然环境要素，使自然环境保持在生态平衡的水平上，为社会进步、经济发展、人类健康提供必要的条件。

自然生态系统环境保护的主要内容，就是维护自然界的生态平衡，确保自然资源的永续利用，保持自然环境的自净能力，在自然灾害或人为破坏发生时，使自然环境不受或少受危害。从环境保护的观点出发，自然资源是自然环境的组成部分，具有双重属性或功能，它既是人类生存不可缺少的环境条件，具有环境效益，又是人类可以利用的经济资源，因而体现为经济效益。因此，环境保护法特别强调在开发利用自然资源时，充分考虑资源的多种功能，充分发挥资源的综合效益。特别是在我国自然资源的人均占有量十分有限，而人口压力和开发利用规模日益扩大的情况下，只有严格地保护和合理地开发利用自然资源，才能既保证更多的自然资源投入物质生产过程，创造出更多的社会财富，又保持自然资源的潜能，为人类永续利用；同时也有利于保护环境，维护生态系统的良性循环。因而，《环境保护法》第十七条明确规定："各级人民政府对具有代表性的各种类型的自然生态系统区域，珍稀、濒危的野生动植物自然分布区域，重要的水源涵养区域，具有重大科学文化价值的地质构造、著名溶洞和化石分布区、冰山、火山、温泉等自然遗迹，以及人文遗迹、古树名木，应当采取措施加以保护，严禁破坏。"在建设项目的布点时，必须符合经济建设与环境建设同步规划、同步实施、同步发展的总原则。对环境会带来污染的建设项目，必须合理选择建设地址。在生活居住区、文化教育区、疗养区、饮用水源区、风景名胜区，严禁新建、扩建污染和破坏景观的工程项目或设施，禁止各种破坏环境的开发活动，对已建成的要限期治理或搬迁。

（二）农业环境的保护和改善

农业环境是指与农业生物的生长、发育和繁殖密切相关的水、空气、阳光、土壤、森林、草原等要素组成的综合体。农业生产的发展，主要取决于农业生物群体、农业生态结构和农业自然资源之间相互协调、相互适应的程序，以及人类对农业环境的改善程度。由于农业生产与自然条件紧密相连，农业环境质量状况直接制约着农产品的产量和质量，而这些对于人体的健康都有着直接的影响。

保护农业环境的核心是积极保护农业资源，要按照自然生态规律合理调整农业布局和结构，充分利用农业自然资源，实现农业的合理发展。我国作为农业大国，农业环境是农民赖以生存的条件，是维持农业生产的基础。但是近年来，环境污染和生态破坏这两类问题在我国农业环境上都很突出，植被被大量破坏，水土流失严重，自然灾害频繁，长期过量使用化肥和农药，加之乡镇企业的迅速发展造成的污染向农村蔓延，这些都成为我国突出的环境问题。因此，各级人民政府应当加强对农业环境的保护，防治土壤污染、土地沙化、盐渍化、贫瘠化、沼泽化、地区沉降和防治植被破坏、水土流失、水源枯竭、种源灭绝以及其他生态失调现象的发生和发展，推广植物病虫害的综合防治，合理使用化肥、农药及植物生长激素。

（三）海洋环境的保护和改善

为了保护和改善海洋环境，严禁向海洋排放污染物，倾倒废弃物。在进行海岸工程建设和海洋石油勘探开发时，必须依照法律的规定，防止对海洋环境的污染损害。由于海洋自身的运动，不仅在国家管辖海域内的活动可能造成海洋环境污染损害，而且在国家管辖海域外的活动也可能造成国家管辖海域的污染损害。所以，《中华人民共和国海洋环境保护法》规定，在中华人民共和国管理海域外排放有害物质，倾倒废物，造成中华人民共和国管理海域污染损害的，也要依法追究其责任。

（四）城乡环境的保护和改善

城乡环境主要是指以城市和乡镇（主要是建制镇）为中心的，以其周围的土地、水域、大气、动植物等天然因素以及经过人工改造的生产、生活要素等组成的自然与社会的综合体。

城镇是一定区域内政治、经济、文化、教育的中心，人口密集，其环境质量的好坏关系重大。长期以来，我国城乡环境存在着布局结构不合理、污染严重、自然风景保护不力等一系列问题，城乡环境污染给我国的经济发展和人民健康造成了极大的危害。《环境保护法》第二十二条规定："制定城市规划，应当确定保护和改善环境的目标和任务。"第二十三条规定："城乡建设应当结合当地自然环境的特点，保护植被、水域和自然景观，加强城市园林、绿地和风景名胜区的建设。"这是对我国城乡环境保护的基本要求。城乡建设同时要切实保护好当地的风景名胜、文物古迹、自然景观以及各类自然资源。

二、防治环境污染和其他公害的法律规定

（一）污染和公害的定义

环境污染是指因人类生产和生活活动，排出的废弃物超过环境的自净能力，引起环境质量下降、生态平衡失调，从而危害人类及其他生物正常生存和发展的现象。公害，是指由于人类生产和生活活动，使环境质量下降，对人体健康和公共财产所造成的社会性危害。污染是公害的一种，此外，震动、地面沉降、妨碍日照、光害等也属于公害。防治污染和其他公害是指采取综合有效的措施预防污染和其他公害的产生，并对已经形成的污染和其他公害加以治理，以保持和恢复环境的正常状态。

环境污染和公害是我国环境问题的一个重要方面，它不仅对我国的自然环境产生严重的影响，并且制约社会经济的发展，影响民族的健康生存。《环境保护法》对"防治环境污染和其他公害"作了专章规定。此外，我国颁布了《大气污染防治法》、《水污染防治法》、《海洋环境保护法》、《噪声污染防治条例》等一系列防止环境污染和公害的单行法规，系统地规定了我国环境污染防治的法律制度。

（二）防治水污染

水污染是指水体因有毒、有害物质或某种能量、生物释入，导致水质变坏，影响人类对水资源的有效利用，并危害到人体健康，破坏生态平衡的现象。水污染通常可以分为有机有毒物污染、无机有毒物污染、病原体污染、氧化物污染等。《水污染防治法》和国务院《关于防治水污染的技术政策》，对于水污染的防治规定有以下三个方面：

（1）加强对水污染的防治管理。对于新建、扩建、改建排放水污染物的建设项目，必须遵守环境保护管理的规定。在运河、渠道、水库等水利工程内设置排污的，实行"排染许可证"制度。

（2）防治水污染的技术政策。具体包括：①认真做好流域、区域和城市水质管理规划，并纳入经济建设、城乡建设总体规划。②重点保护饮用水源，严防污染。对于城市饮用水源的地表水，地下水分级划定水源保护区。③逐步实行城市污水排放管网化，使城市的污水排放由企业单位单独处理，逐步过渡到以城市汇水区为单元的区域综合治理。

（3）禁止向水体排放、倾倒各类有毒有害物质，防治地表水体和地下水的污染，防止拆船污染水域环境。

（三）防治海洋污染

海洋污染损害，是指由于人们向海洋排入或倾倒有害废弃物质产生的损害海洋生物资源，危害人体健康恶化海水素质，破坏海洋环境质量的后果。损害海洋环境的主要污染源有陆地污染物、石油勘探开发、船舶倾倒废弃物、海洋工程等。防治海洋污染就是防止对海洋环境的污染损害，提高海域的净化能力，提高海洋生态平衡。

防止海洋污染主要包括：①防止海岸工程污染；②防止陆源污染对海洋环境的污染损害；③防止海上固定污染物、流动污染源对海洋环境的污染损害；④防止海洋"倾倒"污染损害海洋环境；⑤防止海洋石油勘探开发对海洋环境的污染损害。

（四）防治大气污染

大气污染，是指大气因某种物质的介入，而导致其化学、物理、生物或放射性等方面特性的改变，从而影响大气的有效利用，危害人体健康或财产安全，以及破坏自然生态系统，造成大气质量恶化的现象。环境污染防治立法中所称的大气污染仅指由人为因素所引起的大气污染，而自然界在自身变化的过程中所发生的大气污染则不是法律控制的对象。

大气污染物的种类主要有粉尘、硫氧化物、氮氧化物、碳氧化物等。大气污染源具体包括工业窑炉、机动车辆、船舶等一切固定源和流动源。防治大气污染就是对一切固定源和流动源的排烟装置排放的有害、有毒烟尘、废气、粉尘和恶臭等进行防治。具体措施包括：①淘汰落后的生产工艺和设备，推行清洁生产。②推广实行清洁能源技术或措施，改善燃料质量和提高能源利用效率。③加强区域性大气污染防治，实行酸雨和二氧化硫控制区划定制度。国务院环保部门会同国务院有关部门，根据气象、地形、土壤等自然条件，对已经产生、可能产生酸雨的地区或其他二氧化硫污染严重的地区，经国务院批准后，可以划定为酸雨控制区域或二氧化硫污染控制区。④国家鼓励、支持生产和使用高标号的无铅汽油，限制生产和使用含铅汽油，以逐步减少直至停止含铅汽油的生产和使用。

（五）防治环境噪音污染

环境噪音，是指在工业生产、建筑施工、交通运输和其他社会活动中产生的影响周围生活环境安静的声音。环境噪音超过国家规定的环境噪音标准，即为环境噪音污染。环境噪声污染的重要特点是：它是一种物理性污染，具有局部性和没有后效的特点，但影响范围广，对人体健康和建筑物产生不良影响。

为依法管理环境噪声，我国先后颁布了《工业企业噪声标准（试行草案）》、《机动车辆允许噪声标准（试行）》、《城市区域环境噪声标准》、《环境噪声污染防治条例》等。《环境噪声污染防治条例》作为我国噪声污染防治的重要法规，规定了噪声污染防治条例的立法目的及原则，规定了环境噪声标准控制、环境噪声监测、排污收费以及现场检查制度，并对工业噪声污染防治、建筑施工噪声污染防治、交通噪声污染防治、社会生活噪声污染防治等作了具体规定。

各级人民政府的环境保护行政主管部门对环境噪声污染防治实施统一监督管理，各级公安、交通、铁道、民航管理部门分别对机动车辆、火车、船舶、航空器产生的环境噪声污染实施监督管理，各级公安部门对社会生活噪声污染实施监督管理。

第三节　违反环境法的法律责任

一、行政责任

《环境保护法》规定，出现下列情况之一的，环境保护行政主管部门或其他依照法律规定行使环境监督管理权的部门可以根据不同情节，给予警告或者处以罚款。

（1）拒绝环境保护行政主管部门或者其他依照法律规定行使环境监督管理权的部门现场检查或者在被检查时弄虚作假的。

（2）拒绝或者谎报国务院环境保护行政主管部门规定的有关污染物、排污物排放申请事项的。

（3）不按国家规定缴纳超标准排污费的。

（4）引进不符合我国环境保护规定要求的技术和设备的。

（5）将产生严重的污染的生产设备转移给没有污染防治能力的单位使用的。

其中拒绝或者谎报国务院环境保护行政主管部门规定的有关污染物、排污物排放申请事项的，处300元以上3 000元以下罚款；不按国家规定缴纳超标准排污费的除追缴排污费或超标排污费及滞纳金外，可并处1 000元以上1万元以下罚款。

未经环境保护行政主管部门的同意，擅自拆除或闲置防治污染的设施，污染物排放超过规定的排放标准的，由环境保护行政主管部门责令重新安装使用，并处以罚款。不按照许可证的规定排放污染物的，可处5 000元以上10万元以下罚款，情节严重的可以吊销排污许可证。

违反环境保护法的规定，造成环境污染事项的企事业单位，由环境保护行政主管部门或者其他依照法律规定行使环境监督管理权的部门根据所造成的危害后果处以罚款。对造成水污染事故的单位，可处以1万元以上5万元以下罚款，因污染事故造成重大经济损失的，按直接损失的30%计算罚款，但最高不得超过20万元。对经限期治理逾期未完成治理任务的企事业单位，除依照国家规定加收超标准排污费外，可以根据所造成的危害后果处以罚款，或者责令其停业、关闭。对于造成环境污染事故情节较重的企事业单位的有关责任人员，由其所在单位或政府主管机关给予行政处分。

当事人对行政处罚决定不服的，可以在接到处罚通知之日起15日内，向作出处罚决定的机关上一级机关申请复议；对复议决定不服的，可以在接到复议决定之日起15日内，向人民法院起诉。当事人可以在接到处罚通知之日起15日内，直接向人民法院起诉。当事人逾期不申请复议，也不向人民法院起诉，又不履行处罚决定的，由作出处罚决定的机关申请人民法院强制执行。

二、民事责任

环境保护法律、法规明确实行无过失责任原则。《水污染防治法》第四十一条规定："造成水污染危害的单位，有责任排除危害，并对直接受到损失的单位或者个人赔偿损失"。水污染危害，无论致害者是否有过失，都应对受害者负赔偿责任。《大气污染防治法》规定，造成大气污染危害的单位和个人有责任排除危害，并对直接遭受损失的单位和个人赔偿损失。

三、刑事责任

环境保护的法律、法规对于"依法追究刑事责任"的原则作了明确规定，违反环境保护法，造成重大环境污染事故，导致公私财产重大损失或者人身伤亡的严重后果的有关责任人员，依法追究刑事责任。环境保护监督管理人员滥用职权、玩忽职守、徇私舞弊，给国家和人民利益造成重大损失，构成犯罪的，依法追究其刑事责任。

【思考题】

1. 简述环境保护法概念和特征。
2. 简述环境保护法的基本原则。

3. 简述环境保护法的主要制度。

4. 简述保护和改善环境的法律制度。

5. 简述防治环境污染和其他公害的法律规定。

6. 2011 年 4 月，某养殖场承包了水库水面养鱼，共放养鱼苗 10 万余尾，半年后某造纸厂在水库上游建成投产，投产后即有一定数量污水沿河道排入水库。不久，养殖场工作人员发现水面上漂浮了很多死鱼，经打捞共有 1 000 余条。养殖场当即通知造纸厂，并要求赔偿损失，而造纸厂却认为其排放污水未超过国家规定的标准，且已交纳了排污费，因此不应承担赔偿责任。环保局调查后认定鱼苗死亡是造纸厂排污所致，但造纸厂排污确实合乎国家规定的标准。养殖场多次找环保局要求解决，但始终没有结果，于是向人民法院起诉。

请问：造纸厂是否应该承担赔偿责任？为什么？

第五编　劳动与社会保障法

第十七章　劳动法律制度

【学习要点】

- 劳动就业制度
- 劳动合同的内容
- 劳动合同的终止和解除
- 工资制度
- 劳动安全卫生保护
- 女职工和未成年工的特殊保护
- 劳动争议处理

劳动与社会保障法是法律体系中的一个重要法律部门，它以劳动与社会保障关系为自己的研究对象。在市场经济条件下，我国的劳动与社会保障关系发生了巨大变化，劳动与社会保障关系复杂多样，劳动力资源配置市场化，劳动关系呈现契约化、法制化。基于对基本人权的保障、劳动与社会保障法保障公民在年老、疾病、失业的情况下和其他需要物质帮助的时候得到物质上的帮助。这一系列的变化和要求使劳动与社会保障法越来越显出它的重要性。

第一节　劳动法概述

一、劳动法的概念及调整对象

劳动法，有的国家又称劳工法，其含义有三种：一是指法律体系中的劳动法律部门，即调整劳动关系以及与劳动关系有密切联系的其他社会关系的法律规范的总称；二是指一个国家的劳动法典；三是指劳动法学或劳动法课程。本章所使用的劳动法概念，仅限于第一种含义。

作为劳动法调整对象的劳动关系，就是指劳动者与用人单位之间为实现劳动过程而发生的劳动力与生产资料相结合的社会关系。《中华人民共和国劳动法》（以下简称为《劳动法》）第二条规定："在中华人民共和国境内的企业，个体经济组织和与之形成劳动关系的劳动者，适用本法。""国家机关、事业组织、社会团体和与之建立劳动合同关系的劳动者、依照本法执行。"据此，在我国现阶段劳动关系主要包括：①在中国境内的各种企业中的劳动关系；②从事合法经营的个体经济组织中的劳动关系；③国家机关，事业组织，社会团体中的劳动关系。但《劳动法》不适用公务员和比照实行公务员制度的事业组织和社会团体的工作人员，以及非农场的农业劳动者、现役军人和家庭保姆等。

与劳动关系有密切联系的社会关系虽然其本身并不是劳动关系，但它们有的是劳动关系产生的前提，有的是劳动关系的直接后果，有的是随着劳动关系而附带发生的关系。这些关系有：①劳动力管理关系，即劳动行政部门与用人单位以及职工之间由于招工、调配和培训劳动力而发生的关系；②劳动保险关系，即国家社会保险机构与用人单位以及职工之间因执行劳动保险而发生的关系；③组织工会和工会活动关系，即工会与职工，用人单位因组织工会，职工参加民主管理，维护职工合法权益而发生的关系；④劳动争议处理关系，即劳动争议仲裁机构或人民法院与用人单位及职工之间由于处理劳动争议而发生的关系；⑤劳动监察关系，即国家劳动监察机关和工会因监督检查劳动法规的执行而同用人单位发生的关系。

二、劳动法的基本原则

劳动法的基本原则是制定劳动法制度和法律规范的指导思想，是调整劳动关系以及与劳动关系有密切联系的其他关系的基本准则。根据我国宪法和劳动法的有关规定，劳动法的基本原则可概括为：

（一）公民有劳动的权利和义务的原则

《中华人民共和国宪法》第四十二条规定：“中华人民共和国公民有劳动的权利和义务。”“劳动是一切有劳动能力的公民的光荣职责。”公民享有劳动权利和义务原则的基本含义为：①每一个有劳动能力的公民均有参加劳动的权利，公民在法律规定的条件下，能够享有平等的就业机会权和选择职业的自主权，国家通过各种方式创造就业条件、促进就业，保障公民劳动权利的实现；②劳动是一切有劳动能力的公民的法定义务，每一个有劳动能力的公民都应该参加劳动，完成劳动任务或工作任务。

（二）保护劳动者合法权益原则

保护劳动者历来是各国劳动法所奉行的主旨。我国宪法对公民作为劳动者所应享有的基本权利作了许多原则性规定，内容相当广泛，包括劳动权、劳动报酬权、劳动保护权、休息权、职业培训权、物质帮助权、企业民主管理权等。劳动法具体落实宪法的这些规定，使劳动者的合法权益受到全面、平等、优先和最基本的保护。

（三）各尽所能，按劳分配原则

《中华人民共和国宪法》第六条规定：“社会主义公有制消灭人剥削人的制度，实行各尽所能，按劳分配的原则。”这一原则的基本要求为：①每一个具有劳动能力的公民，都有劳动的平等权利和义务，都应尽自己的能力为社会劳动，社会则以劳动为尺度，按照劳动的数量和质量分配个人消费品，即劳动报酬，多劳多得；②必须实行同工同酬，不分性别、年龄、民族和种族，等量劳动取得等量报酬。

（四）劳动者享有物质帮助权利原则

物质帮助权是指劳动者在暂时或永久丧失劳动能力时有获得物质帮助的权利，从而使劳动者在生、老、病、死、残等情况下，其本人或其亲属能够获得基本的生活保障。在我国，物质帮助权主要表现为劳动者能够获得社会保险的各种待遇，享受国家提供的社会救济、公费医疗、合作医疗等福利设施。

三、劳动法律关系

（一）劳动法律关系的概念

劳动法律关系是指劳动者与用人单位或个人在实现劳动过程中依据劳动法律规范而形成的劳动权利和劳动义务关系。

（二）劳动法律关系的构成要素

与其他法律关系一样，劳动法律关系也由主体、内容和客体三要素构成。

（1）劳动法律关系的主体，即依照劳动法律规范参与劳动法律关系，并享有权利和承担义务的当事人。劳动法律关系主体一方是劳动者，另一方是用人单位。劳动者和用人单位作为劳动法律关系主体必须具备一定的条件，即必须具备相应的权利能力和行为能力。我国《劳动法》规定，公民参与劳动法律关系必须年满 16 周岁并具有劳动能力，禁止用人单位招用未满 16 周岁的未成年人，法律准许的特殊工种需要招收未成年人的，必须依法履行审批手续，并保障其接受义务教育的权利。

（2）劳动法律关系的内容，即劳动法律关系主体双方依法享有的权利和承担的义务。劳动权利是指劳动法律关系主体依法能够为一定行为或不为一定行为或要求他人为一定行为或不为一定行为的资格。根据《宪法》和《劳动法》的规定，作为劳动法律关系主体一方的劳动者享有的权利有：①同用人单位依法变更、解除、终止劳动合同的权利；②职工推举代表或者工会代表职工同企业签订集体合同的权利；③按照自己提供劳动的数量和质量领取劳动报酬的权利；④休息、休假的权利；⑤获得劳动安全卫生保护的权利；⑥女职工和未成年工获得特殊劳动保护的权利；⑦接受职业技能培训的权利；⑧享受社会保险和福利的权利；⑨组织工会和参加企业民主管理的权利；⑩提请劳动争议处理的权利；⑪法律规定的其他劳动权利。相应地，劳动者依法享有的权利，也就是劳动法律关系主体另一方用人单位对劳动者应尽的义务。根据法律规定，劳动者应当承担的义务有：①按时、保质、保量地完成生产任务或工作任务；②提高职业技能水平；③执行劳动安全卫生规程；④遵守劳动纪律和职业道德；⑤爱护和保卫公共财产；⑥保守国家机密和单位业务机密，等等。相应地，劳动者所应承担的义务，也就是用人单位依法享有的权利。

（3）劳动法律关系客体，即劳动法律关系主体双方的权利义务共同指向的对象。在我国，劳动法律关系客体包括体现一定物质利益的劳动行为和财物。劳动行为包括从事生产活动行为，交付工作任务行为，劳动者参加民主管理行为和用人单位对劳动过程实行管理的行为等。财物是指作为劳动报酬、劳动保护、社会保险以及福利待遇等的实物和货币。

第二节　劳动用工制度

一、劳动就业制度

（一）劳动就业的概念

劳动就业是指具有劳动能力的公民在法定劳动年龄内从事某种有一定劳动报酬或经营收入的社会职业。其基本含义为：①劳动者是具有劳动权利能力和劳动行为能力的公民；②劳动者必须从事法律允许的有益于国家和社会的某种社会职业；③劳动者所从事的社会职业必须是有一定的劳动报酬或经营收入，能够用以维持劳动者本人及其赡养一定的家庭人口的基本生活需要。

劳动就业的实质是劳动力与生产资料相结合。只有生产资料提供的工作岗位能够基本吸纳社会劳动力，才能实现充分就业。否则，社会劳动力的数量超过生产资料提供的工作岗位，其富余的社会劳动力即被排斥于生产资料之外而处于失业状态。失业是指在法定劳动年龄内具有劳动能力，要求就业而无业可就或者曾经就业而又失去工作岗位。在社会化大生产和市场经济条件下，社会上存在少数人失业是不可避免的现象。因而，妥善解决好劳动就业问题，对于促进社会秩序的安定，充分利用社会劳动力资源，保证经济发展对劳动力的需要以及逐步改善和提高人民生活水平都具有重要的意义。

（二）我国劳动就业的方针及政策

（1）劳动就业方针。劳动就业方针，是指党和国家制定的指导劳动就业工作的总原则。它是党和国家根据不同时期的社会劳动力供求情况以及社会经济、政治状况，为充分利用劳动力资源和实现劳动力供求基本平衡，所确定的指导劳动就业工作的总原则。我国《劳动法》规定，国家通过促进经济和社会发展，创造就业条件，扩大就业机会。国家鼓励企业、事业组织、社会团体在法律和行政法规规定的范围内兴办产业或者拓展经营，增加就业。国家支持劳动者自愿组织起来就业和从事个体经营实现就业。地方各级人民政府应当采取措施，发展多种类型的职业介绍机构提供就业服务。

（2）劳动就业政策。我国《宪法》规定："中华人民共和国的公民，在劳动就业方面，享有平等的就业权，不因民族、种族、性别、宗教信仰不同而受到歧视。"《劳动法》及其有关法律、法规对各阶层的劳动就业作了明确、具体的规定，妇女享有与男子平等的就业权利，在录用职工时，除国家规定的不适合妇女的工种或岗位外，不得以性别为由拒绝录用妇女或者提高对妇女的录用标准；残疾人、少数民族人员，退出现役的军人的就业，法律、法规有特别规定的，从其规定；禁止用人单位招用未满 16 周岁的未成年人。文艺、体育和特种工艺单位招用未满 16 周岁的未成年人，必须依照国家有关规定，履行审批手续，并保障其接受义务教育的权利。

二、劳动合同与集体合同制度

（一）劳动合同的概念和特征

（1）劳动合同的概念。劳动合同是劳动者与用人单位确立劳动关系，明确双方权利和义务的协议。在此定义中含有下述要点：①劳动合同是劳动者与用人单位之间的协议；②劳动合同是确立劳动关系的法律形式；③劳动合同是劳动关系当事人双方的权利和义务的依据。

（2）劳动合同的特征。劳动合同是一种双方法律行为，它除了具有合同的共同特征以外，还有自己独有的下列特征：①劳动合同主体具有特定性。一方是劳动者，另一方是用人单位。双方在实现劳动过程中具有支配与被支配、领导与服从的从属关系。②劳动合同内容具有劳动权利义务的统一性和对应性。没有只享有劳动权利而不履行劳动义务的，也没有只履行劳动义务而不享受劳动权利的，一方的劳动权利是另一方的劳动义务，反之亦然。③劳动合同客体具有唯一性，即劳动行为。④劳动合同具有诺成、有偿、双务合同的特性。劳动者与用人单位就劳动合同条款内容协商达成一致意见，劳动合同即成立。用人单位根据劳动者劳动的数量和质量给付劳动报酬，不能无偿使用劳动力，劳动者与用人单位均享有一定的权利并履行相应的义务。⑤劳动合同往往涉及第三人的物质利益关系。劳动者因享有社会保险和福利待遇的权利而附带产生的没有参加签订劳动合同的第三人即劳动者直系亲属依法享受一定的社会保险和福利待遇。

（二）劳动合同的订立

（1）劳动合同订立的原则。《劳动合同法》第三条规定："订立劳动合同，应当遵循合法、公平、平等自愿、协商一致、诚实信用的原则。"按照上述规定，订立劳动合同必须遵循下列原则：①合法的原则。所谓合法，就是依法订立劳动合同。订立劳动合同的行为，不得违反法律和行政法规的规定。②公平的原则。公平的本意是公平合理。公平原则要求劳资双方都没有过错，在损害事实已经发生的情况下，以公平考虑作为价值判断标准，根据实际情况和可能情况，由双方当事人公平地分担损失。③平等自愿、协商一致的原则。平等是指当事人双方的法律地位平等，当事人双方以平等的身份订立劳动合同。自愿是指订立劳动合同完全出于当事人自己的意志，任何一方不得将自己的意志强加给对方，也不允许第三者进行非法干预。协商一致是指当事人双方在充分表达自己意思的基础上，经过平等协商取得一致意见、签订劳动合同。④诚实信用的原则。诚实信用要求当事人应当诚实守信，善意地行使权利、履行义务，不得有欺诈等恶意行为。

（2）劳动合同的内容。劳动合同的内容，是指当事人双方达成的劳动权利义务的具体规定，具体表现为合同条款。《劳动合同法》第十七条规定："劳动合同应当具备以下条款：①用人单位的名称、住所和法定代表人或者主要负责人；②劳动者的姓名、住址和居民身份证或者其他有效身份证件号码；③劳动合同期限；④工作内容和工作地点；⑤工作时间和休息休假；⑥劳动报酬；⑦社会保险；⑧劳动保护、劳动条件和职业危害防护；⑨法律、法规规定应当纳入劳动合同的其他事项。劳动合同除前款规定的必备条款外，用人单位与劳动者可以约定试用期、培训、保守秘密、补充保险和福利待遇等其他事项。"

（3）劳动合同的形式。劳动合同的形式，是指订立劳动合同的方式。《劳动合同法》规定，建立劳动关系，应当订立书面劳动合同。劳动合同采用书面形式，能够明确地记载双方当事人的权利和义务，在发生劳动纠纷或争议时，能确保有据可查，有利于及时分清责任，弄清是非，调解纠纷。同时，也有利于合同双方当事人切实全面履行合同，增强合同的约束力，也便于合同管理部门进行监督和检查。

（三）劳动合同的无效

无效的劳动合同，是指当事人违反法律规定，订立的不具有法律效力的劳动合同。《劳动合同法》第二十六条规定："下列劳动合同无效或者部分无效：①以欺诈、胁迫的手段或者乘人之危，使对方在违背真实意愿的情况下订立或者变更劳动合同的；②用人单位免除自己的法定责任、排除劳动者权利的；③违反法律、行政法规强制性规定的。对劳动合同的无效或者部分无效有争议的，由劳动争议仲裁机构或者人民法院确认。"无效的劳动合同，从订立的时候起，就没有法律约束力。确认劳动合同部分无效的，如果不影响其余部分的效力，其余部分仍然有效。劳动合同被确认为无效，合同规定的当事人双方的权利义务关系自然终止，终止履行合同，尚未履行的不得履行。劳动者已付出劳动的，用人单位应当向劳动者支付劳动报酬。劳动报酬的数额，参照本单位相同或者相近岗位劳动者的劳动报酬确定。

（四）劳动合同的履行

劳动合同履行，是指当事人双方按照劳动合同规定的条件，履行自己所应承担义务的行为。《劳动法》第十七条第二款规定："劳动合同依法订立即具有法律约束力，当事人必须履行劳动合同规定的义务。"劳动合同的履行，应当遵循亲自履行原则、全面履行原则和协作履行原则。

（1）亲自履行原则。劳动合同是针对具体的、特定的劳动行为而达成的协议。特定的劳动行为必须由特定的人去履行，只有由合同双方当事人亲自履行合同，才能确保合同所约定的权利的实现和义务的履行。

（2）全面履行原则。劳动合同规定的各项条款有其内在联系，是不能割裂的统一整体，当事人双方必须按合同约定的时间、地点和方式，全面履行劳动合同规定的各项义务。只有当事人双方按约全面履行自己的义务，才能保证劳动合同得以全部履行。

（3）协作履行原则。劳动法律关系客体是劳动行为，而劳动行为是在运用劳动能力，实现劳动过程中发生的行为，只有当事人双方协作才能完成劳动合同规定的任务。因此，协作履行是劳动合同履行的必然要求。

（五）劳动合同的终止和解除

1. 劳动合同的终止

劳动合同的终止，是指劳动合同的法律效力依法被消灭。劳动合同订立后，双方当事人不得随意终止劳动合同。只有法律规定或当事人约定的情况出现，当事人才能终止劳动合同。因此，《劳动合同法》第四十四条规定："有下列情形之一的，劳动合同终止：①劳动合同期满的；②劳动者开始依法享受基本养老保险待遇的；③劳动者死亡，或者被人民法院宣告死亡或者宣告失踪的；④用人单位被依法宣告破产的；⑤用人单位被吊销营业执照、责令关闭、撤销或者用人单位决定提前解散的；⑥法律、行政法规规定的其他情形。"

2. 劳动合同的解除

劳动合同的解除，是指当事人双方对已生效的劳动合同在未履行完毕之前提前终止劳动合同的效力，解除双方的权利和义务关系。根据《劳动合同法》规定，在下列情况下劳动合同可以解除：

（1）用人单位与劳动者协商一致，可以解除劳动合同。

（2）劳动者提前30日以书面形式通知用人单位，可以解除劳动合同。劳动者在试用期内提前3日通知用人单位，可以解除劳动合同。

（3）用人单位有下列情形之一的，劳动者可以解除劳动合同：①未按照劳动合同约定提供劳动保护或者劳动条件的；②未及时足额支付劳动报酬的；③未依法为劳动者缴纳社会保险费的；④用人单位的规章制度违反法律、法规的规定，损害劳动者权益的；⑤因劳动合同法规定的情形致使劳动合同无效的；⑥法律、行政法规规定劳动者可以解除劳动合同的其他情形。用人单位以暴力、威胁或者非法限制人身自由的手段强迫劳动者劳动的，或者用人单位违章指挥、强令冒险作业危及劳动者人身安全的，劳动者可以立即解除劳动合同，不需事先告知用人单位。

（4）劳动者有下列情形之一的，用人单位可以解除劳动合同：①在试用期间被证明不符合录用条件的；②严重违反用人单位的规章制度的；③严重失职，营私舞弊，给用人单位造成重大损害的；④劳动者同时与其他用人单位建立劳动关系，对完成本单位的工作任务造成严重影响，或者经用人单位提出，拒不改正的；⑤因《劳动合同法》第二十六条第一款第一项规定的情形，即以欺诈、胁迫的手段或者乘人之危，使对方在违背真实意愿的情况下订立或者变更劳动合同致使劳动合同无效的；⑥被依法追究刑事责任的。

（5）有下列情形之一的，用人单位提前30日以书面形式通知劳动者本人或者额外支付劳动者1个月工资后，可以解除劳动合同：①劳动者患病或者非因工负伤，在规定的医疗期满后不能从事原工作，也不能从事由用人单位另行安排的工作的；②劳动者不能胜任工作，经过培训或者调整工作岗位，仍不能胜任工作的；③劳动合同订立时所依据的客观情况发生重大变化，致使劳动合同无法履行，经用人单位与劳动者协商，未能就变更劳动合同内容达成协议的。

（6）有下列情形之一，需要裁减人员20人以上或者裁减不足20人但占企业职工总数10%以上的，用人单位提前30日向工会或者全体职工说明情况，听取工会或者职工的意见后，裁减人员方案经向劳动行政部门报告，可以裁减人员：①依照企业破产法规定进行重整的；②生产经营发生严重困难的；③企业转产、重大技术革新或者经营方式调整，经变更劳动合同后，仍需裁减人员的；④其他因劳动合同订立时所依据的客观经济情况发生重大变化，致使劳动合同无法履行的。裁减人员时，应当优先留用下列人员：①与本单位订立较长期限的固定期限劳动合同的；②与本单位订立无固定期限劳动合同的；③家庭无其他就业人员，有需要抚养的老人或者未成年人的。用人单位依照本条第一款规定裁减人员，在6个月内重新招用人员的，应当通知被裁减的人员，并在同等条件下优先招用被裁减的人员。

根据《劳动合同法》的规定，劳动者有下列情形之一的，用人单位不得依照《劳动合同法》第四十条、第四十一条的规定解除劳动合同：①从事接触职业病危害作业的劳动者未进行离岗前职业健康检查，或者疑似职业病病人在诊断或者医学观察期间的；②在本单位患职业病或者因工负伤并被确认丧失或者部分丧失劳动能力的；③患病或者非因工负伤，在规定的医疗期内的；④女职工在孕期、产期、哺乳期的；⑤在本单位连续工作满15年，且距法定退休年龄不足5年的；⑥法律、行政法规规定的其他情形。

（六）集体合同

集体合同是企业职工一方（一般由工会代表）与企业一方之间签订的以劳动报酬、工作时间、休息休假、劳动安全卫生、保险福利等事项为内容的书面集体协议。集体合同由工会代表企业职工一方与用人单位订立；尚未建立工会的用人单位，由上级工会指导劳动者推举的代表与用人单位订立。集体合同草案应当提交职工代表大会或者全体职工讨论通过。在县级以下区域内，建筑业、采矿业、餐饮服务业等行业可以由工会与企业方面代表订立行业性集体合同，或者订立区域性集体合同。集体合同订立后，应当报送劳动行政部门；劳动行政部门自收到集体合同文本之日起15日内未提出异议的，集体合同即行生效。依法订立的集体合同对用人单位和劳动者具有约束力。行业性、区域性集体合同对当地本行业、本区域的用人单位和劳动者具有约束力。集体合同中劳动报酬和劳动条件等标准不得低于当地人民政府规定的最低标准；用人单位与劳动者订立的劳动合同中劳动报酬和劳动条件等标准不得低于集体合同规定的标准。

三、工作时间与休息休假制度

（一）工作时间

工作时间又称“劳动时间”，是指法律规定的劳动者在企业、事业单位、机关、团体等用人单位，从事劳动、完成本职工作的时间。工作时间包括每日应工作的时数和每周应工作的天数，它们分别称为工作日和工作周。

《劳动法》规定，劳动者每日工作时间不超过 8 小时，平均每周不超过 44 小时。因工作性质和工作职责限制的，实行不定时工作制度，但平均每周不超过 44 小时。用人单位应当保证劳动者每周至少休息一日。1995 年，国务院修订了《关于职工工作时间的规定》，重新发布了工作时间，规定职工每日工作 8 小时，每周工作 40 小时。我国劳动法实行限制延长工作时间制度。

用人单位由于生产经营需要，经与工会和劳动者协商后可以延长工作时间，一般每日不得超过 1 小时；因特殊原因需要延长工作时间的，在保障劳动者身体健康的条件下延长工作时间每日不得超过 3 小时，每月不得超过 36 小时。延长工作时间，用人单位必须依法支付工资报酬。

在特殊情况下，延长工作时间可不受限制。《劳动法》规定的情况有：①发生自然灾害、事故或者其他原因威胁劳动者生命健康和财产安全需要紧急处理的；②生产设备、交通运输线路、公共设施发生故障，影响生产和公众利益，必须及时抢修的；③法律、行政法规规定的其他情形。

（二）休息时间

休息时间是法律规定的劳动者不必从事生产和工作而自行支配的时间。依据我国《劳动法》规定，休息时间包括工作间歇时间，每周的公休假日，每年的法定节假日，职工的探亲假以及带薪年休假制度。

（1）工作间歇时间。这是劳动者在 1 个工作日内所享有的休息时间。间歇时间根据不同情况分别规定：①实行一班制或两班制的单位，其间歇时间应在工作开始 4 小时后，并不应少于半小时；②实行三班制的单位，每班的间歇时间为 20 分钟；③两个工作日之间的休息时间以足以保证劳动者的体力和工作能力能够得到恢复为标准，一般为 15 ~ 16 小时。

（2）公休假日。用人单位应当保证劳动者每周至少休息一日。

（3）法定节假日。用人单位在下列节日期间应当依法安排劳动者休假：①新年，放假 1 天（1 月 1 日）；②春节，放假 3 天（农历除夕、正月初一、初二）；③清明节，放假 1 天（农历清明当日）；④劳动节，放假 1 天（5 月 1 日）；⑤端午节，放假 1 天（农历端午当日）；⑥中秋节，放假 1 天（农历中秋当日）；⑦国庆节，放假 3 天（10 月 1 日、2 日、3 日）。法定休假节日适逢公休假日，顺延补假。除劳动法规定的上述属于全体劳动者的节日外，还有属于部分劳动者的节日及少数民族的习惯节日，放假时间另行规定。

（4）探亲假。我国劳动法规定，工作地点与父母或配偶分居两地，且不能在公休假日团聚的职工，每年可享受一定期限的带薪假期。《关于职工探亲的规定》具体规定了享受探亲假的条件和探亲假期。

（5）带薪年休假。带薪年休假是法律规定职工每年享有保留职务和工资的一定期限连续休假的假期。《劳动法》第四十五条规定：“国家实行带薪年休假制度。劳动者连续工作1年以上的，享受带薪年休假。具体办法由国务院规定。”根据国务院发布的《职工带薪年休假条例》的规定，机关、团体、企业、事业单位、民办非企业单位、有雇工的个体工商户等单位的职工连续工作1年以上的，享受带薪年休假（以下简称年休假）。单位应当保证职工享受年休假。职工在年休假期间享受与正常工作期间相同的工资收入。职工累计工作已满1年不满10年的，年休假5天；已满10年不满20年的，年休假10天；已满20年的，年休假15天。国家法定休假日、休息日不计入年休假的假期。职工有下列情形之一的，不享受当年的年休假：①职工依法享受寒暑假，其休假天数多于年休假天数的；②职工请事假累计20天以上且单位按照规定不扣工资的；③累计工作满1年不满10年的职工，请病假累计两个月以上的；④累计工作满10年不满20年的职工，请病假累计3个月以上的；⑤累计工作满20年以上的职工，请病假累计4个月以上的。年休假在1个年度内可以集中安排，也可以分段安排，一般不跨年度安排。单位因生产、工作特点确有必要跨年度安排职工年休假的，可以跨1个年度安排。单位确因工作需要不能安排职工休年休假的，经职工本人同意，可以不安排职工休年休假。对职工应休未休的年休假天数，单位应当按照该职工日工资收入的300%支付年休假工资报酬。

（6）其他假。除了以上介绍的假期外，我国规定的其他假期还有女职工生育时的产假、职工婚丧假等，用人单位应依法支付工资。

四、工资制度

（一）工资的概念

工资，又称薪金，是指劳动关系中，劳动者因履行劳动义务而获得的，由用人单位以法定方式支付的作为劳动报酬的一定数额的货币。在我国现阶段，工资仍然是劳动者及其家庭成员生活的主要来源。一个国家的职工工资通常还是考察该国家国民经济发展水平和国民生活水平的重要依据。

（二）工资的分配原则

根据《劳动法》，现阶段，我国工资分配主要遵循以下几项原则：

（1）按劳分配原则。这是我国工资分配的基本原则。按劳分配主要是要求用人单位按照劳动者提供的劳动数量和质量支付工资分配个人消费品，多劳多得，少劳少得。贯彻这一原则要求：第一，必须坚持同工同酬，即所有劳动者不分性别、年龄、种族等，一律按照等量劳动获得等量报酬；第二，必须反对平均主义，对不同质的劳动给予不同量的劳动报酬，把脑力劳动与体力劳动，复杂劳动与简单劳动，熟练劳动与非熟练劳动区别开来。

（2）用人单位自主分配原则。这是社会主义市场经济对企业的一项基本要求。在市场经济中，企业作为市场主体，拥有包括工资分配自主权在内的经营管理自主权。贯彻这一原则要求：第一，效益优先，兼顾公平，允许企业之间存在差距，拉开档次；第二，把工资分配权真正还给企业，不仅非国有企业要自主分配，国有企业也要自主分配。

（3）工资水平随经济发展逐步提高原则。企业工资改革的总体思路就是真正实现企业工资总额同经济效益挂钩，职工的工资水平同劳动成果挂钩，实现企业与职工的责、权、利三结合。贯彻这一原则要求：第一，劳动生产率提高以后，必须提高工资水平；第二，不能不顾经济增长的可能，提出过高的消费要求；第三，确立一个经济增长与工资增长的科学比例，正确处理好生产和消费的关系，要用发展生产的方法来增加劳动者收入，用增加劳动者收入的手段来发展生产。

（4）工资总额宏观调控原则。国家工资总额宏观调控的目的在于控制用工成本的上升，保持经济总量平衡，以实现国民经济持续、稳定、协调发展。贯彻这一原则要求：第一，国家根据企业经济效益的好坏来核定其工资总额，并在此基础上确定社会的工资总额，使消费与经济的发展相适应；第二，减少通货膨胀的潜在因素，促使全社会的生产、消费、积累三者按比例协调发展。

（三）工资形式

工资形式是指计量劳动和支付工资的形式。我国现行的工资形式主要有计时工资、计件工资两种基本形式和奖金、津贴两种辅助形式。具体采用什么工资形式，一般可由企业确定。

（1）计时工资。计时工资是指按照职工技术熟练程度、劳动繁重程度和工作时间的长短支付工资的一种形式。它是依据职工的工资等级、相应的工资标准、工作时间来支付工资的。计时工资可以分为月工资制、日工资制和小时工资制三种。计时工资适应性较强，实行范围较广，几乎任何部门，单位和各类工种、职务均可采用。但随着经济体制改革的不断深入，现代企业管理机制的建立和完善，计时工资因其不能把职工实际劳动消耗和劳动成果有效地紧密联系起来，而显示出一定的局限性。因此，改革和完善我国长期以来实行的计时工资制，对更好地调动广大劳动者积极性，促进企业管理的科学化，提高劳动生产率，最大限度地增进企业经济效益是必不可少的。

（2）计件工资。计件工资是根据职工生产合格产品的数量或完成的实际工作量，按照预先确定的计件单价计发报酬的一种工资形式。其特点是把直接用时间单位计量职工劳动，转化为凝结着一定时间的实际物单位来计量职工劳动，因而可以比较准确地反映职工的实际有效工作量，是贯彻按劳分配原则的一种主要工资形式。计件工资制的实行，要求有完整而严格的定额管理制度，要求企业及其他用人单位有较高的管理水平。因此，计件工资制的实行必须具备相应的合适条件。

（3）奖金。奖金是对有效超额劳动支付的报酬。它是职工工资收入的重要组成部分。奖金不能独立存在，只能与其他工资形式结合使用。奖金的使用与分配，必须依法进行，严禁滥发奖金。

（4）津贴。津贴又叫补贴，它是为了补偿劳动者额外和特殊劳动消耗，或者保证劳动者实际工资水平不受特殊条件影响而发给的劳动报酬。津贴的种类很多，依其性质大致可分为以下几种：①为补偿职工额外劳动消耗而支付的津贴；②为保障职工身体健康而建立的津贴；③特殊职业津贴；④职工福利津贴等。

（四）最低工资

最低工资是指劳动者在法定工作时间内提供了正常劳动的前提下，其所得的劳动报酬不应低于法定的最低限度的数额。在社会主义市场经济新形势下，国家通过法律形式确立最低工资制度，对于保护广大工薪劳动者的切身利益，体现社会主义的合理与公平，维护社会秩序的稳定都具有重要的现实意义。

依据《劳动法》最低工资标准的确定和调整应当综合参考的因素是：①劳动者本人及平均赡养人口的最低生活费用；②社会平均工资水平；③劳动生产率；④就业状况；⑤地区之间经济发展水平的差异。

（五）工资保障

工资保障，是对劳动者获得全部应得工资及其所得工资支配权的保障，亦即要求用人单位严格按照法定的工资支付办法向劳动者支付工资。它给劳动者所提供的保护，较之最低工资保障则更进一步，因为它所保护的客体已不只限于最低工资，而扩及全部应得工资。它所干预的对象、已由工资额的确定转到工资支付的行为。

（1）工资支付的一般规则。工资支付的一般规则是指用人单位在正常情况下支付工资的规则。根据现行法律规定，其内容包括以下四个方面：①工资应以法定货币支付，不得以实物及有价证券替代货币支付；②支付工资时，用人单位必须书面记录支付劳动者工资的数额，时间、领取者的姓名以及签字，并保存两年以上备查；③支付工资时，应向劳动者提供一份其个人的工资清单；④工资至少每月支付一次，实行周、日、小时工资制的可按周、日、小时支付工资。对完成一次性、临时性劳动或某项具体工作的劳动者，用人单位应按有关协议或合同规定在其完成劳动任务后即支付工资。

（2）工资保障措施。用人单位不得克扣劳动者的工资，除非符合法定允许扣除的条件，但每月扣除的部分不得超过劳动者当月工资的20%；若扣除后的剩余部分低于当地月最低工资标准，则按最低工资标准支付。

五、职业培训制度

职业培训，又称职业技术培训或职业技能开发，是指直接为适应经济和社会发展的需要，对要求就业和在职的劳动者以培养和提高素质及职业能力为目的的教育和训练活动。这一概念表明：①职业培训是一种以劳动者为特定对象的劳动资源开发活动；②职业培训是一种以直接满足社会，经济发展的某种特定需要为目的的定向性培训；③职业培训通常是按照国家职业分类和职业技能标准进行的规范化培训。职业培训是普通教育的延伸和专门化，一般需在受培训者已具有一定文化和科学知识的基础上进行，其任务在于授予专业知识和专门技能而不再着重一般性的基础教育。

我国《劳动法》规定的职业培训制度的主要内容包括：第一，国家通过各种途径，采取各种措施发展职业培训事业，开发劳动者的职业技能，提高劳动者素质，增强劳动者的就业能力和工作能力；第二，各级人民政府要将发展职业培训纳入社会经济发展的规划，鼓励和支持有条件的企业、事业组织、社会团体和个人进行各种形式的职业培训；第三，用人单位建立职业培训制度，按照国家规定提取和使用职业培训经费，根据本单位实际，有计划地对劳动者进行职业培训；第四，从事技术工种的劳动者，上岗前必须经过培训。

为保证职业培训制度的实施，《劳动法》还规定了职业资格证书制度。职业资格证书是指国家对达到一定技能的劳动者所给予的证明。这种证明作为反映劳动者技能水平的主要标志是劳动关系双方签订劳动合同的依据。劳动者的职业分类以及不同职业的技能标准由国家统一规定，由经过政府批准的考核鉴定机构负责对劳动者实施职业技能考核鉴定，发放职业资格证书。

第三节　劳动保护制度

一、劳动保护的概念

劳动保护有广义和狭义之分。广义的劳动保护是指对劳动者各个方面合法权益的保护，亦即通常所称的劳动者保护；狭义的劳动保护仅指对劳动者在劳动过程中的安全和健康的保护。此处劳动保护为狭义劳动保护。其基本含义为：①受保护者是劳动者，保护者是用人单位；②保护的对象是劳动者的安全和健康；③保护的范围只限于劳动过程。

二、劳动安全卫生保护

依据《劳动法》，我国劳动安全卫生法律规定主要有以下几个方面的内容：

（1）用人单位必须建立、健全劳动安全卫生制度，严格执行国家劳动安全卫生规程和标准，对劳动者进行劳动安全卫生教育，防止劳动过程中的事故，减少职业危害。

（2）劳动安全卫生设施必须符合国家规定的标准。新建、改建、扩建工程的劳动安全卫生设施必须与主体工程同时设计、同时施工、同时投入生产和使用。

（3）用人单位必须按照国家规定的标准建设劳动安全卫生设施，必须为劳动者提供符合国家规定的劳动安全卫生条件和必要的劳动防护用品，对从事有职业危害作业的劳动者定期进行健康检查。

（4）对从事特种作业的劳动者实行特种作业资格制度。

（5）劳动者在劳动过程中必须严格遵守安全操作规程。劳动者有权拒绝执行用人单位违章指挥、冒险作业的命令，有权对危害生命安全和身体健康的行为提出批评、检举和控告。

（6）建立伤亡事故和职业病统计报告和处理制度。县级以上各级人民政府劳动行政部门、有关部门和用人单位，应当依法对劳动者在劳动过程中发生的伤亡事故和劳动者的职业病状况进行统计、报告和处理。

三、女职工和未成年工的特殊保护

女职工劳动特殊保护，是指根据女职工生理特点和抚育子女需要，对其在劳动过程中的安全健康所采取的有别于男子的特殊保护。根据《劳动法》及其他法律、法规的规定，对女职工特殊的劳动保护主要包括：

（1）女职工禁忌劳动范围。女职工禁忌从事下列作业：①矿山井下作业；②森林业伐木，归楞及流放作业；③《体力劳动强度分级》标准中第四级体力劳动强度的作业；④建筑业脚手架的组装和拆除作业，以及电力、电信行业的高处架线作业；⑤连续负重（指每小时负重次数在6次以上）每次负重超过20千克，间断负重每次负重超25千克的作业；⑥已婚待孕女职工禁忌从事铅、汞、苯、镉等作业场所属于《有毒作业分级》标准中第三、四级的作业。

（2）女职工“四期”保护。①月经期保护。不得安排女职工在经期从事高处、低温、冷水作业和国家规定的第三级体力劳动强度的劳动。②怀孕期保护。不得安排女职工在怀孕期间从事国家规定的第三级体力劳动强度的劳动和孕期禁忌从事的劳动。对怀孕7个月以上的女职工，不得安排其延长工作时间和夜班劳动。③生育期保护。女职工生育享受不少于90天的产假。④哺乳期保护。对有未满1周岁婴儿的女职工，应依照法律规定，在每班工作时间内安排其哺乳时间。不得安排女职工在哺乳未满1周岁的婴儿期间从事国家规定的第三级体力劳动强度的劳动和哺乳期禁忌从事的其他劳动，不得安排其延长工作时间和夜班劳动。

（3）未成年工劳动特殊保护，是指根据未成年工生长发育的特点和对其义务教育的需要，对其在劳动过程中的健康所采取的特殊保护。未成年工是指年满16周岁未满18周岁的劳动者。对未成年工劳动特殊保护的措施主要有：①上岗前培训。未成年工上岗前用人单位应对其进行有关的职业安全卫生教育、培训。②限制工作时间。国家规定未成年工实行缩短工作时间。③禁止安排有害健康的工作。用人单位不得安排未成年工从事矿山井下，有毒有害，国家规定的第四级体力劳动强度的劳动和其他禁忌从事的劳动。④定期进行健康检查，用人单位应当对未成年工定期进行健康检查。

第四节　劳动争议处理和劳动监督制度

一、劳动争议处理制度

（一）劳动争议的概念及范围

劳动争议，是指劳动法律关系当事人关于劳动权利、义务的争执。

在我国现阶段，多种所有制和多种劳动关系同时并存，因而会产生多种劳动争议，依《中华人民共和国企业劳动争议处理条例》（以下简称《争议处理条例》）规定，我国现阶段受理的劳动争议范围是境内企业与职工之间发生的下列争议：①因开除、除名、辞退违纪职工和职工辞职，自动离职发生的争议；②因执行国家有关工资、保险、福利、培训、劳动保护的规定发生的争议；③因履行劳动合同发生的争议；④法律、法规规定应当依照《争议处理条例》处理的其他争议。此外，国家机关、事业单位、社会团体与本单位职工之间以及个体工商户与帮工，学徒之间发生的劳动争议，可参照《争议处理条例》执行。

（二）处理劳动争议的原则

根据《劳动法》和《争议处理条例》的规定，处理劳动争议，应当遵循下列原则：

（1）着重调解原则。着重调解是指在尊重当事人意愿的前提下，经调解争取双方达成协议，结束争议。它不仅要求劳动争议调解委员会进行调解，同时要求在仲裁和诉讼程序中也应在查清事实，分清责任的基础上着重进行调解，及时解决争议。

（2）合法、公正、及时处理原则。这一原则要求在处理劳动争议时，在查明事实的基础上严格依照有关法律、法规处理，不仅程序上要合法，处理机构的组成，处理的期限，法律、法规的适用等都要合法，以保证劳动争议获得及时、公正的解决。

（3）当事人双方在适用法律上一律平等。这一原则要求在劳动争议的调解、仲裁、诉讼过程中，当事人无论是企业还是职工，无论是原告还是被告，在法律地位上是平等的，双方享有平等的权利，平等地承担义务，不存在一方凌驾于另一方之上的特权。

（三）劳动争议的处理程序

根据《劳动法》和《争议处理条例》的规定：“用人单位与劳动者发生劳动争议，

当事人可以依法申请调解、仲裁、提起诉讼，也可以协商解决。”“劳动争议发生后，当事人可以向本单位劳动争议调解委员会申请调解；调解不成当事人一方要求仲裁的，可以向劳动争议仲裁委员会申请仲裁。当事人一方也可以直接向劳动争议仲裁委员会申请仲裁。对仲裁裁决不服的，可以向人民法院提起诉讼。”根据这一规定，劳动争议的处理程序为协商、调解、仲裁和诉讼。

（1）协商。劳动争议发生后，当事人应当协商解决。通过协商协调双方的关系，消除矛盾。不愿协商或协商不成的，可向本企业劳动争议调解委员会申请调解。

（2）调解。这里所说的调解是指企业调解委员会对劳动争议进行的调解，而不是仲裁过程中或法院审理过程中所进行的调解。对于企业劳动争议调解委员会所进行的调解，劳动部于 1993 年 11 月 5 日专门颁发了《企业劳动争议调解委员会组织及工作规则》，该《规则》对调解委员会的性质、职责范围、组织方式和调解程序作了具体的规定。

（3）仲裁。仲裁是当事人自愿将争议提交仲裁机构由其依法居中裁决，从而解决劳动争议的一种方式。我国县级以上行政区设劳动争议仲裁委员会，仲裁委员会由同级劳动行政部门、同级工会和用人单位代表组成。劳动仲裁委员会聘请专职或兼职仲裁员组成仲裁庭，依仲裁规则仲裁劳动争议案件。依照法律规定，劳动争议的仲裁程序为强制性的，不经仲裁的劳动争议，人民法院不予受理。

（4）诉讼。劳动争议案件的诉讼由人民法院受理。人民法院审理劳动争议案件，适用《中华人民共和国民事诉讼法》规定的程序进行。

二、劳动监督制度

（一）劳动监督的概念及作用

劳动监督又称劳动法监督，是指法定监督主体为保护劳动者合法权益，依法对用人单位执行劳动法的情况实行检查、督促、纠偏、处罚等一系列监督活动。劳动监督作为一项法律制度，在劳动法体系中具有特殊的地位。

（1）加强劳动法执行的监督检查，可以保证劳动法律规定得以认真贯彻执行，同时还可以结合对实际工作中存在的新情况、新问题调查研究，及时修正那些不适合经济发展客观需要的具体规定，不断地将各项成功的经验上升为法律，从而有利于进一步健全和完善社会主义劳动法制。

（2）加强劳动法执行的监督，可以促进行政人员、企业管理人员增强劳动法制观念，严格执法。一般来讲，劳动法制是否得到切实的贯彻实施，很大程度上取决于用人单位行政领导人员、企业经营管理人员是否认真学习劳动法，执行劳动法，遵守劳动法。因此，通过监督检查，可以避免和减少诸如玩忽职守、忽视安全、违章指挥、强迫命令、无视职工合法权益，以致产生重大责任事故等严重的违法乱纪行为。

（3）加强劳动法执行监督检查，可以激发广大劳动者的主人翁责任感，促使他们主动、自觉地遵纪守法。我国劳动法制的一个重要任务就是通过对社会主义劳动关系的不断调整，不断改善劳动条件，加强劳动保护，维护劳动者的合法权益，改善劳动者的生活福利。对劳动法执行的监督和检查直接关系到劳动者的劳动权利和物质利益。因此，国家不仅将对劳动法执行的监督权赋予有关的国家机关，同时又把这一权力交给广大劳动者。广大职工通过对劳动法实施的监督，可以培养和增加劳动法律意识和主人翁责任感，促使他们更加关心企业的生产经营和经济效益，从而充分调动和发挥劳动者的积极性。

（二）劳动监督体系

根据《劳动法》和有关法规的规定，我国的劳动监督体系由行政监督和社会监督相结合而构成。其中，行政监督由劳动行政部门监督和相关行政部门监督所组成；社会监督由工会监督和群众监督组成。

（1）劳动行政部门监督。劳动行政部门是国家各级行政区域内主管劳动工作的机关。劳动部是国务院统一管理全国劳动工作的机关；各省、市、自治区各级劳动行政机关管理所辖地区的劳动工作。《劳动法》规定："县级以上各级人民政府劳动行政部门依法对用人单位遵守劳动法律、法规的情况进行监督检查，对违反劳动法律、法规的行为有权制止，并责令改正。"《劳动法》还对劳动行政部门监督检查人员的职权作了原则规定："县级以上各级人民政府劳动行政监督检查人员执行公务，有权进入用人单位了解执行劳动法律、法规的情况，查阅必要的资料，并对劳动场所进行检查。"

（2）相关行政部门监督。相关行政部门主要指与贯彻执行劳动法有关的行政机关。《劳动法 》规定："县级以上各级人民政府有关部门在各自职责范围内，对用人单位遵守劳动法律、法规的情况进行监督。"相关行政部门监督涉及内容较多，大致可分为两类：一是用人单位主管部门监督；二是工商、财税、审计、卫生、公安等专项执法部门的监督。

（3）工会监督。工会是企业，事业单位及机关团体职工的群众性组织。企业工会是职工代表大会的工作机构，代表广大职工群众的利益。同时，工会又是监督用人单位执行劳动法的重要组织。《劳动法》规定："各级工会依法维护劳动者的合法权益，对用人单位遵守劳动法律、法规的情况进监督。"

（4）群众监督。除行政监督和工会监督外，《劳动法》还规定："任何组织和个人对于违反法律、法规的行为有权检举和控告。"为加强群众监督，有关部门要为群众举报和控告提供方便，并采取措施保护举报人、控告人的合法权益。

【思考题】

1. 简述劳动合同的终止和解除。

2. 简述工资保障的概念和内容。

3. 简述劳动安全卫生保护的内容。

4. 简述女职工和未成年工的特殊保护。

5. 简述劳动争议处理的原则。

6. 冯某，1996 年 10 月 10 日生于某县某村，于 2010 年 11 月 10 日同某村办农药厂签订为期 5 年的劳动合同。合同约定冯某试用期为 1 年，从事农药包装工作，每日工作 8 小时，必须遵守厂规厂纪，实行计件工资，若冯某擅自解除劳动合同，应负违约赔偿责任，并且厂方不退还其签订劳动合同时缴纳的入厂押金。

请问：

（1）按照《劳动法》的规定，这份劳动合同有哪些内容是违法的？

（2）这份劳动合同缺少哪些必要条款？

（3）如何认定这份劳动合同的法律效力？

第十八章　社会保障法律制度

【学习要点】

- 社会保障的概念及特征
- 社会保险与相关制度的区别
- 社会保险的内容
- 社会救助的具体法律制度
- 特殊群体福利
- 职业福利

在市场经济下，任何一个社会都必然存在形式平等、实质不平等的现象，必然存在弱势群体。如何克服或减轻这种实质的不平等，如何帮助、保护社会的弱势群体，从而最大限度地实现社会的公平与公正，就成为一个国家建立社会保障法律制度的根本依据，并使得这一制度成为经济法又一重要内容。

第一节　社会保障法概述

一、社会保障法的概念和调整对象

（一）社会保障的概念

社会保障的英文是“Social Security”，原意是“社会安全”，它是国家通过立法，采取强制手段对国民收入进行再分配，形成社会消费基金，对由于年老、疾病、伤残、失业及其他灾难发生而使生存发生困难的社会成员，给予物质上的帮助，以保障其基本生活需求的一系列有组织的措施、制度和事业的总称。

社会保障制度是一种稳定社会、调节经济、促进经济发展的社会安全机制，是市场经济正常运行必要的外部条件。它最早产生于19世纪初美国的社会救助事业，这是社会保障的初级阶段。社会保障作为一种制度和体系，在20世纪中叶以来得到充分发展，许多国家确立了社会保障制度，并出现了许多福利国家，发展到现代，各国的社会保障制度经过不断改革与完善，在现代社会中发挥着“社会减震器”的重要作用。

社会保障具有下述主要特征：

（1）强制性。社会保障是由国家以强行性法律规范予以确立和推行的制度。世界各国都用法律形式将社会保障的项目、体制、基金、标准、监管等固定下来，无论市场发生何种变化，政府、社会保障机构和企事业单位都必须向公民履行提供社会保障的法定责任，不得以任何形式限制和取消法律赋予公民的社会保障权利。

（2）社会性。社会性是社会保障法最基本的特征。社会保障的对象具有普遍性，全体社会成员均是社会保障的对象；社会保障责任与义务社会化，通过国家、用人单位和公民个人合理分担保障责任和义务，共同筹集社会保障所需资金，形成风险共担的社会保障制度，以分散社会成员的生存风险，使人人得到保障。

（3）公益性。社会保障是造福于国民的社会公益事业，不能商业化。人人为我，我为人人，是社会保障的道德基础。社会保障基金对被保障对象不谋利益。

（4）人道性。社会保障是以人道为道德基础的，社会保障在为全体社会成员提供保障的同时，给予弱势群体以特别保护，包含着人道主义精神。

（5）互济性。社会保障所遵循的是“集聚众多资金，分散危险损失”的互助共济准则。由于年老、失业、疾病、伤残等人员在社会上分布不均，各地区和各单位承受的压力情况是不相同的。社会保障实行互济原则，集中资金在大范围内分散风险，保障劳动者在失去生活来源时能够获得物质帮助，维持基本的生活水平。

（二）社会保障法的概念和调整对象

社会保障法是调整社会保障关系的法律规范的总称。

社会保障关系是指国家对不能取得基本生活需要的公民提供各种基本生活保障的过程中所发生的社会关系，包括社会保险关系、社会救助关系、社会福利关系等。社会保险制度，是一种指在对于疾病、残障、工伤、失业、年老、生育等典型危及生存的风险给予预防的集体预防风险制度。社会保险及其立法是社会保障法的核心。社会救助是指国家和社会对因自然、社会经济、个人生理等各种原因，不能维持最低水平的公民给予物质帮助，以维持其基本生活的一种社会保障制度。社会福利是指国家和社会根据需要和可能，通过一定形式向公民提供的物质利益。它包括用于改善和提高人们物质、文化生活水平的各种措施及给公民减少生活开支、增加实际收入的各种措施。

（三）我国社会保障法的渊源

我国现行社会保障法，以劳动法为基础，以社会保险法为核心，包括社会优抚和救助法、社会福利法及国际条约等有关规定组成。

（1）宪法和劳动法律的规定。宪法作为国家根本大法，是社会保障法律制定的依据。我国现行《宪法》第四十二条至第四十五条直接规定了社会保障的内容；《劳动法》具体规定了宪法关于公民的劳动权、报酬权、休息权、职业安全与卫生权、社会保障机构的规定。

（2）社会保险法律。社会保险法律在社会保障法律体系中占有极其重要的地位。现行法律法规主要有劳动部发布并于 1996 年 10 月 1 日起施行的《企业职工工伤保险试行办法》，1999 年 1 月国务院颁布的《失业保险条例》，国务院颁布的《社会保障费征缴条例》等。遗憾的是，到目前为止，我国还没有一部基本的社会保险法。

（3）社会救助与社会优抚法律。现行法律、法规主要有 1988 年颁发的《军人抚恤优待条例》，1997 年 12 月公布的《中华人民共和国防震减灾法》、《国家扶贫资金管理办法》，1999 年 4 月，国家建设部发布的《城镇廉租住房管理办法》，2000 年国务院颁布的《城市居民最低生活保障条例》等。

（4）社会福利法。现行法律、法规主要有 1990 年通过的《中华人民共和国残疾人保障法》，1991 年 9 月通过的《中华人民共和国未成年人保护法》，1992 年 4 月通过的《中华人民共和国妇女权益保障法》，1996 年 10 月开始施行的《中华人民共和国老年人权益保障法》等。

此外，我国参加的国际公约中有关社会保障方面的规定，也是我国社会保障法的法律渊源。我国各省市有关本地区社会保障的地方性立法，也是我国社会保障法的重要组成部分。

二、社会保障法的基本原则

社会保障法的基本原则，是指贯穿于整个社会保障法体系之中，集中体现社会保障法的精神，调整社会保障关系所应遵循的指导思想和基本准则。我国社会保障法应遵循以下原则：

（1）社会保障水平与经济发展水平相适应原则。社会生产力的发展水平是社会保险产生的前提，也必然制约着社会保险的总体水平。如果社会保险水平不适度，过高或过低都会阻碍社会生产力的发展。社会保险水平过高，政府和企业在经济上都难以承受；保险水平过低，人们的基本生活难以保证，会导致社会动荡和不稳定。因此，在制定社会保障法律、法规时，既要考虑经济发展水平，又要保证社会保障基本目标的实现，使社会保障水平与经济发展水平相协调。

（2）普遍性和差别性相结合的原则。普遍性是指社会保障的实施范围应包括全体社会成员，使之在生活发生困难时享有社会保障的共同权利；差别性是指针对不同类型的社会成员制定不同的社会保障项目和标准。我国在市场经济条件下的社会保障立法，既不能忽视普遍性，也不能忽视差别性，而应当把两者结合起来。

（3）权利与义务对等原则。社会保障法律关系是一种权利与义务相对应的关系，在社会保障特别是社会保险法律关系中，国家、企业和个人都是受益者。国家通过完善社会保障制度获得社会稳定和经济发展；企业通过社会保障制度卸下了包袱，可以专心组织生产经营活动，提高经济效益；个人通过参加社会保险，可以免去后顾之忧，一旦发生困难、面临生存危机，可以从国家或社会获得物资帮助。但同时，各方都应承担相应的义务，这既可以减轻对国家的依赖，减轻国家财政负担，又可以增强劳动者的责任感和互助精神。当然，社会保障法坚持权利、义务对等原则，并不否定对特殊主体的社会保障。比如，对无劳动能力的人，不能要求他们履行特定义务，对这些人的救助是国家和社会的责任。

三、社会保障法的作用

（1）保障不能取得基本生活需要的公民的基本生活，维护正常的社会秩序和工作秩序。社会保障制度的基本作用就在于劳动者在生、老、病、死、伤、残、待业和特殊困难情况下，他们本人能够获得基本生活需要，这样才有利于维护社会的安定团结和正常的社会秩序。

（2）有利于劳动人事制度改革的深化。发展社会主义市场经济，深化经济体制改革，建立各种生产力要素市场，必须建立和完善各种竞争机制。社会保障制度通过为不能取得基本生活需要的公民提供物质帮助和支持，以减轻企业负担，形成企业公平竞争、人才合理流动的外部环境，为深化体制改革提供法律保障。

（3）完善的社会保障制度是建立现代企业制度的重要外部条件。建立现代企业制度的重要内容之一就是企业必须成为独立市场主体，在市场竞争中实现优胜劣汰，这就要求必须有完善的企业破产制度作保障，而破产机制的启动又要求有完善的社会保障作后盾。否则，破产企业的职工和其他建立现代企业制度过程中下岗、分流的人员得不到基本保障，就会制约破产机制，从而影响建立现代企业制度的目标。因此，建立和完善社会保障制度是建立现代企业制度的根本保障。

（4）有利于我国人口政策的实施。社会保障制度通过其特有机制，解决公民的生、老、病、死、伤、残以及待业等问题所带来的生活困难，这有利于消除公民对计划生育政策的思想障碍，推动我国人口政策的实施，提高人民的生活水平。

第二节　社会保险法律制度

一、社会保险的概念及特征

社会保险是指劳动者因生育、年老、患病、伤残、死亡等原因造成劳动能力暂时或永久丧失以及失业时，从国家和社会获得物质帮助和补偿的一种社会保障制度。

社会保险的主要特征如下：

（1）社会保险具有强制性。社会保险是国家以立法形式强制推行的社会保障项目。在法定范围内，每一个劳动者都必须参加社会保险，同时，劳动者及其家属享受社会保险的权利亦是法律赋予的。

（2）社会保险具有公益性和福利性。社会保险是非营利性质的，主要以社会效益为目的，目标在于预防社会风险。

（3）社会保险具有社会共济互助性。社会保险建立在互保互济基础上，劳动者必须先尽劳动和缴费的义务，才能获得享受保险补偿的权利。当然，一旦发生保险风险，具备资格的社会成员都可以得到保障基本生活需要的物质补偿。社会保险基金来源于国家、用人单位和个人三方筹资，且用人单位和国家交费占大部分。这既体现了国家和社会对劳动者提供基本生活保障的责任，又体现了劳动者个人的自我保障。

（4）社会保险具有普遍性。社会保险的对象是法定范围内的全体劳动者；解决社会风险的理论依据是保险业遵循的大数法则。其功用重在保障劳动者的基本生活。

二、社会保险与相关制度的区别

（一）社会保险不同于社会保障

社会保障包括社会保险、社会救济、社会福利等内容，其中社会保险是社会保障的核心内容。从它们的产生和对象看，社会保险的概念比社会保障的概念要早些。社会保险的概念产生于19世纪70年代的德国，社会保险的对象是雇佣劳动者，参加保险的人要交纳保险费；社会保障的概念创始于1935年美国的《社会保障法》，社会保障面向全体社会成员。

（二）社会保险不同于劳动报酬

根据按劳分配原则，劳动报酬必须通过劳动者的劳动才能获得，在劳动者暂时或永久地不能劳动时，就不应取得劳动报酬。建立社会保险制度的目的就在于解决劳动者在不能领取劳动报酬时的生活来源问题。所以，社会保险不体现按劳分配原则。

（三）社会保险不同于商业保险

（1）保险的性质不同。社会保险是国家为保证劳动者基本生活需要而建立的一项社会保障制度，以实现国家社会政策为宗旨，通过国家立法强制执行的。同时作为一种社会福利事业，它还具有非营利的性质。商业保险则是营业性保险，由保险者与被保险者双方按自愿原则签订契约来实现，是否投保，纯属自愿。商业保险作为一种金融事业，具有以营利为目的的性质。

（2）保险对象不同。社会保险以社会劳动者为保险对象，在经济条件和管理水平具备的条件下，可以扩大到社会成员，其保险对象是国家法律强制规定的。商业保险的保险对象可以是自然人，也可以是特定物，由保险双方自行约定。

（3）权利义务关系不同。社会保险的保险费通过国民收入再分配来实现，通常由国家、单位和个人共同负担，形成社会保险基金后，统一调剂使用，使所有需要保险的劳动者均能得到保障，并有利于低收入者，即保险权利与保险义务的关系并不完全对等。商业保险的权利义务关系则完全建立在契约的基础上，保险金完全由投保人承担，保险人对被保险人实行“多投多保、少投少保”的原则，权利义务关系完全对等。

（4）给付标准不同。社会保险从保障劳动者基本生活出发，考虑劳动者原有生活水平、社会平均消费水平、物价水平、财政承受能力等多种因素确定待遇水平，给付标准不完全取决于缴费多少，而主要取决保障需要。商业保险则按投保人所缴保费的多少确定赔偿数额。

（5）管理体制不同。社会保险一般由国家设立专门的社会保险机构统一管理，国家统一立法规定保险项目、费率和给付标准等。国家对社会保险基金不征税。商业保险是由自主经营的保险公司自行经营、独立核算、自负盈亏。它属于金融性企业，国家对其经营收入征税。

（四）社会保险不同于社会救助

社会救助是指国家和社会对因自然、社会经济、个人生理等各种原因，不能维持最低水平的公民给予物质帮助，以维持其基本生活的一种社会保障制度。社会保险的对象是在法律规定实施范围内的劳动者；享受条件是暂时或永久丧失劳动能力或失业；其作用是保障劳动者在生、老、病、死、伤残和失业时获得物质帮助；其经费来自单位、国家和个人。社会救助的对象是全体公民；享受条件是老、弱、病、残又没有固定收入或无依无靠无法生活者，或有固定收入但不能维持最低生活的城乡居民；其作用是保障全体城乡居民的最低生活需要；其经费来自国家、地方财政预算和社会群体或个人的捐助。社会救助一般由人民政府的民政部门举办或由慈善机构举办。

（五）社会保险不同于社会福利

社会福利是指国家和社会根据需要和可能，通过一定形式向公民提供的物质利益。它包括用于改善和提高人们物质、文化生活水平的各种措施（如教育、科学、文化、医疗卫生、孤儿院、养老院等）以及给公民减少生活开支、增加实际收入的各种措施。社会保险主要以法律规定范围内的劳动者为保障对象；社会福利的保障对象是全体社会成员。社会保险基金来源于国家、单位和职工个人三方；社会福利资金一般来源于政府税收、社会捐助和企事业单位自筹资金。社会保险待遇的享受以缴纳保险费为前提，主要是保证被保险人的基本生活需要；社会福利待遇的分配不考虑享受者对社会福利事业的贡献，一般是人人均等地享受待遇。其目的已不仅仅停留在保证生活基本需要上，而是为了提高人们的消费水平和生活质量，满足人们发展和享受的需要。社会保险主要以提供资金帮助为主，社会福利则是以提供各种社会服务和设施为主。

三、社会保险的内容

我国社会保险实行国家基本保险、单位补充保险、个人储蓄保险的多层次社会保险制度。国家发展社会保险事业，建立社会保险制度，设立社会保险基金，使劳动者在年老、患病、工伤、失业、生育等情况下获得帮助和补偿。国家鼓励用人单位根据本单位实际情况为劳动者建立补充保险，国家提倡劳动者个人进行储蓄性保险。社会保险的主要内容，由如下五项构成：

（1）养老保险。在公民因年老丧失劳动能力而退职、退休养老期间，提供养老金和生活照顾，以保障其基本生活的制度。

（2）疾病、医疗保险。人们患病需要医疗时，由国家和社会向患者提供接受必需的医疗服务及所需费用的经济补偿，以保证基本生活的社会保险制度。

（3）工伤保险。对因工负伤或因职业病致残而丧失劳动力者，给予工资补偿、医疗保健护理、伤残补偿及生活照顾；对因工或因职业病死亡者生前供养的直系亲属，给予丧葬费、抚恤金等。

（4）失业保险。为因故失业的劳动者提供基本生活费、医疗费以满足其丧失劳动收入期间的基本生活需要，并为他们提供再就业培训、职业介绍等服务。

（5）生育保险。对因怀孕、生育而丧失部分劳动能力的妇女在一定期间给予相应物质资助。

此外，还有死者遗属保险，即对非因工死亡职工的遗属，给予丧葬费、救济款等。

四、各项社会保险制度

（一）养老保险

1. 养老保险费的负担

养老保险费的负担实行国家、企业和职工个人三方共同负担的原则。根据 1997 年 7 月 16 日国务院《关于建立统一的企业职工基本养老保险制度的决定》，企业缴纳基本养老保险费的比例一般不得超过企业工资总额的 20%；职工个人缴纳的比例 1997 年不得低于本人缴费工资的 4%，1998 年起每两年提高 1 个百分点，最终达到本人缴费工资的 8%。

2. 建立基本养老保险个人账户

按照社会统筹与个人相结合的原则，由社会保险经办机构按照国家质量技术监督局发布的社会保障号码，按本人缴费工资 11% 的数额为每个参加基本养老保险的职工建立基本养老保险个人账户，个人缴费全体计入个人账户，其余部分从企业缴费中划入。

3. 养老保险基金的支付

我国现阶段的养老保险待遇分为离休保险待遇和退休保险待遇两类。

（1）离休保险待遇。离休又称离职休养，适用于 1949 年 9 月 30 日以前参加革命工作享受薪金制待遇的干部。其待遇原则是，政治待遇不变，生活待遇略为从优。

（2）退休保险待遇。我国现阶段正在进行劳动制度改革，劳动用工制度由固定职工制向劳动合同制过渡，因此同时存在固定职工退休养老保险和劳动合同制职工退休养老保险两种制度。①固定职工的退休养老保险。凡符合退休条件的固定职工，享受退休养老保险待遇，按照其工作年限或连续工龄领取相当于原标准工资一定比例的退休费，医疗待遇和死亡待遇与在职期间相同，其他待遇按国家有关规定享受。②劳动合同制职工的退休养老待遇。劳动合同制职工的退休养老待遇包括退休费、医疗费和丧葬补助费、供养直系亲属抚恤费和救济费。其中，退休费标准根据缴纳退休养老费的年限、金额和本人工作期间平均工资收入确定，其他费用参照国家有关规定执行。

（二）疾病、医疗保险

1998 年 12 月24 日，国务院发布了《关于建立城镇职工基本医疗保险制度的决定》，决定在全国范围内进行城镇职工医疗保险制度改革。主要内容如下：

（1）基本医疗保险费的负担。基本医疗保险费由用人单位和职工双方共同负担。用人单位缴费率应控制在职工工资总额的6%左右，职工缴费率一般为本人工资收入的2%。随着经济发展，用人单位和职工缴费率可作相应调整。

（2）覆盖范围和缴费办法。基本医疗保险的覆盖范围为城镇所有用人单位，包括企业（国有企业、集体企业、外商投资企业、私营企业等）、机关、事业单位、社会团体、民办非企业单位及其职工，都要参加基本医疗保险。乡镇企业及其职工、城镇个体经济组织业主及其从业人员是否参加基本医疗保险，由各省、自治区、直辖市人民政府决定。

（3）建立基本医疗保险统筹基金和个人账户。基本医疗保险基金由统筹基金和个人账户构成。职工个人缴纳的基本医疗保险费，全部计入个人账户。用人单位缴纳的基本医疗保险费分为两部分，一部分用于建立统筹基金，一部分划入个人账户。划入个人账户的比例一般为用人单位缴费的 30% 左右，具体比例由统筹地区根据个人账户的支付范围和职工年龄等因素确定。

（4）基本医疗保险费的支付。统筹基金和个人账户要划定各自的支付范围，分别核算，不得互相挤占。要确定统筹基金的起付标准和最高支付限额，起付标准原则上控制在当地职工年平均工资的10%左右。最高支付限额原则上控制在当地职工年平均工资的4倍左右。起付标准以下的医疗费用，从个人账户中支付或由个人自付。起付标准以上、最高支付限额以下的医疗费用，主要从统筹基金中支付，个人也要负担一定比例。超过最高支付限额的医疗费用，可以通过商业医疗保险等途径解决。统筹基金的具体起付标准、最高支付限额以及在起付标准以上和最高支付限额以下医疗费用的个人负担比例，由统筹地区根据以收定支、收支平衡的原则确定。

（三）工伤保险

国际上通常将工伤保险分为两类，一是因工伤残保险，二是职业病保险。因工伤残保险是指劳动者因工负伤或残废而暂时或永久丧失劳动能力，以及死亡所获得的补偿和物质帮助制度；职业病保险是指职工长期从事职业劳动，并因职业原因发生疾病时，获得补偿和帮助的制度。根据 1996 年 8 月原劳动部制定的《企业职工工伤保险试行办法》，工伤保险内容主要有：

（1）工伤保险费的负担。工伤保险费由用人单位承担，劳动者无须缴纳任何费用。用人单位缴纳工伤保险费后，即将其对劳动者的补偿责任转移到工伤保险机构承担。

（2）无过失补偿原则。工伤保险实行无过失补偿原则，即在劳动过程中发生的职业伤害，无论用人单位有无过错，受害者均应得到必要的补偿。用人单位即使对工伤事故的发生没有过错，也应当对受害者承担补偿责任。

（3）工伤的范围。根据《企业职工工伤保险试行办法》规定，职工由于下列情形之一负伤、致残、死亡的，应当认定为工伤：①从事本单位日常生产、工作或者本单位负责人临时指定的工作的，或在紧急情况下，虽未经本单位负责人指定但从事直接关系本单位重大利益的工作的；②经本单位负责人安排或者同意，从事与本单位有关的科学试验、发明创造和技术改进工作的；③在生产工作环境中接触职业性有害因素造成职业病的；④在生产工作的时间和区域内，由于不安全因素造成意外伤害的，或者由于工作紧张突发疾病造成死亡或经第一次抢救治疗后全部丧失劳动能力的；⑤因履行职责遭到人身伤害的；⑥从事抢险、救灾、救人等维护国家、社会和公众利益的活动的；⑦因公、因战致残的军人复员转业到企业工作后旧伤复发的；⑧因公外出期间，由于工作原因，遭受交通事故或其他意外事故造成伤害或者失踪的，或因突然疾病造成死亡或者经第一次抢救治疗后全部丧失劳动能力的；⑨在上下班规定时间和必经路线上，发生无本人责任或者非本人主要责任的道路交通机动车事故的；⑩法律、法规规定的其他情形。

职工由于下列情形之一造成负伤、致残、死亡的，不应认定为工伤：①犯罪或违法；②自杀或自残；③斗殴；④酗酒；⑤蓄意违章；⑥法律、法规规定不属于工伤的其他情形。

因职业病发生的伤害，包括职业中毒、尘肺、物理因素职业病、职业性传染病、职业性皮肤病、职业性肿瘤和其他职业病等九类。

工伤的认定，由劳动保障行政部门负责。

（4）工伤保险待遇。工伤保险待遇包括以下各项：①职工因工负伤治疗，其全部挂号费、住院费、医疗费、药费、就医路费，均由企业承担，住院医疗期间的膳食费由企业负担2/3；②职工因工负伤或者患职业病需要停止工作接受治疗的，实行工伤医疗期，可领取工伤津贴，工伤医疗期满后，仍需治疗的，继续享受工伤医疗待遇；③工伤职工经评残并确认需要护理的，按月发给护理费；④工伤职工须安置假肢、假眼、假牙或配置代步车等辅助器具的，按国内普及型标准报销费用；⑤职工因工致残，经劳动鉴定委员会确认，部分丧失或完全丧失劳动能力的，根据其伤残等级，决定是否按退休处理，决定是否享受伤残抚恤金、一次性伤残补助金等待遇；⑥职工因工死亡或因工残废退职后死亡的，发给丧葬补助金、供养亲属抚恤金、一次性伤亡补助金；⑦职工被确诊患有职业病的，享受工伤保险待遇，其所在单位应根据职业病诊断机构的意见，安排其医治和疗养。在医治和疗养后被确认不宜继续从事原有害作业或工作的，应在确认之日起2个月内将其调离原工作岗位。

（四）失业保险

根据1999年1月20日国务院发布施行的《失业保险条例》，失业保险的主要内容有：

（1）失业保险费的负担。城镇企业事业单位按照本单位工资总额的2%缴纳失业保险费。城镇企业事业单位职工按照本人工资1%缴纳失业保险费，城镇企业事业单位招用的农民合同制工人本人不缴纳失业保险费。失业保险基金在直辖市和设区的市实行全市统筹；其他地区的统筹层次由省、自治区人民政府规定。

（2）享受失业保险的条件。具备下列条件的失业人员，可以领取失业保险金：①按照规定参加失业保险，所在单位和本人已按照规定履行缴费义务满1年的；②非因本人意愿中断就业的；③已办理失业登记，并有求职要求的。

（3）失业保险金的领取。城镇企业事业单位职工失业后，应当持本单位为其出具的终止或者解除劳动关系的证明，及时到指定的社会保险经办机构办理失业登记，失业保险金自办理失业登记之日起计算。失业保险金的领取期限以职工失业前所在单位和本人累计缴费时间为据：失业人员失业前所在单位和本人按照规定累计缴费时间满 1 年不足 5 年的，领取失业保险金的期限最长为 12 个月；累计缴费时间满 5 年不足 10 年的，领取失业保险金的期限最长为 18 个月；累计缴费时间 10 年以上的，领取失业保险金的期限最长为 24 个月。重新就业后，再次失业的，缴费时间重新计算，领取失业保险金的期限可以与前次失业应领取而尚未领取的失业保险金的期限合并计算，但是最长不得超过 24 个月。

（4）失业保险待遇的范围。失业保险待遇包括失业保险金、医疗补助金、家属的供养费、生活补助费等。失业保险金的标准，根据《国有企业职工待业保险规定》的规定："待业救济金的发放标准为相当于当地民政部门规定的社会救济金额的 120% ~150%，由待业保险机构按月发放。"

（5）失业保险待遇的停止。凡发生下列情形之一的，停止发给失业保险金，并同时停止享受其他失业保险待遇：①重新就业的；②应征服兵役的；③移居境外的；④享受基本养老保险待遇的；⑤被判刑收监执行或者被劳动教养的；⑥无正当理由，拒不接受当地人民政府指定的部门或者机构介绍的工作的；⑦有法律、行政法规规定的其他情形的。

（五）生育保险

（1）生育保险费的负担。现阶段，我国生育保险资金主要由用人单位全额负担，个人不缴纳保险费，国际上也无个人缴费的先例。但这种全部由用人单位负担的方式造成了用人单位之间的不平稳。今后，随着社会保障制度的完善，应实行社会统筹的方式建立生育保险基金。这样，既可以保障妇女、婴儿权益，又可以保障公平竞争，解决女性就业难的问题。

（2）生育保险的对象。在实行普遍社会保险的国家，生育保险的保障对象面向全体女性。而我国现行的生育保险保障对象，仅限于达到法定结婚年龄、符合计划生育政策并已生育的女职工。

（3）生育保险待遇。我国生育保险待遇包括生育医疗费用、产假及产假期间的工资。生育医疗费用包括生育的检查费、接生费、住院费等。女职工产假 90 天，其中产前假 15 天；难产的增加产假 15 天；多胞胎生育的，每多生育一个婴儿，增加产假 15 天；女职工怀孕流产的，其所在单位应当根据医务部门的证明给予一定时期的产假。为落实计划生育政策，女职工在延长产假或领取独生子女奖金等方面按有关规定办理。企业在女职工怀孕期、产期、哺乳期不得降低其基本工资或解除劳动合同。

第三节　社会救助法律制度

一、社会救助的概念和特征

社会救助，在我国又称社会救济，是指国家和社会对由于各种原因而陷入生存困境的公民，给予财物接济和生活扶助，以保障其最低生活标准的制度。

社会救助呈现下述特征：

（一）社会救助的对象具有选择性和动态性

扶贫济困是社会救助的目标和目的，只有对缺乏劳动能力又没有生活来源的孤、老、幼、残人士和疾病患者，或者因遭遇重大灾害生活陷入困境的人才可成为社会救助的对象，而能正常生活的公民则不能成为救助的对象。同时，在不同时期，社会救助对象的范围是变动的，原享受救助的公民一旦解困就不再成为救助对象。

（二）社会救助的期限性和形式多样性

除小部分长期救助对象外，大部分社会救助对象，是突然遭遇困境，因此，对他们的帮助也是临时性的。一旦救助对象摆脱困境，其基本生活有保障，社会救助就不再对之继续。社会救助的形式多种多样，按救助时间长短，可分为临时性救助和定期性救助；按救助方式，可分为资金救助和实物救助；从救助提供者看，可以分为官方救助、民间救助。

（三）社会救助保障标准具有低层次性和地域差别性

国家和社会向救助对象提供满足其最低生活需求的物质、资金资助，以帮助救助对象维持最基本的物质生活。且在不同地区，由于社会经济发展水平不同，维持最低生活需要的标准也就不同，社会救助的标准当然也不一样。

（四）社会救助权利义务具有单向性

在社会救助法律关系中，公民只是享受救助的权利主体，国家和社会只是提供救助的义务主体。也就是说，公民只要符合社会救助的条件就有权申请和得到救助而无须承担与此对应的义务；国家和社会对符合社会救助条件的公民必须提供救助而不要求受救助者事先或事后能作某种给付。

二、社会救助的具体法律制度

（一）最低生活保障制度

最低生活保障是指对家庭人均收入低于当地政府公告的最低生活标准的人口，由国家给予一定现金资助，以保证该家庭成员基本生活所需的社会救助。我国自 1993 年在上海市率先实施最低生活保障制度，1996 年后在全国范围内铺开。2000 年国务院颁布了《城市居民最低生活保障条例》，最低生活保障制度走上了统一规范之路。

最低生活保障制度主要是一种临时性的、日常生活费用补贴的制度。由于无收入或收入极少，部分人口缺乏购置日常必需生活用品的经济能力，为此，政府定期向他们发放适当现金，以保证这部分人的日常生活所需。如果受保障者家庭收入增加超过了保障线标准，则不再享受最低生活保障。

（二）灾害救助制度

灾害救助，简称救灾，是指国家和社会对因自然灾害造成生存危机的公民进行抢救和援助，以维持其最低生活水平并使其脱离灾难和危险的社会救助制度。

灾害具有突然发生、损害面广、损失量大等特点，灾害会造成受害人重大财产损失甚至人身伤亡，个人或家庭的抵御力量有限，需要国家和社会给予直接具体的援助，对遭受自然灾害、社会灾害的人口紧急提供物质、人力救助。救灾的形式，应当是生活救济与生产扶助相结合，有偿救助和无偿救助相结合，力争在维持灾民最低生活需要的同时，增强灾区和灾民的抗灾能力。

（三）法律援助制度

法律援助是指对因经济困难无力承担诉讼费或者法律服务费用的公民，由司法机关给予诉讼费减免，或者由政府指定专业法律人员提供减费或免费法律服务，以保证其诉讼权利实现的救助制度。

法律援助是国家实施的援助行为，接受法律援助的只能是公民个人。法律援助的方法是提供减免费用，援助范围仅限于诉讼。只有在公民遇到法律纠纷，需要通过司法诉讼方式维护自身合法权益，又缺乏必要金钱支付相关费用时，才可以请求法律援助。

（四）贫困地区扶助法律制度

贫困地区扶助，简称扶贫，又称反贫困，是指国家有计划地帮助贫困地区脱贫致富的社会救助制度。它开始于20世纪70年代末，从1981年起一直被纳入国家计划。

扶贫的方式有救济式和开发式两种。救济式扶贫是指从生活上供给贫困人口钱物，以帮助其维持基本生活。开发式扶贫是指帮助贫困地区发展当地经济、文化教育、医疗等事业，使贫困人口逐步从根本上摆脱贫困。扶贫所需资金主要来自国家财政预算拨款、地方自筹资金，部分来自社会各界的捐助和国际社会援助。

第四节　社会福利法律制度

一、社会福利的概念和特征

从广义上解释，社会福利泛指国家和社会对全体社会成员在生命过程中所需要的生活、卫生、环境、住房、教育、就业等方面提供的全面的公共服务。从狭义上讲，社会福利是指为解决已经出现的社会问题及减少社会病态和预防社会问题恶化所采取和发展的社会保险和社会救助事业。

社会福利有下列特征：

(1) 社会福利的保障水平处于较高层次，即社会福利的保障目标，不是为了济贫，不是为了维持公民的最低生活水平、基本生活水平或一般生活水平，而是通过提供物质帮助，使公民的生活质量不断得到改善和提高。

(2) 权利与义务不对等，即国家和社会向公民提供社会福利待遇，一般无须公民对国家和社会履行相应义务或作出相应贡献为代价。

(3) 社会福利对象的普惠性，即社会福利在一定范围内人人有份，社会成员在获得社会福利待遇前，无须提供家庭经济状况资料。这是社会福利与社会救助相区别的最显著特征。

(4) 社会福利待遇标准一致性，即社会福利待遇在一定范围内按一致的标准进行分配，而不考虑享受福利者之间的贫富差别和贡献大小。至于对残疾人、老年人和未成年人等特殊人群提供专门的福利，并不代表福利的增加，而是对其因某些社会原因造成的福利丧失或未享有部分给予补偿，即国家和社会对这些特殊对象给予特殊照顾和保护，使他们能与全体社会成员一样平等享受社会文明成果，平等地参与社会生活。

二、公共福利

公共福利是指国家和社会为满足全体社会成员的物质和精神生活基本需要兴办的公益性设施和提供的相关服务。公共福利的内容十分广泛，涉及住房、教育、卫生、文娱等居民生活各个方面。

（一）住房福利

我国现行的住房福利主要体现为住房公积金制度、经济适用房制度、住房补贴等。

(1) 住房公积金制度。住房公积金是一种强制性的住房长期储蓄。按照这种制度，用人单位和职工按工资的一定比例定期缴纳住房公积金，并对住房公积金的归集、管理、使用和偿还进行严格管理，以帮助职工解决购房和租房资金需要。

住房公积金制度按照“个人存储，单位资助”的办法归集。凡行政机关、企事业单位及其职工均应交纳住房公积金。城市职工本人按月交纳占工资一定比例的公积金，单位按月提供职工工资一定比例的公积金资助，两者均存入职工个人公积金账户，归职工个人所有。职工的住房公积金本息免征个人所得税。当职工离休或退休时，其积累的公积金本息余额，一次结清，退还给职工本人。住房公积金实行统一管理。由职工所在地人民政府设定的住房公积金管理机构根据责、权、利一致原则，统一管理职工住房公积金。住房公积金的存款、贷款等金融业务一律由地方人民政府委托指定的专业银行办理。住房公积金实行专项使用，只能用于职工本人购房、建房和大修住房。如果职工积累的公积金不足支付购房、建房和大修住房费用的，可以申请公积金贷款。

(2) 经济适用房供应制度。经济适用住房是指供中低收入家庭购买自住的优惠商品房，它由政府出资、扶持和组织建设，并按照保本微利原则确定政府指导价，使之与中低收入家庭的承受能力相适应。

(3) 住房补贴制度。对于中高收入以上的人口，通过购置商品房满足居住需求。为此，国家按劳动者的工龄、职称、职务等一次性或定期发放住房补贴款，专款专用于购房或修房所需资金以缓解购房者按市场价购房面临的资金压力。

此外，对低收入者提供廉价租房，即由政府或单位以低廉的租金向最低收入家庭出租。廉租住房可以从腾退的旧公有住房中调剂解决，也可以由政府或单位出资兴建，其租金实行政府定价。

（二）卫生福利

卫生福利是指国家和社会以保障公民身体健康为目的所提供的以医疗和保健为内容的公共福利。卫生福利的主要内容是保健福利，即初级卫生保健，是国家卫生系统和社会福利机构向全社会提供增进性、预防性、治疗性和综合性的促进人人健康的服务，其中包括增进必要的营养和供应充足的安全饮用水，提供清洁的卫生环境，开展妇幼保健和计划生育，主要传染病的预防接种，地方病的防治，普及健康教育，提供基本药物等内容。

（三）教育福利

教育福利是指国家和社会以提高国民素质为目的所提供的以兴办和扶持教育，实现全体公民的受教育权利为内容的公共福利。

九年制义务教育，是我国教育福利的主要内容。国家有义务为学龄儿童少年提供受教育的一切便利条件，保障每一位儿童和少年不论民族、性别等，拥有平等受教育的机会。同时，国家还采取减免学杂费，设立助学金、贷学金、奖学金等措施保证国民义务教育的落实。

（四）文化康乐福利

文化康乐福利是指国家和社会为满足人们文化康乐需要兴办的具有福利性质的文体活动设施和提供的服务。我国的文化康乐福利主要有公园、图书馆、博物馆、群众艺术馆及其他群众性体育运动设施。

三、特殊群体福利

（一）未成年人福利

未成年人是指未满18周岁的公民。未成年人福利的目的在于保护未成年人的身心健康，保障未成年人合法权益，促进未成年人在品德、智力、体质等方面全面发展。

儿童福利的主要内容有：兴办专门的儿童收养机构，集中收养孤儿、弃儿，为孤儿、弃儿提供养育、治疗、康复、教育等服务；同时，鼓励家庭领养、代养、收养孤儿、弃儿，并向这种家庭给予特殊津贴和帮助。兴办儿童医院或在全科医院中设立儿科，专为儿童提供医疗服务。有组织地开展儿童保健工作，由专门设立的机构定期进行儿童健康检查、预防接种、防治常见病和多发病，保障儿童健康成长。建立托儿所、幼儿园，为婴幼儿提供良好的生活条件和保育服务。建立儿童活动中心、少年宫、儿童公园等，为儿童活动和学习提供良好的场所和服务。普及义务教育，保障每一个学龄儿童有受教育的机会。国家设立助学金，帮助贫困生就学。家庭保护，父母或者其他监护人应当依法履行对未成年人的监护职责和抚养义务。父母或者其他监护人不履行监护职责或者侵害被监护的未成年人的合法权益的，应当依法承担责任。

（二）妇女福利

妇女福利是指国家和社会为保障妇女的特殊需要和特殊利益而提供的照顾和服务。妇女在政治、经济、文化、社会和家庭生活等方面，享有男女平等的权利，这是男女平等所追求的目标。但是，妇女由于自身特殊的情况还有特殊的利益，这种不同于社会一般成年男性公民的特殊，必须给予特殊的照顾。妇女福利的主要内容有：建立妇女保健机构，为妇女提供保健服务；为育龄妇女提供孕产福利津贴和孕产医疗服务；为妇女就业提供职业培训、职业介绍等服务。

（三）老年人福利

老年人是指年满60周岁以上的公民。老年人福利的目标是安定老年人生活，维护老年人健康，充实老年人精神文化生活，实现“老有所养、老有所医、老有所为、老有所乐”。老年人福利的主要内容有：兴办养老院、福利院、老年公寓等机构，为离开家庭的老年人有组织和集中地提供衣、食、住、行、医等服务，对无依无靠又无收入来源的老年人实行免费收养，对有收入来源的老年人可实行低费收养。国家建立多种形式的医疗保险制度，保障老年人的基本医疗需要，医疗机构应当为老年人就医提供方便。国家采取措施，加强老年医学的研究和人才培养，提高老年病的预防、治疗和科研水平；开展各种形式的健康教育，普及老年保健知识，增强老年人自我保健意识；新建或改造城镇公共设施、居民区和住宅，应当考虑老年人的特殊需要，建设适合老年人生活和活动的配套设施。老年人有继续受教育的权利。国家发展老年教育，鼓励社会办好各类老年学校。国家和社会采取措施，开展适合老年人的群众性文化、教育、娱乐活动，丰富老年人的精神生活。地方各级人民政府应当根据当地经济发展水平，逐步增加对老年福利事业的投入，兴办老年福利设施。发展社区服务，逐步建立适应老年人需要的生活服务、文化体育活动、疾病护理与康复等服务设施和网点。鼓励、扶持社会组织或者个人兴办老年福利设施。鼓励和支持社会志愿者为老年人服务。发扬邻里互助传统，提倡邻里间相互关心，帮助有困难的老年人。

（四）残障人福利

残障也称残疾，是指一种身体上、智力上或精神上的违反常规和偏离正常情况的状态。残障人福利的目标，是充分保障残障人的生活、教育、医疗、康复和就业权益，为残障人创造良好的物质和精神条件，使残障人在事实上成为社会中平等的一员，分享经济社会发展所带来的物质文化成果。其主要内容包括：实行集中安置与分散安置相结合的方针，采取优惠政策和扶持保护措施，通过多条渠道、多个层次、多种形式给残障人创造就业条件，提供就业机会。对于具有工作能力、资格条件的残障人，应辅导其就业，薪资应比照一般待遇。发展残障人特殊教育，为残障人接受教育和培训给予照顾和帮助，提高残障人的文化素质和职业技能。对于残障人的医疗、复康、养护、教育等费用，主管机关应视其家庭经济状况和残障等级，给予补助。政府应优先将残障人纳入健康保险，其保险费应视其家庭经济状况及残障等级，分别予以补助。大型公共娱乐场所及建筑物内设置便于残障人通行的道路或设施，切实执行国家无障碍设计规范和建设审批制度，推广适用的无障碍设施，为残障人提供更多的便利。残障人搭乘国内公共交通工具应给予照顾与方便，并给予半价优待。残障人申请在公共场所开设零售商店或摊贩，申请国民住宅、停车位，应保留其名额，并优先核准。

（五）军人及军属福利

军人和军属福利是指国家直接分配给军人及其军属特定的社会资源以保障和提高其生活的特殊措施。主要包括优待、抚恤、安置和保险四大项内容。具体区分为对义务兵及其家属的优待、对伤残军人及其家属的优待和对死亡军人家属的优待。

四、职业福利

职业福利，又称职工福利或劳动福利，是指用人单位和有关社会服务机构为满足劳动者生活的共同需要和特殊需要，在工资和社会保险之外向职工及其亲属提供一定货币、实物、服务等形式的物质帮助。

职业福利与其他社会福利项目相比，具有明显特征：第一，职业福利以业缘关系为标志，凡本行业、本单位就业职工均能享受，某些项目职工家属也可享受。第二，职业福利一般普遍向职工提供，但有些项目允许按服务时间长短或贡献大小享受差别待遇。第三，职业福利具有明显功利性。职业福利的直接目的，在于提高职工一定的生活水平并提高生活质量；而对雇主和企业而言，在于保证职工的向心力、凝聚力，培养职工的归属感和群体意识，留住和吸引高质量的劳动力为本行业、本企业服务。第四，职业福利的水平取决于企业的经济效益，也受企业所有者、经营者观念的左右。

职业福利的主要内容：一是职工个人福利补贴。职工个人福利补贴，是指由职工福利基金或其他有关经费中开支的，主要以货币形式构成职工个人收入。根据现行立法规定，职工个人福利主要有职工探亲补贴、职工上下班交通费补贴、生活消费品价格补贴、独生子女补贴、婚丧假工资、年休假工资、职工互助互济金等项目。二是职工集体福利。职工集体福利，是指用人单位兴办或者通过社会服务机构举办的供职工集体享用的福利性设施和服务，包括职工食堂、职工宿舍、浴室、理发室、休息室、哺乳室等生活设施，托儿所、幼儿园、文化室、俱乐部、职工图书馆等文化教育设施，以及运动场、泳池、健身房、歌舞厅等康乐设施。

【思考题】

1. 简述社会保障法有哪些作用。

2. 简述我国失业保险制度的基本内容。

3. 简述我国现行医疗保险有哪些特点。

4. 简述职业福利的特点及内容。

5. 谈谈你对解决我国养老问题有什么好的建议。

6. 某企业有员工1 000人，人均月工资2 000元。请问我国社会保险有哪些险种？按我国现行社会保险制度的一般国家标准，该企业每个员工每个月应缴纳多少社会保险费？

参考文献

1. 杨紫烜主编：《经济法》，北京：北京大学出版社、高等教育出版社1999年版。
2. 李昌麒主编：《经济法学》，北京：中国政法大学出版社1999年版。
3. 李昌麒主编：《新编经济法教程》，成都：四川人民出版社1992年版。
4. 李昌麒主编：《经济法学》（修订版），北京：中国政法大学出版社2002年版。
5. 潘静成、刘文华主编：《经济法》，北京：中国人民大学出版社1999年版。
6. 史际春主编：《经济法总论》（教学参考书），北京：法律出版社2000年版。
7. 徐杰主编：《经济法论丛》（第1卷），北京：法律出版社2000年版。
8. 王艳林著：《中国经济法理论问题》，北京：中国政法大学出版社2001年版。
9. 注册会计师协会编：《经济法》，北京：中国财政经济出版社2007年版。
10. 李昌麒、许明月编著：《消费者权益保护法》，北京：法律出版社1997年版。
11. 金瑞林主编：《环境法学》，北京：北京大学出版社1994年版。
12. 刘文华主编：《新编经济法学》，北京：高等教育出版社1993年版。
13. 潘静成、刘文华主编：《中国经济法教程》（修订本），北京：中国人民大学出版社1995年版。
14. 严传东、张建申主编：《新经济法概论》，北京：法律出版社1997年版。
15. 朱崇实主编：《经济法》，厦门：厦门大学出版社2002年版。
16. 朱慈蕴主编：《经济法律教程》（第二版），北京：中国财政经济出版社2000年版。
17. 曲振涛、李胜沪主编：《经济法教程》，北京：经济科学出版社2001年版。
18. 焦立新等主编：《经济法》，成都：西南财经大学出版社2001年版。
19. 何解山、匡爱民主编：《市场经济法律制度概论》，南昌：江西人民出版社2000年版。
20. 张士元、徐中起、龙国庆编著：《企业法》，北京：法律出版社1997年版。
21. 蒋岩波、朱晔主编：《新编经济法学》，南昌：江西人民出版社2000年版。
22. 漆多俊主编：《经济法学》，武汉：武汉大学出版社1998年版。
23. 钟明钊主编：《竞争法》，北京：法律出版社2002年版。
24. 《中国大百科全书·环境科学》编委会，《中国大百科全书》编辑部主编：《中国大百科全书·环境科学》，北京：中国大百科全书出版社1983年版。
25. 法苑精萃编委会编：《中国经济法学精萃》（2001年卷），北京：机械工业出版社2002年版。
26. 世界知识产权组织编：《知识产权纵横谈》，北京：世界知识出版社1992年版。
27. 汤宗舜著：《专利法教程》，北京：法律出版社1996年版。

28. 刘春茂主编：《中国民法学・知识产权》，北京：中国人民公安大学出版社 1997 年版。

29. 郑成思著：《知识产权论》，北京：法律出版社 1998 年版。

30. 刘春田主编：《知识产权法》，北京：高等教育出版社、北京大学出版社 2000 年版。

31. 徐玉麟主编：《中华人民共和国专利法释义》，北京：中国法制出版社 2000 年版。

32. 赵惜兵主编：《新商标法释解》，北京：人民法院出版社 2002 年版。

33. 周友苏主编：《证券法通论》，成都：四川人民出版社 1999 年版。

34. 刘淑强著：《〈证券法〉释解》，北京：人民法院出版社 1999 年版。

35. 中国证监会证券从业人员资格考试委员会办公室编：《证券市场基础知识》，上海：上海财经大学出版社 1999 年版。

36. 中国证监会证券从业人员资格考试委员会办公室编：《证券发行与承销》，上海：上海财经大学出版社 1999 年版。

37. 中国证监会证券从业人员资格考试委员会办公室编：《证券交易》，上海：上海财经大学出版社 1999 年版。

38. 叶林编著：《中国证券法》，北京：中国审计出版社 1999 年版。

39. 李诚主编：《中华人民共和国证券法通释》，北京：中国经济出版社 1999 年版。

40. 郭锋编著：《中国证券监管与立法》，北京：法律出版社 2000 年版。

41. 赵新华著：《票据法》，长春：吉林人民出版社 1994 年版。

42. 国务院法制局财政金融法规司编：《〈中华人民共和国票据法〉讲解》，北京：法律出版社 1995 年版。

43. 刘心稳主编：《票据法》，北京：中国政法大学出版社 1999 年版。

44. 王小能编著：《票据法教程》，北京：北京大学出版社 2001 年版。

45. 谭兵主编：《中国仲裁制度研究》，北京：法律出版社 1995 年版。

46. 黄进、徐前权、宋连斌著：《仲裁法学》，北京：中国政法大学出版社 1999 年版。

47. 李井杓著：《仲裁协议与裁决法律研究》，北京：中国政法大学出版社 2000 年版。

48. 王彦、殷洁主编：《仲裁法学》，北京：中国财政经济出版社 2002 年版。

49. 漆多俊主编：《经济法论丛》（第 3 卷），北京：中国方正出版社 2000 年版。

50. 江伟主编：《民事诉讼法》，北京：高等教育出版社、北京大学出版社 2000 年版。

51. 曹建明主编：《中国审判方式改革理论问题研究》（上、下册），北京：中国政法大学出版社 2000 年版。

52. 全国人民代表大会常务委员会办公厅研究室经济室编著：《〈中华人民共和国合同法〉释义及实用指南》，北京：中国民主法制出版社 1999 年版。

53. 王利明、崔建远著：《合同法新论・总则》（修订本），北京：中国政法大学出版社 2000 年版。

54. 崔建远主编：《合同法》（修订本），北京：法律出版社 2000 年版。

55. 刘克祥主编：《合同法教程》，北京：中国财政经济出版社 1999 年版。

56. 孔祥俊著：《担保法及其司法解释的理解与适用》，北京：法律出版社 2001 年版。

57. 朱羿锟著：《商法学——原理・图解・实例》，北京：北京大学出版社 2007 年版。

58. 范健主编：《商法》（第三版），北京：高等教育出版社、北京大学出版社 2007 年版。